D1755928

Karol Sauerland

DREISSIG SILBERLINGE

Denunziation: Gegenwart und Geschichte

Verlag Volk & Welt
Berlin

Copyright © 2000 by Verlag Volk und Welt GmbH, Berlin.
Alle Rechte vorbehalten.
Schutzumschlag: Philippa Walz und Andreas Opiolka, Stuttgart
Satz: deutsch-türkischer fotosatz, Berlin
Druck- und Bindearbeiten: Wiener Verlag, Himberg
Printed in Austria
ISBN 3-353-01097-1

Inhalt

Vorwort	9
Erster Teil	11
Im Dritten Reich	13
Der Fall Helene Schwärzel	13
Ein Meer von Denunziationen	16
Denunziationen als primäres Ermittlungsmoment	20
Was, wer, mit wem, wo, wie, wann?	23
Wer ist wer und wo? (Der Beginn)	23
Wer sagte was, und was sagte wer?	
(Regimekritische Unmutsäußerungen)	27
Wer hörte was?	32
Wer hatte was?	33
Wer mit wem?	35
An wen sich wenden?	47
Wo? (Orte der Denunziation)	52
Warum? (Motive und Ursachen)	54
Wer denunzierte?	58
Goerdelers Mitteilungsbereitschaft	60
Verweigerungen	61
Unterlassene Denunziation	62
Zögerlich	63
Im besetzten Polen	65
Bestrafen oder nicht bestrafen?	70
Im KGB-Reich	80
Schriftsteller tagen in Moskau	80
Mitteilen, melden, über alles reden	86
Einübung und Institutionalisierung der	
Denunziation	87
Im Zeichen der Kulturrevolution von oben	90
Das wohlorganisierte Denunziantentum	94

Die IM – das Kernstück des Sicherheitsdienstes	100
Nach welchen Kriterien wurde geworben?	104
Möglichst keine Genossen	109
Wie viele waren es?	110
Wälzungsprozeß oder jeder einmal	112
Wer war IM? (Alter und Geschlecht)	113
Einer ist zu wenig	114
Der Führungsoffizier	117
Der Führungsoffizier als Vaterfigur	121
Das nachträgliche Bild	124
Wann oder der unerwartete Augenblick	126
Wo? (Orte der Denunziation)	127
Die Rolle des Konspirativen	128
Was taten sie?	130
Warum? (Motive, IM zu werden)	136
Zu viel der Denunziationen?	139
Die vielen Irrtümer und Lücken	141
Symbiotisches Zusammenleben	141
Unterbrochene IM-Tätigkeit	142
Es habe nichts genutzt	143
Was nun?	144
DER VERGLEICH	160
ZWEITER TEIL	163
ENTHÜLLEN UND BESCHULDIGEN	165
Zwei Sphären überschneiden sich	165
Enthüllen und Verhüllen	168
Klatsch und Denunziation	168
Denunziation und Klatsch in totalitären Systemen	171
Wissen und Wissen weitertragen	172
Sichtbarkeit und Hörbarkeit	173
Privatheit und deren Verletzung	175
Selbstenthüllung	178
Ist der Schriftsteller ein Denunziant?	180
In der Wissenschaft	181
Techniken der Sicht- und Hörbar-Machung	182

Er wird sich selber verraten	190
Sich-Verhüllen	191
Verschlüsselung	196
Beschuldigen und Denunzieren	198
Vorformen des Denunzierens	198
Der Denunziant ist unbekannt	204
Der Denunziant ist nur der Behörde bekannt	209
Der Gutachter als Denunziant	210
Die Denunziation	213
Die massenhafte Denunziation	217
In demokratischen Staaten	218
Je nach Bewertung	221
DIE DENUNZIATION UND IHRE VORAUSSETZUNGEN	224
Formale Bedingungen für Denunziation	224
Soziale Bedingungen für Denunziation	236
Der Denunzierte als der Schwache	243
Aufforderung zur Denunziation	244
Die Denunziation als Möglichkeit der Öffnung instanzferner Räume	248
An der Schnittstelle zwischen Unterstützung und Distanz	249
Nicht mehr unter sich austragen können	249
Denunziationstrunkene Zeiten	252
Jagdrausch	256
Ausgrenzung, bei der Denunziation nicht vonnöten	258
EN MASSE ODER DIE SCHRIFTMACHT	260
ÖFFENTLICHKEIT UND DENUNZIATION	265
Öffentlich, offenbar, unverborgen	265
Die Öffentlichkeit als Instanz	266
Keine feste Größe	267
In die Presse bringen	268
Mittels Fernsehen und Internet	269
In der Talk-Show	270
Öffentlich benennen	272

Nicht eingesperrt, sondern ausgesperrt	273
Ohne Öffentlichkeit	276
DENUNZIANT, VERRÄTER UND SPION	279
Der Denunziant als mittelbarer Täter	279
Der Denunziant im Auftrag	280
Der politische Lockspitzel	283
Der Verräter	283
Der Fall Kukliński. Ein »Verräter« als Herausforderung	286
Konversion und persönliche Bindung	287
Der Spion	288
Der IM ein Spion?	289
Der Kollaborateur	289
Judas	293
Freude an der Tat	298
Sie bildeten eine Minderheit	298
Der Denunziant und der Richter	299
Bekennen und sühnen?	300
Was wiegt schwerer?	302
Die Betroffenen wollen es wissen	303
GESINNUNG, EREIGNIS UND HANDLUNG	306
TÄTER, TATHERRSCHAFT, TEILNAHME	308
DENUNZIATION UND SPRACHE	311
Kann ein Taubstummer denunzieren?	311
Das gesprochene und geschriebene Wort	312
Schweigen ist Gold?	312
Ohne Benennung keine Denunziation	313
ANMERKUNGEN	315

Vorwort

Tat Judas es tatsächlich für dreißig Silberlinge? Denunzierte er überhaupt? Welches sind die Gründe dafür, daß die Denunziation immer mehr in das Blickfeld des Interesses gerät? Immerhin haben mehrere Institutionen in den letzten Jahren große Summen für die Erforschung dieses Phänomens bewilligt. Ihnen ist möglicherweise erklärt worden, daß man auf diese Weise besser den Unterschied zwischen Totalitarismus und demokratischer Ordnung erhellen könne oder daß selbst in demokratischen Gesellschaften immer wieder Bestrebungen nach totalitären Lösungen aufzukommen drohen und damit ein Anwachsen der Denunziationen.

Beide Erklärungen sind plausibel und lassen sich belegen. Doch wenn man einmal sich mit dem Phänomen der Denunziation zu beschäftigen beginnt, kommen Fragen über Fragen, und jeder Einstieg in das Thema mag willkürlich erscheinen. Ich habe mich entschlossen, mit einem historischen, das 20. Jahrhundert betreffenden Teil zu beginnen: mit der Denunziation im Dritten Reich und im KGB-Reich (es könnte ebensogut Tscheka-, GPU-, OGPU- oder NKWD-Reich heißen)[1]. Mit dem Begriff KGB-Reich soll die enge Stasi-Perspektive verlassen werden. Schließlich waren alle Sicherheitssysteme in den Staaten des realen Sozialismus nach dem gleichen sowjetischen Muster aufgebaut.

Im zweiten Teil geht es mir u. a. darum zu zeigen, daß mit Denunziation eigentlich zwei unterschiedliche Sphären, die der Enthüllung und die der Beschuldigung, bezeichnet werden, daß man durch die Unterscheidung der

Denunziation vom Klatsch ein wesentliches Merkmal der Denunziation in die Hand bekommt und daß es notwendig ist, sich mit dem Geheimnis zu beschäftigen, ohne das es, wie Georg Simmel bemerkt hat, kein Erwachsenwerden gibt.

Aber wer mag schon Geheimnisse, wer erträgt sie? Sichtbarkeit und Hörbarkeit erscheinen als das Bessere, allzumal seit der Aufklärung. Ganze Generationen haben an Techniken der Sichtbar- und Hörbarmachung des Verborgenen gearbeitet. Diese haben mittlerweile einen hohen Standard erreicht; doch wünschen sich die Menschen andererseits nicht, daß alles sichtbar und hörbar ist. Ein Zusammenleben ohne Verborgenes wäre die Hölle. Das heißt aber, daß das Phänomen der Denunziation ein ewiges bleiben wird. Doch nicht jedes Ent-bergen stellt eine Denunziation dar. Es muß auch eine Instanz geben, der etwas zugetragen werden kann. Die Geschichte der Denunziation ist aufs engste mit der Geschichte der Behörden und Instanzen sowie – wie ich zu zeigen versuche – mit der Zunahme von »Schriftmächten« verknüpft. Erst mit der Schriftmacht bildet sich ein neuer Typ des Denunzianten heraus, derjenige, der fordernd vor eine Entscheidungsinstanz tritt. Gerade das läßt uns besser begreifen, wie es in der Neuzeit zur Massenhaftigkeit von Denunziationen gekommen ist, so daß die Frage nach den Ursachen der Denunziation (den »dreißig Silberlingen«) und der Verantwortung für sie in einem etwas anderen Licht erscheint.

Es wäre gut, wenn der Leser bzw. die Leserin das vorliegende Buch von der ersten bis zur letzten Seite durchgehend lesen würde, denn es hat seine innere – wenn auch ein wenig verdeckte – Logik. Aber vielleicht macht auch eine andere Art der Lektüre Sinn. Immerhin sind viele Abschnitte so formuliert, als stünden sie für sich.

Erster Teil

Im Dritten Reich

Der Fall Helene Schwärzel

Wir schreiben den 12. August 1944. Im westpreußischen Conradswalde ist ein müde aussehender, recht gut gekleideter Herr in der Frühe in die Gastwirtschaft eingekehrt, um ein warmes Getränk zu sich zu nehmen. Er erweckt Interesse im Haus, denn in diesem Ort wird jeder Fremde beäugt. Frau Helene Schwärzel, die die Frühstückstische für die in der Wirtschaft einquartierten Angestellten der Lohnstelle des Elbinger Fliegerhorstes deckte, kam der Mann in der Ecke bekannt vor. Und plötzlich wußte sie, wer es ist: Carl Goerdeler, den sie in Königsberg, als er dort Zweiter Oberbürgermeister war, immer bewundert hatte, weil er allen, auch ihr, die sonst immer so gehänselt wurde, freundlich begegnete. Er hatte vor ihr sogar, als sie ihn auf der Strandpromenade in Rauschen mit jugendlichem Übermut grüßte, den Hut gezogen. Seine charmante Art war ihr unvergeßlich. Nachdem sie ihn in der Wirtschaft erkannt hatte, eilte sie aufgeregt ins Büro zu Gertrud B.: »Da draußen sitzt unser Goerdeler«.[2] Sie weiß, daß er gesucht und wer ihn aufspürt mit einer Million Reichsmark belohnt wird. Auch Gertrud B. weiß es. Sie *schlägt vor, einen Zettel zu schreiben und diesen dem Oberzahlmeister Schadwinkel zu geben. Helene Schwärzel schreibt: »Auf dem Sofa sitzt Dr. Goerdeler.« Gertrud B. übergibt den Zettel an Schadwinkel. Während Schadwinkel sich den Mann noch genau ansieht und Helene an seinen Tisch tritt, um ihn zu überzeugen, bittet der andere Zahlmeister, Hellbusch, eine der Angestellten, ein Gespräch mit Marienburg anzumelden.*[3]

Goerdeler wird mißtrauisch und geht. Helene Schwärzel fühlt sich aber dadurch, daß er sich, wie sie es sagen würde, von dannen gemacht hat, nicht befreit. Sie besteht darauf, etwas zu tun. Der Landjäger solle benachrichtigt werden. Schadwinkel scheint seine Zweifel zu haben. Die aufgeregte Helene geht ihm offenbar auf die Nerven. Sie möge doch selber den Landjäger anrufen, wenn sie so sicher sei, daß es sich um Goerdeler handle. Sie *weigert sich mit der Begründung, daß das Männersache sei* [...].[4] Hellbusch, der sich in sein Dienstzimmer begeben hatte, kommt nach einem kurzen Nachdenken über die Lage zu dem Schluß, *er müsse dienstlich etwas unternehmen*. Er erklärt Schadwinkel, *er werde nachfahren, und* fordert *ihn kameradschaftlich auf, ihm zu folgen*, was er tut. Während der gemeinsamen Fahrt auf der Suche nach Goerdeler teilt Schadwinkel Hellbusch die Äußerung der Schwärzel mit, *dass es gefährlich sein würde, nichts zu unternehmen*.[5] Sie überlegen also erst jetzt, ob sie sich persönlich in einer »Notlage« befinden. Als sie Goerdeler aufspüren, verhaftet ihn Hellbusch mit den Worten: *Herr Goerdeler, das Spiel ist aus, bitte kommen Sie mit*. Dieser versucht nicht, sich zu wehren. Er wird dann *den eilig herbeitelefonierten Gestapobeamten aus Marienburg* übergeben.[6]

Kurz darauf kommt es in der Gastwirtschaft zu einer Auseinandersetzung, wem die Million Reichsmark zustehe: Helene Schwärzel allein oder auch den beiden Männern? Sie findet, nur ihr. Sie erhält das Geld auch, das sie, einige wenige Ausgaben (darunter 50 000 Mark, welche sie ihrem spielverschuldeten Schwager schenkt) ausgenommen, auf die Dresdner Bank[7] einzahlt und kaum anrührt.

Das Frappierende an dem Fall Helene Schwärzel ist die Tatsache, daß keiner der Beteiligten sich von politischen oder rein ideologischen Motiven hatte leiten lassen. Es gab keinerlei Enthusiasmus. Da Helene Schwärzel auf ihrem Wissen bestand, um endlich einmal recht zu haben, gelangten die anderen – etwa fünfzehn Personen[8] –, wenn auch zögerlich,[9] zu der Überzeugung, in Übereinstimmung mit den Vorschriften handeln zu müssen. Nicht einmal die sich verschlechternde Kriegslage hatte sie nachdenklich gemacht. Es war wahrscheinlich so, wie es Thomas Mitscherlich in seinem beeindruckenden Film *Die Denunziantin* darstellt: in Conradswalde lebten die Einwohner und Einquartierten ihren Alltag, als würden die großen Ereignisse sie nichts angehen. Bezeichnungen wie »Goerdeler, ein aufrechter Deutscher«, oder »Goerdeler, Retter in letzter Minute« waren ihnen fremd. Keiner der beiden Männer kam auf die Idee, sich in die falsche Richtung zu begeben, um den Fliehenden nicht zu finden.

In diesem Lichte erscheint die Denunziation als eine Kollektivaktion, ein Gruppenphänomen. Eine/einer erkennt den Gesuchten, zu Ächtenden, eine/einer überlegt, wie die Polizei oder Gestapo zu benachrichtigen ist, einige machen sich auf, den Fliehenden aufzuspüren, kurz darauf wird er gestellt und den Gestapoleuten übergeben. Alle wissen, was sie tun. Sie fragen sich, ob die Gesichtszüge des Gastes mit dem *in den Zeitungen* veröffentlichten Bild Goerderlers übereinstimmen.[10] Alle kennen die Höhe der Belohnung, obwohl man ihnen nicht unterstellen kann, des Geldes wegen und schon gar nicht aus ideellen Gründen aktiv geworden zu sein. Es geschah um der vermeintlichen Ordnung willen, und zwar in einem Augenblick, in dem der Zusammenbruch dieser Ordnung bereits absehbar war.

Ein Meer von Denunziationen

Als die Nazis 1933 die Macht übernahmen, waren sie über den Umfang der Denunziationsbereitschaft in der deutschen Bevölkerung überrascht. Sie war so groß, daß beispielsweise der Polizeipräsident von Kassel, Fritz von Pfeffer, ein SA-Gruppenführer, am 6. 9. 1933 in einem Schreiben an die Landräte des Bezirks empfiehlt, *derartige Fälle unter Nennung der Namen der verleumderischen Angeber in der Öffentlichkeit, besonders in der Presse bekanntzugeben.*[11]

1934 forderte der Reichsminister des Inneren, Wilhelm Frick, in einem Erlaß die Landesregierungen und Reichsstatthalter auf, *mit allem Nachdruck dafür zu sorgen, daß die des Deutschen Volkes und des nationalsozialistischen Staates unwürdige Erscheinung des Denunziantentums verschwindet.*[12]

Dieser Erlaß wurde im Nachrichtenblatt des Geheimen Staatspolizeiamts am 16. Juli 1934 nachgedruckt. Am 20. Juni konnte man in der *Neuen Mannheimer Zeitung* lesen, der Leiter des Geheimen Staatspolizeiamts Karlsruhe, Karl Berckmüller, habe in einem Interview erklärt, es erscheint *notwendig, hier mit besonderer Deutlichkeit darauf hinzuweisen, daß die Geheime Staatspolizei keinesfalls die Beschwerdestelle politischer Gehässigkeiten oder gar niedrigen Denunziantentums sein darf. Ich werde gerade diesen Verleumdern gegenüber die ganze Strenge des Gesetzes zur Durchführung bringen lassen, wenn es sich herausstellt, daß durch wissentlich falsche Anzeigen der Apparat der Geheimen Staatspolizei unnötig belastet und dadurch Unglück und Aufregung Unschuldigen zugefügt wird.*[13]

Gut fünf Jahre später, zwei Tage nach Kriegsausbruch, legte Heydrich in seinen *Grundsätzen der inneren Staatssicherung während des Krieges* im vorletzten von insgesamt fünf Punkten fest: *Gegen Denunzianten, die aus persönlichen Gründen ungerechtfertigte oder übertriebene Anzeigen gegen Volksgenossen erstatten, ist an Ort und Stelle in geeigneter Weise – durch eindringliche Verwarnung und in böswilligen Fällen durch Verbringung in ein Konzentrationslager – einzuschreiten.*[14]

Doch im Februar 1941 gestand Heinrich Müller, Chef der Sicherheitspolizei und des SD-Nachfolgers Reinhard Heydrichs, indirekt das Überhandnehmen von Denunziationen ein: In einem Rundschreiben an alle Staatspolizei(leit)stellen *betreffs Anzeigeerstattung von Verwandten untereinander, insbesondere Ehegatten* verlangte er, *genauestens nachzuprüfen, aus welchen Motiven die Anzeige erstattet worden ist*, damit kein Unschuldiger in Haft genommen werde, weil der andere Ehepartner einen Scheidungsgrund suche.[15]

Selbst Hitler muß sich der negativen Folgen einer zu großen Denunziationslust bewußt gewesen sein. Im Mai 1933 erklärte er in einem Gespräch mit dem Reichsjustizminister Gürtner, »*daß wir zur Zeit in einem Meer von Denunziation und menschlicher Gemeinheit leben*«; *es sei keine Seltenheit, daß jemand einen anderen denunziere und sich selber gleichzeitig als Nachfolger empfehle. Schließlich sei es unter der einschränkenden Gesetzgebung des Weimarer Staates für einen Wirtschaftsbetrieb oft notwendig gewesen, die Gesetze einfach zu übertreten. Heute nun habe die ständige* »*Gefahr, jeden Tag von irgend jemand, der davon Kenntnis hat, beim Staatsanwalt oder einer anderen Stelle denunziert zu werden*«, [...] »*eine ungeheure Unruhe in die Wirtschaft gebracht*«.[16]

Nach der Sicherung seiner Machtstellung wünschte sich Hitler erst einmal Stabilität, ehe er nach neuen radikalen Änderungen zu streben begann, die ohne Mithilfe größerer Bevölkerungskreise, ohne ihre Mitteilsamkeit nicht möglich gewesen wären. Es war eine Mitteilsamkeit, die nicht verordnet werden mußte.

Im Sinne der Machtstabilisierung appellierte Göring als Preußischer Ministerpräsident eindringlich, bei der Durchführung des *Gesetzes zur Wiederherstellung des Beamtentums* vom 7. April 1933 großzügig und maßvoll zu verfahren. Hitler habe ihn beauftragt, darauf hinzuweisen, daß man sich hüten solle, einen Beamten nur deswegen, weil er irgendwo und irgendwann einmal menschlich gefehlt habe, einfach aus Amt und Dienst zu entfernen. Göring verlangte von den verantwortlichen Parteifunktionären, daß die erforderlichen Ermittlungen *in jeder Hinsicht richtig, einwandfrei und schlüssig* seien. Sie würden ihm mit *Kopf und Kragen dafür haften*. Prinzipiell sei ihm klar, daß bei der Durchführung dieses Gesetzes *ein ungeheuerliches Aufblühen des Denunziantentums in gefährlichster Nähe liege*, wobei man nie vergessen dürfe, daß die Aufgabe, das Berufsbeamtentum von den Parteibuchbeamten zu reinigen, unter keinen Umständen dazu führen dürfe, die entfernten Parteibuchbeamten durch neue Parteibuchbeamten zu ersetzen.[17]

Als zu Beginn des Zweiten Weltkriegs Heydrich auf Himmlers Anregung dem Ministerrat den Entwurf einer Verordnung über die allgemeine Meldepflicht, d. h. über die Pflicht zur Denunziation, vorlegte, äußerten alle zuständigen Stellen Bedenken. Der Generalbevollmächtigte für die Wirtschaft fand, die Verordnung werde *einen seelischen Druck erzeugen, die Widerstandskraft des deutschen Volkes schwächen*; das Oberkommando der Wehrmacht hielt dagegen, der *vorgesehene neue Meldeweg passe für die Truppe nicht*; der Reichsjustizminister erklärte offen, *die Verordnung würde ihren Zweck nie erreichen, ein widerliches Denunziantentum großziehen und den Eindruck der Geschlossenheit von Führer und Volk nur trüben.*

Und ähnlich äußerte sich der Reichsminister für Volksaufklärung und Propaganda: *Durch die Verordnung würde ein Denunziantentum gezüchtet werden, gegen das die Bestrafung der falschen Anzeige nur ein unvollkommenes Abwehrmittel bietet.*

Die Folge war, daß Göring als Vorsitzender des Ministerrats zur Reichsverteidigung am 19. 10. 1939 die Mitteilung machte, der Entwurf sei *mit Rücksicht auf die von allen Seiten geäußerten Bedenken* als erledigt anzusehen.[18] Die Verordnung sollte *den Zweck verfolgen [...], das deutsche Volk zur weitgehenden Mitarbeit an den Aufgaben der Geheimen Staatspolizei heranzuziehen.* Im Entwurf war u. a. zu lesen: *Um jeden deutschen Volksgenossen zur aktiven Mitarbeit an der den Reichssicherheitsorganen obliegenden Aufgabe der inneren Sicherung des Reiches und der eigenen kampfbereiten Volksgemeinschaft gegen reichs- und staatsfeindliche Handlungen jeder Art heranzuziehen, wird verordnet: § 1 Jeder deutsche Mann und jede deutsche Frau in allen der Reichshoheit unterstehenden Gebieten ist vom vollendeten 18. Lebensjahr ab verpflichtet, die folgenden Vorgänge, sobald sie durch eigene Wahrnehmung festgestellt sind, in den in § 3 bezeichneten Stellen zu melden: 1. Alle Verbrechen im Sinne der Strafgesetze und alle Vergehen, die nach gesundem Volksempfinden geeignet sind, die Geschlossenheit und den Kampfwillen des deutschen Volkes zu sichern, einschließlich der Versuchs- und Vorbereitungshandlungen ...*[19]

Eine solche Verordnung war angesichts der großen Denunziationsbereitschaft gar nicht vonnöten.

Denunziationen als primäres Ermittlungsmoment

Bis vor einigen Jahren dominierte die Überzeugung von der Allmächtigkeit und Allgegenwart der Gestapo. Man wollte nicht wahrhaben, daß die Gestapo *eine unterbesetzte und überbürokratische Behörde* darstellte[20], die ihren zahlreichen und vielfach wechselnden Aufgaben ohne die Unterstützung aus der Bevölkerung nicht hätte nachkommen können. Zwar hatte Reinhard Mann bereits in den siebziger Jahren auf die große Zahl von Denunziationen, die bei der Gestapo eingegangen waren, verwiesen, aber er zog daraus den Schluß, daß solche Denunziationen *in der Mehrheit als durchaus dysfunktional für die konkrete Tätigkeit der nationalsozialistischen Geheimpolizei eingeschätzt werden können [...]*.[21]

Zu einer völlig anderen Einschätzung gelangte die Forschung, als sie Ende der achtziger und zu Beginn der neunziger Jahre neue Fragen stellte: Wie funktionierte eigentlich der Alltag der Gestapo, wie konnte ein zahlenmäßig kleiner Apparat mit wenigen V-Männern so effektiv, wie ihm nachgesagt wird, arbeiten? Man muß wissen, daß vor dem Anschluß rund 7000 Personen bei der Gestapo angestellt waren.[22] Ende 1944 standen im gesamten deutschen Herrschaftsgebiet, d. h. die besetzten Länder mit einbezogen, ungefähr 32 000 Personen im Dienst der Gestapo, davon die Hälfte aktiv in Polizeifunktionen.[23]

1937 waren in Düsseldorf, einer Stadt mit etwa einer halben Million Einwohnern, 126 Gestapo-Beamte tätig, in Essen, wo etwa 650 000 Menschen wohnten, 43, in Duisburg 28, Mönchengladbach 11.[24] In den meisten Kleinstädten gab es höchstens einen Gestapomann, auf den Dörfern keinen. Bei einem so kleinen Apparat und einer geringen Zahl von verdingten Zuträgern (im Saargebiet verfügte die Stapo-Stelle über etwa 50 Vertrauensmänner, unter ihnen *zahlreiche Gelegenheitszuträger mit* geringem Informationswert, die wohl die Mehrheit bildeten, ferner *Wichtigtuer, Hochstapler und Aufschneider, darunter etliche kleine Gauner,* und nur *eine Handvoll Spitzenagenten, die – wenngleich zeitlich befristet – einige erhebliche Einbrüche der Gestapo verursachten*[25]) war die Gestapo auf Denunziationen direkt angewiesen. So stellten Klaus Michael Mallmann und Gerhard Paul fest, daß das, was in der bisherigen Forschung *für Düsseldorf und Würzburg gezeigt werden konnte,* auch für Saarbrücken gelte: *Sowohl im Bereich der Heimtückedelikte als auch in Fällen von Hoch- und Landesverrat bildete Denunziation, mit 87,5 Prozent bzw. 69 Prozent das primäre Ermittlungsmoment.*[26]

Der kanadische Forscher Robert Gellately sprach in einem Vortrag, den er im Februar 1994 in Berlin hielt, vom passiven und reaktiven Charakter der Gestapo. In seinem Buch *Die Gestapo und die deutsche Gesellschaft* erklärt er, bei *aller gebotenen Vorsicht* erscheine *die These gerechtfertigt, daß Denunziation aus der Bevölkerung die wichtigste Einzelursache für das Anlegen irgendwelcher Akten bei der Gestapo bildete.*[27]

Man müsse daher *die Vorstellung von der Gestapo als einem »Herrschaftsinstrument« noch einmal überdenken: Wenn sie ein Instrument war, dann eines, das innerhalb der deutschen Gesellschaft verankert war und dessen Funktionieren von der fortgesetzten Mitarbeit deutscher Bürger abhing.*[28]

Mallmann und Paul schlußfolgern: *Ohne das Heer der freiwilligen Zuträger wäre die Gestapo nahezu blind gewesen.*[29]

Unter Stapo-Stellen sollte man sich angesichts dessen nicht in erster Linie Ermittlungsapparate, sondern eher *Sammelstellen für Anzeigen und Entscheidungsinstanzen für deren Bearbeitung* vorstellen,[30] zumindest vor dem Krieg und im Reich selber.

Christiane Oehler gelangt zu einem ähnlichen Ergebnis: 82 Prozent der Verfahren wegen sogenannter politischer Straftaten seien von Privatleuten initiiert worden: *Dieses Ergebnis könnte zu der Schlußfolgerung verleiten, daß die von Werner Best, ab 1939 Chefjustitiar des RSHA, zur Bekämpfung nonkonformer Anschauungen und Aktivitäten geforderte »totale Mobilmachung der Aufmerksamkeit des ganzen Volkes gegen alle staatsgefährlichen Bestrebungen«, die man bereits seit der Machtergreifung zu realisieren suchte, tatsächlich gelungen sei.*[31]

Christiane Oehler neigt jedoch nicht zu dieser Ansicht, da es sich zumeist um privat motivierte Denunziationen gehandelt habe. Die Hälfte der von ihr eingesehenen Sondergerichtsverfahren hätten nicht stattgefunden, schreibt sie, *wenn die Mitbürger der Angeklagten geschwiegen hätten.*[32] Marxen errechnete, daß die Defaitismusverfahren vor dem Volksgerichtshof zu über drei Viertel mit einer Privatanzeige ihren Anfang nahmen. Die Bevölkerung war in dieser Hinsicht *wesentlicher Bestandteil* der Justiz. Ohne ihre Mitwirkung wäre *die umfangreiche Verfolgung von Fällen der Wehrkraftzersetzung nicht praktizierbar gewesen.*[33]

Dieser Einschätzung der Rolle der Gestapo einerseits und der Denunzianten andererseits wird entgegengehalten, daß es ja ein ganzes Netz von nationalsozialistischen Institutionen gab, deren Aufgabe es war, die Bevölkerung zu überwachen und der Gestapo zuzuarbeiten. Auch habe ja die politische Führung bestimmt, was verfolgungswürdig sei. Ludwig Eiber wirft Gellately vor, er sehe *in jedem einen potentiellen Denunzianten*. Dagegen bleibe *festzuhalten, daß de facto die Denunzianten eine Minderheit der deutschen Gesellschaft repräsentieren.*[34] Letzteres ist sicher richtig, aber die Vertreter dieser Minderheit erlebten nicht oder nur selten, daß sie, wenn sie Zuträgerdienste geleistet hatten, von ihren Mitbürgern

»geschnitten« wurden (selbst nach 1945 nicht). Die Isolierung der Denunzianten wäre ein Zeichen dafür gewesen, daß sich die Gesellschaft in Distanz oder gar im Widerstand zum Machtapparat befindet.

Was, wer, mit wem, wo, wie, wann?
Wer ist wer und wo? (Der Beginn)

Die ersten massenhaften Denunziationen im Dritten Reich sind kaum aktenkundig geworden. Sie erfolgten, als die SA-Trupps ihre »eigenhändigen« brutal-blutigen Säuberungen vornahmen;[35] denn Machübernahme bedeutete für die Nationalsozialisten die sofortige Ausschaltung aller militanten oder von ihnen als militant empfundenen Gegner. Sie waren gut vorbereitet, sie wußten genau, wer wer ist und wo er sich aufhalten könnte. Trotzdem hätten sie ohne die Mithilfe anderer so manchen Gegner und manches Versteck nicht entdeckt. Sehr anschaulich hat es Rudolf Diels, der erste Chef der Gestapo, im nachhinein geschildert: *Die SA war, im Gegensatz zur Partei, auf ihre Machtergreifung vorbereitet. Sie bedurfte keiner einheitlichen Leitung; der »Gruppenstab« gab das Beispiel, doch keine Befehle. Aber bei den »Stürmen« gab es feste Pläne für die Aktionen in den Kommunistenvierteln. Jeder SA-Mann war in jenen Märztagen »dem Feind auf den Fersen«, jeder wußte, was er zu tun hatte. Die »Stürme« säuberten ihre Bezirke. Sie kannten nicht nur die Wohnungen, sondern sie hatten auch von langer Hand die Unterschlüpfe und Treffpunkte ihrer Gegner ausgekundschaftet. Wo die Kenntnis der SA aussetzte, wurde sie durch einen Sturm von Denunziationen und eine Armee von Spitzeln und Zuträgern unterstützt (wie dreizehn Jahre später bei der Denazifizierung). Nicht nur die Kommunisten, sondern jedermann, der sich einmal gegen Hit-*

lers Bewegung ausgesprochen hatte, war gefährdet. Die Polizei konnte den Aufstand der Berliner SA im März nur an der äußersten Oberfläche verfolgen.³⁶

Die Gestapo wurde zu dieser Zeit erst geschaffen, wenngleich sie Vorformen in der Politischen Polizei hatte. Ein erster wichtiger Schritt war das am 26. April 1933 für Preußen erlassene »Gesetz über die Errichtung eines Geheimen Staatspolizeiamtes (Gestapa)«, durch das die Organisationsstrukturen der Politischen Polizei gestrafft werden konnten. Im Paragraph 2 hieß es: *Das Geheime Staatspolizeiamt kann im Rahmen seiner Zuständigkeit alle Polizeibehörden um polizeiliche Maßnahmen ersuchen.*³⁷

Am 30. November 1933 trat ein zweites Gestapo-Gesetz in Kraft. Mit ihm gingen die *bisher von dem Ministerium des Inneren wahrgenommenen Geschäfte der politischen Polizei [...] auf das Geheime Staatspolizeiamt über*.³⁸ Im März 1934 kam es zur endgültigen Verselbständigung der Gestapo im ganzen Reich; Himmler und Heydrich hatten von da an das Sagen, obwohl Göring bis 1936 nominell Chef der Gestapo blieb. Bis 1935 gelang es der Gestapo, ihren Hauptfeind, die Kommunisten, organisatorisch weitestgehend zu zerschlagen, was ihnen insofern relativ leicht fiel, da *die Kommunisten den Faschismus vornehmlich als Instrument des herrschenden Großkapitals und erst in zweiter Linie als nationalsozialistische Massenbewegung auffaßten* und daher *die Rolle des spontanen, massenhaften Denunziantentums aus nationalsozialistischer Gesinnung oder persönlicher Gehässigkeit unterschätzten.*³⁹

Aus den Arbeitervierteln, die den Kommunisten bisher auch dann als sichere Zuflucht gegolten hatten, wenn es sich nicht um ausgesprochen KP-dominierte »Rote Viertel« handelte, ergoß sich eine Flut von Verdächtigungen und Denunziationen. Nachbarn, die jahrelang als unauf-

fällig und unpolitisch gegolten hatten, entpuppten sich jetzt als fanatische Nazis, andere machten ihre späte Bekehrung zur NSDAP als sogenannte Märzgefallene durch besonderen Einsatz vergessen.[40]

Die nachbarlichen Beobachtungen waren deswegen so wirkungsvoll, weil die Kommunisten nicht aufhörten, den Widerstand zentralistisch zu organisieren. Das erforderte den Einsatz von Boten, d. h. von »Fremden«, die Anweisungen übermittelten und Berichte einholen. Sie brauchten nur einige Male von Nachbarn gesehen zu werden, um deren Neugier oder gar Mißtrauen zu wecken, zumal recht genau bekannt war, wer der KPD angehört hatte oder zumindest kommunistisch gesinnt war. Ein solcher »Fremder« konnte die Gestapo leicht auf eine heiße Spur bringen.

Die aus dem weiten Umfeld mißtrauischer Beobachtung erwachsenden Denunziationen sowie Aktivitäten kleiner V-Leute an der Peripherie des kommunistischen Milieus gaben den Anstoß zu den meisten Verhaftungsaktionen gegen die KPD.[41]

Das betraf sowohl einzelne KPD-Mitglieder wie auch KPD-Gruppen. Ein Beispiel für den ersten Fall ist das Schicksal des 1900 geborenen Schauspielers Hans Otto, der seine Künstlerlaufbahn in Dresden begonnen hatte. Nach Auftritten am Reußischen Theater in Gera und im Hamburger Schauspielhaus ging er 1929 nach Berlin, wo er nicht nur künstlerisch tätig war, sondern sich auch politisch in der kommunistischen Bewegung engagierte. In den ersten Monaten nach Hitlers Machtantritt konnte er untertauchen, aber *am Mittwoch, dem 13. November* 1933 wurde er, wie Gerhard Hinze berichtet, *abends in einem kleinen Restaurant am Viktoria-Luise-Platz in Berlin* verhaftet.

Ein Verräter hatte die SA dort hingeführt. Wir wurden einander gegenübergestellt im SA-Lokal »Café Komet« in

Stralau-Rummelsburg. Damit begann unsere Leidenszeit. Während im Café eine Tanzkapelle spielte, wurde abwechselnd verprügelt, ins Gesicht geschlagen und mit Fußtritten traktiert, bis unsere Folterknechte ermüdeten [...][42] Einige Tage später hatten die SA-Schergen Hans Otto ermordet.

Ein Beispiel für die Zerschlagung ganzer KPD-Gruppen durch Denunziation ist der Fall Erich Wöseler, der 1935/36 monatelang von Holland aus immer wieder mit Literatur Düsseldorf *anlief, bis die Gestapo von einem Nachbarn erfuhr, daß bei Frau Katharina St. in der Kölner Straße 379 alle vierzehn Tage ein Fremder übernachtete. Als der Nachbar am 20. April 1936 das erneute Anlaufen des Fremden meldete, griff die Gestapo zu und rollte mit Hilfe erpreßter Aussagen mehrere KP-Zellen in Düsseldorf, Mönchengladbach und im Ruhrgebiet auf. Ähnlich erging es dem neu eingesetzten Bezirksleiter der KPD für Düsseldorf im Juni 1935, als er in dem kleinen Ort Zons den ehemaligen Bauernobmann in der KPD-Bezirksleitung Niederrhein, Johannes Scheer, aufsuchte. Das Auftreten bei dem »roten« Bauern schien einem benachbarten SA-Mann verdächtig genug, die Polizei zu alarmieren. Im Gefolge dieser Verhaftung wurde die ganze restliche Parteiorganisation in Düsseldorf zerschlagen.*[43]

Auch nach der offiziellen Rückgliederung des Saargebiets am 1. März 1935 und nach dem Anschluß Österreichs im März 1938 konnten die neuen Stapo-Stellen mit Erstaunen feststellen, daß die Machtübernahme von großen Teilen der Bevölkerung aktiv unterstützt wurde. Im Saargebiet fahndeten selbsternannte *Hilfssheriffs ohne Parteibuch [...] auf eigene Faust nach »Staatsfeinden« und geheimen Druckereien, sie stellten Regimegegner, die nachts Parolen pinselten, und beobachteten durch die Gardine, wer bei den Verwandten prominenter Emigranten ein und aus ging. Auch illegale Flugblätter, die man per Post verschickte oder in die Briefkästen steckte, »wurden von den Empfängern hier abgeliefert«, wie die Stapo-Stelle immer wieder anerkennend vermerkte.*[44]

In Österreich verliefen die ersten Monate ähnlich. Die Wiener Gestapo sah sich sogar *gezwungen, den massenhaft eingehenden Denunziationen wegen »Heimtückevergehen« entgegenzuwirken, zumal auch die entsprechenden gesetzlichen Regelungen in Österreich noch gar nicht in Kraft getreten waren.*[45] Die hohe Denunziationsbereitschaft hielt dort, in der sogenannten Ostmark, bis in die letzten Kriegswochen fast unvermindert an. Zwischen 1946 und 1955 waren, wie Franz Weisz ermittelte, *ca. 7000–8000 Strafverfahren nur wegen Denunziationen anhängig.*[46]

Auch in Lodz (Łódź) liefen gleich nach der Besetzung im September 1939 so viele Denunziationen bei der sich etablierenden Gestapo ein, daß sie noch im Januar 1940 klagte, sie könne sich wegen ihrer Menge (etwa vierzig pro Tag) nicht auf die eigentlichen Aufgaben konzentrieren.[47]

Wer sagte was, und was sagte wer? (Regimekritische Unmutsäußerungen)

Die neuen Machthaber wollten nicht nur ihre erklärten Gegner aus dem »Volkskörper« entfernen, sondern auch die kritisch Eingestellten. Kritik bedeutete für sie von Anfang an Gegnerschaft. Bereits durch einen Witz konnte man in die Mühle des Verfolgungsapparats geraten. Regimekritische Äußerungen, Worte des Unmuts wurden kriminalisiert. Die gesetzliche Grundlage wurde am 21. 3. 1933 durch die »Verordnung des Reichspräsidenten zur Abwehr heimtückischer Angriffe gegen die Regierung der nationalen Erhebung« geschaffen, die am 20. 12. 1934 durch das »Gesetz gegen heimtückische Angriffe auf Staat und Partei und zum Schutz der Parteiuniform« ersetzt wurde. Vergehen gegen die Verordnung bzw. das Gesetz fielen in die Kompetenz von Sondergerichten, die ihr Urteil, gegen das es kein Einspruchsrecht gab, relativ schnell fällen konnten. Nach Paragraph 1 des Gesetzes bildeten *die Aufstellung und Verbreitung unwahrer oder gröblich entstellter Behauptungen, die geeignet sind, das Wohl des Reiches oder das Ansehen der Reichsregierung, der NSDAP oder ihrer Gliederungen schwer zu schädigen,* Straftatbestände, und nach Paragraph 2 waren es *öffentliche gehässige, hetzerische oder von niedriger Gesinnung zeugende Äußerungen über leitende Persönlichkeiten des Staates oder der NSDAP, die geeignet sind, das Vertrauen in die politische Führung zu untergraben.*

Diese Kriminalisierung des Wortes öffnete dem Denunziantentum Tür und Tor. Und es fanden sich Tausende, die gern mitteilten, wer was gesagt habe. Hinzu kam, daß dem Paragraph 2 die Erklärung (als Abs. 2) beigefügt war: *Den öffentlichen Äußerungen stehen nichtöffentliche böswillige Äußerungen gleich, wenn der Täter damit rechnen muß, daß die Äußerung in die Öffentlichkeit dringen werde.*[48]

Damit ließen sich auch private Äußerungen als öffentliche qualifizieren, was recht häufig geschah. So heißt es in einem Urteil des Mannheimer Sondergerichts: *Der Angeklagte hat seine Äußerungen zwar im Zwiegespräch mit Arbeitskameraden, also nicht öffentlich getan; er musste jedoch damit rechnen, dass seine Äußerungen in die Öffentlichkeit dringen werden, zumal seine Zuhörer keinesfalls mit ihm sympathisierten, sondern ihn mehrfach warnten.*[49]

Das »zumal« klingt nicht besonders logisch. Eine Weiterverbreitung von Kritik wäre eher von Sympathisanten zu erwarten. Hier ging es jedoch darum, daß, wenn die Gesprächspartner nicht gerade gute Freunde waren, der Paragraph 2, Abs. 2 angewendet werden konnte.

In einer anderen Urteilsbegründung lesen wir: *Die Äusserungen des Angeklagten sind zwar nicht in der Öffentlichkeit gefallen. Er hat sie aber seinem jeweiligen Dienstvorgesetzten gegenüber gebraucht und wusste, dass sein Verhalten schon verschiedentlich unangenehm aufgefallen war. Er musste also damit rechnen, dass seine Äusserungen zu weiteren Erörterungen im Betrieb führen und dadurch in die Öffentlichkeit dringen würden.*[50]

Selbst die Familie mußte keinen Schutz gewähren, wie die folgende Urteilsbegründung beweist: *Der Angeklagte musste wegen der in seiner Familie herrschenden Spannungen damit rechnen, daß seine in der Familie gemachten Äusserungen an die Öffentlichkeit dringen würden.*[51]

Die Zahl der wegen »heimtückischen Angriffen« Belangten war erwartungsgemäß hoch. *Allein im Jahre 1937 wurden 17168 Personen bei der Gestapo wegen dieses »Deliktes« angezeigt, 7208 vor den hierfür zuständigen Sondergerichten angeklagt.*[52] Zu den meisten diesbezüglichen polizeilichen Ermittlungen wäre es ohne Denunziationen aus der Bevölkerung nicht gekommen. Sie sind, wie Peter Hüttenberger in seiner Studie »Heimtückefälle vor dem Sondergericht München« konstatiert, durch *hunderttausendfache Denunziation, wie die große Zahl der Sondergerichtsprozesse beweist*, ausgelöst worden.[53] Auf die Weise gelang es den Machthabern, in die Privatsphären einzudringen und in engsten Kreisen gegenseitiges Mißtrauen zu erzeugen, und es gelang ihnen vor allem, oppositionelles Verhalten im Keim zu erkennen und zu ersticken.

Viele der »Heimtückefälle« klingen für heutige Ohren lächerlich. Da wird im November 1935 ein Kolonialwarenhändler zu vier Monaten Gefängnis gemäß des Paragraph 2 Abs. 2 verurteilt, weil er in seinem Laden einer

Lieferantin erzählte: *An der neuen Brücke in München seien vor oder nach ihrer Einweihung mit schwarzer Farbe folgende Worte angemalt gewesen:* »*In Deutschland wird es immer netter / Göring wird immer fetter / das Deutsche Volk wird immer dünner / Heil unserem Führer*«.[54]

1936 werden für verschiedene Äußerungen, u. a. für den Spruch:

Als noch regierten Brüning und Papen,
gab es am Sonntag noch Schweinebraten.
Seitdem regieren Hitler und Göring,
gibt es kaum noch einen Hering.

acht Monate Gefängnisstrafe ausgesprochen.[55] Ein Schlosser, der 1935 in Berlin erfahren haben will, Hitler sei wie Röhm ein warmer Bruder, bekommt nach Paragraph 1 des »Heimtückegesetzes« acht Monate Gefängnis aufgebrummt.

Angesichts der vielen Denunziationen galt seit Dezember 1936 eine geheime Richtlinie, wonach sich die Gestapo bei ihren Untersuchungen von »Heimtücke-Fällen« vor allem auf die **Person** und weniger auf deren **Äußerung** konzentrieren solle.[56] Sie hatte herauszubekommen, ob die betreffende Person als politisch gefährlich einzustufen sei oder es sich um eine Art Entgleisung handle. Nur wenn ersteres zutreffe, müsse hart zugeschlagen werden. Sie sollte also nicht untersuchen, wer **was** sagte, sondern was **wer** sagte. Wenn das Wer als Person verdächtig erschien, konnte das von ihm Gesagte nicht nur Gefängnis, sondern auch Konzentrationslager zur Folge haben.

Die Gestapo-Stellen sollten effektiv arbeiten, d. h. »Wiederholungstäter« und nicht »Zufallstäter« aus dem Meer von privat motivierten Denunziationen herauspicken, um nicht in ein Instrument des Denunzianten verwandelt zu werden, zumal ihre Kapazitäten beschränkt waren. Hinzu kam, daß so manche der Unzufriedenen nicht aus linken, sondern rechtsradikalen Kreisen stammten, die sich nach dem Ersten Weltkrieg den Freikorps angeschlossen hatten. Ihr lauter Unmut war zwar ein Ärgernis für das Regime, sie standen jedoch nicht unter dem Verdacht, Widerstandsgruppen zu organisieren.

Katrin Dördelmann schildert den Fall eines Mannes, der an Aktionen der Freikorps im Baltikum und an Sabotageakten gegen Frankreich teilgenommen, zwischen 1932 und 1934 SA-Leute unterstützt hatte, aber im neuen System nicht bereit war, sich dem NS-Alltag unterzuordnen, der sein »Maul aufriß« und sogar provokativ Radio Moskau hörte, ohne daraus ein Geheimnis zu machen. Ende 1937 bekam er es mit der Gestapo zu tun, weil ihr zugetragen worden war, er sei ein Kommunist und habe wahrscheinlich mit Rußland Verbindungen. Als sie hörte, er komme aus dem rechten Spektrum, und sie keine kommunistischen Kontakte zu ermitteln vermochte, ließ sie ihn schnell wieder frei. Er geriet allerdings *durch Intrigen aus seinem familiären Umfeld* wieder in ihr Gesichtsfeld. Sie »überstellte« ihn jedoch nicht in ein Konzentrationslager, sondern übergab ihn der Staatsanwaltschaft, die ein Verfahren vor dem Volksgerichtshof einleitete, das durch das *Chaos der letzten Kriegsmonate* nicht zu Ende geführt werden konnte. Ihm hatte, wie Dördelmann es formuliert, *eine im »Dritten Reich« eigentlich überlebenswichtige Fähigkeit weitgehend* gefehlt, *nämlich die ständige Selbstkontrolle in Gesprächen mit anderen.*[57]

Eine neue Welle folgenreicher Denunziationen setzte im Krieg und besonders gegen dessen Ende ein. Viele der Beschuldigten waren Soldaten, die entweder in ihrem Dienstbereich oder während des Heimat- bzw. Genesungsurlaubs »zersetzende« Äußerungen gemacht hatten. Die Mehrzahl der Denunzianten scheint nicht *aus*

Gehässigkeit oder feindlicher Einstellung gegen den denunzierten Soldaten gehandelt zu haben, sondern aus Überzeugung.[58] Sie glaubten wahrscheinlich, die sich anbahnende Niederlage könne durch verstärkten Einsatz und festen Glauben an den Sieg noch abgewendet werden.

Wer hörte was?

Die Erfindung des Radios bedeutet eine Revolution sowohl des Hörens wie auch der Nachrichtenübertragung. Die Nationalsozialisten, die in ihren Wahlfeldzügen dieses neue Medium geschickt zu nutzen wußten, waren sich nach der Machtübernahme im klaren, daß im Kriegsfall die Gegner alles daransetzen werden, die deutsche Bevölkerung über Funk zu beeinflussen. Daher trat gleich mit Kriegsbeginn die »Verordnung über außerordentliche Rundfunkmaßnahmen« in Kraft. Nach ihr war das absichtliche Abhören von ausländischen Sendern, *die geeignet sind, die Widerstandskraft des deutschen Volkes zu gefährden* (Paragraph 1), sowie die vorsätzliche Verbreitung der gehörten Informationen (Paragraph 2) unter Zuchthausstrafe, in schweren Fällen sogar unter Todesstrafe zu stellen. Die Durchführbarkeit der Verordnung hing bei dem Stand der damaligen Technik ganz und gar von der Bereitschaft einzelner ab, die Hörer ausländischer Sender anzuzeigen.

Reichsjustizminister Gürtner erkannte sofort, daß diese Verordnung zu einem Vertrauensbruch zwischen der Regierung und dem deutschen Volk führen könnte. Es werde *von vornherein das Vertrauen in die Richtigkeit deutscher Nachrichten verlieren*. Diese Verordnung werde auch *dem Denunziantentum Tür und Tor öffnen* und lasse vor allem *jede Abgrenzung auf bestimmte ausländische Sender und die Beschränkung auf die Verbreitung solcher Nachrichten, die dem Reich abträglich sind*, vermissen.[59] Weder diese noch andere Einwände hinderten Goebbels, die außerordentliche Rundfunkmaßnahme in Kraft treten zu lassen. Immerhin wurde in der dritten Durchführungsbestimmung vom 20. 9. 1940 das Abhören italienischer Sender durch italienische Staatsangehörige und die Mitteilung der abgehörten Nachrichten an andere italienische Staatsangehörige gestattet![60] Die Strafverfolgung der Hörer ausländischer Sender durfte *nur auf Antrag der Staatspolizeistellen* stattfinden (Paragraph 5), d. h., die betreffende Person mußte nicht unbedingt vor Gericht gestellt, sondern konnte auch in sogenannte Schutzhaft genommen werden.

Die meisten »Straffälligen« wurden nicht einmal auf »frischer Tat« ertappt. Den Vorwurf, Feindsender gehört zu haben, hatten sie der Mitteilungsfreudigkeit anderer zu verdanken, die aus Gesprächen mit ihnen herauszuhören meinten, daß ihr Wissen nur von einem »Feindsender« stammen könne. Im *Völkischen Beobachter* stünde es ja nicht.

Wer hatte was?

1937 erscheint in Eutin der Zellenleiter Parteigenosse Otto B. am 24. Juni beim Polizeiwachtmeister B. und *trägt vor: »Der Arbeiter L. hat mir erzählt, daß die Familie Arbeiter Ernst J. am 21. d. Mts. ungefähr 4 Zentner Kartoffeln auf den Dunghaufen geworfen hat. Die Bevölkerung in der näheren Umgebung hat sich über die Vernichtung sehr aufgeregt, da es viele Familien gibt, die die Kartoffeln gebrauchen können. Am nächsten Tag hat die Schwester von Frau J. die Kartoffeln aus dem Dung wieder herausgesammelt, um sie für Futterzwecke zu verwenden. Ich halte es für meine Pflicht, diesen Vorfall der*

Nationalsozialistischen Volkswohlfahrt zur Kenntnis zu bringen, da mir bekannt ist, daß J. im Winter Kartoffeln vom Winterhilfswerk erhalten hat.

Frau J. erklärte, die Kartoffeln seien sehr stark ausgekeimt gewesen, nicht einmal ihr Schwein wollte sie fressen. Im Polizeiprotokoll folgt dagegen nach der Aussage des Zellenleiters Parteigenosse Otto B. die Ausführung: *Die Angaben der Beschuldigten Frau Elisabeth J. erscheinen sehr unglaubwürdig. Sie sucht sich dadurch zu entschuldigen, daß sie im Augenblick nicht wußte, wo sie mit den Kartoffeln bleiben sollte. Es hätten sich wohl genug Nachbarn gefunden, die ihr die Kartoffeln abgenommen hätten ... Der Dunghaufen ist m. E. ein Platz, wo Sachen hingeworfen werden, die nicht mehr zu gebrauchen sind. In dem vorliegenden Falle bestätigen die Zeugen und auch die Beschuldigte, daß die Kartoffeln noch für Futterzwecke zu verwenden waren. Es hat den Anschein, daß die Beschuldigte den Sinn des Vierjahresplans des Führers noch nicht begriffen hat, oder man muß tatsächlich annehmen, daß die Beschuldigte den Vierjahresplan sabotiert. Aus diesem Grunde erscheint es angebracht, mit aller Schärfe gegen solche Personen vorzugehen.*[61]

Offenbar war es von Bedeutung, daß die Beschuldigte bis 1933 offiziell der SPD angehörte und die nationalsozialistische Bewegung bekämpft hatte. Sie war nach der Machtübernahme keiner NS-Organisation beigetreten. Aber vordergründig ging es um Kartoffeln und Dunghaufen.

Wer mit wem?

Die Nationalsozialisten interessierten sich von Anfang an für persönliche Beziehungen, dafür, wer es mit wem hält. Das reichte bis in die Intimsphäre. Einen besonderen Anlaß für übertrieben sexuelle Schnüffeleien brachte die sogenannte Röhm-Affäre mit sich. Nach der Ermordung des SA-Führers am 30. 6. 1934 begann die Öffentlichkeit, dem Tatbestand Homosexualität größte Aufmerksamkeit zu schenken. Hitler, der sich zuvor nie zu diesem Thema ausgelassen hatte, gab sofort den *Befehl zur rücksichtslosen Ausrottung dieser Pestbeule.* Er wolle *in Zukunft nicht mehr dulden, daß Millionen anständiger Menschen durch einzelne krankhafte Wesen belastet und kompromittiert werden.*[62]

HOMOSEXUA-
LITÄT

Die Aktion begann mit einer zentralen Erfassung der Namen und Personalakten von Homosexuellen. Im Herbst 1934 wurde ein »Sonderdezernat Homosexualität« beim Geheimen Gestapoamt in Berlin eingerichtet. Am 28. 6. 1935 folgte die Verschärfung der gesetzlichen Bestimmungen des Paragraph 175 des Strafgesetzbuches, was insbesondere die Verfolgung und Bestrafung von Homosexualität erleichterte. Im Oktober 1936 wurde die »Reichszentrale zur Bekämpfung der Homosexualität und der Abtreibung« gegründet.

Die Zahl der wegen homosexueller Handlungen Angeklagter stieg von 2385 im Jahr 1935 auf 9167 im Jahr 1937, davon wurden 8270 rechtskräftig verurteilt. Die Prozesse gegen Homosexuelle machten in diesem Jahr etwa 60 Prozent der die Sexualsphäre betreffenden Strafverfahren aus. In Hamburg wurden 1938 17,2 Prozent der Fälle durch dritte Personen, sprich Denunziationen angezeigt. Viele hatten einfach Furcht, *selbst in den Dunstkreis der Tat* zu gelangen.[63] Weitere Ermittlungen (64,2 Prozent) ergaben sich aus den Verhören, in denen der Befragte zumeist seine Sexualpartner nannte. Nur 8,2 Prozent, das sind 22 Fälle, wurden von der Polizei selber – u. a. bei Razzien in entsprechenden, schon lange bekannten Lokalen – aufgedeckt.[64] Einzelaktionen ohne die Zuhilfenahme von Denunziationen, wie sie Polizeibeamte in Frankfurt am Main unternommen hatten, werden eher zu den Ausnahmen gehört haben. Dort wurden die Ausführungen des Reichsführers der SS auf einer Arbeitstagung im April 1937, daß er *die Tätigkeit der Kriminalpolizei in Zukunft nach ihren Erfolgen auf dem Gebiete der Homosexualität und der Abtreibung beurteilen* werde, von einigen Beamten wörtlich genommen. Sie begaben sich auf die Jagd nach Männern mit homosexuellen Neigungen. Sie animierten sie sogar, sich von anderen Männern oder ihnen selber verführen zu lassen, um sie dann zu verhaften. Diese Art der Bekämpfung von »Volksschädlingen« gefiel selbst Himmler nicht. Als er im September 1938 davon erfuhr, ließ er wissen, daß er die *von einigen Kriminalbeamten in Frankfurt/Main getroffenen Maßnahmen zur Überführung von homosexuellen Personen* nicht zu billigen vermag.[65]

BIS INS DETAIL   Hans-Christian Lassen verweist in seiner Studie über Sexualdelikte vor Hamburger Gerichten in den Jahren 1933 bis 1939 nicht ohne Verwunderung auf die Intensität und Lust, mit der die verhörenden Polizeibeamten nach Einzelheiten aus der Intimsphäre fragten. Viele Details fanden auch Eingang in die Urteilsbegründungen. Da heißt es in einer von ihnen, die der Richter Dr. Riebow am 25. 8. 1936 unterzeichnete: *Zum ersten Mal will J. im Jahre 1931 mit einem Mann eine Geschlechtshandlung vorgenommen haben. Er behauptet, daß dieser – ein Unbekannter – bei ihm in dem freien Gelände in der Isebeckstraße onaniert hätte. Im Herbst 1931 hat J. abermals mit einem Mann, der sich Karl O. genannt haben soll, geschlechtlich verkehrt, und* zwar in der Form des Mundverkehrs. [...] *Im Jahre 1934 hat J. dreimal mit einem Albrecht W. homosexuellen Verkehr gehabt. Dieser Verkehr geschah in der Form des sogenannten Schenkelverkehrs. Die Kontrahenten haben ihr Geschlechtsteil gegen die Schenkel des anderen gedrückt bis zum Samenerguß.*⁶⁶

Und so ging es weiter. Der Richter erläutert, daß wechselseitige Onanie zwar erst seit der neuen Fassung des Paragraph 175 RStGB strafbar sei, aber man könne sie im Sinne der alten Fassung als *widerrechtliche Unzucht* auslegen, so daß sie, möchte man hinzufügen, auch früher hätte verfolgt werden müssen. Bei J. komme *straferschwerend hinzu, daß er nicht nur wechselseitige Onanie betrieben, sondern die besonders ekelhafte Form des Mundverkehrs ausgeübt hat.*⁶⁷ Strafmildernd sei, daß er sich nicht mit Strichjungen eingelassen habe und *als wirklich Urhomosexueller und als Reinhomosexueller angesehen werden kann. Seine ganze weiche, mädchenhafte Art lasse erkennen, daß er der Typ des geborenen Homosexuellen ist.*⁶⁸

Auch in sogenannten Rassenschandefällen wollten die Vernehmenden alles genauestens wissen. Hans-Christian Lassen führt u. a. ein Protokoll an, wonach die Vernehmenden eine »arische Deutsche« fragten, wie es zum Geschlechtsverkehr mit dem Juden F. gekommen sei, wo er sie angefaßt habe, wie der *Verkehr ausgeübt worden* sei, ob *F. ein Schutzmittel gebraucht,* er *beim Samenerguß sein Geschlechtsteil herausgezogen* habe, wie lange es dauerte, ob sie *bei dem Verkehr befriedigt worden* sei usw.⁶⁹

Die genauen Befragungen ergaben sich aber nicht nur aus dem Voyeurismus der Vernehmenden, sondern auch aus einer immer weiteren Auslegung des Strafbestandes »sexuelles Vergehen«. Das kam insbesondere bei den Ausführungsbestimmungen zum Blutschutzgesetz zum Ausdruck. Im Paragraph 11 der ersten Ausführungsverordnung hieß es: *Außerehelicher Verkehr im Sinne des § 2 des Gesetzes ist nur der Geschlechtsverkehr.* Unter letzterem verstanden Lösener und Knost in der ersten Auflage ihres Kommentars zu diesem Gesetz *lediglich Geschlechtsverkehr (conjunctio membrorum).*[70] Als jedoch Stuckart und Globke in ihrem Kommentar auch *beischlafähnliche Handlungen* (jedoch nicht Küsse und Umarmungen) mit einschlossen, korrigierten die beiden ersteren ihre Auslegung 1937 in der zweiten Auflage des Kommentars. Mittlerweile hatten zu viele »Rassenschändler« behauptet, sie hätten nur Zärtlichkeiten ausgetauscht. Der Große Senat für Strafsachen hatte allerdings schon am 9. 12. 1936 prinzipiell für eine weite Auslegung des Begriffs Geschlechtsverkehr plädiert. Er umfasse zwar nicht jede »unzüchtige Handlung«, könne jedoch nicht nur auf den Beischlaf beschränkt werden: *Er umfaßt den gesamten natürlichen und naturwidrigen Geschlechtsverkehr, also außer dem Beischlaf auch alle geschlechtlichen Betätigungen mit einem Angehörigen des anderen Geschlechts, die nach der Art ihrer Vornahme bestimmt sind, an Stelle des Beischlafs der Befriedigung des Geschlechtstriebs zumindest des einen Teiles zu dienen.*[71]

Diese Definition führte *praktisch zur immer weiteren Ausdehnung des Bereichs der strafbaren Handlungen. Denn statt auf objektive Merkmale wie Beischlaf hatte das Reichsgericht alles auf einen individuellen physiologischen Vorgang abgestellt. Gerade diese Definition erzwang in vielen Fällen die Beschäftigung mit »heikelsten Fragen«. Wie sollte einem leugnenden Angeklagten denn nachgewiesen werden, daß seine Umarmungen und Küsse ihrer Art nach Handlungen waren, um »der Befriedigung des Geschlechtstriebes mindestens des einen Teils zu dienen«? Man mußte den anderen Teil befragen. Und so fragten Polizeibeamte, Staatsanwälte und Richter ältere Frauen, Ehefrauen, Prostituierte und kaum dem Back-*

fischalter entwachsene Mädchen, was sie oder der Angeklagte in dieser oder jener Situation empfunden hatten. »Hatten Sie den Eindruck«, so lautete die immer wiederkehrende Frage, »daß der Angeklagte sexuell erregt war?«.[72]

Nicht zu vergessen ist, daß bei Sexualdelikten medizinische Eingriffe, d. h. Sterilisierung, aufgrund des Gesetzes zur Verhütung erbkranken Nachwuchses vom 14. 7. 1933 drohten. Hierbei wurde Entmannung vorwiegend bei Exhibitionismus angeordnet. Sie galt nicht als Strafe, sondern als *ein notwendiger therapeutischer Eingriff, der auch zum Besten des Verurteilten geschah, um diesen in die »Volksgemeinschaft« zu reintegrieren.*[73]

Eine ganz andere Art von »sexuellen« Denunziationen setzte in großer Zahl ein, als im Frühjahr und Sommer 1935 im ganzen Reich antijüdische Aktionen »spontan« organisiert wurden. Alle Deutschen sollten endlich – nachdem der Boykott am 1. April 1933 keinen bemerkenswerten Erfolg gezeitigt hatte – dazu gebracht werden, Dienste von Juden nicht mehr in Anspruch zu nehmen. Auf öffentlich ausgestellten Fotos wurde als Volksverräter gebrandmarkt, wer jüdische Geschäfte zu betreten wagte. Es ging so weit, daß jemand, der jüdischen Nachbarn freundlich begegnete, als »Judenfreund« oder »Judenknecht« beschimpft werden konnte. Besonderes Interesse erweckten – wie kann es anderes sein – intime Kontakte zwischen Deutschen und Juden, die in der Naziideologie als Rassenschande galten. Die Möglichkeit, daß einer (eine) mit einer (einem) Nicht-Deutschen schläft, regte die Phantasie der meisten an. Empörung blieb nicht aus. Sie wurde sogar öffentlich gemacht. Nach dem Lagebericht der Stapo Bielefeld an das Gestapa vom August 1935 kann man direkt von einer »Rassenschandepsychose« sprechen.[74] An ihrem Zustandekommen hatte die Presse keinen geringen Anteil. So wurde bei-

»RASSENSCHANDE« MIT JUDEN

spielsweise in der *Lippischen Staatszeitung* am 16. August 1935 eine *siebenundzwanzigjährige Frau, die seit über zwei Jahren mit einem Juden ein Liebesverhältnis hatte und ihren jüdischen Freund heiraten wollte, [...] namentlich durch einen längeren Artikel [...] an den Pranger gestellt.*[75]

Nach dem Erlaß der Nürnberger Gesetze am 15. September 1935 konnte ihr Freund als »Rassenschändler« verhaftet werden; hieß es doch im Paragraph 2: *Außerehelicher Verkehr zwischen Juden und Staatsangehörigen deutschen oder artverwandten Blutes ist verboten,*[76] und in der Verordnung vom 18. 9. 1935: *Personen, die in Fälle von Rassenschande verwickelt sind, sind in Schutzhaft zu nehmen.*[77]

Es ist klar, daß gerade das Verbot des außerehelichen Verkehrs *Schnüffeleien in private Lebensbereiche und Denunziationen* auslöste, *die meist niederen Motiven wie Sexualneid, Eifersucht, persönlicher Rache, gesellschaftlicher Konkurrenz oder sogar erpresserischen Absichten entsprangen.*[78] Die Bestimmungen betrafen nur Männer (sowohl jüdische, die mit einer Deutschen, wie auch »deutschblütige«, die mit einer Jüdin verkehrt hatten), was einem Lagebericht der Polizeidirektion Augsburg vom April 1936 zufolge in der Bevölkerung als *einseitig* empfunden wurde. Ihrem »Gerechtigkeitsgefühl« scheint Heydrich am 12. Juni 1937 durch die Anweisung an die Gestapo entgegengekommen zu sein: *Bei Rassenschande zwischen einem Deutschen und einer jüdischen Frau ist diese sofort nach Abschluß des Gerichtsverfahrens in Schutzhaft zu nehmen.*[79] Doch Hitler vertrat die Meinung, nur der Mann dürfe bei »rassenschänderischem« Verkehr bestraft werden, da im Geschlechtsleben der Mann der aktivere Teil und die Frau nur die Passive sei. Selbst im Fall der Begünstigung sei sie nicht zu verurteilen. Diese Ansicht äußerte Hitler, als er einen Fall in der Presse las, *bei dem eine Jüdin am 9. März 1937 vom Land-*

gericht Karlsruhe wegen Begünstigung zu drei Monaten Gefängnis verurteilt worden war [...].[80] Sein Wunsch nach Veränderung des Urteils rief ein Durcheinander bei der Justiz und wohl auch der SS hervor. Erst am 16. 2. 1940 wurde in einer Ergänzung der Ausführungsverordnung die ausschließliche Verantwortung des Mannes *für das Verbrechen der Rassenschande* und die Straffreiheit der Frau festgehalten. Daß der Frau Schutzhaft drohte, blieb unerwähnt.[81]

In Fragen der »Rassenschande« konnte sich die Gestapo auf die Mitarbeit der Bevölkerung verlassen. Bei der Durchsicht der Würzburger Gestapoakten stellte Gellately fest, daß *bei der Durchsetzung der Rassentrennung im Sexualbereich weniger als 1 Prozent solcher Fälle auf »eigene Beobachtung« der Gestapo zurückzuführen waren.*[82]

Selbst irrtümliche Denunziationen konnten fatal enden: Anfang September 1939 zeigte ein Landarbeiter einen achtzehnjährigen Juden an, er habe eine arische Verkäuferin verführt. In Wirklichkeit war die Frau eine Jüdin und seine Verlobte. Doch die Polizei fragte den jungen Mann gar nicht, wer das Mädchen, mit dem er in die Kutsche stieg, gewesen war, sondern ging frontal vor. Er solle sich zu all seinen rassenschändlichen sexuellen Beziehungen bekennen. Der junge Mann meinte, um seine Braut könne es sich nicht handeln. Er gab zu, *mit einer Angestellten der Firma seines Onkels, wo er auch gearbeitet hatte, verkehrt zu haben.* Nun wurde seine Verlobte vernommen. Sie gestand, *sowohl mit dem Firmeninhaber wie auch mit dessen Schwiegersohn Verhältnisse unterhalten zu haben.*[83] Damit konnten drei Personen wegen »Rassenschande« angeklagt werden. Zu verdanken war das sowohl der Denunziation des Landarbeiters wie auch dem Übereifer der Verhörenden; noch dazu ließen sich die beiden Verlobten zu schnell einschüchtern.

In dem folgenden Fall muß die siebenundzwanzigjährige Erna Schmelzer empört gewesen sein, daß ein vierzig- bis fünfzigjähriger Mann mit *jüdischem Aussehen* von einer jüngeren, zwanzig- bis fünfundzwanzigjährigen Frau mit *mittelblonden Haaren, die absolut nicht jüdisch aussah, sondern arisches Aussehen hatte,* begleitet wurde. Beide waren ihr bei einem Betriebsausflug in die ländliche Umgebung aufgefallen. Sie begab sich daraufhin *freiwillig* zur Würzburger Gestapo. Es war der 14. Mai 1941. Da sie das ungleiche Paar nicht kannte, legten ihr die Beamten Lichtbilder von Juden vor. Tatsächlich war einer von ihnen der nämliche. *Als man ihn zur Gestapo brachte, stellte sich heraus, daß nicht nur er jüdisch war, sondern auch die junge Frau, die ihn an jenem Tag begleitet hatte.*[84]

»RASSENSCHANDE« MIT FREMDARBEITERN

Ein neues Problem ergab sich, als Deutschland nicht mehr unter Arbeitslosigkeit litt, sondern im Gegenteil Arbeitskräfte brauchte. Ihr Mangel spitzte sich im Krieg mit der Mobilisierung aller wehrfähigen Männer zu. Hunderttausende von sogenannten Fremdarbeitern waren vonnöten. Den größten Teil machten bis 1942 Polen aus. 1938 arbeiteten fast 100 000 in Deutschland, vorwiegend in der Landwirtschaft. Nach Kriegsbeginn verzehnfachte sich die Zahl.[85] Die meisten waren zwangsverpflichtet worden. Ein Drittel von ihnen waren Frauen.

Am 8. 3. 1940 wies Himmler als Reichsführer der SS und Chef der Deutschen Polizei an, daß bei Geschlechtsverkehr zwischen Deutschen und Polen der polnische Partner »Sonderbehandlung«, d. h. Todesstrafe durch Erhängen, erfahren und der deutsche festgenommen werden müsse. Im Paragraph 7 hieß es: *Wer mit einer deutschen Frau oder einem deutschen Mann geschlechtlich verkehrt oder sich ihnen sonst unsittlich nähert, wird mit dem Tode bestraft.* Gellately kommentiert diese Anordnung: *Mit anderen Worten »Rassenschande«, die zwischen Juden und Nichtjuden ein schweres Delikt war, wurde zwischen*

Polen und Deutschen zu einem Kapitalverbrechen erklärt.[86] Sollte die Bevölkerung den polizeilichen Maßnahmen zuvorkommen, könne man nichts dagegen haben, erklärte Himmler. Im Gegenteil, *die Wirkung öffentlicher Diffamierung* [halte ich] *für außerordentlich abschreckend und* [ich] *habe keine Bedenken, wenn man z. B. deutschen Frauen wegen ihres ehrlosen Verhaltens in Gegenwart etwa der weiblichen Jugend des Dorfes die Kopfhaare abschneidet oder sie mit einem das Vergehen kennzeichnenden Schild durch das Dorf führt. Die Diffamierungen müssen sich jedoch etwa in diesem Rahmen halten und dürfen darüber hinaus nicht zu Schädigungen der Person selbst führen.*[87]

Tatsächlich kam es an vielen Orten zur »Volksjustiz«, etwa am 19. September 1940 im sächsischen Oschatz. Dort ließ der NSDAP-Kreisleiter Albrecht Dora Vandervelde, die *mit Polen Verkehr und Umgang gesucht und gehabt* habe, in Schutzhaft nehmen, um sie am nächsten Tag den Ortsbewohnern zu »übergeben«: *Schon in den frühen Morgenstunden verbreitete sich die Meldung, daß eine deutsche Frau im Pranger [zur Schau] gestellt werden sollte. Das Stadtbild war ab 9 Uhr bereits verändert, und bis gegen 11 Uhr versammelten sich unzählige Menschen vor dem Oschatzer Rathaus an, die diese ehrlose deutsche Frau sehen wollten. Mit dem Glockenschlag 11 Uhr erschien dann auch die [V.] mit glattgeschorenem Kopf und wurde unter dem spontanen Pfuigeschrei der anwesenden Menschenmenge in den umgitterten Pranger gesetzt. An der Kopfseite des Prangers hing ein Plakat, das folgenden Inhalt hatte: »Ich bin als deutsche Frau ehrlos gewesen, indem ich mit Polen Verkehr und Umgang gesucht und gehabt habe. Damit habe ich mich selbst aus der Volksgemeinschaft ausgeschlossen«* [...] *Ununterbrochen strömten neue Massen der Oschatzer Einwohnerschaft zu Fuß und per Rad vor das Rathaus, so daß zeitweise polizeiliches*

Einschreiten notwendig war, um die Menschenmengen in geordnete Bahnen zu lenken. »So ist es richtig – hoffentlich werden die anderen nun schlau – das hat das große Schwein nicht anders verdient!« – so waren die laufenden Aussprüche der Bevölkerung, die sich damit vor diesem Ekel Luft machte. Bis 14 Uhr, um diese Zeit wurde die [Vandervelde] wieder herausgelassen, waren mindesten 95 % der Oschatzer Einwohnerschaft am Pranger erschienen ... Der Erfolg dieser Maßnahme ist propagandistisch gesehen ein voller Erfolg. Die Stimmung der Bevölkerung gegen dieses schändliche Treiben einer deutschen Frau war einheitlich ablehnend.[88]

Das Jahr 1940 scheint voll von solchen Szenen in ganz Deutschland gewesen zu sein. Die Opfer auf deutscher Seite waren bezeichnenderweise nur Frauen. Die polnischen Männer wurden gehängt, wenn nicht bewiesen werden konnte, daß sie eindeutschungsfähig seien. Wie groß die Zahl der Hinrichtungen war, läßt sich heute nicht mehr ermitteln. Durch Zufall sind sechs Leitzordner der Untersuchungshaftstelle in Hamburg gefunden worden, wonach zwischen 1935 und 1944 900 Personen, überwiegend Polen, in der Hafenstadt hingerichtet worden sind.

Bei den polnischen Frauen mußte Himmler relativ schnell auf die »Sonderbehandlung« verzichten. Am 3. 9. 1940 verfügte er in bezug auf *Geschlechtsverkehr zwischen deutschen Männern und weiblichen Arbeitskräften polnischen Volkstums* das folgende: *Die über diese Fälle eingehenden Berichte zeigen, daß fast durchweg die intimen Beziehungen zu den Polinnen von dem betreffenden deutschen Mann gesucht worden sind; dazu kommt noch, daß die Polinnen sehr häufig in einem Abhängigkeitsverhältnis zu diesen deutschen Männern stehen. Vielfach sind es Bauernsöhne oder dienstliche Vorgesetzte, in einzelnen Fällen die Dienstherren selbst, die die Polinnen zum Geschlechtsverkehr veranlassen. Gerade diejenigen*

Polinnen, die ihrer Arbeitsverpflichtung nachkommen und sich ihre Arbeitsstätte erhalten wollen, werden leicht geneigt sein, sich dem Verlangen ihrer Arbeitgeber oder Aufsichtspersonen zu beugen. Aus diesem Grund ist bei Geschlechtsverkehr zwischen deutschen Männern und weiblichen Arbeitskräften keine Sonderbehandlung zu beantragen.[89]

Für polnische Frauen waren von nun an bis zu 21 Tagen Schutzhaft und Vermittlung an eine andere Arbeitsstelle, im Wiederholungsfall Konzentrationslager vorgesehen. Dem deutschen Mann drohten drei Monate Konzentrationslager.

Nach dem Sieg über Frankreich wurden über 900 000 französische Kriegsgefangene in Deutschland als Arbeitskräfte eingesetzt. Auch mit ihnen – dagegen nicht mit sogenannten Westarbeitern (etwa angeworbenen Franzosen, Holländern oder Belgiern) und Arbeitern aus den souveränen Staaten wie Italien – war jeglicher GV, wie der Sexualkontakt im NS-Behördendeutsch hieß, untersagt und mit Strafen belegt: *Eine neunzehnjährige, bei Krupp beschäftigte Dreherin bekam seit Anfang 1941 von einem französischen Kriegsgefangenen, der bei Krupp im gleichen Betrieb arbeitete, Liebesbriefe. Ein deutscher Kollege überbrachte ihr während der Arbeitszeit Zettelchen von dem Franzosen. Schließlich traf sie sich mit dem Kriegsgefangenen auf dem Lagerplatz des Betriebes. Daß sie in der Mittagszeit regelmäßig verschwand, fiel ihrem Vorarbeiter auf, er folgte ihr heimlich und entdeckte die beiden. Er zeigte die Frau jedoch nicht an, sondern ermahnte sie eindringlich und erklärte ihr, wie gefährlich das sei, was sie tue. Im Laufe der Zeit kam es aber doch zu Redereien im Betrieb, die Gerüchte gerieten dem Zellenobmann und dem Betriebsleiter zu Ohren, die den »Fall« untersuchten und bei der Gestapo Anzeige erstatteten. Der französische Kriegsgefangene wurde vom Militärgericht zu drei Jahren*

Zuchthaus, die deutsche Frau zu einem Jahr und drei Monaten Gefängnis, der deutsche Kollege, der als Bote gedient hatte, zu einem Jahr Gefängnis verurteilt. Da die beiden Deutschen »ihre Tat bereuten«, vermerkte die Gestapo abschließend, sei »von einer Inschutzhaftnahme ... nach ihrer Strafverbüßung Abstand zu nehmen«. Das Urteil wurde mit Namensnennung in der Ortszeitung veröffentlicht.[90]

Man weiß, daß die Gestapo zwischen Mai und August 1942 4962 Reichsbürger wegen *Umgang mit Kriegsgefangenen und Zwangsarbeitern* verhaftet hatte. Im Zeitraum vom Juli bis September 1943 waren es 4637 Reichsbürger.[91] Es handelte sich hierbei nicht nur um sexuelle Kontakte. Bereits einfache Hilfeleistungen den »rassisch Minderwertigen« gegenüber konnten Repressalien nach sich ziehen.[92] Besonders ungern sahen die eifrigen Volksgenossen, wenn die Polen sich in Wirtshäusern zu festlichen Anlässen amüsierten, wenngleich in Hinterräumen, getrennt von den Deutschen. In diesen Fällen wurde zumeist der Wirt denunziert.

Trotz drastischer Strafen kam es immer wieder zu Kontakten: *Ein Bericht vom August 1942 zeigt, daß der verbotene Sexualverkehr zwischen deutschen Frauen und »Fremdvölkischen« nicht nur anhielt, sondern beträchtlich zunahm. Der SD meinte, man werde 1942 doppelt so viele Fälle zu verzeichnen haben wie 1941. Im ersten Halbjahr 1942 seien allein im Raum Regensburg 257 deutsche Frauen wegen verbotener Beziehungen zu »fremdvölkischen« Kriegsgefangenen und weitere 39 Frauen und Mädchen wegen Beziehungen zu polnischen Zivilarbeitern angezeigt worden. In ausgesprochen katholischen Gegenden (etwa um Landshut) sei die Situation wahrscheinlich noch schlimmer. Als Ursachen erwähnte der SD mehrere Faktoren: unter anderem »mangelnde Aufklärung namentlich der einfachen Volks-*

schichten«; Mitleid mit den ausländischen Zwangsarbeitern, die fern von ihrer Heimat und ihren Angehörigen in Deutschland arbeiten mußten; die engen täglichen Kontakte am Arbeitsplatz und den Einfluß der katholischen Kirche »durch Gleichmacherei aller Menschen«. Der Bericht vom Monatsende wiederholte die Auffassung, in katholischen Gebieten sei verbotener Umgang besonders verbreitet, hauptsächlich bei der bäuerlichen Bevölkerung. Die Einstellung, der Fremdvölkische »sei auch ein Mensch«, sei letztlich auf die katholische Erziehung zurückzuführen.[93]

Nach Stalingrad und noch mehr nach der Invasion der Alliierten in der Normandie ist eine eindeutige Verminderung der Anzeigebereitschaft unter den Deutschen zu verzeichnen. So mancher erhoffte sich durch bessere Behandlung des Fremdarbeiters Unterstützung bei den Siegern. Viele Polen unterließen es nicht, darauf zu verweisen, daß sie sich mit Russen ohne Schwierigkeit verständigen könnten.

An wen sich wenden?

In Aufrufen aus der NS-Zeit heißt es immer wieder, man könne Meldungen über Tätigkeit und Äußerungen von Regimegegnern jeder staatlichen Stelle, einschließlich der Gestapo, direkt übermitteln. Die meisten Mitteilungen dieser Art scheinen jedoch bei den Spendensammlern, den Zellen-, Block- und Kreisleitern der NSDAP (zumeist mündlich, bei einer »günstigen Situation«) gemacht worden zu sein,[94] obwohl damit nicht garantiert war, daß die Anzeige von den entsprechenden staatlichen Stellen weiterverfolgt wurde. Zwar war der Kreisleiter als Verantwortlicher *für die gesamte politische, kulturelle und wirtschaftliche Gestaltung aller Lebensäußerungen nach nationalsozialistischen Grundsätzen* definiert,[95] aber im Vergleich zu diesem hohen Anspruch verfügte er nicht über entsprechende Befugnisse zur Durchsetzung seiner Aufgaben. Er konnte nur entscheiden, welche Mitteilungen weiterleitenswert sind und welche nicht.[96] Wandte sich jemand dagegen direkt an die Gestapo, mußte der Kreisleiter dies nicht einmal erfahren, auch wenn es Parteimitglieder betraf, wie der von Diewald-Kerkmann beschriebene Vorfall aus dem Jahre 1936 zeigt: Ein NSDAP-Mitglied wurde von einer durch ihn entlassenen Frau wegen kritischer Äußerungen bei der Deutschen Arbeitsfront denunziert. Diese gab die Sache an die Gestapo weiter. Der Mann wurde verhaftet. *Weder wurde die NSDAP über die Ermittlung unterrichtet, noch erhielt sie Kenntnis davon, daß die Gestapo das betreffende NSDAP-Mitglied nach Abschluß der Ermittlungen der ordentlichen Gerichtsbarkeit übergeben hatte. Trotz der Bemühungen der Parteistellen war das ordentliche Gericht nicht mehr bereit, den Haftbefehl aufzuheben.*[97] Die Zusammenarbeit zwischen Partei und Gestapo verschlechterte sich in den folgenden Jahren so sehr, daß der Kreisleiter von Lippe am 18. Oktober 1941 in seiner *Lagemeldung an die Gauleitung Westfalen-Nord der Staatspolizei* vorwirft, *nicht mehr über erfolgte Verhaftungen der Gestapo unterrichtet zu werden. Weiter beklagt er, daß die Verbindung vollkommen abgerissen sei; selbst der jetzige Leiter der Staatspolizeistelle Bielefeld sei ihm nicht bekannt. Dieser habe sich [...] weder bei ihm als Kreisleiter noch als Vertreter des Chefs der Landesregierung vorgestellt, so daß von einer Zusammenarbeit keine Rede sein könne. Angesichts dessen forderte der Kreisleiter die Gauleitung auf, doch zu veranlassen, daß er über alle wichtigen Vorkommnisse und Maßnahmen der Staatspolizei im Kreisgebiet unterrichtet werde.*[98]

Die Schwäche der Partei bewirkte, daß diese immer

mehr an Denunzianten interessiert sein mußte, um zeigen zu können, über welch großen Überblick sie verfüge. Ihre Funktionäre konnten dabei dem Anzeigenden vortäuschen, es ginge ihnen um Vertrauen, um eine saubere Atmosphäre. Für den Denunzianten bestand der Vorteil darin, daß er sich nicht ausweisen mußte, wie das bei einer staatlichen Stelle üblich ist. Bei einem vertrauensvollen Gespräch tut man so etwas nicht. Der andere wird womöglich auch nur en passant als NS-Gegner erwähnt worden sein. Denunziant und Parteifunktionär konnten sich als Teil einer großen Sache fühlen.

Trotz der Möglichkeit, etwas »vertraulich« weiterzuleiten, scheint es nicht wenige gegeben zu haben, die ihre Anzeigen den staatlichen Behörden, sogar der Gestapo, direkt übermittelten.[99] Manchmal kamen Mitteilungen übers Telefon. In der Akte heißt es dann: *Ein unbekannter Anrufer sagte ...«*[100]. Aber nicht immer war ein Telefonapparat vorhanden wie in dem folgenden Fall, der sich in einem Wirtshaus ereignete und vor ein Sondergericht kam, in dessen Urteil wir lesen können: *Der Zeuge C. wollte nunmehr die Staatspolizei fernmündlich von den Äußerungen des Angeklagten in Kenntnis setzen. [...] Da aber in der Wirtschaft kein Fernsprechgerät vorhanden war, veranlaßte er den Angeklagten, mit ihm und dem Zeugen R. zur Wirtschaft H. zu gehen. Dort machte er zwei anwesende SA-Männer durch einen Zettel auf den Angeklagten aufmerksam und rief fernmündlich Polizeibeamte herbei.*[101]

Manche begaben sich auch persönlich ins Amtszimmer. In der Gestapoakte heißt es dann: *Freiwillig erscheint die ledige Verkäuferin Katharina (Käte) Müsel ...*[102] Oder: *Die verh. Hausfrau U. ... zeigt an*, wie die Außendienststelle der Gestapo am 6. Januar 1942 vermerkte.[103] Es handelte sich hier um das Hören von »Feindsendern«. In Detmold drohte 1942 ein Angestellter, als er seinen Abteilungsleiter wegen regimekritischer Äußerungen beim Personalchef anzuschwärzen suchte und dieser sich der Sache nicht annehmen wollte. Er werde sich direkt an die Gestapo wenden. Damit erzielte er sofort Wirkung. Der Personalleiter nahm *die Anzeige auf und leitete sie über den Landrat an die NSDAP-Kreisleitung weiter. Der Abteilungsleiter wurde verhaftet und wegen Vergehens gegen Paragraph 2 des »Gesetzes gegen heimtückische Angriffe auf Staat und Partei« vom Sondergericht Hannover zu einer Gefängnisstrafe von einem Jahr und drei Monaten verurteilt.*[104]

In Flensburg zeigte ein Sohn seinen Vater höchstpersönlich am 18. 5. 1942 bei der Gestapo an: *Auf der Dienststelle erscheint der Gefreite Heinrich G. geb. am 31. 12. 21 in Flensburg, z. Zt. bei der Wehrmacht, Kampf-Beobachter-Schule in Bug/Rügen, und sagt folgendes aus: Ich bin z. Zt. im Urlaub und muß meinen Urlaub mit dem heutigen Tag beenden. Während meines Hierseins habe ich des öfteren beobachten können, daß mein Vater, der Heizer Heinrich G., geb. am 28. 2. 92 in Flensburg, der z. Zt. bei der Marineschule in Mürwik beschäftigt ist, staatsfeindliche Äußerungen macht. Anläßlich einer Unterhaltung sagte er zu mir »Hitler ist ein großer Schweinehund, die Regierung führte nur den Krieg, um Geld zu verdienen. In Berlin müßte die gesamte Regierung durch feindliche Bomben in die Luft gesprengt werden u.s.w.« Bei diesen Äußerungen war meine Mutter zugegen. Ferner sagte er: »Hitler ist ein großer Verbrecher und alter Zuchthäusler.« Diese Äußerungen machte er wohl deswegen, weil der Führer s. Zt. auf Festung gewesen war. Da ich bei der Wehrmacht diene, kann ich diese staatsfeindlichen Äußerungen meines Vaters nicht länger anhören und bringe es dieserhalb zur Anzeige. Meine Mutter wird meine Aussage bestätigen können. Trotz meiner Vorhaltungen setzt er seine staatsfeindlichen Äußerungen fort und gibt als Ent-*

schuldigung an, daß seine Nerven mit ihm durchgehen. v. g. u. Heinrich G.[105]

Am 25. 2. 1943 schreiben zwei Frauen aus Glückstadt an die Geheime Staatspolizei, Abteilung Itzehoe: *Wir möchten kurz melden, daß die Glückstädterin Fräulein Mariechen H. sich ihrer Schneiderin, Frau R. und ihrem Gatten Herrn G. in Glückstadt gegenüber in häßlicher Form über unseren Führer geäußert hat. Alle Vorhaltungen von Herrn R., der wirklich versucht hat, sie zu bekehren, waren erfolglos. Sie äußerte unter anderem, sie sei fähig, unsern Führer zu erschießen! Er sei hysterisch usw.! Unter anderem auch sei sie froh, nach Frankreich abberufen zu werden, da wir doch in Kürze den Krieg verlieren würden! Natürlich hat sie auch noch andere verächtliche Äußerungen gemacht, die wir aber nicht genau wiedergeben können. Wir halten es für unsere Pflicht, dieses zu melden, da wir beide Amtsverwalterinnen sind. Heil Hitler!*[106]

In beiden Fällen machen die Denunziantinnen darauf aufmerksam, daß es Versuche gab, den Betroffenen in die Schranken zu weisen, daß sie aufgrund ihrer Tätigkeit bzw. Funktion die Pflicht fühlen, die Sache weiterzugeben, und daß es Zeugen gibt, wenngleich es sich einmal um die Mutter, das andere Mal um den Ehemann der Denunzierten handelte. Vielleicht wollte Heinrich G. verhindern, daß nicht auch auf seine Mutter ein Verdacht fällt; und die beiden Frauen scheinen beabsichtigt zu haben, den Ehemann G. zu schonen.

Am 6. Februar 1944 entschließt sich die siebenundvierzigjährige Ehefrau eines Ingenieurs aus Linz der Gestapo brieflich zuzutragen: *Nach schweren inneren Kämpfen bin ich zu der Überzeugung gekommen, Ihnen folgendes mitteilen zu müssen: Herr E. M. war etwa 2 Monate, teils krankheitshalber, auf Urlaub. In dieser Zeit hat er öfter Meinungen geäußert und Dinge erzählt, die mit der primitivsten Einstellung eines deutschen Mannes unverein-*

bar sind. Er ist Parteigenosse [...] Ich kann sagen, dieser Mann gehört nicht auf den Platz, auf den ihn das Vertrauen seiner Führung gestellt hat [...] Ich möchte aus der Sache bleiben, wenn es geht.[107]

Von erheblicher Bedeutung für den Denunzierten konnte die Stelle sein, bei der die politische Anzeige einging. Erfolgte sie bei der lokalen Polizeibehörde, war es möglich, daß sie an ein normales Gericht weitergeleitet und dort als üble Nachrede oder Beleidigung (§§ 185–187 RStGB) bzw. als grober Unfug (§ 360, Ziffer 11 RStGB) qualifiziert wurde; wenn sie jedoch bei der Gestapo landete, drohte ein Verfahren vor dem Sondergericht; der Denunzierte konnte auch in Schutzhaft genommen werden, was zumeist die schlimmste Lösung war, soweit das Urteil nicht Todesstrafe lautete.

Wo? (Orte der Denunziation)

In den ersten Jahren der Existenz des Dritten Reichs bildete in einer großen Zahl der Fälle das Wirtshaus den Ausgangspunkt für Denunziationen. Viele konnten sich nicht daran gewöhnen, daß die Demokratie ein Ende genommen hatte, öffentliche Räume für politischen Meinungsaustausch nicht mehr vorgesehen waren. Sie vergaßen wahrscheinlich auch immer wieder, daß die Kneipe ein solcher Raum ist.

Bei der Aufschlüsselung nach situativen Momenten nimmt der »Tatort« Kneipe mit 60 Fällen mit weitem Vorsprung den ersten Platz ein; in 50 Fällen ging die Anzeige dabei von anderen Gästen aus, in zehn von Wirt oder Wirtin.[108]

Sätze wie: »*Der Wirt verwies ihn darauf aus dem Lokal und schrieb den Verlauf zwecks Anzeige an die Staatspolizei nieder*« finden sich immer wieder in Urteilen und An-

klageschriften, schreiben Mallmann und Paul.[109] Nach Christiane Oehler sind über 40 Prozent der »regimefeindlichen Äußerungen« von Personen, die sich vor dem Mannheimer Sondergericht verantworten mußten, in einem Gasthaus gemacht worden; ein Drittel der Bestraften gaben an, bei ihren Bemerkungen unter Alkoholeinfluß gestanden zu haben.[110] Zu ähnlichen Schlüssen kommt Gerhard Hetzer in seiner Studie über die Industriestadt Augsburg im Dritten Reich: 1933 seien es *drei Viertel, 1934 zwei Drittel und 1935 noch über die Hälfte aller staatsfeindlichen Äußerungen mit gerichtlichem Nachspiel* gewesen, die in Gastwirtschaften fielen. Später verloren diese *infolge der Denunziationsfurcht ihre Funktion als Stätten politischer Meinungsäußerungen*. 1941 gingen nur noch *10 Prozent der beim Sondergericht anhängig gewordenen Fälle von Regimekritik auf Äußerungen in öffentlichen Lokalen. 1943 kein einziger mehr.*[111] Zu Beginn der vierziger Jahre steigen dagegen in Augsburg die Denunziationen am Arbeitsplatz sprunghaft an.[112]

Denunziationen gab es natürlich auch immer wieder am Wohnort, wo Nachbarn sich schnell in Zuträger verwandeln konnten. Sogar in der eigenen Wohnung war man seiner nicht immer sicher, vor allem wenn Familienstreit zum Alltag gehörte. Hier sollen Frauen und Kinder, die in der Hierarchie Schwächeren, besonders aktiv gewesen sein. Sie konnten auf die Weise ihre lästig gewordenen Ehemänner bzw. Väter oder Stiefväter loswerden. Und Hausangestellten bot sich die Möglichkeit der Rache an ihren Arbeitgeberinnen.[113]

Warum? *(Motive und Ursachen)*

Nach dem heutigen Wissen lagen den meisten Denunziationen private Motive zugrunde, die nur äußerlich als politische frisiert wurden. So denunzierte die verheiratete Hausfrau U. eine Bekannte E., Feindsender gehört zu haben. Sie erklärt abschließend: *Ich habe die Anzeige deshalb gegen die E. gemacht, weil E. meinen Mann auch angezeigt hat, weil er 2 Teppiche aus Frankreich heimgebracht hat.*[114] Eine Frau aus Kiel drohte 1941 ihrem Ehemann, mit dem sie achtundzwanzig Jahre verheiratet war, sie werde ihn anzeigen, was sie am 6. Januar 1942 tatsächlich tat. Er habe fortgesetzt ausländische Sender abgehört, erklärte sie der Gestapo-Stelle. 1943 meldete eine Frau aus Nordstrand bei der örtlichen Polizeistation, ihre Schwiegertochter habe Feindsender gehört und die Nachrichten weiterverbreitet. Den Hintergrund für diese Denunziation bildeten *massive persönliche Differenzen.*[115] Durch Denunziationen wurden alte Nachbarschaftskonflikte »gelöst«, und auch auf den Arbeitsstellen wurde gegen Kollegen zu dieser Waffe gegriffen. In den letzten beiden Kriegsjahren, in denen viele ihre Wohnungen verloren, kamen Mieterstreitigkeiten hinzu. Nicht selten versuchten die sozial Benachteiligten, sich an ihren Vorgesetzten zu rächen. In der Schule fanden sich immer wieder Schüler, die Studiendirektoren und Studienräte denunzierten. Bessergestellte Frauen wurden während des Krieges denunziert, daß sie keinen Dienstverpflichtungen im Rahmen des Gesetzes für Reichsverteidigung vom 27. 1. 1943 nachgekommen seien, obwohl dieses für alle Frauen im Alter von 17 bis 45 als verpflichtend galt.[116] In der zweiten Hälfte des Kriegs, als sich die Niederlage immer deutlicher abzeichnete, nahmen die Vorwürfe wegen »Drückebergerei vor dem Kriegsdienst« zu. Der aus irgendeinem Grund Zu-Hause-Gebliebene sollte auch leiden.

Es gab aber nicht nur Denunziationen aus privaten, sondern auch aus rein politischen Motiven. Ein politischer Grund lag gewiß dann vor, wenn der Denunziant eine ihm unbekannte bzw. kaum bekannte Person denunzierte, weil er über das, was sie gesagt hatte, empört war. Im März 1944 zeigten zum Beispiel Frauen im *Personenzug von Preetz nach Kiel eine 21-jährige Gutssekretärin, die am »Endsieg« zweifelte*, bei der Kieler Gestapo an. Am 20. September 1944 wurde diese *vom Hanseatischen Oberlandesgericht wegen »Zersetzung der Wehrkraft« zu drei Jahren Zuchthaus verurteilt*.[117] Eine Frau aus Lahr zeigte einen ihr unbekannten Mann an, von dem sie durch eine Bekannte gehört hatte, daß er im Zug über die NS-Regierung geschimpft habe. Die Sache endete für den Mann mit hundertprozentiger Beschädigung aus dem Ersten Weltkrieg tödlich.[118] Oder folgender Fall, den Bernward Dörner in den Krefeld betreffenden Akten im nordrhein-westfälischen Hauptstaatsarchiv Düsseldorf eruiert hat: *Der 28-jährige Angestellte T. fand im März 1940 auf der Straße einen Betrunkenen, dem er aufhelfen wollte. Es handelte sich um den 51-jährigen Bauarbeiter S., ehemals Mitglied der KPD. T. schilderte den weiteren Vorgang bei der Befragung der Gestapo folgendermaßen: »Nach kurzer Zeit blieb der Unbekannte stehen, und als ich ihn weiter ziehen wollte, fing er an die Internationale zu singen. Er sang ziemlich laut, so daß auch andere Passanten den Gesang hören konnten. Auf mein Zureden ließ er sich nicht davon abbringen und sang die Internationale von Anfang bis Ende [...] Da aber der Mann trotz meines Zuredens sich nicht vom Gesang abbringen ließ, habe ich darauf mit ihm den Weg zur Wache auf der Kantstraße eingeschlagen. Auf dem Südwall wollte er handgreiflich werden, worauf ich ihm eine runtergehauen habe. Kurz vor der Wache, am Hotel Europäischer Hof, warf sich der Mann auf die Erde und wollte nicht weitergehen. Hierbei sagte der Mann, was ich denn davon hätte, wenn ich ihn zur Wache bringen würde. Mit Hilfe eines Polizeibeamten ist der Mann dann der Wache zugeführt worden* [...] *Ich gehöre der Werkschar der Firma Langen & Sohn an und bin Zellenobmann der DAF für den btr. Betrieb.«* [119]

Unabhängig von den Motiven, die den Denunziationen zugrunde lagen, darf man nicht übersehen, daß sich so viele Denunzianten nicht gefunden hätten, wären nicht breite Massen des Volkes vom nazistischen Geist und vor allem von der neuen Weise, miteinander umzugehen, erfaßt worden. Das, was Hermann Graml für die Wehrmacht gezeigt hat, traf auch auf andere Lebensbereiche zu. Die Wehrmachtsführung war nach einigen Jahren zu keinem eigenen fachlichen, politischen und moralischen Urteil gegen *Führerwillen und Führerbefehl*, das zu einem *Widerlager* hätte führen können, mehr imstande.[120] Die autoritäre, selbstherrliche Tonart, wie sie Hitler pflegte, hatte sich durchgesetzt. In der Kriegszeit äußerte sich dies u. a. in der Behandlung von Deserteuren. Während in der amerikanischen Armee, die im Laufe des Krieges 40 000 Deserteure zu verzeichnen hatte, keine einzige Todesstrafe verhängt – die Militärjustiz zog es zunehmend vor, *Deserteure wegen »unerlaubter Entfernung von der Truppe« anzuklagen* – und in der britischen Armee trotz einer großen Zahl von Desertionen in der Infanterie die Todesstrafe nicht eingeführt wurde, sprach die deutsche Militärjustiz bereits *in den ersten vier Kriegsmonaten weit mehr als hundert Todesurteile aus, überflügelte schon 1939 und 1940 die Zahl der von der zivilen Justiz verhängten Todesurteile und endete mit einer Bilanz von über 30 000 Todesurteilen*, wovon erheblich mehr als 20 000 vollstreckt wurden; allein wegen Fahnenflucht ergingen rund 35 000 Urteile, darunter etwa 23 000 Todesurteile mit etwa 15 000 Vollstreckungen. Man kann also sagen, daß die Militärjustiz der Wehrmacht nicht weniger als zwei Divisionen gekostet hat.[121]

Diese Art des Umgangs mit Menschen, die in der Überzahl aus Angst und nicht aus Widerstandswillen heraus zu Deserteuren geworden waren, ergab sich aus einem radikalen ahumanen Denken und Handeln. Graml schließt seine Ausführungen über das Vorgehen gegen Deserteure im Dritten Reich mit den Worten: *Im übrigen war das Phänomen solcher Radikalisierung nicht allein ein Phänomen der Kriegsgerichte. Daß nur allzu viele Vorgesetzte mit der Drohung: »Ich bring Sie vors Kriegsgericht!« immer schneller und bedenkenloser bei der Hand waren, gerade weil sie von der Militärjustiz allmählich nur noch brutale Urteile erwarteten, lehrt deutlich genug, daß nicht bloß die Militärjustiz infiziert war, sondern sich auch auf diesem Felde die ganze Wehrmacht dem Regime, dem sie diente, anzugleichen begann.*[122]

Auch im zivilen Bereich setzte sich immer mehr eine Haltung des »Ich zeige Sie an!« durch. Und wenn jemand den Anzeigewilligen von seiner Absicht abhalten wollte, blieb ihm nur der Hinweis, daß der Betroffene des Todes sein könnte. Doch dann bekam er oft zu hören: es handle sich ja um die Wahrheit, der Betroffene habe das und das wirklich gesagt, er hätte es sich vorher überlegen können, wenn er dafür nicht einstehen wolle. Bei einem am 12. September 1947 vor dem Landesgericht Freiburg verhandelten Denunziationsfall aus dem Jahre 1941 der Ruth M. gegen Stefan Meier wird berichtet, daß eine Freundin der betroffenen Familie auf die inständigen Bitten, sie vor den Folgen einer Anzeige zu bewahren, von der Täterin Ruth M. nur die Entgegnung zu hören bekam: »Er hat es eben gesagt – er hat es gesagt!«, *und zwar mit einer solchen Kälte und Unbarmherzigkeit*, daß die Bittende aus Angst *für sich selber* verstummte.[123]

Manchmal forderten die Denunzianten *die Isolierung und Vernichtung der von ihnen Denunzierten geradezu ein. In den erregten Tagen des Falles von Stalingrad er-*

suchte ein Denunziant in einem Schreiben an die Gestapo so etwa, den von ihm wegen staatsfeindlicher Äußerungen denunzierten Mann »evtl. unschädlich zu machen«.[124] Oder man hörte, »Volksgenossen«, die hetzen, müßten sofort *zur Erziehung für die Volksgemeinschaft in ein KZ* gebracht werden. Einer der Denunzianten meinte zum Beispiel, die Angezeigte gehöre *für dauernd in ein Konzentrationslager, damit endlich diese Aufwiegelung aufhöre.*[125]

Erstaunlich ist auch, daß weite Kreise der Bevölkerung zu Kriegsbeginn bereit waren, Kontakte, insbesondere sexuelle, mit Zwangsarbeitern und Kriegsgefangenen auf mittelalterliche Weise zu verfolgen, wie wir oben gesehen haben. Brutalität drang immer mehr in den Alltag ein.

In einer solchen Atmosphäre der Härte und Gefühlsroheit bei gleichzeitiger Zunahme von gesetzlichen Einschränkungen aller Art ließ sich so mancher private oder örtlich bedingte Streitfall, der bis dahin als unlösbar erschien, »lösen«. Die Furcht, als Denunziant hingestellt zu werden und der Verachtung anheimzufallen, hatte sich um ein vielfaches vermindert.

Wer denunzierte?

Denunziert wurde von gleich zu gleich oder von unten nach oben, selten von oben nach unten. Bei den vor den Sondergerichten behandelten Fällen scheint die Regel vorzuherrschen, daß die Denunzianten auf dem gleichen Niveau standen wie die Denunzierten. Hüttenberger bringt es auf die kurze Formel: *Das Milieu denunzierte sich in der Regel selbst*,[126] wobei man in den höheren Schichten relativ selten offizielle Wege einschlug.[127] Kam ein Bessergestellter vor ein Sondergericht, pflegten die Richter ihn in Schutz zu nehmen, indem sie den Denunzianten schlechtmachen oder das Verfahren einstellen ließen. Wenn man Diewald-Kerkmann verallgemeinern darf, stammten die Denunzianten in der Mehrzahl aus den unteren Sozialschichten. Sie nutzten gern die Chance, die etwas besser Gestellten auszubooten. Es ergaben sich dabei *spezifische Konfliktkonstellationen, so beispielsweise Landarbeiter bzw. Landhelfer und Handwerker gegen Bauern, Angestellte gegen Abteilungsleiter und Geschäftsinhaber, Arbeiter gegen Direktoren, Fabrikanten bzw. Fabrikantensöhne, Kleingewerbetreibende gegen jüdische Unternehmer oder Geschäftsleute, und prinzipiell sogenannte Unterprivilegierte gegen Privilegierte, in der Regel vermögende »Volksgenossen«.*[128]

Hinzuzufügen wäre, daß Personen, die als asozial oder irgendwie als sozial Deklassierte (wie Juden, Zigeuner, sogenannte Ostarbeiter) am Rande bzw. außerhalb der Gesellschaft standen, immer wieder Denunziationen ausgesetzt waren. Im Bereich der Familie wurde in nahezu allen denkbaren Konstellationen denunziert, aber es fand sich *kein Fall, in dem ein Mann seine Ehefrau anzeigte.* Und *stets bildeten die Jüngeren […] den aktiveren Part. Auch die Ebene Großeltern-Enkel blieb ausgespart; Denunziation passierte zwischen zwei, nicht zwischen drei Generationen.*[129]

Interessant ist, daß die Denunzianten relativ selten anonym anzeigten. Sie schienen mit der Namensnennung kundgeben zu wollen, bewußte Teilnehmer der »Volksgemeinschaft« zu sein. Zum großen Teil waren sie Mitglied einer der nationalsozialistischen Organisationen,[130] was man allerdings nicht allzu hoch bewerten muß, da es sich ja um Massenorganisationen handelte. Nur wenige standen am Rande der »Volksgemeinschaft«.

Goerdelers Mitteilungsbereitschaft

In den Berichten Kaltenbrunners an Bormann bzw. Hitler wird mehrfach gemeldet, *Dr. Goerdeler habe »außerordentlich weitgehende Aussagen« gemacht, »zahllose präzise Angaben«, Zeugnisse »eines geradezu unwahrscheinlichen Gedächtnisses«; die Überprüfung habe in allen Fällen ergeben, daß die Angaben bis ins Detail zuträfen und die »Urteile genau abgewogen« wären. Nur über seine Flucht, vermutete man, habe er im Interesse seiner Helfer und Gastgeber falsche bzw. unvollkommene Angaben gemacht. Seinen Mitgefangenen wurde er bald als Muster eines aufrichtigen Bekenners hingestellt, und sie wurden geradezu gewarnt, nichts zu verschweigen oder zu verschleiern, da Goerdeler bei einer Gegenüberstellung die volle Wahrheit sagen würde – Warnungen, die ihn bald bei den Mithäftlingen in einen bösen Ruf brachten, ja wohl als Verräter erscheinen ließen.*[131]

Nach Gerhard Ritter, der selber im Zusammenhang mit dem Hitlerattentat am 1. November 1944 verhaftet worden war und erst am 25. April 1945 von den alliierten Truppen befreit wurde, redete Goerdeler nicht unter Drogeneinfluß, unter Zwang oder aus seelischer Erschütterung heraus, sondern bewußt, denn er *war überzeugt davon, »daß die Staatspolizei um die Ermittlung der Wahrheit bemüht ist, allerdings mit rücksichtsloser Kälte«, und er war von Anfang an bereit, ihr dabei weitgehend zu helfen. Das ist alles.*[132]

Es werden immer wieder zwei Gründe für seine Auskunftsbereitschaft genannt: Zum einen heißt es, er wollte Hitler den Umfang und die Ernsthaftigkeit des Widerstands klarmachen, insbesondere durch die Nennung von bedeutenden Personen aus der Wirtschaft. Vielleicht war er der Ansicht, Hitler und seine Anhänger noch zur Vernunft bringen zu können; oder er gedachte, wie Pechel meint, *durch die Häufung von immer neuen Details die Verhandlung möglichst lang hinzuschleppen in der Hoffnung, inzwischen würde der Krieg zu Ende gehen, das Hitler-Reich zusammenbrechen.*[133] Der eine wie der andere Grund ist verständlich, verrät aber eine gewisse Gutgläubigkeit. Niemand hat, soweit mir bekannt ist, zu erhellen versucht, wie sich Goerdelers Auskünfte auf die Verhöre und Verfolgung anderer im einzelnen auswirkten. Das Argument, es habe sich wahrscheinlich *nur noch um Rand- und Nebenfiguren der Widerstandsbewegung gehandelt, da die Hauptpersonen längst festsaßen,*[134] klingt wenig überzeugend, wenn wir nicht erfahren, welche Folgen die Aussagen für diese *Rand- und Nebenfiguren* – die keine Personen zu sein scheinen –, nach sich zogen.

Das Erstaunliche an Goerdelers Auskunftsbereitschaft ist, daß ein führender Kopf des Widerstands nach wie vor in der Illusion lebte, es ließe sich noch etwas von innen her, vom Machtapparat aus verändern. Wie schwer es doch immer wieder Leuten aus dem Widerstand fällt, politisch und nicht in gutem Glauben zu denken und zu handeln.

Verweigerungen

Es gab im Dritten Reich auch Fälle, wo ein Dorf oder eine Gruppe nicht bereit war, eine schon erfolgte Denunziation zu unterstützen. Besonders häufig scheint es vorgekommen zu sein, wenn es einen Pfarrer betraf. Broszat schildert, wie sich ein Dorf in Bayern auf die Denunziation gegen einen Priester durch Schweigen wehrte, wodurch dieser vor dem Sondergericht München glimpflich davonkam.[135] Mallmann und Paul wissen von einem Fall zu berichten, wie Arbeiter einen Kollegen vor dem Volksgerichtshof schützten, indem sie von ihren zuvor belastenden Aussagen abrückten, so daß die ganze Sache mit einem Freispruch endete.[136] Diese und andere Beispiele zeigen: selbst nach erfolgter Denunziation bestanden Möglichkeiten, den Denunzierten zu schützen.

Unterlassene Denunziation

Irmhild Kohte-Meyer führt in ihrem Beitrag »Denunzierung – eine psychoanalytische Sicht auf individuelle und kollektive psychische Geschehnisse« einen Fall von »Nicht-Denunziation« an. Ein Berliner Feuerwehrmann, welcher der SA angehörte, erzählt in einer Fernsehsendung, wie er während eines Einsatzes nach einer Bombardierung in eines der betroffenen Häuser ging und dort in einer Wohnung die ganze Familie mit einem kleinen Baby dazwischen leblos vorfand. Nur die Wirtschafterin war heil davongekommen. Sie *weinte, war ganz verzweifelt und aufgelöst, sie schimpfte sehr laut und sehr heftig auf die Regierung, die schrecklichen Gesetze usw.*, berichtet der Feuerwehrmann, um fortzusetzen: *[...] und ich, ich war doch in der Uniform eines Polizei-Offiziers.* Pause, etwas leiser: *Ich sagte zu ihr, hören Sie auf, gute Frau, Sie bringen uns beide um Kopf und Kragen. Ich bin nicht hingegangen und habe gesagt, die alte Schlampe da wagt sich noch [...].*[137] Kohte-Meyer interpretiert diese Nicht-Denunziation als den Akt eines Mannes, dessen *Ich stabil ist*, denn er *kann depressive Angst und Sorge zulassen*. Und er habe auch gesehen, wie er nach eigenen Worten *eine andere Menschlichkeit* erlebte.[138] Mir persönlich erscheint diese Einschätzung etwas übertrieben, denn wovor sollte dieser Feuerwehrmann Angst haben, wenn er mit der Frau allein in dem zerstörten Haus war. Noch in der Fernsehsendung erkannte er nicht die Absurdität der Vorstellung, daß er die Frau als *alte Schlampe* hätte bezeichnen können, und das Unsinnige daran, daß ihm die Situation als gefährlich erschienen war. Die einzige Zeugin war schließlich die Frau. Sie hätte zu einer oberen Instanz gehen und ihr mitteilen müssen, der Feuerwehrmann habe sich ihr gegenüber nicht wie ein guter Volksgenosse benommen, ein solcher hätte sie ordnungsgemäß als Defätistin anzeigen müssen.

Zögerlich

Bei Denunziationen, die vom Denunzianten nicht direkt einer Behörde, insbesondere der Gestapo, sondern Vorgesetzten in der Arbeitsstelle, unteren Parteifunktionären oder auch einfachen Polizisten übermittelt wurden, sind immer wieder zurückhaltende, zögerliche Reaktionen zu beobachten. Der Oberzahlmeister Schadwinkel in Conradswalde will nicht gleich nach Marienburg telefonieren. Der Polizist E., seit 1937 Mitglied der NSDAP, gibt die Mitteilung von Ruth M. über die illusionslosen hitlerkritischen Reden von Stefan Meier, einem einst bekannten badischen Sozialdemokraten und Reichstagsabgeordneten von 1924 bis 1933, nicht sofort weiter. Erst nach einer Mahnung der M. berichtet E. seinem Revierführer Oberleutnant Reepen die Sache, die diesem eher unangenehm ist; er meint aber, es sei Dienstpflicht, Ruth M. zu vernehmen und eine Notiz anzufertigen. Stefan Meier wurde vom Sondergericht am 21. 10. 1941 aufgrund der Zeugenaussagen von Ruth M. zu drei Jahren Zuchthaus verurteilt und nach Abbüßung der Strafe in das Konzentrationslager Mauthausen »verbracht«, wo er am 19. 9. 1944 unter ungeklärten Umständen verstarb. Die zögerliche Reaktion der Polizisten vor Ort ergab sich gewiß auch aus ihrem Wissen darum, daß Ruth M. als Geschäftsfrau für Metzgereibedarfsartikel dem ökonomisch geschulten und politisch weitsichtigen Tabakwarenhändler Stefan Meier den Besitz eines Lieferwagens und reicher Lagerbestände neidete, während sie und ihre Mutter kaum noch etwas zu verkaufen hatten.[139] In einem anderen Fall erklärt der Ortsgruppenleiter der NSDAP und Ortsbürgermeister T., als ihm H. die staatsfeindlichen Äußerungen seines Kollegen L. gegen Hitler, die SA und die Wehrmacht mitteilt, er wolle davon nichts hören. Eine Anzeige hätte für L. schwerwiegende Folgen. Selbst als H. in die Ortschaft Olpe, in der sich eine Kreisleitung befand, fuhr und von dort die Nachricht mitbrachte, T. solle als Ortsgruppenleiter aktiv werden, verwies dieser auf die territoriale Nicht-Zuständigkeit von Olpe für ihn. Erst als H. drohte, sich zu einem gefürchteten Nazi zu begeben, fertigte er so etwas wie ein Protokoll an. Der Kollege L. hatte unter anderem den Witz erzählt: *Eine Frau ging durch einen Wald und kam an einem Kruzifix vorbei. Sie sagte im Vorbeigehen: »Gelobt sei Jesus Christus«. Das hörte ein Kreisleiter, der auch zufällig des Weges kam. Er bemerkte dazu: »Das heisst nicht: Gelobt sei Jesus Christus sondern: Heil Hitler.« Darauf fragte die Frau erstaunt: »Wie, der hängt schon?«* L. wurde nach einstündiger Verhandlung vor dem 3. Senat des Volksgerichtshofes am 10. 3. 1944 zum Tode verurteilt. H. war der einzige Zeuge.[140]

Selbst bei einer solch eindeutigen Belastung wie der Auffindung von regimekritischen Flugblättern »An die deutsche Wehrmacht« im Spind in der Arbeitsstätte des Denunzierten wollte der Betriebsobmann nicht aktiv werden, obwohl seine Vertrauensleute als Zeugen mit dabei waren. Erst als H., der durch seinen Kollegen Kenntnis von den Flugblättern bekommen hatte, dagegen protestierte und sagte, es handle sich um eine sehr schwerwiegende Sache und wenn *der Vertrauensrat* den Mann nicht anzeige, *würde er eine Anzeige durch die SA*

veranlassen, entschloß sich der Betriebsobmann, *nachdem er fernmündlich mit der Arbeitsfront Rücksprache genommen hatte, zur Anzeige*. Der Mann mit den Flugblättern wurde im Februar 1944 wegen Wehrkraftzersetzung vom Volksgerichtshof zum Tode verurteilt.[141]
Aus diesen und anderen Fällen ist zu ersehen, wie entscheidend der Durchsetzungswille des Denunzianten ist.

Im besetzten Polen

Auch in den besetzten Ländern fanden sich noch und noch Denunzianten, was bis in die achtziger Jahre in der Forschung eher ein Tabuthema war. Doch mittlerweile gibt es eine recht umfangreiche Literatur über die Kollaboration insgesamt[142] und die Denunziation im besonderen, d. h. über jene, die dem deutschen Okkupanten Nachteiliges über Bürger ihres Landes oder über Flüchtlinge mitteilten.[143] Ich werde jedoch nur auf das Phänomen der Denunziation im deutsch besetzten Polen eingehen.[144]

Dort kam es im Gegensatz zu anderen Ländern weder zu einer Quisling-Regierung noch zu einer staatlichen Kollaboration. Ein Teil von Polen, die »Reichsgaue« Danzig-Westpreußen und der Warthegau, wurde dem Reich zugeschlagen, der andere in ein »Generalgouvernement für die besetzten polnischen Gebiete« mit Hans Frank an der Spitze verwandelt. Das gesamte gesellschaftliche Leben stand unter der Oberaufsicht deutscher Behörden, was freilich nicht bedeutete, daß jede Handlung von deutschen Beamten überprüft wurde. Es gab sogar polnische Polizeieinheiten, in Polen nach ihren Uniformen die blaue Polizei genannt,[145] und polnische Verwaltungsbehörden auf kommunaler Ebene, die für wirtschaftliche und lokale Fragen zuständig waren. Über ihre alltägliche und nicht alltägliche Tätigkeit gibt es bis heute keine genauen Studien.[146]

Wir wollen uns vor allem der Behandlung der polnischen Juden durch die deutschen Besatzungstruppen und -behörden zuwenden, denn hier spielte die Frage des Denunziantentums eine immense Rolle. Die Absonderung der polnischen Juden und jüdischen Polen von den nicht jüdischen, »arischen« Polen begann schon in den ersten Monaten der Besatzung. Da die Juden in jener Zeit *noch keine besonderen Zeichen trugen, war es für die Deutschen schwer, Juden von Nicht-Juden zu unterscheiden. Den Deutschen kamen antisemitische Elemente zu Hilfe, die dienstbereit den Deutschen zeigten, wer Jude war.*[147] Nach einigen Monaten wurden die weißen Armbinden mit blauem Judenstern eingeführt, ab 1942 gab es Kennkarten, die in Polen auch arische Papiere genannt wurden. Für den »Ariernachweis« brauchte man einen christlichen Taufschein. Der Besitz von »arischen Papieren« mußte aber noch nicht die Rettung bedeuten, denn es gab zu viele nichtjüdische Polen, die einen Blick für Juden hatten. Schon der kleinste sprachliche Fehler konnte Aufmerksamkeit erwecken; aber auch übertriebene Liebe für Bücher, scheinbar falsche Gesten und vor allem, was immer wieder von jüdischen Überlebenden unterstrichen wird, trauriges Aussehen und ängstliches Verhalten, die als typisch jüdisch galten. Doch wie sollten Juden und Jüdinnen nicht von Angst durchdrungen sein, wenn sie die Denunziation von Juden mit »arischen Papieren« miterleben mußten. Wollten sie nicht sofort in die Hände der Deutschen fallen, mußten sie sich jedesmal freikaufen.[148] Der »polnische Blick« für Juden machte es jenen Polen, die Hilfe leisten wollten, so schwer, aktiv zu werden. Und das schlimme war, daß einer, der Juden denunzierte, gesellschaftlich nicht so isoliert wurde wie einer, der polnische Widerstandskämpfer verriet. In der polnischen Untergrundpresse wurden erst sehr spät – als die Endlösung schon voll im Gang war – die Namen derjenigen genannt, die Juden dem Tod ausgeliefert hatten. Das am 18. 3. 1943 in der Untergrundpresse erschienene Communiqué, in dem jene verurteilt werden, die Juden erpressen, gehört zu den ersten eindeutigen Stellungnahmen dieser Art. Es heißt dort: *Es haben sich ehr- und gewissenlose Individuen aus der Verbrecherwelt gefunden, die sich eine neue frevelhafte Einkunftsquelle verschafft haben, indem sie Polen, die Juden verstecken, und Juden selber erpressen. Die Leitung des Zivilen Widerstands warnt, daß solche Formen der Erpressung registriert und mit der ganzen Strenge des Gesetzes im Rahmen des Möglichen jetzt, aber auf alle Fälle in der Zukunft bestraft werden.*[149]

Nachrichten über das verbrecherische Verhalten von Polen brachte die Untergrundpresse allerdings schon früher. So lesen wir in einem Informationsblatt vom 16. Oktober 1942 über die Auflösung des Gettos in Legionów, bei der etwa 900 Juden in die umliegenden Wälder geflohen waren, wie Polen halfen, diese wieder einzufangen. Die Deutschen hätten den denunziatorischen Helfern die Kleidung der Juden, die sich ausziehen mußten, bevor sie erschossen wurden, überlassen.[150] Das polnische Untergrundblatt *Prawda* vom Juli 1942 schilderte einen anderen Fall: *In einer Ortschaft im General-Gouvernement haben die Deutschen auf ihre Weise alle Juden ermordet. Eine kleine Schar der Verurteilten konnte fliehen und sich in den umliegenden staatlichen Wäldern verstecken. Sie kampierten dort eine gewisse Zeit, indem sie sich wie wilde Tiere verbargen und des Nachts sich in die umliegenden Dörfer begaben, um Kartoffeln und Brot zu erbetteln. Einige <u>polnische</u> junge Dörfler fanden das Versteck der Geflohenen. Erst raubten sie sie gründlich aus, um sie danach den Gendarmen zu übergeben. Die deutsche Polizei umstellte den Wald und erschoß alle Juden.*[151]

Am 25. 6. 1943 berichtete *Dziś i Jutro* von den *Szmalcownicy*, d. h. von solchen, die Juden erkannten und erpreßten.¹⁵² Es handelte sich meist um jene Polen, die während des Bestehens der beiden Gettos mit Juden Handelskontakte geknüpft hatten. Ihnen fiel es leicht, diejenigen, die sich auf die »arische« Seite hinübergerettet hatten, wiederzuerkennen und von ihnen zu verlangen, sich freizukaufen.

Wie es mit dem Blick für Juden und das Jüdische aussah, illustriert anschaulich Ilene Levron in ihrem Tagebuch. Als sie sich während des Warschauer Aufstands am 18. August 1944 bei einem Bataillon zum Sanitätsdienst meldete, schauten die Kommandanten sie kritisch an und erklärten, sie brauche ein Pseudonym, denn sie sehe wie eine Jüdin aus. Sie erschrak und ließ die Jahre seit Ausbruch des Kriegs an sich vorbeiziehen. Zum Glück, kommentiert sie, waren die Deutschen keine solchen Juden-Kenner wie die Polen. Zbigniew Grabowski, der ebenfalls am Aufstand teilnahm, weiß Schlimmeres zu berichten: Juden, die bis dahin überlebt hatten, bekamen die gefährlichsten Aufgaben zugewiesen und konnten selbst während des heroischen Kampfes nie sicher sein, nicht der Aggressivität antisemitisch eingestellter polnischer Patrioten zum Opfer zu fallen. Grabowski ist sich jedoch bewußt, daß es große Unterschiede zwischen der Ansicht, die jemand hat, und dessen Taten geben kann: *Mein Vater wurde 1943 von einem Gestapoagenten, einem Juden (!), an die Deutschen verraten. In der Gestapozentrale rettete ihm ein Gestapooffizier (!) das Leben, als herauskam, daß sie im Ersten Weltkrieg dem gleichen Regiment angehört hatten. Wie ich später erfuhr, war er Chef der Jüdischen Abteilung, von dem andere Gestapoleute sagten, daß kein Jude sie lebend verlassen habe. [...] Einige Monate später holte der Hauswirt der Zielnastr. 45, ein Pole und Katholik, einen Gestapomann, nachdem sich meine Eltern nicht hatten erpressen lassen. Aber auch dieser Henker hat sie aus dem Gefühl der Solidarität mit den*

Frontkameraden freigelassen. Mich hat unser Nachbar, der Kleriker Stanisław Kowalski, der in einer sehr rechten und antisemitischen Organisation konspirativ wirkte, gerettet. Er versteckte mich mehrmals bei seinem Bruder, einem Pfadfinderführer, einige Wochen lang. Beide haben gefühlsmäßig gehandelt, obgleich sie ihre Familie in Gefahr brachten. Im Winter 44/45 sagte ein Pole im Gefängnis einem Deutschen, ich sei Jude, was den Tod bedeutete. Doch dieser Deutsche, der Gefängnisarzt, rettete mich und erklärte mir, wie man diesem Denunzianten aus dem Weg gehen könne.[153]

Und Michael Altermann, der keine »arischen Papiere« besaß, bedankt sich bei jenen vier Polen, die zehn Juden in Zborów retteten. *Die Opferbereitschaft, ja das Heldentum unserer Wirtsleute war grenzenlos. Jeden Tag riskierten sie ihr eigenes Leben.*[154] Jeden Tag versorgten sie vierzehn Personen mit Essen und Trinken, und kein Nachbar durfte etwas merken.

Doch allzu häufig trat das Gegenteil ein. Henryk Szaniawski berichtet als Überlebender beispielsweise, wie elf Juden, die sich in einem Bunker im Wald versteckt hielten, von einer polnischen nationalistischen Organisation an die Gendarmerie verraten wurden. *Die Ortsbewohner wußten, wer der Denunziant war.*[155] Ihm selber gelang es, aus dem Getto zu fliehen, aber da er kein Versteck auf *arischer Seite* finden konnte, begab er sich wieder zurück. Erst bei einer erneuten Flucht während eines Bombenangriffs kurz vor dem Einmarsch der sowjetischen Truppen wußte er dank der Unterstützung von polnischen Widerstandskämpfern, wie man sich in Richtung der heranrückenden Front durchschlagen konnte. Sein Überleben verdanke er, schreibt er, dem Engagement von fünfzehn polnischen Familien. Von seiner sechzigköpfigen Verwandtschaft überlebte nur er.

Die Frage, warum viele Juden in der Not nicht wußten,

an wen sich wenden, meint die Überlebende Krystyna Żylińska-Zarzycka beantworten zu können: *Als ich vierzehn Jahre alt war, d. h. kurz vor Kriegsausbruch, sah mich mein Vater zusammen mit einem ein oder zwei Jahre älteren Burschen auf der Straße. Er hieß Włodek Namokel ... und es war auf den ersten Blick klar, daß es sich um einen Goi handelte. Mein Vater zog den Hut, grüßte und sagte mir, ich solle mit nach Hause kommen. Und dort führte er mit mir ein ernsthaftes Gespräch darüber, was es heißt, Jude zu sein. In der Umgebung meiner älteren Schwester gab es zwei Mädchen, die Polen liebten und sie heiraten wollten. Zwei Herzattacken der Väter und die Worte der Familie »Willst du den eigenen Vater auf dem Gewissen haben?« halfen. Ich erinnere an diese Tatsachen, um zu erklären, warum man während der Okkupation nicht wußte, wo anklopfen. Wir lebten in einer abgesonderten Welt, in einem Getto ohne Getto.*[156]

Das erklärt einiges und doch wenig, insbesondere nicht das Denunziantentum auf »arischer Seite«, die nicht oder zu spät begriff, daß es nur einen Feind gab, den Besatzer, der vor nichts zurückschreckte.

Ganz anders als Denunzianten von Juden wurden jene behandelt, die Mitglieder des polnischen Widerstands preisgaben. Wer verdächtig war, wurde gemieden, und wenn man die Denunziation nachweisen konnte, war der Denunziant einer Verurteilung sicher.

Bestrafen oder nicht bestrafen?

Nach dem Krieg entwickelte sich in Deutschland, insbesondere im westlichen Teil, eine lebhafte Diskussion über die Bestrafung der Denunzianten im Dritten Reich. Sie entzündete sich ganz besonders an dem Fall der Helene Schwärzel, die wahrscheinlich infolge eines anonymen

Briefs von Elisabeth B. an die Zeitung *Der Morgen* am 16.1.1946 in Berlin verhaftet worden war. Schwärzel wurde aufgrund des Artikels II,1 c des Kontrollratsgesetzes Nr. 10 angeklagt und verurteilt. Dieser Artikel beinhaltete Verbrechen gegen die Menschlichkeit oder genauer gegen die Menschheit: *Gewalttaten und Vergehen, einschließlich der folgenden, den obigen Tatbestand jedoch nicht erschöpfenden Beispiele: Mord, Ausrottung, Versklavung, Zwangsverschleppung, Freiheitsberaubung, Folterung, Vergewaltigung oder andere an der Zivilbevölkerung begangene unmenschliche Handlungen; Verfolgung aus politischen, rassischen oder religiösen Gründen, ohne Rücksicht darauf, ob sie das nationale Recht des Landes, in welchem die Handlung begangen worden ist, verletzen.*[157]

Denunziationen galten als Verbrechen gegen die Menschheit, wenn sie schwerwiegende Folgen für den Denunzierten nach sich gezogen hatten wie Aufenthalt im KZ, längere Freiheitsstrafen oder gar Tod.

Helene Schwärzel war der erste Denunziationsfall in Berlin, der von einem deutschen Gericht behandelt wurde. Bis dahin war es Militärgerichten der Besatzungsmächte vorbehalten, das Kontrollratsgesetz Nr. 10 in Anwendung zu bringen. Wilhelm Kühnast, der Generalstaatsanwalt am Kammergericht Berlin, hatte sich drei Tage nach der Verhaftung von Helene Schwärzel an die Militärregierung gewandt und gebeten, die Angelegenheit von einem deutschen Gericht behandeln zu lassen. Der Kommandant der französischen Militärregierung, der für den Fall zuständig war, weil die Verhaftung im französischen Sektor stattgefunden hatte, kam Kühnasts Bitte unter dem Vorbehalt nach, daß das deutsche Urteil aufgehoben oder auch verändert werden könne. Dazu kam es nicht. Das Gericht hatte sich bei der Urteilsfällung am 14. 11. 1946 die größte Mühe gegeben. Die Angeklagte wird zu fünfzehn Jahren Zuchthaus, *stellvertretend* – wie Marßolek formuliert – *für die große Zahl der Denunzianten im Deutschen Reich verurteilt.*[158] Daraufhin legte der Verteidiger Dr. Paul Ronge Berufung ein. Seine Einwände ähnelten den Bedenken, die auch an anderer Stelle in Prozessen und Artikeln zur Problematik der Denunziation geäußert wurden. Sind Denunzianten mittelbare Täter, Gehilfen oder nur aus einem Notstand heraus Handelnde? Mittelbare Täter wären sie, wenn sie andere, d. h. in diesem Fall staatliche Stellen instrumentalisieren würden. Helene Schwärzel wäre mittelbare Täterin gewesen, wenn sie in der Weise Tatherrschaft gehabt hätte, daß sie das Gericht zu Goerdelers Hinrichtung instrumentalisiert hätte. Das hatte sie nicht getan, und es war auch nicht nötig, die Verfolger, die Gestapo und den Volksgerichtshof zu beeinflussen. Das Argument, welches bei dem Lübecker Prozeß gegen die beiden Männer Hellbusch und Schadwinkel eine wichtige Rolle spielte, daß sie aus Notstand heraus denunziert hätten, um nicht nachträglich wegen unterlassener Anzeige belangt zu werden, erkannte das Berliner Gericht nicht an. Dazu sei Helene Schwärzel zu aktiv gewesen. Schließlich habe sie gesagt, man dürfe den Mann doch nicht laufenlassen, und ihr Fahrrad für die Verfolgung zu Verfügung gestellt.

Ronge wollte, daß das Gericht den ganzen Vorgang bis hin zu Goerdelers Erhängung ins Auge fasse. Da gab es Gertrud B., die den Einfall mit dem Zettel hatte, ferner die beiden Verfolger und vor allem die weiteren Instanzen, die brutal die Männer des 20. Juli verhörten und zu Tode brachten. Gegen die beiden Häscher fand zwar ein Prozeß statt, sie wurden jedoch am 20. 3. 1948 freigesprochen, obwohl sie 10 000 RM Belohnung entgegengenommen hatten. Die Revision der Staatsanwaltschaft bewirkte auch nichts. Das Verfahren wurde im August 1950 eingestellt, da dem Landgericht die Schuld der Angeklagten zu gering erschien.[159] Von Prozessen gegen die Leute der Gestapo und die Vertreter der Justiz war nichts zu hören. Es gab nur die eine Verurteilung, die der Denunziantin Helene Schwärzel. Sie erhielt – wie gesagt – eine Strafe von fünfzehn Jahren Zuchthaus in der ersten Instanz, welche nach der Revision am 1. November 1947 in sechs Jahre Zuchthaus umgewandelt wurde. Nach einer weiteren Revision bekam sie am 30. Juni 1948 die Untersuchungshaft angerechnet.[160] Da sie zur Zeit ihrer Verhaftung im Ostsektor gewohnt hatte, wurde sie in ein ostdeutsches Gefängnis eingewiesen. Dort saß sie ihre Strafe auf den Tag genau ab.

Eine Woche nach der ersten Urteilsverkündung im Prozeß gegen Helene Schwärzel überließ die britische Militärregierung unter Hinweis auf diesen Fall alle Prozesse, in denen das Kontrollratsgesetz Nr. 10 Anwendung fand, deutschen Gerichten, soweit es Deutsche betraf. Daran ist zu sehen, welch bedeutende Rolle der Fall Schwärzel spielte (was sich daraus zu ergeben scheint, daß hier eine der wichtigsten Persönlichkeiten des deutschen Widerstands verraten worden war). Aber vielleicht erkannten die entsprechenden Vertreter der britischen Militärregierung auch, daß es sich bei den Denunzianten zumeist um Täter ohne Format handelte. Sie brauchten dazu nicht einmal Ronges Artikel »Das Profil des Denunzianten« im Ostberliner *Aufbau* zu lesen. Er hatte darauf verwiesen, wie wenig Helene Schwärzel in das Bild paßt, welches man sich vom Denunzianten als einem Schnüffler, überzeugten Nationalsozialisten und habgierigen Menschen macht. Diesem Bild waren die Journalisten erlegen, als sie hörten, Schwärzel sei gefaßt worden. Vor Gericht sahen sie dann jedoch eine Frau, die, wie sie es formulierten, einen fledermausartigen Eindruck machte. Ronge hielt dem entgegen, ein Vergleich mit einer Maus wäre treffender gewesen, denn dann hätte man den Vergleich weiterspinnen können: einer Maus, *die das Schiffstau annagt und da-*

durch den Mast zu Fall bringt.[161] Als den Mast sollen wir uns Goerdeler vorstellen, was nicht schwerfällt. Doch hat das Bild Sinn, wenn die Denunzierten nur wegen einer leisen Kritik im Gefängnis oder KZ landeten? Sie hätte man eher mit kleinsten Bäumen, Pflänzlingen, deren weiteres Wachstum verhindert wurde, vergleichen können.

Der Fall Schwärzel gab sogar zu der Frage Anlaß, ob Denunziation als Verbrechen gewertet werden könne. W. E. Süskind äußert in den *Frankfurter Heften* seine Zweifel daran. In einer anderen Stellungnahme kommt W. Lafontaine zu dem Schluß, daß sie zwar ein Verbrechen sei, aber erst im nachhinein, denn die Denunzianten im Dritten Reich zeigten im allgemeinen – von falschen Anschuldigungen abgesehen – in Übereinstimmung mit geltendem Recht an. Nicht umsonst werde das Kontrollratsgesetz angegriffen, da es bewußt den Grundsatz *nullum crimen (nulla poena) sine lege* (kein Verbrechen [keine Strafe] ohne Gesetz) verletze. Auch wenn es dies tue, damit die Angeklagten nicht einfach unter Berufung auf im Dritten Reich geltendes Recht freigesprochen werden können, müsse zum Schutz der neuen Rechtsordnung, *um der Heiligkeit des Rechtes willen, ein großzügiger Verzicht auf die Ahndung vergangener Denunziationen* ausgesprochen werden.[162] Eugen Kogon antwortete hierauf, im Rechtsstaat könne eine Anzeige nie unmenschlich sein, *weil dem Betroffenen jeder Rechtsschutz* offenstehe.

Anders unter einem Willkürregiment. Da es das Recht nicht zur Grundlage hat – sich allenfalls nur der Form des Rechtes zur Täuschung der Gewissen bedient (was noch schlimmer ist als die nackte Willkür) –, ist es seinem Wesen nach in Gefahr, unmenschlich zu sein. Sobald die Unmenschlichkeit in Erscheinung tritt, sei es unverhüllt, sei es in der Form des Rechtsmißbrauches, muß jeder Staatsbürger wissen, daß er sich mit einer politischen Anzeige, in diesem Falle also einer Denunziation, ob anonym oder nicht anonym, zum Werkzeug eines möglichen, ja wahrscheinlichen Verbrechens macht. Gemeine Beweggründe verschärfen den Tatbestand. Unwissenheit oder Irrtum sind je nach den Umständen zu verantworten; es gibt für jeden Staatsbürger auch eine Pflicht, über den Charakter des Regimes, in dem er lebt und das er durch seine Stimme, sein Schweigen oder sein sonstiges Verhalten unterstützt, sich zu unterrichten, nach Eintritt bestimmter rechtsbrechender, offener Tatsachen unterrichtet zu sein! Müssen dann Unwissenheit oder Irrtum verantwortet werden, so können sie höchstens strafmildernd wirken (Das wurde im Fall der Helene Schwärzel in der Tat berücksichtigt).[163]

Bei der Beurteilung von Denunziationsfällen lasse sich nicht positivistisch, d. h. mit Berufung auf einst gültiges Recht vorgehen, wenn dieses im Widerspruch zu dem höchsten Gut, der Menschlichkeit, stand. Kogon ist daher geneigt, das Kontrollratsgesetz Nr. 10 nicht als ein rückwirkendes Gesetz auszulegen, sondern als einen Verweis auf etwas, was schon immer Gesetz war: die Menschlichkeit.[164] Aus diesem Grund hat er aber auch nichts gegen eine gewisse Milde in der Urteilssprechung, nämlich dann, wenn sie das Gefühl für Menschlichkeit fördere.

Den Zweifel an der absoluten Gültigkeit des Rechtspositivismus hatte dessen einstiger großer Anhänger Gustav Radbruch in seinem bis heute berühmten Aufsatz »Gesetzliches Unrecht und übergesetzliches Recht« im August 1946 in der *Süddeutschen Juristen-Zeitung* artikuliert. Er ging ebenfalls von einem Denunziationsfall aus, bei dem es sich jedoch um einen Täter handelte, wie man ihn sich nicht besser hätte vorstellen können. Es war der Justizangestellte Puttfarken, der einen gewissen Götting wegen einer im Abort hinterlassenen Inschrift *Hitler ist ein Massenmörder und schuld am Kriege* und wegen des Hörens ausländischer Sender angezeigt hatte,[165] worauf dieser zum Tode verurteilt wurde. Da Puttfarken es von Anfang an darauf abgesehen hatte, Götting aufs Schafott zu bringen, mußte er entweder als mittelbarer Täter oder wegen Beihilfe zum Mord angeklagt werden. Im ersten Fall hieße dies, daß er das Gericht als Werkzeug benutzte, im zweiten, daß die Richter Götting wider Recht und Gesetz zum Tode verurteilt hatten und daher des Mordes schuldig waren. Das Schwurgericht in Nordhausen entschied – zur Überraschung von Radbruch – am 5. Mai 1946 auf Beihilfe zum Mord und verurteilte Puttfarken zu lebenslangem Zuchthaus. Somit wären die Richter des Oberlandesgerichts Kassel, die gegen Götting das Todesurteil fällten, die Mörder gewesen und hätten daher angeklagt werden müssen. So einfach ließ sich die Sache jedoch nicht entscheiden. Zwar urteilten die NS-Richter aufgrund eines Rechts, das keines war – weswegen der Rechtspositivismus unter solchen Bedingungen seinen Sinn verliert –, aber die Richter waren Richter, die in einem bestimmten Rahmen handelten und handeln mußten, sofern sie nicht ihren Richterposten aufgeben wollten. Es habe keinen Sinn – erklärt Radbruch –, dieses nicht anzuerkennen, denn wenn man wieder einen Rechtsstaat errichten wolle, dürfe man rechtspositivistisches Denken nicht über Bord werfen, d. h., im konkreten Fall ist Puttfarken eindeutig schuldig zu sprechen, die Richter können dagegen nur bei *Rechtsbeugung* belastet werden.

Radbruch verlangte die Aufhebung aller gesetzlichen Bestimmungen, die im Dritten Reich erlassen wurden und Unrecht darstellen, die Anerkennung der Straffreiheit von politischen Taten, durch die dem Nationalsozialismus oder dem Militarismus Widerstand geleistet wurde, wenn sie mit der Übertretung bestehender Gesetze verbunden waren, sowie die Wiedergutmachung erlittenen Unrechts. Dagegen sei die *Ahndung nationalsoziali-*

stischer Straftaten nur dann anwendbar, wenn die *Strafbarkeit solcher Taten schon nach dem Rechte ihrer Begehungszeit bestand*.¹⁶⁶ In einer Fußnote hatte Radbruch auf ein Paradox verwiesen: *Es ist freilich ein Gipfel des Subjektivismus in der Teilnahmelehre, daß der Tätervorsatz – nach der Art eines »subjektiven Unrechtselements« – die Rechtswidrigkeit in der Person des mittelbaren Täters mit sich bringt, die in der Person des Tatmittlers fehlt.*¹⁶⁷

Dieses Messen mit zweierlei Maß muß besonders Juristen irritieren. Beim mittelbaren Täter fragte man nach dessen Motiven und verurteilte ihn je nach Umfang der Absicht, dem Denunzierten zu schaden, während man die Tatmittler, die Richtenden, danach nicht fragte und gegen sie nicht strafrechtlich vorging, soweit das Urteil nicht formal anfechtbar war.¹⁶⁸

Was geschieht aber, wenn sowohl der Denunziant wie auch das Gericht das Todesurteil hätten verhindern können? Werden hier alle Schuldigen zur Verantwortung gezogen? Im Sommer 1950 lag dem Strafsenat des Bundesgerichtshofs (BGH) ein solcher Fall vor. Hilde Berthold hatte seit Ende 1944 alles in ihren Kräften Stehende versucht, ihren Ehemann, einen Soldaten, als Regimekritiker vor Gericht zu bringen. Zunächst reagierten die entsprechenden Stellen nicht. Als er jedoch Anfang 1945 unerwartet auf Urlaub kam und sie mit einem anderen Soldaten in der Wohnung antraf, gerieten beide in eine heftige Auseinandersetzung. Danach wandte sie sich an einen SA-Mann und den Ortsgruppenleiter, schließlich an die Kreisleitung der NSDAP und zeigte an, ihr Mann habe gegen das Regime gehetzt, den Sieg in Zweifel gezogen. Er kam vor ein Militärgericht, vor dem sie als die einzige Zeugin aussagte. Als das Gericht nach einer Beratung zu dem Schluß gelangte, daß das Verfahren mangels Beweisen nicht zur Verurteilung führen werde, sprang sie empört auf und erklärte, sie könne und wolle ihre Aussage beschwören. Auch nachdem der Vorsitzende des Kriegsgerichts, Dr. Blasberg, sie darauf aufmerksam gemacht hatte, daß es um den Kopf ihres Mannes gehe, verharrte sie bei ihrer Absicht. Nun vereidigte sie das Gericht und fällte das härteste Urteil, das möglich war. Damit hatte das Gericht nach Meinung des BGH seine Kompetenzen überschritten, denn der Ehemann hatte seine Äußerungen nicht in der Öffentlichkeit getan. Nur regimekritische Meinungen, die an die Öffentlichkeit hätten dringen können, waren nach damaliger Rechtsauffassung verurteilungswürdig. Obwohl der Begriff der Öffentlichkeit zunehmend auf immer kleinere Kreise angewandt wurde, sei er hier keinesfalls anwendbar gewesen. Die Handhabung dieses Begriffs durch das Militärgericht müsse *deshalb als rechtswidrig bezeichnet werden*, so der Strafsenat in seinem Urteil. Auch die Verhängung der Höchststrafe sei durch nichts begründet gewesen. Es handle sich daher um *eine versuchte rechtswidrige Tötung* von seiten des Gerichts.[169] Diese Argumentation hatte allerdings nicht den Zweck, die Richtenden (Tatmittler) zu benennen und ein Verfahren gegen sie einzuleiten. Sie diente allein dazu, die Denunziantin zu entlasten.[170] Diese dürfe nicht, wie Rudolf Wassermann das BGH-Urteil zusammenfaßte – ohne mit dieser Ansicht einverstanden zu sein –, *einem höheren Strafbarkeitsrisiko ausgesetzt werden als die »Amtsperson«, die die Verhängung der vom Denunzianten in Kauf genommenen Gewalt- und Willkürmaßnahmen unmittelbar zu vertreten habe.*[171] Das Urteil führte zu einer Reduzierung der im Februar 1950 gegen Hilde Berthold ausgesprochenen Strafe von vierzehn auf sechs Jahre Freiheitsentzug.[172] Das BGH-Urteil wird oft – auch in juristischen Kreisen – so interpretiert, daß der Denunziant nicht verurteilt werden könne, wenn es nicht möglich ist, das Gericht zur Verantwortung zu ziehen, obwohl es im konkreten Fall zum einen darum geht, daß die

Denunziantin nicht unabhängig von denen, die an der Bestrafung des Denunzierten beteiligt sind, beurteilt werden sollte, und zum anderem darum, daß der Denunziantin nachgewiesen werden müßte, aus einem Unrechtsbewußtsein gehandelt zu haben, indem sie die Möglichkeit eines durch nichts gerechtfertigten Todesurteils einkalkulierte. Diese Möglichkeit war dadurch gegeben, daß Zeiten gekommen waren, in denen die Gerichte um nichts und wieder nichts Höchststrafen aussprachen. Hilde Berthold hatte diese Möglichkeit trotz Warnungen hemmungslos für sich genutzt.

Nach der Gründung der Bundesrepublik war es im Prinzip unmöglich, Denunziationen, die im Dritten Reich gemacht wurden und den Denunzierten Leben oder Gesundheit gekostet hatten, zu verfolgen, denn nun konnte das Kontrollratsgesetz Nr. 10 nicht mehr angewandt werden, und der deutsche Gesetzgeber hatte sich zu einer *»beherzten« Übernahme der bisherigen Zuständigkeit der Alliierten* nicht durchringen können.[173] Das deutsche Strafrecht sah bekanntlich keine Verfolgung und Verurteilung von Denunziationen vor, die in Übereinstimmung mit geschriebenem Recht, das an und für sich Unrecht war, anzeigten. Nach Brozsat bestand damals in der westdeutschen Justiz eine gewisse Bereitschaft, weiterhin im Sinne des Kontrollratsgesetzes zu urteilen, aber die Legislative hatte nicht den Mut für neue Gesetzesakte aufgebracht.[174]

Im KGB-Reich

Schriftsteller tagen in Moskau

Wenn jemand, der die Geschichte der kommunistischen Bewegung nicht näher kennt, das Stenogramm der geschlossenen Parteiversammlung der deutschen Kommission des Sowjet-Schriftstellerverbandes, die vom 4. bis 9. September 1936 stattfand, liest, wird er meinen, es nicht mit sensiblen Intellektuellen zu tun zu haben, sondern mit Menschen, deren Leidenschaft das Gehorchen, Schnüffeln und Denunzieren ist. Man kennt so etwas aus Dörfern, in denen der Geistliche um moralische Reinheit kämpft, auch aus Klosterschulen und Internaten älteren Typs.

Da verhört am ersten Tag der Vorsitzende der Parteigruppe Sándor Alexander Barta, einst ein avantgardistischer ungarischer Schriftsteller, den Kritiker und Redakteur Hans Günther, weil dieser zusammen mit Johannes R. Becher die Versammlung des sowjetischen Schriftstellerverbandes am 21. August vor dem offiziellen Ende verlassen hatte. Günther mußte in Anwesenheit von berühmten Männern wie Georg Lukács, Friedrich Wolf, Erich Weinert und Willi Bredel alles berichten, was er über die persönlichen Kontakte der bereits verhafteten oder in Ungnade gefallenen Schriftsteller und Redakteure Sally Gles, d. i. Samuel Glesel, Karl Schmückle, Heinrich Süßkind, Gustav Brand, David Schellenberg und andere wußte. Am Tag darauf kamen Becher und Ottwalt an die Reihe. Ottwalt war nicht immer pünktlich und zuverlässig gewesen, er hatte auch scheinbar wichtige Adressen nicht sofort weitergegeben. Auch Friedrich Wolf wurde detailliert befragt. Vielen gefiel dessen häufige Abwesenheit in den politischen Schulungskursen nicht, obwohl er sein Fehlen durch Dreharbeiten entschuldigen konnte.

Nach dem Verhör durch den Parteiorganisator Barta und den Vertreter des Sowjet-Schriftstellerverbandes, Michail Apletin, dessen autoritäre Worte aus dem Russischen ins Deutsche übersetzt werden mußten, waren die Teilnehmer der Sitzung jedesmal aufgefordert, ihrerseits Fragen zu stellen oder das Gehörte richtigzustellen. Erstaunlicherweise meldeten sich sofort mehrere Sitzungsteilnehmer, um sich wie Untersuchungsrichter zu benehmen. Genosse Heinrich Weber, d. i. Wiatrek, der zu diesem Zeitpunkt Leiter der deutschen Vertretung bei der Komintern war, wollte z. B. wissen, ob Genosse Günther tatsächlich nur einmal in Prag Depressionserscheinungen gehabt hätte. Als dieser erklärte, es habe nur die eine gegeben, insistierte Weber: *Hast du nach deiner Königsberger Tätigkeit nicht irgendwelche ähnlichen Depressionserscheinungen gehabt?*,[175] worauf Hans Günther genau erzählte, was er nach seinem Königsberger Aufenthalt in Berlin getan hatte. Ein Genosse, dessen Name der oder die Stenographierende nicht verstanden hatte, wollte erfahren, wer damals noch depressiv gewesen sei. Günther nannte sofort drei Namen: Johannes R. Becher, Egon Erwin Kisch und einen gewissen Theodor Balk, d. h. Fodor Dragutin. Von Becher will Ottwalt wissen, ob jener *1929, 1930 oder 1931 in dem sogenannten Versöhnlersalon bei John Heartfield verkehrt* habe.[176] An anderer Stelle bringt Ottwalt eine »Szene« in Zürich in Erinnerung. Bei dieser Gelegenheit erzählt Becher treuherzig, wie er in Paris mit Rosa Leviné *einen ungeheuer heftigen Zusammenstoß* gehabt hätte, als sie ihn *mit den Worten begrüßte: »Du bist ein richtiger Agent geworden, auf wessen Geld reist du überhaupt?«*.[177] Becher meint, dieser Ausspruch sei *beinahe identisch* gewesen mit denen der Nationalsozialisten. Aber er habe den Kontakt sofort abgebrochen. Im gesellschaftlichen Leben galt Agentendienst offenbar nach wie vor als ein Makel. Der Genosse Weber interessiert sich dagegen für das Tun und Lassen der Frau von Becher, Lilly.

Erstens: Seit wann ist deine Frau hier? Zweitens: Ist ihr bekannt, wo sich ein Parteigenosse registrieren soll? Warum ist sie nicht registriert? Drittens: Welche politische Einstellung hat sie jetzt? Viertens: Billigt sie den augenblicklichen Kurs der deutschen Partei? Ist sie der Meinung, daß die von der Partei aufgestellten Losungen der Brüsseler Konferenz richtig sind?[178]

Bredel möchte erfahren, von wem sie das Einreisevisum in die Sowjetunion bekommen hat. Ottwalt erinnert sich, daß es in Prag *Weinkrämpfe, Türenzuschlagen gab, und am nächsten Tag wurde fünfmal telefoniert: Sie kommt – sie kommt nicht, und schließlich kam sie überhaupt nicht wieder. Das Ganze spielte sich in der Form eines Riesenkrachs ab, der die Grundfesten der »A-I-Z« erschütterte.*[179]

Becher verweist, um ihr Verhalten quasi zu entschuldigen, auf eine Galleoperation, der sie sich in Prag unterziehen mußte.

Besonders dramatisch ging es beim Verhör von Ottwalt zu. Als dieser bemerkte, daß er »abgeschossen« werden sollte, wurde er einerseits redselig und andererseits aggressiv den Hauptinquisitoren gegenüber. Wenn man bedenkt, daß er zwei Monate später verhaftet wurde, fühlt man Mitleid mit ihm, das aber einen bitteren Beigeschmack bekommt, wenn man den bösen Klatsch liest, den er in seine Rechtfertigungen einfließen läßt. Der Klatsch betrifft u. a. die bekannte Schauspielerin Carola Neher, die zu dieser Zeit bereits verhaftet war. Die Weigel habe ihm gesagt, berichtet er den Versammelten, *die Neher sei in die Partei eingetreten und mache nichts weiter, als daß sie die Zelle Wannsee kassierte. Ich kenne die Neher wie gesagt gar nicht. Sie war die Frau von Scher-*

chen, und wenn ich mich recht erinnere, war sie egalwegs schwanger mit Fehlgeburten und war in Wannsee. Ich weiß darüber nichts, denn ich kenne sie nicht,[180] *um sich kurz darauf zu korrigieren: Ich bin, als die Neher im »Savoy« wohnte, ein- oder zweimal bei ihr gewesen, sie wollte Sachen im Rundfunk verlesen. Ich traf dort bei ihr einmal den Genossen T ...?, der jetzt in Engels gewesen ist. Ich hatte daraufhin einen sehr komischen Eindruck, mit was für Leuten gehst du um, sagte ich ihr. Sie hat versucht, mich mit dem Becker (im April 1936 verhaftet – K. S.) zusammenzubringen, Tomzi, bei diesem Brechtabend, wo im Hintergrund ein gut angezogener Mann saß und immer sehr übelnahm. Ich habe mir den Mann angesehen. Ich habe ihn von allem Anfang an gemieden wie die Pest und habe allen Versuchen den striktesten Widerstand entgegengesetzt. Allerdings muß ich sagen, ich habe die Neher noch an anderen Stellen gesprochen. Das war in der Wohnung von Maria Osten, wo Neher ein und aus ging. Wo die Carola Neher aus und ein ging, Genosse Fabri, tagtäglich anzutreffen, schreib es dir genau auf. Soviel ich weiß, hat Maria Osten auf Grund irgendwelcher Geschichten Carola Neher das Leben in Moskau ermöglicht, und ich weiß, daß das Zimmer im »Savoy«, in dem Neher gewohnt hat, von Maria Osten gemietet ist auf den Namen Kolzow. Das weiß ich. Ich möchte sagen, daß das selbstverständlich keine Enthüllungen sind, die ich hier mache, Genosse Fabri. Ich bin lange genug Kommunist und weiß, wie man sich verhält. Vielleicht hätte ich nicht darüber gesprochen, wenn du mir nicht den Tip gegeben hättest.*[181]

Die Partei berief natürlich nicht nur Sitzungen ein, auf denen das Ritual der Kritik und Selbstkritik durchexerziert wurde, sondern zitierte auch die Mitglieder in die Kontrollkommissionen, und nicht selten tat es der NKWD selber. So war Gustav Wangenheim, der Sohn des berühmten Schauspielers Eduard von Winterstein, bereits am 1. Juni 1936 in diese Institution gebeten worden, wo er auf die Frage *Wie charakterisieren Sie Carola Neher von der politischen Seite?* zur Antwort gab: *Carola Neher halte ich für eine Abenteurerin, die nach ihrer ideologischen Einstellung nichts Gemeinsames mit der kommunistischen Partei hat. Ihre politische Einstellung ist antisowjetisch. So z. B. sagte Neher: »Ich war im Regierungsgebäude und sah, wie diese dort leben. Bin ich schlechter als sie, ich will auch hier leben. Die Menschen, wenn sie nicht dumm sind, können sehen, daß auch die sowjetische Bourgeoisie existiert.« In solcher Art hörte ich oft die Äußerungen von Neher, deren Einzelheiten ich mich jetzt nicht entsinnen kann.*[182]

Auf der Parteiversammlung vom 4. bis 9. September sprach Wangenheim nicht viel anders über Carola Neher und gab auch zu verstehen, daß er bereits über sie *alles gesagt habe an den Stellen, was zu sagen ist.*[183] Sie war wahrscheinlich aufgrund seiner Aussage am 25. 6. verhaftet worden. Er scheint seine Tat nicht bedauert zu haben. Auf der Versammlung erklärte er lang und breit, warum er erst so spät erkannt habe, wer die Neher und andere Verhaftete wirklich seien. Überhaupt habe er erst in Moskau gelernt, was bolschewistisch sei, nämlich *der geistige Zwang, die geistige Macht, die zwingt, er kann nicht aus der Reihe tanzen, er muß die Wahrheit sagen, wie sie heute hier jeder sagt.*[184]

Man trifft in dem Protokoll sogar auf atavistische Bemerkungen, an denen keiner von den Anwesenden Anstoß nahm. So charakterisiert Ottwalt den bereits verhafteten polnischen Schriftsteller Brustawitzki, der 1931 in die KPD eingetreten und 1932 in die Sowjetunion gegangen war, mit den Worten: *Als ich den Mann zum erstenmal sah – die schiefen Augen, die angewachsenen Ohrläppchen –, sagte ich mir, hier stimmt etwas nicht.*[185]

Mehrere Stellen in dem Stenogramm sind unterstrichen

worden, wahrscheinlich von hohen Parteifunktionären oder NKWD-Beamten; sie dienten als Belastungsmaterial, etwa gegen die Neher oder zwei Jahre später gegen Kolzow, der den für die deutschen Emigranten wichtigen Verlag Jourgaz leitete und vor allem durch seine Korrespondententätigkeit im kämpfenden Spanien international bekannt geworden war, sowie gegen dessen Lebensgefährtin Maria Osten. Die eingesperrte Carola Neher erachteten Ottwalt und die anderen Genossen dieser Versammlung bereits als eine Unperson, gegen die man sich abzugrenzen hat. Verhaftete galten sofort als zu Recht Festgenommene. Friedrich Wolf tritt sogar am dritten Tag der Versammlung gegen diejenigen auf, die stets mit dem Gedanken spielen, daß die verhafteten Genossen bald wieder freigelassen werden. Er drückt sich allerdings recht gewunden aus. Am Anfang, dachte er, *das ist doch nicht möglich, den kenne ich doch, aber ich muß sagen, damit müssen wir radikal Schluß machen. Jeder Mensch, der dialektisch funktioniert, hat alle Gedanken in seinem Kopf. Die Frage ist nur, welchen Gedanken ich rauslasse. Es ist selbstverständlich, der Mensch ist schuldig. Daneben entsteht der Gedanke, der Mensch ist unschuldig. Aber bloß der Gedanke, der ist da irgendwo, der kommt nicht zum Vorschein, so wenig wie der Gedanke, daß man vor einem neugeborenen Kind steht und weiß, der Schädel ist offen, und die Zwangsvorstellung hat, du mußt jetzt zudrücken, das ist normal, unnormal ist nur, wenn man ihm nachgibt.*[186]

Mit einem Wort, man darf dem Gedanken an die mögliche Unschuld desjenigen (derjenigen), den (die) es getroffen hat, nicht nachgeben, ihn nicht *rauslassen*.

Mitteilen, melden, über alles reden

Über den Verlauf und die Eigentümlichkeiten dieser viertägigen Sitzung ließe sich noch vieles berichten, aber für unseren Zusammenhang ist das wichtigste, daß jeder Teilnehmer der Sitzung bereit war, alles Auffällige in seiner Umgebung – und auch an seiner eigenen Verhaltensweise – höheren Instanzen mitzuteilen (*Diese Zusammenkunft habe ich Genossen Heckert mitgeteilt*[187], sagt Becher), zu melden (*Ich habe es gemeldet, wo es hingehört*[188], erklärt Huppert; *Warum hast du es nicht gemeldet?*[189], fragt Weber, d. h. Wiatrek, während der Sitzung), alles zu sagen (Ottwalt fragt z. B. Emma Dornseifer, die das weibliche Opfer am dritten Sitzungstag wurde, warum sie die Gelegenheit nicht wahrgenommen habe, *dem Genossen Barta alles zu sagen*[190]) oder über alles zu sprechen (der Vorsitzende Barta verwies z. B. am zweiten Tag darauf mit den Worten: *Wir haben nicht nur das Recht, sondern auch die Pflicht, über alles zu sprechen, was wir wissen*[191]). Huppert bekennt sogar, daß er alles, d. h. seine *Zweifel, die ihm auftauchen in bezug auf die politische Sauberkeit irgendeines anderen, irgendeines Parteimitgliedes oder Nicht-Parteimitgliedes*[192], in mehreren Exemplaren aufschreibt, um seine Beobachtungen an mehrere Instanzen weiterzuleiten. Diese wären der Sicherheitsdienst, die Parteileitungen (die sowjetische und die deutsche), die Kaderabteilungen, die Komintern usw.

Mit diesem Meldewesen hoffte die Parteibürokratie, die ein Subjekt für sich geworden war, die nötige Wachsamkeit – damals ein beliebtes Wort – bei allen Parteimitgliedern zu wecken und so die Übersicht und Kontrolle über alles und jedes Geschehen zu behalten.

Einübung und Institutionalisierung der Denunziation

Die in der Moskauer Sitzung erkennbare Bereitschaft zur gegenseitigen Denunziation bildete einen Bestandteil des bolschewistischen Systems, zu dessen wesentlichen Merkmalen Zentralismus (die nächst höhere Leitung muß alles wissen und in der Hand haben), eiserne Disziplin, die nach den Worten Lenins an militärische grenzt,[193] und sogenannte äußerste Wachsamkeit bei gleichzeitiger Verschwörermentalität gehörten. Diese wurde nach dem Sieg der Bolschewiki im überwiegenden Teil des alten Zarenreiches im Laufe der zwanziger Jahre auf alle kommunistischen Parteien übertragen. So mußte sich jede Partei, wenn sie in die Komintern aufgenommen werden wollte, verpflichten, *einen parallelen illegalen Apparat* zu schaffen. Lenin stellte sich vor, daß dieser Apparat *im entscheidenden Augenblick* der Partei helfen werde, *ihre Pflicht gegenüber der Revolution zu erfüllen*. Die KPD hatte tatsächlich einen solchen Apparat, den Militärapparat unter der Leitung von Hans Kippenberger, aufgebaut. Er diente u. a. der Überwachung der Funktionäre und sorgte dafür, daß diese sich gegenseitig beobachteten. Man könnte ihn einen Parteisicherheitsdienst nennen.[194]

Einen besonderen Wendepunkt in der Geschichte der bolschewistischen Partei stellte das von Lenin im März 1921 (während der Niederschlagung des Kronstädter Aufstands) auf dem X. Parteitag der KPdSU unter der Losung der Einheit der Partei durchgesetzte Fraktionsverbot dar. Eine Partei neuen Typs bildete sich heraus, wie man stolz bekannte. Das bedeutete, wie wir aus Wolins Darlegungen zum politischen Grundwissen eines Kommunisten entnehmen können, daß sie nicht wie die Parteien der II. Internationale eine Partei *der Verständigung mit der Bourgeoisie, Partei des Verrats an der Arbeiter-*

klasse, eine direkte Agentur der Bourgeoisie ist, sondern, in den Worten Stalins, *eine Partei des Kampfes,* die *keinen Opportunismus in ihren Reihen duldet.* Diese Partei könne sich als eine Armee der Auserwählten fühlen: *Wir Kommunisten sind ein besonderer Menschenschlag, wir sind aus besonderem Material gebaut,* erklärte Stalin auf dem zweiten Sowjetkongreß der UdSSR, kurz nach dem Tode Lenins: *Wir sind diejenigen, die die Armee des großen Strategen, des großen Lenin bilden. Nichts ist ehrenvoller, als dieser Armee anzugehören. Nichts ist ehrenvoller als Mitglied der Partei zu sein, deren Begründer und Führer Lenin war. Nicht jedem ist es gegeben, die Stürme und Unbilden zu ertragen, die mit der Mitgliedschaft dieser Partei verbunden sind. Söhne der Arbeiterklasse, Söhne der Not und des Kampfes, Söhne der unerhörten Entbehrungen und heroischen Anstrengungen – sie müssen Mitglieder der Partei sein.*[195]

Die Parteireinigungen (Tschistki) wurden 1921 nach dem Kronstädter Aufstand erfunden und in den folgenden Jahren zunehmend ideologisch begründet.[196] Bei der ersten von 1921 wurden nach Angaben damaliger Parteifunktionäre etwa 175 000 Mitglieder aus der KPdSU ausgeschlossen. Bei der zweiten, 1929, waren es bereits 300 000. Hinzu kommt, daß die Kontrollkommissionen zwischen beiden Reinigungen 260 000 Mitglieder aus den Reihen der Partei entfernten, wie es damals hieß. 1933 leitete die Partei die dritte Reinigung ein.[197] 800 000 Personen sollen ausgeschlossen worden sein.[198] Nach dem Zweiten Weltkrieg übernahmen die kommunistischen Parteien der realsozialistischen Länder diesen Stil.[199] So wurden 1968 im Rahmen einer groß angelegten antisemitischen und antiintellektuellen Kampagne 230 000 Personen aus der Polnischen Vereinigten Arbeiterpartei entfernt, um nur ein Beispiel aus der Nachkriegsgeschichte zu nennen.[200]

Die Parteireinigung bzw. -säuberung, Tschistka,[201] institutionalisierte die Denunziation. Jedes Parteimitglied mußte von Zeit zu Zeit bereit sein, über alles, d. h. auch über jeden anderen zu sprechen. Die Folge war ein allgemeines Mißtrauen; man disziplinierte sich, wie es in der Parteisprache hieß. Eigene Gedanken und Meinungen wurden immer mehr verschwiegen und verleugnet, persönliche Freundschaften *mehr oder weniger konspirativ verschleiert,*[202] wie Herbert Wehner, der selbst aktiv und führend bei Säuberungen, etwa gegen die Neumann-Gruppe, mitgewirkt hatte, rückblickend in seinen *Notizen* schrieb. So nimmt es nicht wunder, daß das *in jahrelanger Parteidisziplin praktizierte Melde- und Überwachungssystem* schließlich *in den allgegenwärtigen Terrorismus des wechselseitigen Verdachts, in epidemische Denunziation,*[203] umschlug. Die deutsche kommunistische Partei, die in den zwanziger Jahren die größte kommunistische Partei außerhalb der Sowjetunion war, hatte diesen Prozeß mitgemacht. Er wurde die Bolschewisierung der Partei genannt, was positiv gemeint war.[204] Man kann das Ganze auch massenhafte Einübung der Denunziation nennen.

Wie die Schriftstellerversammlung in Moskau zeigt, wurde diese Einübung in einem erschreckenden Maße verinnerlicht. Lukács, dem ja nachgesagt wird, er habe sich an der allgemeinen Denunziation nicht beteiligt, spricht von Süßkind und *seinem Gewürf* und unterstellt diesen Genossen, die Kritik gefürchtet haben, sie wollten mit *organisatorischen Maßnahmen* vorgehen. Ihre Widerpartner *sollten in irgendeiner Weise entfernt, totgemacht, politisch diffamiert werden usw. Es sollte eine Kaderpolitik geführt werden, die eine Reihe der besten Elemente der deutschen proletarischen Literatur aus der Literaturbewegung einfach ausmerzt, ausrangiert, entfernt, in irgendeiner Weise hinausbringt.*[205]

Aber Gott sei Dank sei Süßkind aus unserer Arbeit entfernt worden. Aber man müsse die eigenen Krankheiten liquidieren. All diese *Emigrationselemente*, die wir mit uns herumschleppen, müßten ausgerottet werden.[206] Die Wörter *auslöschen, liquidieren* und *ausrotten* sprechen für sich. Sie sind um so symptomatischer, da hier ein Ideologe und kein praktizierender Tschekist spricht, es sei denn, auch Lukács hat sich die Ansicht, jeder Kommunist ist auch ein guter Tschekist, zu Herzen genommen.

Die Voraussetzung der tschekistischen Ideologie bildeten Lenins Vorstellungen über die organisatorische Basis, auf der die Macht zu erkämpfen und zu erhalten sei: *Das einzige ernste Organisationsprinzip muß für die Funktionäre unserer Bewegung sein: strengste Konspiration, strengste Auslese der Mitglieder, Heranbildung von Berufsrevolutionären. Sind diese Eigenschaften gegeben, so ist noch etwas Größeres gesichert als der »Demokratismus«, nämlich: das volle kameradschaftliche Vertrauen der Revolutionäre untereinander.*[207]

Die Bezeichnungen *Kommunist, Berufsrevolutionär* und *Tschekist* sind in dieser Sicht austauschbar. Lenin mußte aber auch wissen, daß strengste Konspiration nicht ohne Mißtrauen zu haben ist, denn je größer das Geheimnis, desto folgenreicher seine zufällige oder bewußte Aufdeckung, je größer das Vertrauen, desto größer im Falle einer Organisation das Mißtrauen.

Im Zeichen der Kulturrevolution von oben

Roj A. Medwedew berichtet über Lasar Kaganowitsch, der 1933 an der Spitze der Parteisäuberungen stand und ein Jahr später nach dem XVII. Parteitag Vorsitzender der Kontrollkommission der KPdSU wurde, wie dieser sich

1937 ins Donezbecken begab, um an Ort und Stelle »Ordnung« zu schaffen. Gleich nach seiner Ankunft berief er das dortige Wirtschaftsaktiv zu einer Beratung zusammen. Er trug ein Referat über die Schädlingsarbeit vor, in dem er kundgab, daß sich im Saal eine Reihe von »Volksfeinden« und »Schädlingen« in leitenden Positionen befänden. *Am Abend des gleichen Tages und im Laufe der Nacht verhafteten die Organe des NKWD um 140 Personen des Führungspersonals des Donezbecken, Direktoren der Industriebetriebe und Bergwerke, Chefingenieure und führende Parteifunktionäre. Die Liste der zu Verhaftenden hatte Kaganowitsch zuvor bestätigt.*[208]

Es war die Zeit, in der einerseits die letzten Besitzer, die Bauern, enteignet und ein großer Teil von ihnen als Kulaken verbannt oder ermordet wurden und andererseits eine Art Kulturrevolution von oben inszeniert wurde, die den weniger Gebildeten bzw. Ungebildeten und den Nicht-Arrivierten Chancen für einen Aufstieg gab. In der Armee, im Justizapparat, in der Wirtschaft, der Kultur und anderen Bereichen wurden bis zu 80 Prozent der Offiziere, Richter, Staatsanwälte, Direktoren etc. abgesetzt, verhaftet oder erschossen. Von den Altkommunisten im Zentralkomitee fanden über zwei Drittel den Tod. An die Stelle der Abgesetzten bzw. Ermordeten kamen neue Leute, die oft nach einigen Monaten das Schicksal ihrer Vorgänger teilen mußten. In einer solchen Atmosphäre der Repressionen mußte das Denunziantentum noch und noch um sich greifen, obwohl die Befehle zur Verhaftung, Deportierung oder sofortigen Erschießung immer von oben erteilt bzw. genehmigt wurden und niemand sich sicher sein konnte, ob er mit seiner Denunziation Erfolg haben würde. Doch nach außen hin wurde die Zeit der großen Repressionen als eine spontane Aktion des nach Gerechtigkeit lechzenden Volkes dargestellt. Nicht zufällig wurde Pawlik Morosow, ein junger Bursche, der seinen eigenen Vater denunziert hatte, zum Helden der Nation erkoren, zumal er vom »Klassenfeind« getötet worden war. Seht, sollte damit gesagt werden, welches Recht selbst der einfache junge Bursche aus dem Volk hat (daß der Denunzierte der Vater war, unterstrich in den Augen der Machthaber seinen persönlichen Mut und natürlich den Sieg des »höheren Interesses« über das Private).[209] Ihm stand es anheim, nicht zuzulassen, daß sich der Klassenfeind in den eigenen Reihen verbirgt und sein Unwesen treibt. Die Nachahmer werden nicht geahnt haben, daß der Sicherheitsdienst ihnen nicht unbedingt Glauben schenken wird, er dem spontanen Denunzianten prinzipiell mißtrauisch gegenüberstand.

In Wahrheit war Morosow mit seinen vierzehn Jahren nicht der spontane Denunziant, als der er über fünfzig Jahre lang hingestellt wurde. Zwar war er angesichts des Weggangs des Vaters zu einer anderen Frau und der Hetztiraden der Mutter zu vielem bereit, aber es mußte sich erst Außergewöhnliches ereignen, bis er die Rolle des Denunzianten spielen konnte. Der Vater hatte als gewählter Vorsitzender des Dorfrats flüchtigen Deportierten immer wieder Leumundszeugnisse ausgestellt und wahrscheinlich auch Geld genommen, wenn auch nicht für sich, sondern um die vielen Kontrolleure mit Wodka befriedigen zu können. Eines Tages lief die Sache schief. Ein schreibunkundiger Deportierter wurde mit einem noch nicht ausgefüllten Leumundszeugnis gefaßt; er gestand, woher er seine Papiere hatte. Die OGPU kam in Morosows Dorf, um herauszubekommen, wo sich die unausgefüllten Formulare befanden. Das war der Augenblick, in dem Pawlik aktiv werden konnte. Er zeigte das Versteck, von dem er wahrscheinlich durch die Mutter oder durch Schnüffelei wußte. Bei dem Prozeß gegen seinen Vater im März 1932 wurde er jedoch nicht als Zeuge vernommen; der Richter hielt ihn einfach für zu jung. Der Vater bekam zehn Jahre Lager. Durch seine Verurteilung wurde die Mutter des Jungen mittellos (der Vater hatte trotz seines Weggangs die Familie unterhalten), womit sie nicht gerechnet hatte. Von nun an ließen sich die OGPU-Leute von Pawlik mitteilen, wo die Bauern etwas – vor allem Getreide – versteckt hielten. Er wurde ein gefürchteter Denunziant, wenngleich nicht der wichtigste in dem Dorf, das sich recht geschickt der Kollektivierung entzog. Erst nach der bestialischen Ermordung Pawliks und seines jüngeren Bruders gaben die Dorfbewohner ihren Widerstand gegen die Enteignung auf und gründeten eine Kolchose. Die Eltern erkannten, daß die Machthaber zu allem fähig sind, sogar zur Tötung von Kindern. Der Mord an Pawlik und seinem jüngeren Bruder muß das Werk der OGPU gewesen sein, aber die Tat wurde zwei Onkeln, einem Cousin, dem einundachtzigjährigen Großvater und der achtzigjährigen Großmutter von Pawlik in die Schuhe geschoben. Vier von ihnen wurden zum Tode verurteilt. Drei erschossen. Nun setzte der Morosowkult ein. Pawlik wurde zum Großen Pionier mit der Mitgliedsnummer 001, obwohl er wahrscheinlich nicht einmal gewußt hatte, was ein Pionier war, denn in seinem Dorf gab es weder eine Partei- noch eine Pionierorganisation.[210] Der Fall bekam sogar internationale Dimensionen, als nämlich Maxim Gorki auf dem 1. Allunionskongreß der Sowjetschriftsteller, der im August 1934 stattfand und zu dem so bekannte Schriftsteller wie Malraux, Klaus Mann, Toller und Aragon erschienen waren, in seinem Schlußwort die sowjetische Regierung bat, *dem Schriftstellerkongreß die Erlaubnis* zu geben, *dem Heldenpionier Pavel Morosov ein Denkmal setzen zu dürfen.* Dieser war, wie Gorki ausführte, *von seinen eigenen Verwandten umgebracht worden, weil er die schädliche Rolle seiner Blutsverwandten erkannt und die Interessen des werktätigen Volkes seiner Verwandtschaft mit jenen vorgezo-*

*gen hatte.*²¹¹ Das werktätige Volk ist der bessere Verwandte. Die Denkmalidee hatte eine Pionierdelegation nach dem Referat von Maršak über Kinderliteratur vorgetragen. Alles war glänzend arrangiert! Der Erfolg war, daß am Ende zig Morosowdenkmäler in der Sowjetunion errichtet wurden, ganz zu schweigen von den Morosow-Plätzen und Morosow-Pionierhäusern.

Der Fall Morosow ist nicht wegen der Denunziation des Sohnes gegen den eigenen Vater typisch, sondern wegen der Art, wie die Bolschewiki den Widerstand von Bauern gegen Zwangsabgaben und Kollektivierung zu zerschlagen wußten. Während beim Aufspüren von versteckter Ernte Denunziation, wenngleich oft erzwungen, eine Rolle spielte, waren die Bauern zur Aufgabe ihres Eigentums und zum Eintritt in die Kolchosen nur durch Terror zu bringen.

Das wohlorganisierte Denunziantentum

DIE AUS-SCHALTUNG DES SPONTA-NEN DENUN-ZIANTEN

Es bleibt eine offene Frage, ob in der Zeit des großen Terrors das spontane Denunziantentum tatsächlich ein entscheidendes Moment für die Verhaftung, Deportierung oder Erschießung der Denunzierten darstellte. Auf jeden Fall ging der eigentliche Impuls von oben, der Parteiführung bzw. dem Sicherheitsdienst aus. Von dort aus kamen die Listen der zu verhaftenden Personen an die unteren Stellen, die diese entweder in einem Übereifer oder auch aus persönlich-lokalen Gründen ergänzten.

Die neuesten Dokumente über die Segregation der Polen zwischen 1939 und 1941 in zu Deportierende und in solche, die an Ort und Stelle bleiben konnten, beweisen recht eindeutig, daß der sowjetische Sicherheitsdienst systematisch nach Plänen und vorgegebenen Kriterien vorgegangen ist. Bisher meinte man ja, die Bolschewiki hätten sich ihre

Opfer recht wahllos ausgesucht. Vielfach hätten Denunziationen eine entscheidende Rolle gespielt. Obwohl eine umfassende Einsicht in die Materialien des sowjetischen Geheimdienstes nicht möglich ist, viele Unterlagen, insbesondere sogenannte Spitzelberichte, zum großen Teil vernichtet worden sind, kann man davon ausgehen, daß, nachdem an die Stelle der Gebildeten, Arrivierten und Besitzenden Ungebildete (oder unter neuen Bedingungen im Schnellverfahren Ausgebildete), Nicht-Arrivierte und Besitzlose getreten waren, für spontane Denunzianten kein Platz mehr war. In einer Situation, in der opportunistische Emporkömmlinge die Schlüsselposten einnahmen, die Bevölkerung den Machthabern prinzipiell mißtraute, war der spontane Denunziant kaum noch gefragt. Er wurde so behandelt, wie es die »Richtlinie Nr. 21« der Stasi aus dem Jahre 1952 vorsieht: bei »Personen, die sich zur Mitarbeit selbst anbieten«, sei *besondere Vorsicht angebracht*. Es sei mit ihnen *am besten so zu verfahren, dass sie keine Instruierung, keinen Decknamen oder Telefon-Nummer erhalten, sondern lediglich bringen, aber nichts erhalten. Wenn man so längere Zeit die Arbeit mit dieser Person durchführt, ist eine Überprüfung auf Ehrlichkeit möglich oder ein Doppelspiel leichter zu entdecken.*[212]

In den späteren Richtlinien dieser Institution habe ich keinen Passus über den sich selbst Anbietenden mehr gefunden.[213] Mittlerweile hatte sich das Prinzip durchgesetzt: Die Sicherheitsbeamten und deren Helfer suchen sich ihre Denunzianten **selber** aus. Aus diesem Grund gab es im KGB-Reich anders als im Dritten Reich auch keine Erlasse gegen das Denunziantentum. Die spontane Mitteilungsbereitschaft, Informationen aus der Bevölkerungen genannt, soll sogar abgenommen haben.[214] Vielleicht hatte sich die Meinung verbreitet, zwischen Polizei und Sicherheitsdienst sei der Unterschied so groß wiederum nicht, wenngleich kein direkter Zugang zu ihm, keine direkte Gesprächsmöglichkeit mit ihm bestand. Man konnte sich nicht aussuchen, wie es Gerd Poppe formulierte, *ob man zu einem Parteifunktionär geht, um ihm eine Information zu geben oder eine zu erhalten, oder zur Staatssicherheit. Ich kenne nur zwei Möglichkeiten, mit der Stasi zu sprechen. Die eine war die, ein Informant zu sein oder von ihr zumindest als Informant betrachtet zu werden – und das hätte sie nicht, wenn sie nicht tatsächlich über längere Zeit auch Informationen erhalten hätte. Die andere war die, von ihr als Gefahrenquelle oder Staatsfeind angesehen zu werden, und man sollte dann diszipliniert oder es sollte gegen einen ermittelt werden.*[215]

Man sollte daher nicht solche Formulierungen gebrauchen, ein operativer Vorgang habe damit begonnen, daß an dem und dem Tag ein Denunziant das und das meldete, wenn es sich dabei im Grunde genommen um einen IM handelte. Der IM meldete nur selten so, wie man sich das außerhalb des KGB-Reichs vorstellt, d. h., er suchte nur in wenigen Fällen den Sicherheitsdienst aus eigenem Antrieb auf.

DIE ANFÄNGE   Die Schaffung eines wohlorganisierten Denunziantentums verlangte einerseits entsprechend geschulte Mitarbeiter, andererseits den Aufbau eines umfassenden Informationssystems. Wie schwer dies war, läßt sich anhand der erhalten gebliebenen Protokolle von Arbeitssitzungen der Führungskader des volkspolnischen Sicherheitsdienstes in seiner Anfangszeit verfolgen. Begründet wurde der Sicherheitsdienst mit der Installierung der moskauabhängigen Regierung am 22. Juli 1944 unter der Leitung von Stanisław Radkiewicz, der enge Beziehungen zur Sowjetunion unterhielt. Ihm standen etwa 200 Kommunisten zur Seite, die in der Sowjetunion ausgebildet worden waren.[216] Das wirkliche Sagen hatten allerdings in den ersten Jahren NKWD-Offiziere, die als Berater fungierten.

Der wichtigste war zu Beginn Iwan Aleksandrowitsch Serow (1905–1990). Er war bereits 1939 nach dem Einmarsch der Sowjettruppen in polnisches Territorium als Staatssicherheitskommissar III. Ranges für polnische Fragen verantwortlich gewesen. Im Oktober 1941 wurde er Stellvertreter Berijas. Anfang 1944 nahm er an der Deportierung der kaukasischen Völker teil. Später leitete er die Absicherung des Hinterlandes der 3. Belorussischen und Baltischen Front; als solcher war er für die Vernichtung der AK (Heimatarmee) und anderer polnischer Streitkräfte seit dem 16. 7. 1944 zuständig.[217] Im Februar 1945 wurde er schließlich zum offiziellen Berater des NKWD beim polnischen Innenministerium ernannt. Im März leitete er die Verhaftung der sechzehn Führer des polnischen Untergrunds, die sich, obwohl sie polnische Bürger waren, im Juni 1945 vor einem Gericht in Moskau verantworten mußten. Am 25. April 1945 wurde er als Berater in Volkspolen abberufen, um am 9. Juni Stellvertreter des Obersten Chefs der sowjetischen Militärverwaltung in Deutschland (SMAD) zu werden.[218] Er stand allen geheimdienstlichen Institutionen in der SBZ (Sowjetischen Besatzungszone) vor. Damit konnte er seine polnischen Erfahrungen weiter nach Westen tragen. 1947 wurde er Stellvertreter des Ministers für Inneres und 1953 – nach Berijas Verhaftung – Vorsitzender des Komitees für Sicherheit beim Ministerrat der UdSSR.[219] 1954 sehen wir ihn als Gründer des KGB, den er bis 1958 leitete. Für die Niederschlagung des ungarischen Aufstandes von 1956 bekam er den Kutusow-Orden verliehen.[220]

Serow folgten in Volkspolen Seliwanowski, Dawydow,[221] Lalin und Jewdochimenko.[222] Ihnen standen mehrere hundert Mitarbeiter des NKWD zur Seite.[223] Bis 1947 fungierten sie sogar auf Kreisebene als Berater. Danach waren sie »nur noch« höhergestellten Funktionären zugeordnet, um zu zeigen, wie man die Arbeit macht bzw.

nicht machen darf. 1957 wurden sie aus Polen abgezogen, d. h., der Beraterapparat verwandelte sich ähnlich wie in der DDR in einen Apparat von Verbindungsoffizieren. Es ist daher zu bezweifeln, daß Bernhard Marquardt mit seiner Behauptung *Die Verflechtung von MfS und KGB war durch eine so enge Zusammenarbeit bestimmt, wie sie in keinem anderen Sicherheits- und Spionagedienst der früheren Warschauer-Pakt-Staaten gegeben war*,[224] recht hat. Er unterschätzt Rußlands ureigenes Interesse an Polen, das weit in die Zeit vor den Teilungen reicht, und die Furcht der polnischen Kommunisten vor dem eigenen Volk,[225] das immer wieder rebellierte. Ohne die Einführung des Kriegszustandes am 13. Dezember 1981 mit sowjetischer Rückendeckung hätten sie viel früher abdanken müssen. Daß der sowjetische Unterstützungswille die Bereitschaft zur Intervention nicht einschloß, ahnten nur die wenigsten Polen in der Solidarność-Bewegung.

Die Hauptaufgabe des sich herausbildenden volkspolnischen Sicherheitsdienstes bestand in der Bekämpfung der sogenannten bürgerlichen Opposition, die anfänglich die Zustimmung der Bevölkerungsmehrheit besaß. Schikanen aller Art wurden begleitet von Verhaftungen und Todesstrafen. Gomułka, der Generalsekretär der Polnischen Arbeiterpartei, erklärte im Juni 1945: *Wir werden alle reaktionären Banditen ohne Skrupel vernichten. Ihr könnt schreien, Blut des polnischen Volkes werde vergossen; daß der NKWD über Polen herrsche, aber das wird uns nicht vom Weg abbringen.*[226]

Dazu mußten die neuen Machthaber aber das Milieu kennen, in dem sich die zu Bekämpfenden, die »Banditen«, insbesondere die Leute der Heimatarmee (AK), bewegten. Inoffizielle Mitarbeiter waren gefragt. Die Arbeit mit ihnen war anfänglich, wie man den Klagen führender Sicherheitsoffiziere entnehmen kann, mangelhaft. Da schimpft General Romkowski, stellvertretender Leiter des Sicherheitsdienstes, daß sich die Führungsoffiziere in aller Öffentlichkeit mit ihren IM[227] treffen, ohne zu wissen, was zu besprechen sei, daß die Auswahl der zu werbenden IM ohne Plan und Vorbereitung vorgenommen werde, man mit den Informationen nicht umzugehen wisse usw.[228]

Als nach der Zerschlagung der nichtkommunistischen Parteien der Kampf gegen die katholische Kirche begann, mußte Julia Brystygier, die Leiterin des Departements für Kirchenfragen im Sicherheitsdienst, auf der Arbeitssitzung am 28. 7. 1949 feststellen, daß die örtlichen Einheiten so gut wie nichts über die Priester und ihre Art, miteinander zu kommunizieren, wußten. Es sei nur bekannt, daß sie den Postweg vermeiden. Brystygier verlangte daher, so schnell wie möglich im Klerus »Stützpunkte« anzulegen, d. h., IM zu werben, um herauszubekommen, wie sich die Kontakte zwischen den Priestern gestalten, wie sie leben, welche Schwächen sie aufweisen, ob sie mit den Instruktionen aus Rom übereinstimmen, welchen Einfluß Sekretäre und andere Mitarbeiter auf sie hätten, wieviel engagierte Gläubige es gebe etc.[229] Beispiele dieser Art ließen sich noch und noch aufzählen. Am Ende war jedoch ein Sicherheitsapparat installiert, der genauen Einblick in alle Lebensbereiche des Landes hatte. Er verdankte dies vor allem den Zuträgern, den sogenannten IM.

In Ostdeutschland wurde erst relativ spät ein eigener Sicherheitsapparat aufgebaut. Anfänglich lagen alle politischen Strafsachen in Händen der sowjetischen Besatzungsbehörden, des NKWD. Ihr standen deutsche »Kommissariate für Besatzungsangelegenheiten«, insbesondere die politische Polizei mit der Abkürzung K5, zur Seite, die Anfang 1947 auf Länderebene etabliert worden war. Sie operierte bereits *mit geheimdienstlichen Metho-*

*den.*²³⁰ Im August 1947 wurde sie mit dem Befehl 201 des Obersten Chefs der Sowjetischen Militärverwaltung verstärkt und unter der Führung von Erich Mielke ausgebaut. Mit diesem Befehl war für Mielke die *Frage des Kampfes um die Macht* gestellt, wie er im Oktober des gleichen Jahres erklärte.²³¹ Im Dezember 1948 fuhr eine SED-Delegation, der Wilhelm Pieck, Otto Grotewohl, Walter Ulbricht und Fred Oelsner angehörten, nach Moskau zu Konsultationen mit der KPdSU-Führung, um Fragen der Festigung der staatlichen Sicherheit zu besprechen. Am 18. Dezember wurde die Delegation von Stalin empfangen.²³² Eine Folge der Gespräche war eine Verselbständigung der K5. Erst am 8. Februar 1950 konnte nach sowjetischem Vorbild neben dem Innenministerium ein Ministerium für Staatssicherheit (MfS) eingerichtet werden. Fünf Monate waren seit der Gründung der DDR vergangen.²³³ Nicht nur die Tschekisten in der Sowjetunion, sondern auch die in den Volksdemokratien müssen ob dieser Gleichschaltung mit der Struktur im Ostblock aufgeatmet haben.

Die IM – das Kernstück des Sicherheitsdienstes

In den Richtlinien für die Arbeit mit den Inoffiziellen Mitarbeitern, den IM, wird immer wieder betont, diese bildeten das *Kernstück der gesamten politisch-operativen Basis des Ministeriums für Staatssicherheit.*²³⁴ Ohne sie wäre es gleichsam brotlos. Seine Hauptaufgabe bestehe daher in der Werbung von IM. Diese dürfe niemals *abstrakt und formal* durchgeführt, im Gegenteil, sie müsse *fast wie ein Kunstwerk in der Arbeit betrachtet* werden.²³⁵ Doch ehe man sich zu einem solchen Akt entschlösse, habe man sich Kenntnisse über die zu werbende Person zu verschaffen. In der Stasisprache war dies der Vorlauf, zu dem eine Vorlauf-Akte angelegt wurde. Zu den Vorkenntnissen gehörte, ob man mit einer gewissen Bereitwilligkeit des Kandidaten für eine Zusammenarbeit rechnen könne, ob es nicht *Schwierigkeiten familiärer oder anderer Art* gäbe, *die sich hemmend auf die Bereitwilligkeit auswirken können und wie sie auszuschließen oder zu verändern wären*,[236] ob man seiner Zuverlässigkeit und Ehrlichkeit gewiß sein könne und vieles andere seine Persönlichkeit Betreffende.

Nach den umfassenden Vorbereitungen ist der Entschluß zur Werbung zu treffen. Sie bildet einen *Höhepunkt in der operativen Arbeit*, heißt es emphatisch in der Richtlinie von 1958. Sie erfordere *viel Geschick, ein gutes Einfühlungsvermögen und hohe fachliche Kenntnisse*. Sie müsse *eine schöpferische Arbeit* darstellen. Sie könne allerdings nicht ohne *Genehmigung leitender Mitarbeiter* erfolgen.[237]

Im Ministerium für Staatssicherheit war man sich im klaren, daß es verschiedene Motive des IM-Kandidaten gab, sich für die Zusammenarbeit bereit zu erklären. In der Richtlinie von 1958 werden vier Möglichkeiten unterschieden:

1) Der Kandidat tut es aus Überzeugung.
2) Er ist zögerlich, läßt sich aber allmählich zur Mitarbeit heranziehen.
3) Er tut es, weil kompromittierende Materialien gegen ihn vorliegen.[238] Dazu gehörte anfänglich Verschweigen von ehemaliger Zugehörigkeit zur NSDAP, SA oder anderen NS-Organisationen, von irgendwelchen Vergehen usw.[239]; im Falle von Volkspolen war es Zusammenarbeit mit dem deutschen Okkupanten, aber auch mit dem sogenannten bürgerlichen Lager, etwa der Heimatarmee.[240]
4) Er zeigt materielles Interesse.

Das dritte Motiv wurde später *Wiedergutmachungs-*

wille genannt, d. h., der Kandidat wird IM, weil man ihm verspricht, daß ihm die Verletzung von *Normen des gesellschaftlichen Zusammenlebens* vergeben wird. Beim vierten Motiv wurde in der Richtlinie von 1968 der Terminus *persönliches Interesse* hinzugefügt, worunter u. a. zu verstehen war: *die Freude an der Erledigung komplizierter und schwieriger Aufgaben; die Erwartung von Abenteuern; der Reiz an der konspirativen Arbeit; die Befriedigung persönlicher Wünsche.*[241] Interessant ist, daß der Wunsch nach einer Auslandsreise sowie nach Unterstützung des eigenen Hobbys nicht als materielles, sondern persönliches Interesse qualifiziert wurde. Davon, daß dem zu Werbenden »klargemacht« wird, er müsse ein Interesse an der Zusammenarbeit haben, ist in den Instruktionen nicht die Rede. Wenn du nicht mitspielst, wurde ihm erklärt, werden dir für die Zukunft bestimmte Dinge versagt bleiben, etwa Weiterbildung, Reisen oder Beförderung.[242]

Beim Werbungsgespräch *muß der operative Mitarbeiter eine Entscheidung des Kandidaten über die Bereitschaft zur Zusammenarbeit mit dem Ministerium für Staatssicherheit herbeiführen.*[243] Fiel die Entscheidung positiv aus, kam es zu einer zumeist schriftlichen Verpflichtungserklärung. Sie konnte aber auch mündlich erfolgen. Von nun an wurden regelmäßige *Treffs* vereinbart, die in konspirativen, von sogenannten IMK zur Verfügung gestellten Wohnungen oder auch in Cafés stattfanden.[244] Man hört auch von gemeinsamen Autofahrten. Die Treffs galten als *die wichtigste Verbindungsart* zwischen dem operativen Mitarbeiter und dem IM. Es handelte sich im allgemeinen um Gespräche, die der operative Mitarbeiter so persönlich wie nur möglich zu gestalten hatte. Er habe *viel Taktgefühl* zu zeigen. Er müsse wissen, daß die IM *oft Sorgen und Wünsche haben, die die Erfüllung der Aufträge beeinträchtigen können, wenn sie unbeachtet bleiben.*

Diese *Sorgen und Wünsche sind, soweit wie möglich, zu berücksichtigen, um das Vertrauen des Inoffiziellen Mitarbeiters zum Ministerium für Staatssicherheit zu festigen.*[245] Freilich seien keine Versprechungen zu machen, die nicht erfüllt werden können. Dem IM müsse von Anfang an das *Gefühl des unbedingten »Gebrauchtwerdens«* vermittelt werden. Besonders im Anfangsstadium sei es wesentlich, daß er *Erfolgserlebnisse hat, die dazu beitragen, ihm Sicherheit und Selbstvertrauen zu verleihen.*[246]

Die IM-Auswahl hatte nach operativen Plänen zu erfolgen, d. h., ein IM sollte aus jenen Kreisen stammen, die als gefährdet galten, wo nicht alles nach den offiziellen Vorstellungen ablief. Aber wo war das schon der Fall? Im Grunde gab es keine Arbeitsstelle und keine Organisation, die für den Sicherheitsdienst nicht von Interesse war. Ihre Hauptaufgabe war schließlich, auf die Frage »wer ist wer?« Antworten parat zu haben, d. h. die Bevölkerung in vom Sozialismus überzeugte, in loyale, in schwankende (er könnte *Feindeinflüssen* unterliegen) und in feindlich gesinnte Bürger einzuteilen. Die beiden letzteren mußten observiert werden, und zwar mit Hilfe von IM, die deren Kollegen oder Bekannte waren bzw. werden konnten.

Die Ergebnisse der IM-Informationen dienten der Erstellung eines Operationsplans, dessen Ziel die entsprechende Bearbeitung der »gefährdeten Personen«, die Zersetzung der vermeintlichen oder tatsächlichen Oppositionskreise und deren Liquidierung war. Das alles sollte wiederum mit IM-Hilfe verwirklicht werden. Der operative Mitarbeiter durfte ja im Terrain der Operation nicht erscheinen, nur der IM, der sich aber als solcher auf keinen Fall zu erkennen geben durfte.

Es ist anzunehmen, daß die überwiegende Zahl der IM scheinbar harmlose Hinweise gegeben hat. Relativ wenige – verglichen mit der großen Zahl von inoffiziellen Mitarbeitern – waren für das Bearbeiten, Zersetzen und Liquidieren eingesetzt. Die meisten fungierten eher als kleine Rädchen in dem Riesensystem, nur einige als mittelgroße oder gar als größere. Doch ohne all die IM hätten die operativen Mitarbeiter des Ministeriums für Staatssicherheit nichts ausrichten können. Die IM waren mehr als das Kernstück, sie hielten das Ganze in Bewegung. Sie waren das Blut, der Saft. Als die DDR ihrem Ende zuging, stand der IM Ibrahim Böhme *an der Spitze der in der DDR neugegründeten SPD; der IM de Maiziere an der Spitze der sich aus der Nationalen Front lösenden CDU mit dem IM Kirchner als Generalsekretär daneben; der IM Schnur war bis zu seiner Enttarnung Leitfigur des »Demokratischen Aufbruchs«; die Vorsitzenden von Finanz- und Wirtschaftsausschuß (aus CDU und FDP) waren beide IM* [...]; kann *das alles für Zufall gelten*, fragt Wolfgang Ullmann rhetorisch.[247] Sicherlich nicht.

Nach welchen Kriterien wurde geworben?

Anfänglich herrschte bei der Werbung von IM in den sozialistischen Sicherheitsdiensten ein großes Durcheinander. Noch Mitte 1948 beklagt der polnische Sicherheitsdienstchef Radkiewicz, daß man jeden, den man nur bekommen könne, werbe. Erst entstehe ein »Agentennetz«, und dann frage man sich nach seiner Verwendungsmöglichkeit. Der umgekehrte Weg sei endlich einzuschlagen.[248] In ähnlichem Ton äußerte sich Mielke 1975: Es dürfe nicht *ein beliebiger IM geworben und nachträglich geprüft werden, wie und für was er einsetzbar ist.*[249] Doch am Ende fanden die Dienste trotz zahlenmäßiger Vorgaben (so sollten, wie Hansjörg Geiger berichtet, im Bezirk Rostock 1989 *619 Inoffizielle Mitarbeiter geworben werden und – Sie werden es nicht glauben – 618 sind es geworden)*[250] den »rechten Weg«, indem sie nach »Objekten« warben, und zwar nach solchen, die sie entweder als gefährdet oder als undurchsichtig einschätzten.²⁵¹ Als gefährdet galten jene Bereiche, in denen Proteste zu beobachten oder für die Zukunft zu erwarten waren, als undurchsichtig jene, in denen nicht feststand, *wer ist wer.* Manche Bereiche waren auch aus ideologischen Gründen von Interesse.

Wie zielstrebig vorgegangen wurde, läßt sich am folgenden von Joachim Walther eruierten Fall erkennen: *Zur inoffiziellen Durchdringung des Bereiches Lektorat im DEFA-Spielfilmstudio ist es erforderlich, einen IMS unter den Beschäftigten zu werben. Dieser IMS hat die Aufgabe, zur inneren Sicherheit des Lektorats beizutragen, indem er die dort beschäftigten Personen unter Kontrolle nimmt. Darüber hinaus muß der IMS Hinweise auf feindlich-negative Handlungen in seinem Bereich bzw. im gesamten Studio geben können und auch zur Klärung solcher Sachverhalte beitragen. Eine weitere spezielle Aufgabe des IMS besteht in der Beschaffung von Unterlagen, Statistiken, Analysen u. a. zur besseren Einschätzung der im Spielfilmstudio vorhandenen Filmstoffe, die in der Zukunft realisiert werden könnten. Der zu werbende IMS muß folgenden Anforderungen gerecht werden: Er muß im Lektorat des Spielfilmstudios beschäftigt sein. Der Kandidat muß in der Lage sein, Sachverhalte und Personen einzuschätzen bzw. wenn erforderlich, Personen im Arbeitsbereich kontrollieren können. Er muß entsprechende analytische Fähigkeiten zur Einschätzung von Filmstoffen besitzen. Der Kandidat muß über einen klaren politischen Klassenstandpunkt, verbunden mit einer gefestigten Haltung zur DDR und zur sozialistischen Kulturpolitik verfügen. Er muß die notwendige Lebenserfahrung, insbesondere im Umgang mit den Menschen, haben. Er sollte kontaktfreudig sein. Die Familienverhältnisse müssen so gestaltet sein, daß die für eine erfolgreiche tschekistische Arbeit erforderliche Zeit dem Kandidaten zur Verfügung steht. Der Kandidat muß über entsprechende Umgangsformen sowie über ein sicheres Auftreten verfügen. An das Geschlecht werden keine besonderen Anforderungen gestellt.*[252]

Das Ganze mit den vielen *muß* und *müssen* war etwas hoch gegriffen. Eine solche Person fand die Stasi nicht, doch bekam sie, wie der Beschreibung Walthers zu entnehmen ist, mit Hilfe der von ihr geworbenen Frau keinen schlechten Einblick in das Studio.

Zu Beginn der achtziger Jahre erschien es notwendig, bessere Einsicht in die Arbeit einer bestimmten Klinik zu gewinnen. Die dort tätigen Physiologen würden *politische Probleme bereiten: Sie unterhielten enge Beziehungen zur evangelischen Kirche und zu »negativen Kunst- und Kulturschaffenden«. Die staatliche Leitung und die SED-Organisationen galten als nicht »gefestigt und ausgereift«, um Abhilfe zu schaffen.* Nur der Chefarzt schien sich von allen anderen abzuheben. *Der Führungsoffizier hielt* ihn *für den »einzigen aktiven« und »politischen Faktor« in der Klinik, der das Problem erkannt habe und zur Klärung beitragen wolle.* Er verfügte zwar bereits *über offizielle Beziehungen zum MfS*, aber das war offenbar zu wenig. Es wurde ihm angetragen, die Rolle eines IME (Inoffizieller Mitarbeiter für einen besonderen Einsatz) zu erfüllen, was er auch als IM »Rudolf« tat. Müller-Enbergs nennt diesen Fall exemplarisch für einen IME in Schlüsselposition.[253]

Besonders geeignet für eine IM-Tätigkeit war jemand, der mit den Behörden einmal in Konflikt geraten war, stellte er doch einen potentiellen Anziehungspunkt für Regimekritiker dar. So kam es nicht selten vor, daß einer, der aus dem Betrieb entlassen oder von der Universität exmatrikuliert worden war, eines Tages zu einem Gespräch an einem »konspirativen Ort« gebeten wurde. Das

Ziel war klar, er sollte als IM geworben werden. Als Lohn war die Wiedereinstellung im Betrieb oder erneute Immatrikulation, wie im vorliegenden Fall, vorgesehen: *Aus den vorliegenden Sachverhalten wird erkennbar, daß Sch. über operativ-interessante Verbindungen zu operativ-bedeutsamen Personen aus der sogenannten Aussteigerszene in Rostock und darüber hinaus verfügt. Es wird vorgeschlagen, die eingetretene Situation zu nutzen, um mit Sch. in Kontakt zu kommen. Als Anlaß wird die bevorstehende Exmatrikulation genutzt und Sch. aufgezeigt, daß durch sein Verschulden im Endeffekt ein geplanter Diplomlehrer für Sonderschulen der Volksbildung verlorengeht. Mit diesen Ausführungen soll erreicht werden, daß sich Sch. in der Richtung öffnet, unbedingt wieder studieren zu wollen. In diesem Zusammenhang wird er aufgefordert, zu seinem bisherigen Leben Stellung zu beziehen. Bringt Sch. die vorhergenannten Sachverhalte zur Sprache, wird an seinen Wiedergutmachungswillen appelliert. Das wäre gleichzeitig die Grundlage für weitere Kontaktgespräche, ohne zunächst über konspirativ erarbeitete Sachverhalte zu sprechen. Verhält sich Sch. verschlossen, wird ihm eindeutig mitgeteilt, daß die Universität kein Interesse an einer Wiederaufnahme des Studiums hat. Im nächsten Gespräch wird geprüft, inwieweit er bereit ist, Personen zu belasten.*[254]

Im bürgerlichen Leben nennt man eine solche Vorgehensweise Erpressung.

In Polen konnte, wie ein hoher Offizier des Innenministeriums 1992 erklärte, fast jeder IM werden. Man interessierte sich aber vor allem für bestimmte ausgewählte Bereiche, fügte er hinzu. Bei der Werbung habe man aktive Personen vorgezogen und sich erst ein genaues Bild von dem ins Auge gefaßten IM gemacht, ehe man sich zum entscheidenden Schritt entschloß.[255] Personen mit wenig Kontaktmöglichkeiten waren für den Sicherheitsdienst von vornherein uninteressant. Schließlich sollten sie über andere berichten, den Informationsbedarf stillen oder gar operative Aufgaben erfüllen. Sie mußten mithin kontaktfreudig und anpassungsfähig sein.

In den ersten Jahren der Tätigkeit des volkspolnischen Sicherheitsdienstes müssen die Anforderungen an einen IM allerdings recht gering gewesen sein. Es reichte, daß jemand überhaupt bereit war, regelmäßige Informationen zu übermitteln und ihm anvertraute Aufgaben zu erfüllen. Volkspolen war ja offiziell kein besetztes Land. Die Kommunisten konnten nicht auf die direkte, offene Unterstützung der Sowjets rechnen. Sie mußten mit ihren zahlreichen Widersachern immer wieder selber fertig werden. Zu diesen gehörten auch vielfach die Belegschaften großer Betriebe, denen das Streiken nicht fremd war. Am 28. April 1947 klagt der Departementschef Szymczak auf einer Beratung der Wojewodschaftsleiter des Sicherheitsdienstes, man erfahre zu spät von geplanten Streiks. Man müsse daher in den Betrieben »Agenturen« aufbauen. Nehmen wir an, führt er aus, die Belegschaft besteht aus 5000 Personen, das bedeutet, es sind zumindest 50 Informanten notwendig. Wenn es nun mehrere solcher Betriebe in der Umgebung gibt, wie sollen da die hauptamtlichen Mitarbeiter den Überblick behalten, wenn sie dort nicht verankert sind. Der Sicherheitsdienst braucht, mit einem Wort, Hauptamtliche im Betrieb selber.[256] Auf der gleichen Beratung wurde die Schaffung von »Massenagenturen« (*agentury masowe*)[257] innerhalb der Parteien, insbesondere der sozialistischen (sozialdemokratischen, würde man im Deutschen sagen) verlangt. Nur wenn viele Informanten in einer Organisation wirken, könne man sie in den Griff bekommen, d. h. sie als Widersacher zerschlagen.

Wenn man sich die Entwicklung des Sicherheitsdienstes in Polen betrachtet, drängt sich der Schluß auf, daß der Hang zur großen Zahl im KGB-Reich aus Mangel an Anerkennung erwachsen ist. Zu wirklichen Wahlerfolgen konnten es die Kommunisten nicht bringen. Wenn sie an der Macht bleiben wollten, waren sie gezwungen, die Wahlergebnisse im großen Stil zu fälschen, Andersdenkende zu diffamieren, allgemeine Angst zu erzeugen. Zwar konnten sie nach der Zerschlagung der sogenannten bürgerlichen Opposition auf massenhafte physische Verfolgungen verzichten, aber nicht auf massenhafte Anwerbung von IM.

Möglichst keine Genossen

Bereits im Juni 1948 erklärte der polnische Sicherheitsdienstchef Radkiewicz, nur in Ausnahmefällen seien Parteimitglieder zu werben und vor allem dürfe man nicht den Eindruck erwecken, daß die Zusammenarbeit mit dem Sicherheitsapparat höher zu werten sei als die Parteimitgliedschaft.[258] Außerdem haben Genossen und Genossinnen aufgrund ihrer Parteizugehörigkeit die Pflicht zur Auskunftserteilung und Mithilfe bei der Lösung von »sicherheitsfördernden Aufgaben«.[259] Zwanzig Jahre später hieß es ähnlich in der Stasi-Richtlinie: *Bei Mitgliedern der Sozialistischen Einheitspartei ist immer davon auszugehen, daß diese nach dem Parteistatut verpflichtet sind, den sozialistischen Staat zu schützen und sie auf Grund ihrer Stellung in der Regel bereitwillig helfen, die politisch-operativen Aufgaben zu erfüllen.*[260]

Das konnte allerdings nicht durchgehalten werden, insbesondere nicht in den führenden staatlichen Institutionen. Nach Müller-Enbergs war *ein Drittel der IM* Mitglied der SED.[261] In Polen glaubte man bis vor kurzem, daß Mitglieder der PVAP nicht IM sein durften. So lautete die offizielle Anordnung seit 1956, nachdem Gomułka das Heft in die Hand genommen hatte. Erst jetzt kommen Zweifel auf, ob sich dieses Prinzip überhaupt durchhalten ließ.

Es ist unklar, seit wann der sowjetische Sicherheitsapparat die IM in erster Linie aus den »Reihen der Parteilosen« zu rekrutieren suchte. Es bedeutete ja ein Abgehen von der Devise, jeder Bolschewist sei auch ein Tschekist. Höchstwahrscheinlich wurde nach dem neuen Prinzip vorgegangen, als genug Blut geflossen war, und es galt, das Land zu stabilisieren, arbeitsfähige Institutionen zu schaffen und aus dem Produktionstief, in dem sich die Sowjetunion am Ende der dreißiger Jahre befand, herauszukommen. Es ist aber auch möglich, daß dieses Prinzip erst nach dem Krieg formuliert wurde. Vielleicht gab der sowjethörige Radkiewicz in seinem Referat, das er am 10. 6. 1948 vor Mitarbeitern hielt – die Öffentlichkeit erfuhr davon natürlich nichts –, etwas kund, was kurz zuvor in Moskau Berija geäußert hatte.

Wie viele waren es?

Die Tscheka wurde im Dezember 1917 gegründet. Im Juni 1918 zählte sie etwa 12 000, im Dezember 1918 40 000 und 1921 bereits 280 000 Mitarbeiter.[262] In Volkspolen dauerte es keine drei Monate, bis der am 22. 7. 1944 ins Leben gerufene Sicherheitsdienst über 2500 Angestellte verfügte, im Dezember stieg die Zahl auf über 3000. Da es keine wirkliche Trennung zwischen Sicherheitsdienst, Polizei, Gefängnis- und Lagerpersonal sowie Militärpolizei (Wojsko Wewnętrzne – Innerer Armee) gab, sind als eigentliche Zahl 20 000 Personen zu nennen, die an der Wende von 1944/45 in den befreiten vier Wojewodschaften für die Bekämpfung des ehemaligen und neuen Feindes tätig waren. Im späten Frühjahr 1945 beschloß das ZK der Polnischen Arbeiterpartei (PPR), daß auf je 200 Einwohner ein Funktionär des Innenministeriums zu fallen hat, d. h., es mußten etwa 130 000 Stellen geschaffen werden,²⁶³ was auch geschah. Ende 1948 arbeiteten im Sicherheitsdienst 26 600 (im November 1945 waren es 24 000),²⁶⁴ bei der Polizei 42 500, in den Gefängnissen 8500 und in der Militärpolizei 35 600 Personen. 1953 war das Ganze entsprechend auf 33 200 (Sicherheitsdienst), 47 500 (Polizei), 10 000 (Gefängnispersonal) und 41 000 (Militärpolizei) Personen angewachsen. Der Grenzschutz (32 300) und der Industrieschutz (32 300) waren hinzugekommen.²⁶⁵ Dabei waren allein zwischen 1944 und 1949 im Sicherheitsdienst 90 000 Personen ausgewechselt worden. 1948 verfügte er über etwa 53 000 IM (darunter 5000 sogenannte Agenten und 48 000 Informatoren).²⁶⁶ Zwischen 1944 und 1956 sind etwa eine Millionen Menschen geworben worden. Jeden Tag waren hundertzehn- bis hundertdreißigtausend aktiv tätig.²⁶⁷ 1987 soll der polnische Sicherheitsdienst über etwa 100 000 IM und 3,1 Millionen Karteikarten mit Informationen über die IM sowie die operativ zu bearbeitenden Personen verfügt haben.²⁶⁸ Davon sind in der zweiten Hälfte des Jahres 1989 etwa 600 000 Karteikarten vernichtet worden, wofür der Innenminister Kiszczak verantwortlich war. Er hatte die Vernichtungsaktion wahrscheinlich nach dem Wahlsieg von Solidarność im Juni 1989 begonnen und unter dem Solidarność-Ministerpräsident Mazowiecki fortgesetzt.²⁶⁹

Über die genauesten Daten verfügen wir in bezug auf die DDR. Es ist aber zu berücksichtigen, daß hier der Sicherheitsapparat relativ spät aufgebaut wurde. In den ersten drei Jahren von 1950 bis 1952 waren für den neuen Sicherheitsdienst keine 30 000 IM tätig. Für die Funktionäre in Volkspolen stellte dies sicher keine imponierende Zahl dar. Doch 1968 lag der IM-Bestand in der DDR bereits bei 100 000, um in den nächsten sieben Jahren *auf mindestens 180 000* anzuwachsen.²⁷⁰ 1989 betrug die Zahl der verschiedensten IM etwa 176 000. In der Zeit vom Januar 1985 bis zum Oktober 1989 sollen etwa 260 000 Personen zeitweise für das Ministerium für Staatssicherheit als IM aktiv gewesen sein[271]. So arbeiteten 1989 im etwa 900 000 Einwohner zählenden Bezirk Rostock 3686 Personen hauptamtlich im örtlichen Sicherheitsdienst.[272] In der gesamten DDR betrug die Zahl der Hauptamtlichen zu dieser Zeit 83 985 Personen. Ihnen standen etwa 109 000 Inoffizielle Mitarbeiter zur Seite,[273] in Rostock waren es 9194 Inoffizielle Mitarbeiter verschiedenster Art (IM, IMK, GMS).[274] 1986 kamen auf je 200 Einwohner ein hauptamtlicher MfS-Mitarbeiter und auf etwa 100 Einwohner ein IM.[275] Wenn man bedenkt, daß dem Ministerium daran lag, den IM-Bestand systematisch zu erneuern, kann man sich vorstellen, in welchem Maße die Bevölkerung in dieses wohlorganisierte Denunziantensystem involviert war.[276] Die Erneuerung des IM-Bestandes wurde Wälzungsprozeß genannt.

Wälzungsprozeß oder jeder einmal

Helmut Müller-Enbergs führt einen Bericht der Bezirksverwaltung Neubrandenburg für den Zeitraum Januar 1987 bis August 1989 an, in dem es heißt: *Wälzungsprozeß. Seit 1987 ca. 20 Prozent des gegenwärtigen IM-Bestandes erneuert. Tempo zu gering (auch unter Beachtung des Rückgangs Gesamtbestand).*[277]

Der Wälzungsprozeß ist, wie mir scheint, noch viel zu wenig bemerkt worden, denn er zeigt, daß es dem Sicherheitsdienst gar nicht so sehr um effektive Aufklärung ging, sondern vor allem darum, so viel Menschen wie nur möglich zu beschmutzen und sie damit in Abhängigkeit zu bringen; zumal die Mitarbeit im Sicherheitsdienst allem Anschein nach nie als etwas Ehrenvolles angesehen wurde. Selbst Hermann Kant bestand darauf, *kein Mitarbeiter dieser Institution* gewesen zu sein, sondern sich lediglich *des öfteren mit diesen Leuten unterhalten* zu haben, wie er im Oktober 1992 während einer Diskussion in Marburg mit Günter Gaus und Dieter Lattmann erklärte.[278] Der Sicherheitsdienst konnte über eine solche Einstellung mehr als erfreut sein, da er auf diese Weise eine zusätzliche Waffe gegen eventuellen Ungehorsam in die Hand bekam. Wenn einer der IM mit dem Gedanken spielte abzuspringen, konnte er damit drohen, dessen Tätigkeit publik zu machen. Mit solchen Drohungen arbeitete der Staatssicherheitsdienst regelmäßig.

Wer war IM? (Alter und Geschlecht)

Der Sicherheitsdienst zog eindeutig Männer zwischen 25 und 40 Jahren bei der Werbung vor. Sie machten etwa die Hälfte des IM-Bestands aus. Der Schwerpunkt – was die Zahl betrifft – wurde recht schnell auf Personen gelegt, die mit der Produktion verbunden waren,[279] wenngleich alle öffentlichkeitswirksamen Bereiche stets besonderes Interesse erweckten. Es gab auch Oberschüler und -schülerinnen, die als IM geführt wurden. Einer Dienstanweisung zufolge hatte *der prozentuale Anteil von Kontakten unter achtzehn Jahren sowie IM bis zu 25 Jahren [...] mindestens 10 Prozent zum Gesamtbestand der vorhandenen IM zu betragen.*[280] Diese Quote wurde höchstwahrscheinlich nicht erreicht. Im November 1989 sollen *annähernd 10 000 Jugendliche unter 18 Jahren* als IM registriert gewesen sein.[281] Der Frauenanteil lag in den achtziger Jahren bei etwas über zehn Prozent des IM-Gesamtbestands. Die Sicherheitsdienste im sozialistischen Lager waren nicht besonders frauenfreundlich. Manche erklären dies mit der Befehlsstruktur, dem militärischen Geist. Ich glaube, es lag auch am Frauenbild der Funktionäre. Sie trauten Frauen nicht so recht, was diese vielfach für sich ausnutzten, womit sie wiederum dieses Bild festigten. Andererseits herrschte in den Sicherheitsdiensten die Meinung vor, das meiste ließe sich über Sekretärinnen und andere Helferinnen im Berufsleben eruieren. Wir wissen, wie die Stasi in der alten Bundesrepublik auf diesem Weg an wertvolle Informationen gelangte.

Einer ist zu wenig

Im Juni 1958 fand im Magdeburger Bezirksvorstand des Deutschen Schriftstellerverbands (DSV) eine Sitzung statt, auf der über die Beziehung zur Staatssicherheit gesprochen wurde. Unmittelbarer Anlaß dafür war offensichtlich die versuchte Werbung eines Mitglieds des DSV durch den Staatssicherheitsdienst. Der Betreffende hatte offenbar Kollegen informiert. Das Ergebnis der Besprechung wurde auf zwei Schreibmaschinenseiten in zwölf Punkten zusammengefaßt. Das Schriftstück besticht durch seine Logik und seinen (wahrscheinlich ungewollten) Witz.[282] Punkt 1 besagt, eine Staatssicherheit sei angesichts der vielen Westagenten notwendig. In Punkt 2 lesen wir: *Außer direkter Agententätigkeit (1) sind staatsfeindliche Bestrebungen möglich, die sich – wie im Falle Harich – anfangs ohne Westkontakte entwickeln können und darauf abzielen, die führende Rolle der Sozialistischen Einheitspartei in unserem Staat zu untergraben. Dies geschieht durch die Bildung staatsfeindlicher Gruppen in Organisationen, Institutionen usw.*

Dieser Fall sei auch in einer Betriebsorganisation des DSV denkbar. Jedes Mitglied sei – so Punkt 3 – verpflichtet, über solche Dinge Mitteilung zu machen. Von den DDR-treuen Schriftstellern sei nach Punkt 4 zu erwarten, daß sie *willens und fähig sind, politische Irrtümer ihrer Kollegen von sich aus rechtzeitig zu erkennen und durch Aussprachen zu korrigieren, noch ehe sich aus einzelnen Irrtümern eine staatsfeindliche Haltung entwickelt.* Doch unabhängig von *dieser Selbstkontrolle,* von der Punkt 4 spricht, sei es *Sache der Staatssicherheit* – so in Punkt 5 –, *die im Bezirksrahmen führenden Schriftsteller auf diese Wachsamkeitspflicht hinzuweisen und durch gelegentliche Anfragen über die Sicherheitslage zu informieren.* Aus der festgestellten Notwendigkeit sporadischer Erkundungen ergibt sich laut Punkt 6 für die Staatssicherheit jedoch nicht die Aufgabe, *in ideologischen Diskussionen innerhalb des DSV mittelbar oder unmittelbar selbst einzugreifen. Dies zu tun ist Sache des Vorstands und der Parteigruppe.* In Punkt 7 wird festgestellt, es sei unzweckmäßig, einzelne Verbandsmitglieder *für eine ständige, regelmäßige Berichterstattung über solche Diskussionen (6) zu gewinnen,* denn solche Bemühungen ließen sich *erfahrungsgemäß nicht lange geheimhalten; sie werden dann nutzlos.* Niemand würde mehr *freimütig* diskutieren, wenn er weiß, *daß Auszüge aus seinen Diskussionsbeiträgen registriert, gesammelt und ausgewertet werden,* lesen wir im Punkt 8. Zum Schaden der politischen Weiterbildung würden keine Aussprachen mehr stattfinden, d. h., man könne die »falschen Ansichten« nicht mehr korrigieren. Diese in Punkt 8 formulierte *Zurückhaltung* habe nichts mit Mißtrauen der Staatssicherheit gegenüber zu tun, aber – wie es in Punkt 9 heißt – in *ideologischen Diskussionen pflegt man zugespitzt zu argumentieren. In der Hand des Berichterstatters liegt es, welche Meinungsäußerungen er wiedergibt und welche er wegläßt. Er kann sich nicht wie ein Stenograf während der Debatte Notizen machen. Vielmehr versucht er nach der Tagung den Diskussionsablauf aus dem Gedächtnis zu rekonstruieren. Dazwischen liegen Stunden oder gar Tage. Daher sind Irrtümer auch dann unvermeidlich, wenn der Berichterstatter vorhat, eine ungefärbte Darstellung zu liefern.*

In Punkt 10 wird auf die Nachteile einer regelmäßigen Berichterstattung verwiesen. Der Berichterstatter könne *leicht der Versuchung* unterliegen, *solche Berichte zu schreiben, die den Auftraggeber interessieren.* Dies werden besonders *willensschwache Menschen, die es in jedem Beruf gibt,* tun, wenngleich unbewußt. Aber man müsse auch bedenken, daß es Berichterstatter geben kann, wie in Punkt 11 ausgeführt wird, die aus *persönlichen Motiven* ihre Kollegen mittels *geschickter Montage und häufiger Wiederholung* einzelner Sätze bewußt so charakterisieren, daß *die Angestellten der Staatssicherheit auf staatsfeindliche Umtriebe schließen müssen.* Daraus ergebe sich: *An solchen Fehleinschätzungen liegt der Staatssicherheit naturgemäß nichts. Sie kann aber diese Fehlerquellen (9), (10) und (11) nur ausschalten, indem sie zwei, besser noch drei arbeitende Berichterstatter beschäftigt.*

Mit anderen Worten: Einer ist zu wenig. Der Witz ist nun, daß der DSV-Bezirksvorstand Magdeburg zu dem Schluß kommt: *Bei einem so kleinen Personenkreis wie den Mitgliedern des LSV-Magdeburg, die miteinander freundschaftlich verbunden sind, ist dann aber die Geheimhaltung nicht mehr gewährleistet: Die Tatsache der Berichterstattung wird bekannt, mit allen negativen Auswirkungen, wie bereits in (8) aufgeführt.*

Ich weiß nicht, wie man auf diese »Logik« in der Stasi reagiert hat. Die Bezirksleitung wollte ja im Klartext nichts anderes sagen, wir sind zwar bereit, der Staatssicherheit Frage und Antwort zu stehen, möchten aber nicht unterwandert werden. Die Stasi war sich der Probleme einer sogenannten objektiven Berichterstattung natürlich bewußt. Aber für sie bildete die Kleinheit einer Organisation oder einer Gruppe kein Hindernis für deren Überwachung; hatte doch schon die Ochrana bewiesen, daß auch kleine Kreise »flächendeckend« überwachbar sind.

Für die Sicherheitsbeamten war es klar, daß ein IM nicht ausreicht, um sich ein Bild über mehrere Personen oder gar eine Organisation zu machen. Sie bemühten sich daher stets um die Werbung mehrerer Zuträger. Auf die Weise konnte sie auch jeden einzelnen IM unter Kontrolle halten. An Phantasieberichten war ihnen schließlich nicht gelegen, sie hätten nur der Effektivität ihrer Arbeit geschadet.

Der Führungsoffizier

Zum Aufbau eines wohlorganisierten und kontrollierten massenhaften Denunziantentums bedurfte es der Führungsoffiziere,[283] einer Personengruppe, für die es in der Gestapo keine Entsprechung gab. Ihre Aufgabe war es, Personen zu werben, die bereit waren, als Mitwirkende im Sicherheitsdienst tätig zu sein, sie zu instruieren und mit ihnen in gewissen Abständen Gespräche zu führen, über deren Inhalt und informativen Wert sie ihren Vorgesetzten, den Führungs-Führungsoffizieren, Bericht erstatteten.

In der Anfangsphase der sozialistischen Sicherheitsdienste scheint man es die Arbeit mit der »Agentur« bzw. dem Informator genannt zu haben. Diese Arbeit sei nicht an Neulinge zu verweisen, sondern von den verantwortungsbewußtesten Offizieren durchzuführen, heißt es 1949 in einer Dienstbesprechung des volkspolnischen Sicherheitsdienstes, die den Charakter einer Instruktion hatte. Es sei im Prinzip von dem Grundsatz auszugehen, daß jeder operative Mitarbeiter im Kontakt mit den Geworbenen stehe und mit ihnen zusammenarbeite.[284]

In der DDR setzte der Ausbau des Betreuungsnetzes

der IM (damals hießen sie noch GI, d. i. Geheime Informatoren) nach dem 17. Juni 1953 durch die Einführung von Hauptinformatoren (GHI) ein, die mehrere (bis zu zehn) IM betreuen sollten. Sie wurden 1968 in Führungs-IM (FIM) umbenannt.[285] Diese Rolle erfüllten aber vor allem jene operativen Mitarbeiter, denen die Werbung und Betreuung von IM oblag. Ein operativer Mitarbeiter, der keinen IM warb und anleitete, galt als praxisfern, wie wir aus Reden der Stasichefs vernehmen können. Ein solcher kenne die Schwierigkeiten, mit denen das Ministerium für Staatssicherheit tagtäglich zu ringen habe, nicht. 1989 waren etwa 12 000 Mitarbeiter des MfS mit *einer IM-führenden Aufgabe beschäftigt*.[286]

Der Führungs-IM bzw. Führungsoffizier mußte über weitreichende psychologische Fähigkeiten verfügen. Ohne sie konnte der Akt der Werbung und der darauf anschließenden Aufgabenzuweisung nur schwer gelingen. Ohne sie waren auch die Krisen, die so mancher IM durchlebte, nicht zu überwinden. Die Einschüchterung wurde dabei zumeist nur als Damoklesschwert benutzt. In den »Richtlinien« wird immer wieder betont, die Voraussetzung für die Gestaltung der Beziehung zwischen dem Führungsoffizier und dem IM sei die genaue Kenntnis der Persönlichkeit, der individuellen Eigenschaften, Stärken und Schwächen des letzteren. *Aussprachen über Probleme der Persönlichkeitsentwicklung des Inoffiziellen Mitarbeiters müssen psychologisch klug und mit pädagogischem Geschick geführt werden*.[287] Der IM sei zu erziehen, wobei *mündliche Belobigung oder der Tadel Anwendung finden* können.[288] Es ging fast wie in der Schule zu.

Der Führungsoffizier müsse von *Liebe zur IM-Arbeit* erfüllt sein. Er habe, heißt es in einem Dokument, *in seiner Gesamtpersönlichkeit auf den IM zu wirken. Da muß einfach alles stimmen, bis hin zum Äußeren. Er muß be-*

ständig Siegeszuversicht ausstrahlen und sie auf den IM übertragen. Er darf beim Treff keine Unsicherheiten und Schwankungen offenbaren [...] Der operative Mitarbeiter muß es verstehen, die beständige politische Einflußnahme auf den IM so zu gestalten, daß sie ihm nicht vordergründig bewußt wird [...] Stets muß die erforderliche Wachsamkeit an den Tag gelegt werden. Es darf bei dem Treff nicht fünf Minuten geben, in denen der Mitarbeiter die Übersicht verliert.[289]

Er sollte, mit einem Wort, den Romanhelden des sozialistischen Realismus gleichen, die immer wußten, was sie taten, wachsam waren und stets Siegeszuversicht ausstrahlten. Daß ihm jedes Mittel recht sein mußte, um zum Ziel zu gelangen, stand auf anderen Blättern, die während der operativen Arbeit beschrieben wurden.

Ein Führungsoffizier betreute zwischen drei und sechzehn IM, im Durchschnitt waren es zehn bis elf.[290] Das entspricht einer idealen Schülergruppe für den Fremdsprachenunterricht. Im Laufe ihrer Karriere führten die Älteren unter ihnen Dutzende von IM.[291] Die wichtigeren IM scheinen immer von hauptamtlichen operativen Mitarbeitern in höheren Funktionen »geführt« worden zu sein.

Wie vor- und umsichtig Führungsoffiziere vorzugehen imstande waren sieht man u. a. im Falle von Hermann Kant. Er wird erst einmal von dem Genossen Henry Otto aus der Hauptabteilung II (zuständig für Spionageabwehr)[292] als Kontaktperson geworben, um dann im August 1960 zum Geheimen Informator (GI) zu avancieren. Schon im November des gleichen Jahres wurde er in die Hauptabteilung V (später die HA XX) weitergeleitet, d. h., an Leutnant Benno Paroch transferiert, der u. a. *für die Objektsicherung des Deutschen Schriftstellerverbandes verantwortlich war*.[293] Offenbar tat Kant in der Folgezeit nichts ohne das Einverständnis des Sicherheitsdienstes, selbst wenn Parteiorgane an ihn Bitten herantrugen. So hatte er 1963 vom *Neuen Deutschland* und vom Deutschen Schriftstellerverband das Angebot zum Besuch der Frankfurter Messe erhalten, dieses aber erst angenommen, nachdem Oberleutnant Herbert Treike ihn gebeten hatte, *unbedingt zu fahren.*[294] Krisen hatte es gegeben, als Günther Zehm in der *Welt* vom 3. 4. 1964 erklärte, Kant arbeite für die Stasi, und als Kant sich 1969 in einer Hamburger Buchhandlung enttarnt fühlte. Seine Offiziere scheinen ihn jedesmal darüber beruhigt zu haben, daß seine Beziehungen zu ihnen absolut geheim geblieben sind. Es habe sich einfach um verleumderische Unterstellungen gehandelt.[295] Die Zusammenarbeit mit der Stasi ging *in der bis dato üblichen Form zu Ende,*[296] als er Mitglied der Bezirksleitung der SED in Berlin (Ost) geworden war. Von nun an dürfen nur noch *offizielle Gespräche mit ihm geführt werden, wenn er diese wünscht. z. B. zu Problemen der Einschätzung der Lage unter Schriftstellern und Verlagsmitarbeitern, zu Tendenzen des feindlichen ideologischen Angriffs in kulturellen Bereichen, zu Kontaktbestrebungen westlicher Journalisten, zu Einschätzungen literarischer Arbeiten und Tendenzen in der Literaturentwicklung u. ä. Diese Maßnahme ist so durchzuführen, daß der IM diese richtig versteht und sein Vertrauensverhältnis zum MfS nicht gestört wird,* schreibt Oberstleutnant Brosche, der Leiter der Abteilung XX, und fügt hinzu, daß er *zum nächsten Gespräch mit ihm selbst mitgehen* werde.[297]

Die Führungsoffiziere erfüllten ihre Aufgaben allerdings immer nicht so ideal wie in dem vorliegenden Fall. Manchmal mußten auch sie geführt werden, wenn sie sich in ihre Aufgaben und Rolle nicht einfinden konnten, zögerten oder mangelnde Härte zeigten, was ja im Widerspruch zu den tschekistischen Eigenschaften stand. Ihre Vorgesetzten baten sie in solchen Fällen entweder zu sich zu Aussprachen unter vier Augen oder vor die Parteigruppe, falls es sich um ideologische Zweifel handelte. Mancher wurde auch versetzt. Es ist aber erstaunlich, wie gering die Zahl der Abgänge seit den sechziger Jahren war. Von der personellen Stabilität des Apparats zeugt auch, daß es eine beträchtliche Zahl von Stasioffizieren gab, deren Söhne eine ähnliche Laufbahn wie sie einschlugen. Das war nicht nur in der DDR so, ist aber dort am besten belegt.[298]

Auf keinen Fall kann man sagen, daß die Führungsoffiziere mit den Informationen bzw. Denunziationen nicht zurechtkamen, daß sie das Heer der IM, das Kernstück des Sicherheitsdienstes, nicht zusammenhielten und führten. Ihre Probleme ergaben sich aus ihrem zu geringen Bildungsniveau (es stieg mit den Jahren, blieb aber immer bemerkenswert niedrig), wodurch sie das zu bearbeitende Gebiet schlecht überschauten und die Gespräche mit den IM nicht selten problematisch wurden. Über die mangelnde Bildung pflegen manche, die ihre Akten einsehen, zu lachen, als sei das ein Beweis dafür, daß das System ja nicht funktionieren konnte. Aber es funktionierte eine recht lange Zeit und funktioniert in den verbliebenen sozialistischen Ländern und den vielen Diktaturen immer noch.

Der Führungsoffizier als Vaterfigur

Wie ein Führungsoffizier sogar zu einer Art Vaterfigur werden konnte, sieht man an Norbert Wetzel, der »Dietmar Lorenz«, d. i. Frank Harz, einen wichtigen Zuträger in der »Sache Templin«, betreute. Es ging so weit, daß sich »Dietmar Lorenz« oft *nach Norberts Anruf sehnte.*[299] Monika Haeger alias IM »Karin Lenz« erklärte aus der Distanz heraus, es habe *eine Weile gedauert, bis sie den passenden Typ für mich* gefunden hatten, aber dann kam einer, zu dem sie *ein gutes, ein persönliches Verhältnis* entwickelte. Sie habe bei ihm immer gedacht, *er hat mich gemeint,* [...] *Ich brauchte in dieser Zeit ja keinen Psychologen. Wenn ich mal traurig war, brauchte ich nur anzurufen, dann war jemand da, der sich mit mir unterhalten hat. Wir haben bis in die Nacht geschwatzt. Ich konnte meine Probleme loswerden* [...].[300] Sie *habe immer Vater und Mutter gesucht,* und er habe ihr *das gegeben.*[301]

Eine der von Annette Maennel interviewten Frauen fand, nur von ihrem Führungsoffizier habe sie sich *als gleichberechtigt behandelt* gefühlt: *Da ich nie einen richtigen Gesprächspartner hatte, war mir das sehr wichtig.* [...] *nur bei diesem Verbindungsoffizier habe ich gespürt, daß er mich, so wie ich war, akzeptierte. Ich mußte sonst immer um Anerkennung ringen. Bei ihm fühlte ich mich sicher und wichtig.*[302]

Im Fall des GI »Büchner« berichtet der Führungsoffizier, daß, nachdem der bzw. die GI von ihren intimen Geschichten, die auf die unglückliche Ehe gefolgt waren, erzählt habe, war ihr *anzumerken, daß sie sich sichtlich erleichtert* fühlte; und er fügt hinzu: *Der GI brachte zu dem beim Treffen besprochenen Gesamtproblem zum Ausdruck, daß sie sich bereits darüber Gedanken gemacht hat, auf wen sie sich in schwierigen Situationen verlassen könnte und an wen sie sich mit allen Fragen vertrauensvoll wenden könnte. Sie sei selbst zu dem Schluß gekommen, daß das nur ihr Vater und die ihr bekannten Vertreter des MfS wären.*[303]

Gabriele Altendorf kam bei dem Studium des Falles »Gregor«, der sich aus einem lebenszugewandten, freundlichen Studenten in einen ständig wachsamen IMS (IM für Sicherheit) verwandelt hatte, zu dem Schluß, es sei für ihn wichtig gewesen, daß zwischen ihm und seinem Führungsoffizier »*persönliche Vertrautheit*« entstand, *das Gefühl, daß er auch als Mensch mit seinen Problemen ernst genommen und nicht nur für eine Aufgabe gebraucht wurde. Das war für viele eine völlig neue Erfahrung, die so gar nicht jenen im sozialistischen Alltag entsprach.*

Und sie fügt verallgemeinernd hinzu, es wirke bei der Durchsicht der IM-Akten *erschreckend, mit welcher Unbedenklichkeit sich die IM vor den Führungsoffizieren geradezu »nackig« machten.*[304] Diese nutzten, könnte man hinzufügen, die Einsamkeitsgefühle und die sich daraus ergebende Anlehnungsbedürftigkeit ihrer IM skrupellos aus. Einige der Führungsoffiziere waren sogar psychologisch geschult worden, Vertrauen zu gewinnen und in die Psyche eines IM einzudringen.[305] Jedem war eingeschärft worden, man habe sich auch um deren persönliche Nöte zu sorgen und deren Psyche ständig zu studieren.[306] Wolfgang Hilbig hat in seinem Roman *Ich* an mehreren Stellen die vorwegnehmende Fürsorglichkeit des Führungsoffiziers hervorgehoben, ohne die es nicht zu der Symbiose zwischen ihm und dem IM, der Ich-Figur Cambert, hätte kommen können. Allerdings stellt dieser Roman keine realistische Wiedergabe des Stasisystems dar, denn dazu werden die Regeln dieses Apparats allzu oft verletzt.[307]

Eine besondere Fürsorglichkeit vermochten polnische Führungsoffiziere gegenüber Priestern an den Tag zu legen, wenn diese sich in einer Krise befanden und ihre Kutte für immer ablegen wollten. Der Führungsoffizier half dem »Untreuen« dann – wie Andrzej Grajewski zu berichten weiß –, seine inneren Zweifel zu überwinden und der Kirche treu zu bleiben.[308] Der Führungsoffizier verriet dem Priester selbstredend nicht, welche Einbuße seine Firma durch seinen Weggang zu verzeichnen gehabt hätte.

Das nachträgliche Bild

Seit der sogenannten Wende gibt es immer wieder Versuche, mit Führungsoffizieren ins Gespräch zu kommen, um zu erfahren, ob und in welchem Grad sie sich ihrer negativen Rolle bewußt waren und ob man ihnen ihr antihumanes »Handwerk« ansieht. Das Ergebnis ähnelt dem, was sich bei Befragungen der Aktiven im Dritten Reich nach dem »Zusammenbruch« ergab: Es sind Menschen, wie man sie im Leben antrifft. Die einen sind verschlossen, die anderen offen und freundlich, die einen abweisend, auf den ersten Blick unsympathisch, die anderen einnehmend. Jeder, der sprechbereit ist, bringt sich, seine Nächsten und die Umstände ins Spiel. Keiner will es gewesen sein. Man gibt vor, für ein Allgemeinwohl gehandelt, das System nicht oder erst am Ende durchschaut zu haben. Die Fragenden haben sich zumeist vorher nicht darüber kundig gemacht bzw. machen können, was der Befragte in seiner Dienstzeit bei der Staatssicherheit getan und nicht getan hat. Das Furchtbare an der Tätigkeit der Führungsoffizieren war ja weniger, wie sie mit dem IM umgingen, ihn abschöpften, sondern wie sie sich Methoden ausdachten, um die Verfolgten psychisch fertigzumachen, sie zu verunsichern und zu zersetzen, wie es in der Stasisprache hieß. Man fragt sich, wer sich die Maßnahmepläne, in denen man zum Beispiel den Satz *persönliche Verunsicherung und Kriminalisierung des Templin* lesen kann,[309] verfaßt hat. In einem Zwischenbericht vom 29. 9. 1982 lesen wir unter anderem: *Im Zeitraum von Ende August bis Ende September 1982 wurden in konzentrierter Form spezielle Maßnahmen realisiert, Fuchs zu verunsichern und in seinem Handlungsspielraum zu beeinträchtigen. Das betraf unter anderem: – Fuchs wurde kontinuierlich, vor allem in den Nachtstunden, in seiner Wohnung angerufen, ohne daß sich der Anrufer meldete. Gleichzei-*

tig wurde jeweils der Fernsprechanschluß zeitweilig blockiert. – Im Namen von Fuchs wurde eine Vielzahl von Bestellungen von Zeitungen, Zeitschriften, Prospekten, Offerten u. dgl. aufgegeben, darunter Bestellungen, die zur Kompromittierung des Fuchs geeignet sind. – Mehrfach wurden Taxis und Notdienste (Schlüsselnotdienst, Abflußnotdienst, Abschleppdienst) vorwiegend nachts zur Wohnung des Fuchs bestellt. [...][310]
Jürgen Fuchs befand sich zu dieser Zeit bereits in Westberlin! Die »Maßnahmen« klingen, als hätten es sich Hooligans oder böse Nachbarn ausgedacht.

Immer wieder liest man auch, der IM sei zur *weiteren Aufklärung und Einschätzung der persönlichen und familiären Situation bei [...], insbesondere der Sichtbarmachung vorhandener oder sich entwickelnder Differenzen und Spannungen mit seiner Ehefrau* (Ehemann, Freund, Freundin etc.) einzusetzen.[311] Der Führungsoffizier wird dem IM natürlich nur selten gesagt haben, er möge sich über die privaten Spannungen im Umkreis des »Objektes« informieren, denn der Sicherheitsdienst wolle damit das und das erreichen, Menschen zersetzen. Klugerweise wird er den IM zu Erläuterungen provoziert haben, indem er eine der Personen in Schutz nahm. Der IM wird gemeint haben, er müsse einiges richtigstellen, damit es zu keinem Drama in der Ehe, der Freundschaft oder anderen persönlichen Bindungen komme. Er konnte später mit gutem Gewissen sagen, er habe niemandem schaden wollen, im Gegenteil, seine Absichten waren die besten. Schließlich gab es die Spannungen tatsächlich. Eine Hilfe wäre höchstwahrscheinlich vonnöten gewesen, aber gerade nicht von seiten des Sicherheitsdienstes.

Der Führungsoffizier wird nachträglich behaupten, er habe seine Fragen nach den Spannungen vergessen. Wenn er solche gestellt habe, habe er persönlich kein Interesse gehabt, sie für den operativen Vorgang auszunutzen. Über diesen hätten ja seine Vorgesetzten entschieden. Daß er bei den Gesprächen über die zu unternehmenden Schritte dabei war, wird er nicht zugeben. Er kann fest damit rechnen, daß sich kein Forscher finden wird, der zu erkunden sucht, in welchen Gremien die jeweiligen Maßnahmen entworfen und durchgesprochen worden sind und wie die Führungsoffiziere diese in die Praxis umsetzten.

Am offensten äußern sich Führungsoffiziere, wenn sie anonym bleiben dürfen, wie das bei Barbara Stanisławczyk und Dariusz Wilczak der Fall war, denen es gelang, sich mit einigen 1991 und dann noch einmal 1999 zu unterhalten.[311a] Aber auch hier stilisieren sich die Sicherheitsdienstler so, als seien sie im Grunde genommen Opfer. Sie hätten nie Freizeit gehabt, Freundschaften seien ihnen unbekannt gewesen, denn niemandem durften sie trauen. Jeder habe jeden denunziert. Man sei seines Lebens nicht sicher gewesen. Wer absprang, war des Todes. Die Vorgesetzten seien noch ungebildeter gewesen als sie selber. Dieser Kafka habe so unrecht nicht, sagte einer von ihnen. Zumeist sei es ein Zufall, daß sie in diesen Dienst geraten sind, manchmal auch Armut im Elternhaus. Von den IM haben sie zumeist die schlechteste Meinung. Nur einer bekennt, daß er zwar jene Frau, die den oppositionellen Intellektuellen Paweł Jasienica noch als Ehefrau bespitzelt hatte, zutiefst verachtete, sich aber über jeden Bericht von ihr freute, denn auf diese Weise wuchs sein Ansehen in der Firma.

Wann oder der unerwartete Augenblick

Die Kontakte mit der Staatssicherheit entstehen in einem Moment, in dem du das gar nicht erwartest, erklärt ein IM, der als Offizier der NVA (Nationalen Volksarmee) im Ausland arbeitete und als solcher später nicht der Stasi untergeordnet war.[312] Er überlegt sich, warum er angeworben wurde: *Sie haben – denke ich – immer eine Doppelbeziehung damit verfolgt. Einerseits die Informationsbeschaffung und andererseits, den Auslandskader im kapitalistischen Ausland zu kompromittieren. Die Gefahr, daß Auslandskader im kapitalistischen Ausland bleiben, ist doch viel kleiner, wenn dir die Staatssicherheit nachweisen kann, daß du mit ihr zusammengearbeitet hast. Das muß keine Verpflichtung sein, das kann schon ein kleines Stück Papier sein.*³¹³

Dagegen wunderte sich Monika Haeger alias IM »Karin Lenz«, daß sich die Stasi erst so spät an sie gewandt hatte.³¹⁴ Manche begriffen nicht – wie man häufig in Gesprächen hört –, daß sie unbehelligt davongekommen waren, keiner sie werben wollte. Es war, als hätten viele mit diesem Augenblick gerechnet, manchmal sogar auf ihn gewartet. Ihn selber auszuwählen war ihnen ja praktisch verwehrt. Der Sicherheitsdienst stand jeder Eigeninitiative mißtrauisch gegenüber.

Wo? (Orte der Denunziation)

Mit zunehmender Etablierung der Sicherheitsapparate setzte sich das Prinzip der Treffs in konspirativen Wohnungen (KW) durch. Die Nachbarn durften nicht sofort aufmerksam werden, wenn im Haus eine fremde Person erschien. Am geeignetsten waren daher Häuser, in denen aus irgendeinem Grund lebhafter Verkehr herrschte. Treffs in Lokalen, im Auto oder im Freien durften dagegen nur in »äußersten Fällen« erfolgen. Die Wohnung bot dem Führungsoffizier den Vorteil eines ruhigen Gesprächs. Hier konnte er auch eher seinen erzieherischen Aufgaben nachkommen. Der Wohnungsinhaber war selbstverständlich nicht anwesend.

Die konspirativen Wohnungen entsprachen ganz und

gar dem Sicherheitsbedürfnis des Sicherheitsapparats. Der Sicherheitsoffizier konnte vor dem Treff überprüfen, ob sie abhörsicher sind, und nach dem Treff alle irgendwie verdächtigen Spuren verwischen, die Wohnung vor einer möglichen Dekonspiration sichern.

Die Rolle des Konspirativen

Alles ging konspirativ vor sich, vom ersten Gespräch bis zum Augenblick der Trennung bzw. der Einstellung der »Zusammenarbeit«. Stets mußte man sich verpflichten, von der Unterhaltung oder den auszuführenden Aufgaben niemandem, selbst dem bzw. den Nächsten nichts zu sagen, nichts zu verraten, wie es in der Stasisprache hieß.

Das Konspirative sollte der IM als einen Vertrauensbeweis auslegen. Man wollte in ihm das Gefühl wecken, er werde in die Geheimnisse einer »ehrenwerten Institution« schrittweise eingeweiht: *Dem Kandidaten wird mitgeteilt, daß er ja immer mehr in unsere konspirative Arbeit Einblick erhält und mit immer mehr konspirativen Methoden vertraut wird. Die Zusammenarbeit wird faktisch auf eine höhere Stufe gehoben. Das MfS bringt dem Kandidaten dieses Vertrauen entgegen*, heißt es in der Werbungsakte »Templin«. Die Folge sei, daß *die Bindung an das MfS* enger werden müsse.[315]

Wenn man die Staatssicherheitsdienste im realen Sozialismus als normale Geheimdienste ansieht, erscheint ein solches Vorgehen selbstverständlich. So ist es nun einmal bei Geheimdiensten. Aber die KGB-Staatssicherheitsdienste sind vor allem **Einschüchterungsdienste**. Sie wollen und sollen sowohl den einzelnen wie auch Gruppen, die sich als nicht linientreu erweisen, an die Kandare nehmen. Sie tun es, indem sie dem zu Werbenden bzw. Geworbenen ein zweites Ich zuweisen, von dem nur sie und er Kenntnis haben. Sein Wirkungsfeld wird damit eingeschränkt. Er muß von nun an vorsichtig vorgehen und den verbliebenen Freiraum entsprechend austaxieren. Ein Freiraum wird ihm logischerweise belassen, denn seine IM-Tätigkeit bedeutet ja nicht, daß er überhaupt nicht mehr anders als andere sein darf; nein, er soll seine Eigenheiten beibehalten, aber so, daß er dem Sicherheitsdienst damit auch Nutzen bringt. Dieser weiß, daß Andersartigkeit Andersartige anzieht. Das macht den IM für ihn schließlich so attraktiv, vorausgesetzt, daß er hilft, andere Andersartige zu dechiffrieren (ob sie dann auch in konspirative Dienste genommen wurden, konnte er selbstredend nicht wissen).

Das Konspirative fand im Decknamen seinen Ausdruck. Für manche (nicht für diejenigen, die ihren eigenen Vornamen wählten, wie beispielsweise der Regisseur Manfred Wekwerth?) mag es bedeutet haben: das bin ich gar nicht, das ist ein anderer, zumal wenn der Deckname »Hölderlin«,[316] »Büchner«, »Bredel«[317] oder »Diamant« lautete. Kam es dann jedoch zum »konspirativen Gespräch«, mußte sich das konspirative Ich mit Decknamen an das erste oder eigentliche Ich aus dem Alltag oder gar an das träumende kreative Ich erinnern, über dieses berichten.

Manche leiten aus dieser Doppelexistenz ab, es sei *etwas ganz Furchtbares passiert: Sie haben alle mit zwei Gesichtern leben müssen. Das habe bei ihnen auf die Dauer der Zeit zu einer erschreckenden und nicht zu begreifenden Schizophrenie geführt.*[318] Nur Tiefenpsychologen könnten verstehen, was da vor sich geht. Aber der sozialistische Alltag war insgesamt durch double thinking gekennzeichnet, und vergessen wir nicht, daß »Doppelexistenzen« auch im gewöhnlichen Alltag immer wieder vorkommen. Wir lernen von Kindheit an, daß es im Leben Sphären gibt, die man nicht mit allen oder vielen teilt, die nicht »verraten« werden dürfen. Alles »Böse« in der Familie gehört dazu, ganz zu schweigen vom Intimleben. Zur Schizophrenie wird es erst kommen, wenn einer/eine in Gewissensnot gerät, d. h., meint, etwas zu tun, was anderen schadet. Unter den IM soll diese Gewissensnot jedoch so häufig nicht aufgetreten sein.[319]

Was taten sie?

»ES WAR NICHTS WESENTLICHES«

Da die IM nur in seltenen Fällen etwas zur Anzeige in der Art brachten, wie es im Dritten Reich üblich war, und die Folgen nicht direkt sichtbar waren, sind sie zumeist bis heute der Meinung, nicht bewußt geschadet zu haben. Man habe schließlich nur Fragen beantwortet (»Die in der Unterhaltung gestellten Fragen beantwortete er bereitwillig«, hieß es dann) und einzig darüber gesprochen, was als besprechenswert erschien. Was die Führungsoffiziere damit anfingen, war ja nicht ihre Sache, zumal das meiste undurchsichtig blieb und ihnen nicht immer oder sogar selten gesagt wurde, was der Apparat von ihnen erwartete. Der IM wußte auch nicht, ob die Informationen für die Erkundung der allgemeinen Stimmung,[320] die Werbung eines anderen (einen Vorlauf) oder einen operativen Vorgang (es hieß dann, die Auskünfte haben operativen Wert) genutzt wurde. Er vermochte es höchstens zu ahnen.

Aus diesen Gründen konnten viele behaupten, sie hätten dem Apparat nichts Wesentliches übermittelt und niemanden belastet. Keiner will daran gedacht haben, daß die Mitteilung, L. treffe regelmäßig M. im Café »Zentral«, wesentlich sein konnte, daß ein Stasibeamter L. aufsuchen und ihn mit der Bemerkung erschrecken könnte, er, L., komme ja oft mit M. im Café »Zentral« zusammen. Aha, wird sich L. sagen, ich werde genauestens beobachtet, sogar im Café. Man ist mir auf den Fersen. Woher sollte er wissen, wie wenig der Apparat von ihm wußte.

Auch gutwillige IM konnten Böses anrichten, etwa wenn einer von ihnen den operativen Mitarbeiter, den Führungsoffizier bat, dem A. nicht so zuzusetzen, er halte dies nicht mehr lange aus. Für den Sicherheitsdienst war dies ein Signal, daß er erfolgreich vorgeht. A. werde es nicht aushalten und bald seinen Widerstand aufgeben.

Die KGB-Dienste verstanden es, mittels der vielen kleinen unwesentlich erscheinenden Nachrichten die Bevölkerung spinnenartig zu umgarnen und so den Eindruck der Allwissenheit zu erwecken. Es ist so, wie der polnische Sicherheitsoffizier Adam G. Reportern gegenüber bekannte: *Ich zog die Methode vor, alles zu wissen. In Wirklichkeit kannte ich einige Fakten aus dem Leben der betreffenden Person. Wenn einer überzeugt war, ich wisse mehr, erzählte er Details, um nicht reinzufallen.*[321]

Allwissenheit bedeutete für den Staatsbürger Allmacht. Daß die Leute von den Sicherheitsdiensten im trüben fischten, machte sie nur teuflischer. Sie waren auf die Weise unberechenbar. Und vor allem konnte Unwesentliches entscheidend werden. Das Wesentliche am KGB-Regime war im Grunde genommen die Masse des scheinbar Unwesentlichen, des Banalen. Wesentlich im Sinne von Feindbekämpfung wurde es freilich, wenn sich eine Oppositions- oder gar Widerstandsgruppe bildete, dann hieß es für die Tschekisten: bearbeiten, zersetzen und liquidieren.[322]

Liest man die veröffentlichten Berichte des IM »Martin« alias Hermann Kant, hat man nicht den Eindruck, dieser habe sich da nur mit der Stasi unterhalten und niemandem geschadet, wie er von sich behauptet. Er spricht von Personen aus seiner Umgebung eindeutig denunziatorisch. Am 13. 12. 1958 schätzt er Dieter Borkowski als *zu labil* ein, er habe mit der Gruppe um Harich zusammengehangen,[323] d. h., im DDR-Verständnis mit einer Unperson, denn Wolfgang Harich war zwei Jahre zuvor verhaftet und

DIE ES WICHTIG NAHMEN

am 9. 3. 1957 zu zehn Jahren Gefängnis verurteilt worden. Im Falle Simonides verstand Kant nicht, daß *wir ihn überhaupt frei herumlaufen lassen.*[324] Und sechs Tage später wird er noch eindeutiger: *BORKOWSKI: spielt den »wilden Mann«, redet unheimlich viel und schnell und hat zu allen etwas zu sagen (sogenannte »große Fresse«), erklärt immer, daß ihn Gen. ULBRICHT aus der Partei hinausgeworfen habe. In seinen Reden fallen ständig negative Bemerkungen: wie »VEB Terror« – VEB MIELKE-Spitzbart usw.*[325]

In seinen Mitteilungen über den ehemaligen Kommilitonen Manfred Bieler verwandelt sich Kant in ein reines Klatschmaul. Die hier angeführten Berichte hat Corino in der Akte Dieter Borkowski gefunden, der am 9. 6. 1960 verhaftet und acht Monate später, am 3. 4. 1961, *wegen fortgesetzter staatsfeindlicher Hetze* zu zwei Jahren Zuchthaus verurteilt wurde, die er voll absaß. Simonides war nach Westberlin geflohen, nachdem sein Kollege Martin Staritz im März 1958 verhaftet worden war. Dieser bekam acht Jahre Zuchthaus!

Man kann die Frage, ob Kant die Schicksale dieser Männer auf dem Gewissen hat, nicht eindeutig beantworten,[326] denn seine Denunziationen zeitigten keine sofortigen Folgen, doch ihr Ton war fordernd, auffordernd, und man gewinnt den Eindruck, als ginge es ihm nicht schnell genug.

In den sechziger und siebziger Jahren konnte sich Kant weitestgehend als Partner der Führungsoffiziere »auf der Linie Kultur« fühlen. Er möchte mit ihnen gemeinsame Politik den Schriftstellern gegenüber betreiben. Manchmal überschätzt er offenbar die Bereitschaft der Stasi, bei Entscheidungsprozessen in einzelnen Gremien einzugreifen. So gelang es ihm 1966 nicht, mittels der Stasi die Zusammensetzung der Delegation zum Internationalen PEN-Club-Kongreß in New York zu verändern. Diese scheint sich in jener Zeit auch nicht für eine Veränderung innerhalb der Redaktion der *ndl* (Neuen Deutschen Literatur) interessiert zu haben, die Kant 1963 als eine *passive nichtssagende Zeitschrift* bezeichnete.[327] Das Niveau eines Publikationsorgans war nicht ihre Sache.

Zwischen 1966 und 1969 brach der Kontakt zur Stasi aus nicht genannten Gründen ab.[328] Ohne sein Wissen wurde Kant Ende 1968 vom Geheimen Informator (GI) zum IMS (Inoffiziellen Mitarbeiter zur politisch-operativen Durchdringung und Sicherung des Verantwortungsbereiches)[329] umregistriert. In dem Vorschlag zur Umregistrierung heißt es, nachdem er als ehrlich, vorsichtig (er sei darauf bedacht, seine Konspiration als IM zu wahren), talentiert und redegewandt charakterisiert wird: Die Perspektive der weiteren Zusammenarbeit mit dem GI besteht darin, daß er zur Absicherung innerhalb des Vorstandes des DSV *[Deutschen Schriftstellerverbands – K. S.]* eingesetzt wird und unter Ausnutzung seiner zahlreichen Auslandsverbindungen als Abschöpfquelle genutzt wird, wobei die Möglichkeit besteht, ihn zur Personenaufklärung außerhalb des Gebietes der DDR einzusetzen.[330]

Es sollte noch Monate dauern, bis es zu einem erneuten Kontakt kam. Kant suchte ihn selber Ende Oktober, als er sich bei seinen Betreuern telefonisch meldete, er müsse sie unbedingt sprechen, es habe – notierte Leutnant Pönig – *auf seiner letzten Lesereise in Westdeutschland im Oktober 1969 einige Vorkommnisse gegeben, welche seiner Meinung nach für unser Organ wichtig* seien.[331] Bei dem Treff gab ihm Pönig zu verstehen, daß er zu neuen Aufgaben vorgesehen sei, wogegen der IM »Martin« keinen Einspruch erhob; es dürfe nur nicht sein Zeitbudget überschreiten und müsse mit seinem normalen Wirken übereinstimmen.

Im November 1971 bat Kant erneut um ein sofortiges

Treffen. Diesmal ging es um ein Gespräch, das Konrad Franke, der Herausgeber des Kindler-Bandes über die DDR-Literatur, mit ihm führen wollte. Kant befürchtete, es handle sich um einen westdeutschen Agenten und Provokateur. Er wollte sich deswegen nach beiden Seiten hin absichern. Und gleich einen Tag nach dem Gespräch mit Franke berichtete er Führungsoffizier Pönig davon. Er, d. h. Kant, war tatsächlich zu dem Schluß gekommen, es mit einem Mann zu tun zu haben, der im Auftrag handelte, mit einem *ausgebildeten und äußerst gefährlichen Feind*.[332] Franke gehe es darum, die DDR-Schriftsteller zielstrebig zu beeinflussen, sie finanziell und politisch durch Rundfunkaufträge und Verlagsangebote von Westdeutschland abhängig zu machen. Kant legt hier die gleiche Denkweise an den Tag wie die Sicherheitsoffiziere.

1975 arbeitete er an dem *Operativen Schwerpunkt »Selbstverlag«* mit, bei dem ein erster Versuch, die Publikation eigener Manuskripte in der DDR selber in die Hand zu nehmen, vereitelt wurde. Klaus Schlesinger und Ulrich Plenzdorf planten die Herausgabe einer Anthologie, die sich von anderen dadurch unterschied, *daß ihre Teilnehmer [...] von allen Texten Kenntnis bekamen, darüber beraten und, nach Einigung, sie als kollektive Herausgeber einem unserer Verlage zur Veröffentlichung anbieten sollten*.[333] Kant erklärte seinem Betreuer, wie man dieses Ansinnen zerschlagen könne. Er werde seinen Bruder, den Kinderbuchautor Uwe Kant, der zu den potentiellen Herausgebern gehörte, bitten, nicht nur auszuscheiden, sondern auch die Gruppe zu spalten. Uwe solle von ihr fordern, sich von Stefan Heyms Beitrag zu distanzieren. Uwe Kant ging auf diesen Plan ein und trug tatsächlich wesentlich dazu bei, daß die Herausgabe der Anthologie nicht gelang. Aber damit nicht genug. Schlesinger und Plenzdorf mußten auch noch gedemütigt werden. Sie wurden zu diesem Zweck zu einem Gespräch mit Beauftragten der Parteileitung des Berliner Schriftstellerverbandes zitiert. Hermann Kant zeigte sich hierbei besonders aktiv, indem er Schlesinger zwang, zuzugeben, daß er mit der Stern-Redakteurin Eva Höpcker-Windmöller in Verbindung gestanden hatte. Schlesinger wollte diesen Kontakt erst leugnen, aber da er annehmen mußte, daß Kant von dieser Verbindung aus anderer Quelle wußte, gab er ihn zu. Damit war er vor diesem Gremium, das fand, er habe mehr Vertrauen zum Westen als zur DDR, bloßgestellt. Eine Westlerin habe er informiert, den Schriftstellerverband und die Partei dagegen nicht.

Vier Tage nach diesem Gespräch schlug Führungsoffizier Pönig vor, IMS »Martin« mit der »Medaille für Waffenbrüderschaft« in Silber auszuzeichnen. Er habe in der Zusammenarbeit mit der Stasi *seine Zuverlässigkeit, Verschwiegenheit sowie hohe Einsatzbereitschaft und Ehrlichkeit* bewiesen, an operativen Vorgängen mitgewirkt und *operativ wertvolle Informationen zu Situationen unter den operativ angefallenen Personenkreisen* erarbeitet, d. h., im großen Maße zum Erfolg der Stasi-Aktionen beigetragen.[334]

Ich habe hier den Fall Hermann Kant so ausführlich geschildert, weil nur wenig IM-Akten »in einem Stück« von jedem einsichtbar sind. Publiziert werden verständlicherweise vor allem operative Vorgänge, die einen Einblick in die Art der Verfolgung durch den Sicherheitsdienst geben. Innerhalb dieser operativen Vorgänge werden zwar auch IM-Berichte ausführlich zitiert, jedoch kein Gesamtbild der Tätigkeit eines IM vermittelt.

Die wertvollsten IM waren diejenigen, die bei den »operativen Vorgängen« unmittelbar halfen, die als Feind eingestuften Personen zu verunsichern, zu lähmen und zu isolieren, sowie Personengruppen, deren Wirken als konterrevolutionär galt, zu desorganisieren und in sich zusammenbrechen zu lassen, wie es bei der Initiative von Schlesinger und Plenzdorf gelungen war. Diese IM waren nicht nur bereit, allerlei – bis hin zu intimen Details – in Erfahrung zu bringen,[335] um es ihren Betreuern zu übermitteln, sondern sie ließen sich auch dazu benutzen, Informationen weiterzugeben, von denen sie wußten, daß sie falsch waren, Gerüchte zu verbreiten und die vom Sicherheitsdienst als verdächtig klassifizierten Personen zu deprimieren, ihre persönlichen Beziehungen durcheinanderzubringen. Oft hatten sie sich zu diesem Zweck mit ihnen angefreundet. Sie denunzierten nicht nur um der »guten Sache« willen, sondern halfen bei der Ausschaltung einer Person bzw. Personengruppe. Diese IM schlüpften z. T. mit großer Meisterschaft in ihre Rollen und taten auch Dinge, bei denen sie einen gewissen Widerwillen verspürten. Sie freundeten sich sogar mit Personen an, die ihnen unsympathisch waren. Es gibt auch Fälle, wo der Ehemann über seine Frau, der Bruder über den Bruder, die Ehefrau über ihren Mann etc. berichteten, manchmal sogar hemmungslos.

Warum? (Motive, IM zu werden)

Da die freiwilligen Denunziationen in der Zusammenarbeit mit dem Sicherheitsdienst ab einem bestimmten Zeitpunkt weitgehend ausgeschlossen waren, da man **geworben** wurde, entfiel das direkt persönliche Motiv: Hier kann man dem Nachbarn, dem Verwandten oder dem Ehegatten eins auswischen oder sie gar ins Gefängnis bzw. Lager befördern.[336] Das Einverständnis, IM zu werden, erfolgte erst nach einer gewissen Zeit, d. h. einige Tage oder Wochen nach der ersten Kontaktaufnahme, so daß der Kandidat nicht unvorbereitet war, wenn ihm vorgeschlagen wurde, einen Decknamen anzunehmen, wie es die »Spielregeln«

wollten. Er konnte eine weitere Zusammenarbeit ablehnen, annehmen oder mit Vorbehalten akzeptieren. Die Zeit zwischen erster Kontaktaufnahme und weiterem Gespräch wird der Kandidat im allgemeinen nicht als eine Möglichkeit für ein rationales Kalkül ausgenutzt, sondern zutiefst erlebt haben: entweder als Vertrauensakt oder als Bedrohung. Im ersten Fall hören wir nachträglich: *Mir war das erst ein bißchen komisch, aber ich glaube, innerlich habe ich mich gefreut. Ich habe mich darüber gefreut, daß irgend jemand ein Interesse an mir hatte und daß ich irgend etwas ganz Wichtiges machen konnte. Und daß es für den Schutz des Sozialismus sein würde, war für mich von ganz besonderer Bedeutung. Da habe ich auch in mein Tagebuch geschrieben: »Jetzt bin ich ganz wichtig« – oder so. Darüber habe ich mich wahnsinnig gefreut.*[337]

Reaktionen dieser Art setzten den Glauben an die mögliche Errichtung einer idealen Gesellschaft, Sozialismus genannt, oder einfach einen blinden Glauben an die Richtigkeit der Parteilinie voraus.

In den meisten Fällen wird Furcht vor Nachteilen im Beruf oder beim Fortkommen der Kinder eine große Rolle gespielt haben. Zuweilen hört man das Argument, man habe über den Staatssicherheitsdienst auf die Machthaber durch Schilderung der wahren Verhältnisse Einfluß nehmen wollen. So sagte eine IM: *Sie erkannten selbst die Mißstände in diesem Land und wollten sie verändern.*[338] Heiner Müller wollte aus diesem Grund mit der Stasi gesprochen haben. Sie sei der einzige kompetente und zu Veränderungen fähige Gesprächspartner in der DDR gewesen.[339] Julij Slavinas, ein IM des KGB seit 1958, der insbesondere über Litauer und Polen aus den Reihen der Opposition berichtete, rechtfertigt seine Tätigkeit damit, daß er Reformen habe befördern wollen, was einzig über den KGB möglich gewesen wäre, denn nur dieser habe ungeschminkte Berichte entgegengenommen.[340] Noch heute findet man in der Literatur über die IM-Problematik die Ansicht, nur der Sicherheitsdienst habe Bescheid gewußt und etwas bewirken können. Damit wird die Funktion dieser Institution als Einschüchterungsdienst, der für das Wohlbefinden der Partei oder besser der oberen Nomenklatura zu sorgen hatte, verkannt und suggeriert, sie sei ein Staat im Staate gewesen. Vordergründig erweckte sie tatsächlich diesen Eindruck und wollte ihn auch nach außen hin erwecken. Den Mitarbeitern des Sicherheitsdienstes war es erlaubt, so zu tun, als wären sie imstande, Änderungen zu bewirken; schon allemal war es ihnen gestattet, wenn es der Erfüllung der operativen Aufgabe diente. Jedes Mittel zum Ziel war recht, d. h., nicht nur niedrige Lügen waren für den Dienst vorgesehen, sondern auch solche, die erhaben klangen, will sagen, sie konnten sogar mit dem Bekenntnis werben: Wir sind ja auch gegen diese altmodischen Methoden. Wir sind offen und fortschrittlich. Im Gegensatz zur Partei mußten sie nicht zu ihren Worten stehen, da die nicht an die Öffentlichkeit gerichtet waren, sondern in »Privatgesprächen« fielen, deren Inhalt als streng geheim galt. Man muß auch berücksichtigen, daß der »offenere Ton«[341] der Führungsoffiziere in den sozialistischen Sicherheitsdiensten ein Phänomen der achtziger Jahre, der »Endzeit« war, als sie andere Aufgaben denn zuvor zu lösen hatten, als bestimmte von der offiziellen Norm abweichende Verhaltensweisen nicht mehr verfolgt wurden.

Da nur wenige IM bereit sind, über ihre Tätigkeit zu sprechen, anonyme Befragungen kaum vorgenommen worden sind,[342] die IM-Akten selber *diesbezüglich nur wenig Auskunft* geben[343] und wir über die IM in anderen ehemaligen sozialistischen Ländern so gut wie nichts wissen, ist es insgesamt schwer, Verallgemeinerungen über die Motive zu treffen, abgesehen davon, daß jeder Fall ein individueller ist und bleibt.

Zu viel der Denunziationen?

Wenn wir lesen, daß die Sicherheitsdienstbehörde der Wojewodschaft Białystok allein im Dezember 1952 3363 Informationen von geheimen Informatoren erhielt, während es in anderen Wojewodschaften bis zu 5000 pro Monat waren,[344] und wenn wir hören, daß sich trotz vieler Vernichtungsaktionen über 200 km Archivmaterial aus der Zeit des volkspolnischen Sicherheitsdienstes erhalten hat,[345] sind wir geneigt, von einem ineffektiven Apparat zu sprechen. Karl Wilhelm Fricke erklärte vor der Enquete-Kommission, die Staatssicherheit habe *an einer von ihr selbst hervorgebrachten Krankheit gelitten, indem die Überfülle der Informationen den Apparat des MfS zur Ineffizienz verdammte. Von der Führungsspitze der SED wurden sie kaum noch zur Kenntnis genommen, sie blieben zumindest in den achtziger Jahren ohne Einfluß auf die politische Entscheidungsfindung.*[346] Es ist eine Frage, ob eine Entscheidungsfindung aufgrund von »geheimdienstlichen Erkenntnissen« überhaupt vorgesehen war. Die kommunistischen Sicherheitsdienste hatten in erster Linie dafür zu sorgen, daß die Partei oder besser die Nomenklatura so ungehindert wie nur möglich ihre Macht ausüben und auf ihren politischen Entscheidungen beharren konnten. In diesem Sinne hielt Schebarschin, Stellvertreter des Vorsitzenden des KGB, bei einer Besprechung am 7. 4. 1989 der Ungeduld Mielkes angesichts der Perestroika entgegen: *Wir machen nicht Politik, sondern führen sie durch.*[347] Mielke bekam angesichts der sich abzeichnenden Krise offenbar Lust, auch Politik zu betreiben. Bis dahin war er dafür bekannt, daß er einzelne Maßnahmen seiner Behörde immer in der obersten Parteileitung absicherte.

Es ging ja nicht um die Bekämpfung eines wirklichen Feindes, sondern darum, Andersartige und Kritiker des

Systems, auch die gutwilligen, »umzuerziehen« oder gegebenenfalls aus »dem Verkehr zu ziehen« und es vor allem zu keiner Opposition kommen zu lassen, indem man den Eindruck erweckte, der Sicherheitsapparat sei allgegenwärtig. Lange Zeit reichte es zur Entmutigung der kritisch Eingestellten aus, den Eindruck der Allgegenwärtigkeit und Allwissenheit zu erwecken.

So war es auch in Polen. Doch nach der sechzehnmonatigen Solidarność-Revolution vom 30. August 1980 bis zum 13. Dezember 1981 und vor allem nach der Veröffentlichung der Broschüre *Konspira* im Untergrund wurden sich große Teile der polnischen Bevölkerung klar, daß der Sicherheitsdienst über ein recht beschränktes Wissen verfügt, daß er von der Redefreudigkeit der IM abhängig ist. Die Broschüre vermittelte vor allem Ratschläge, wie man mit den Sicherheitsbeamten umzugehen habe. Man soll nicht redefreudig sein, bei Verhören habe man schließlich das Recht, Rede und Antwort zu verweigern. Gegen Schweigende sei der Sicherheitsdienst am Ende machtlos. Sollte man sich mit ihnen unterhalten, sei es am besten, den Inhalt des Gesprächs sofort anderen mitzuteilen. Damit wäre ein Ende der Werbungsversuche vorprogrammiert. Leider gibt es keinerlei Untersuchungen über die Wirkung dieser Broschüre. Meiner Meinung nach war sie recht groß. Durch sie wurde die in der Bevölkerung so tief verwurzelte Überzeugung von der Omnipräsenz und Omnipotenz des Sicherheitsdienstes abgeschwächt. *Konspira* ist übrigens auch in andere Sprachen übersetzt worden, u. a. ins Lettische.

Die vielen Irrtümer und Lücken

Auch die Fülle der falschen und, wie man im nachhinein feststellen kann, fehlenden Angaben – bei der Einsicht in die Akten wundern sich die Betroffenen immer wieder, daß der Sicherheitsdienst so vieles nicht wußte – zeugt nicht von Ineffektivität. Effektiv war der Sicherheitsdienst bereits dadurch, daß so viele bereit waren, mit ihm in dieser oder jener Form zusammenzuarbeiten. Einer, der etwas berichtet, eignet sich nicht mehr recht zu oppositionell-unabhängiger Tätigkeit, auch wenn er versucht, so wenig wie möglich zu erzählen und seine Freunde zu schonen. Der Sicherheitsdienst konnte gewiß sein, daß sein IM innerlich von ihm nicht mehr loskommt, und damit rechnen, daß diese oder jene Mitteilungen in einem Augenblick aus irgendeinem Grund von Wert sein werden.

Symbiotisches Zusammenleben

Robert Darnton bemerkt in seinem Essay über Jacques-Pierre Brissots wahrscheinliche Spitzeltätigkeit im Ancién régime, es habe zu den Eigenheiten des literarisch-philosophischen Untergrundmilieus gehört, *daß Polizei und Pamphletschreiber symbiotisch zusammenlebten.*[348] Brissot muß nach seinem zweimonatigen Aufenthalt in der Bastille 1784 auf eine Zusammenarbeit mit dem Polizeisekretär M. Martin eingegangen sein, welcher *für alles zuständig war, »was die Bastille, Vincennes und andere Festungen betrifft, in denen Staatsgefangene eingekerkert sind, sowie für den Handel mit verbotenen Büchern usw.«* [...].[349] Brissot war einer von vielen in der vorrevolutionären Zeit, der mehrere Rollen spielte, wodurch man den Eindruck gewinnt, daß alle, sowohl die Machthaber wie auch die Oppositionellen, zum Untergang des alten Regimes beigetragen haben.

Man fühlt sich an das Ende der DDR erinnert, insbesondere an die Prenzlauer-Berg-Szene, als die Förderung ästhetischer Experimente verschiedenster Art von solchen IM wie Sascha Anderson – dem *Kulturministers des DDR-Undergrounds*,[350] wie ihn Thomas Kuhmlehn einmal ironisch bezeichnete – und Rainer Schedlinski fast im Namen der Stasi betrieben wurde, was natürlich so formuliert nicht richtig ist. Die Sicherheitsdienste waren einfach nicht mehr imstande, alle Lebensbereiche nach ihren Vorstellungen zu reglementieren. Sie hatten sogar Mühe, in die neuen Kreise, die voller Aussteiger waren, einzudringen. Sie gingen daher Kompromisse verschiedenster Art ein. Das wichtigste war für sie, Einsicht in die ihnen nicht liebsamen Tätigkeiten mittels der IM zu bekommen. Solange sie diese haben, meinten sie, könne ihre Macht nicht gefährdet sein. Bei guter Kenntnis der Szenen würde es ihnen schon gelingen, im rechten Moment zuzuschlagen.

Wie das symbiotische Zusammenleben in anderen realsozialistischen Staaten in den achtziger Jahren aussah, vermögen wir nur zu ahnen. In Polen wird darüber viel gemunkelt, aber es gelingt den verschiedensten Kreisen immer wieder, Aufklärungsbemühungen zu torpedieren. Der Sicherheitsdienst habe schließlich nichts als Lügen fabriziert, es sei ein Sumpf, in den man sich nicht begeben dürfe. Vor allem Solidarność-Aktivisten sollen unbefleckt bleiben.

Unterbrochene IM-Tätigkeit

Es gibt eine gewisse Zahl von IM, die ihre Tätigkeit nach einer gewissen Zeit abgebrochen haben. Welche Folgen dies für ihren Beruf und das Fortkommen der Familienmitglieder hatte, ist schwer zu sagen. Müller-Enbergs meint, ein solcher Akt sei zumeist folgenlos gewesen,[351] was zu bezweifeln ist, aber es fehlen uns genaue Angaben.

Es habe nichts genutzt

Die sozialistischen Staaten in Europa sind trotz gigantischer Sicherheitsdienste zusammengefallen. So stark waren der KGB und seine Ableger also nicht, hört man daher immer wieder. Doch ohne sie hätten diese Staaten bei ihrer Riesenmißwirtschaft nicht so lange existieren können, obwohl diese Dienste paradoxerweise diese Mißwirtschaft vergrößerten, indem sie enorme Mittel in Anspruch nahmen.[352] Dabei kostete das große Heer der IM am wenigsten, was sich vor der Wende keiner hat vorstellen können. Das Kernstück des Apparats der billigste Teil! Aber vielleicht war das auch die Schwachstelle; denn dieser Apparat eignete sich bei allem Aufwand in Friedenszeiten nur für die Niederschlagung einer relativ geringen Anzahl von Widerstandsgruppen. Es ist sicher kein Zufall, daß der polnische Sicherheitsdienst in den achtziger Jahren vor Mord nicht zurückschreckte. Der bekannteste ist der an dem Priester Popiełuszko aus Warschau, der 1984 von Sicherheitsbeamten entführt, physisch gequält und schließlich ermordet wurde. Der Innenminister Kiszczak mußte die Täter, drei Sicherheitsbeamte, relativ schnell der Öffentlichkeit preisgeben, da nicht nur die Warschauer Bevölkerung, sondern das ganze Land in Unruhe geraten war, und vor Gericht stellen, jedoch andere Mordtaten seiner Untergebenen blieben trotz handfester Vermutungen unaufgedeckt. Und im Falle des Mords an Popiełuszko befinden sich die operativen Akten nach wie vor in irgendwelchen Panzerschränken, so daß man über die Beteiligung der obersten Staatsorgane an der Untat nur mutmaßen kann.

Was nun?

In den sogenannten sozialistischen Staaten fragten sich wache Köpfe spätestens seit der Geheimrede Chruschtschows am 25. Februar 1956 vor dem XX. Parteitag der KPdSU über Stalins Verbrechen, wie mit dem Unrecht umgehen. Hier und da fanden Prozesse gegen jene statt, die eindeutig gefoltert hatten, aber sie blieben im Wesen geheim und endeten mit Vertuschungen. Die Bestraften wurden recht schnell wieder freigelassen. Die Kommunisten waren an einem Rechtsstaat nicht interessiert. Es reiche, wenn man auf Lager und Verbannungen im großen Ausmaß verzichte, mit dem sogenannten stalinistischen Terror Schluß mache und die Verurteilten rehabilitiere. Am 20. März 1973 notierte Herling-Grudziński in seinem *Tagebuch*, Solschenizyn habe einmal erklärt, daß in der Bundesrepublik fast 8600 Naziverbrecher gerichtlich verurteilt worden seien. Und alle fänden, es sei zu wenig. In Rußland käme man dagegen auf etwa zehn Personen. Wenn man die 8600 Naziverbrecher in östliche Proportionen übersetzen würde, müßte man mit einer Viertelmillion eigener Verbrecher rechnen. Wir, schreibt Solschenizyn – wie Herling-Grudziński berichtet – haben nach ihnen nicht gefahndet, sie nicht vor Gericht gebracht; wir fürchten uns, an ihre Wunden zu rühren. Für mich, führt Solschenizyn weiter aus, ist es ein Rätsel, warum die Deutschen das Privileg erhalten haben, ihre Verbrecher zu bestrafen, und wir Russen nicht. Nach Herling-Grudziński hat es einen politischen Grund, daß nur Naziverbrecher verfolgt und verurteilt werden, denn die Sieger haben das Wort. Doch das sei nicht der einzige Grund, denn wenn es, erklärt Herling-Grudziński, *so etwas wie ein »Weltgewissen« gibt, muß es krank sein. Dreißig Jahre nach dem Krieg sind die Deutschen, die einzigen Schuldigen unserer Geschichte, ständig ein Pflaster für das kranke »Weltgewissen«. Sie werden noch lange nicht aufhören, es zu sein, denn es bestehen wenig Aussichten, daß das »Weltgewissen« zu einer relativen Gesundheit zurückkehrt.*[353]

Nach dem Zusammenbruch der sozialistischen Staaten hat sich das Bild verändert, wenngleich der Prozeß schleppend vorangeht. Aufmerksamkeit erwecken vor allem die vielen Morde, Verfolgungen und Diskriminierungen; einen Sonderfall stellt das Denunziantentum dar, dessen Bewertung durch die Existenz des IM-Systems Probleme aufwirft, die man bis dahin nicht kannte. Selbst da, wo jemand einer Instanz mitteilte, der und der plane das und das, z. B. Republikflucht, wurde er zumeist in die Rolle eines IM gedrängt. Angesichts dessen würde man mit Denunziantenprozessen nicht weit kommen. Die Öffnung der Archive und der allgemeine Zugang zu ihnen erscheint eindeutig als die bessere Lösung. Sie wird auch dem neuen Phänomen gerecht, daß Unrecht keineswegs auf die Tat einzelner beschränkt werden kann, sondern sich als ein Netz von Maßnahmen und »operativen Vorgängen« erweist. Denunziationen wurden vom Sicherheitsdienst als Teil der Verwaltungstätigkeit angesehen und als Bausteine für die vielen kleineren oder größeren Verwaltungsverbrechen verwandt.[354] Wie das im einzelnen funktionierte, ist mittlerweile dank der Existenz der Gauck-Behörde in einigen Fällen recht genau aufgedeckt worden. Die meisten betreffen aber nur die achtziger Jahre der DDR, als sich dort eine Opposition zu formieren begann.

Seit geraumer Zeit stellt die Gauck-Behörde, die auf Initiative der letzten Volkskammer entstand und aufgrund des Gesetzes über die Unterlagen des Staatssicherheitsdienstes der ehemaligen Deutschen Demokratischen Republik vom 30. Oktober 1991 geschaffen wurde, ein Vorbild für den Umgang mit der IM-Problematik dar,

DIE GAUCK-BEHÖRDE

obwohl im Ausland über diese Institution nach wie vor die wildesten Gerüchte in Umlauf sind. Es sei eine reine IM-Ermittlungsbehörde, hört man: Die vielen Täter sollen namhaft gemacht werden, ohne daß wir etwas über ihre Tätigkeit erfahren. Es ist so, als sollten nun die Denunzianten denunziert werden. Daß die Behörde in erster Linie deswegen geschaffen wurde, um den Opfern beizustehen, wird im allgemeinen übergangen. Was können das schon für Opfer sein, scheinen einige zu denken, verglichen mit denen der Shoa und des Gulags. Diese Opfer seien eh glimpflich davongekommen. Daß eine Institution ins Leben einzelner eingegriffen hat, wird mit Achselzucken zur Kenntnis genommen. Es lasse sich ja so oder so nicht wiedergutmachen. Es kämen nur neue Opfer hinzu: die einstigen Täter.

Die meisten meinen, es handle sich da nur um eine Institution zur Einsicht in Opfer-Akten, bei der der Betroffene erfahren kann, wer über ihn als IM Berichte angefertigt hat. So gut wie ganz wird verschwiegen, daß der Betroffene vor allem Einsicht in die Vorgehensweise der Stasi gegen ihn erhält, insbesondere wenn gegen ihn ein operativer Vorgang (OV) lief. Für jemanden, der wissen möchte, welche fremden Mächte sein Leben »gestaltet« haben, ist dies von immenser Bedeutung.

Dank der Gauck-Behörde, zu deren Aufgaben die Förderung und Gewährleistung der *historische*[n], *politische*[n] *und juristische*[n] *Aufarbeitung der Tätigkeit des Staatssicherheitsdienstes* gehört,[355] bekommen wir einen Einblick in die Art, wie ein realsozialistischer Staat funktionierte. Ohne die Auswertung der Akten des Ministeriums für Staatssicherheit der DDR würde heute wahrscheinlich die Ansicht dominieren, daß die realsozialistischen Staaten so wie auch die westlichen über einen Geheimdienst verfügten, der sich über den Stand der inneren und äußeren Sicherheit ein Bild zu machen hatte.

Gewiß, er arbeitete nicht immer anständig, aber welcher Sicherheitsdient in der Welt tue das schon.

Man darf nicht übersehen, daß Deutschland einen Sonderfall darstellt. Die Möglichkeiten der Abrechnung folgten hier gleichsam sauber aufeinander: erst mit dem Dritten Reich und dann mit dem SED-Staat. In den anderen Ländern des ehemals sozialistischen Lagers stellte sich alles komplizierter dar.

IN POLEN

In Polen beginnen die Komplikationen und Verwicklungen bereits mit Ausbruch des Zweiten Weltkriegs, als das Land in zwei etwa gleich große Teile geteilt wurde, in einen von der Wehrmacht und einen von den Sowjettruppen eroberten und besetzten Teil. In beiden Gebieten begannen massenhafte Verfolgungen. Es ging nicht ohne Denunziantentum ab. In dem von den Deutschen besetzten Teil Polens richteten sich die ersten Aktionen gegen die Gebildeten (man denke an die »Sonderaktion Krakau«, als am 6. November 1939 183 Professoren und andere Universitätsangehörige verhaftet und bis auf einige Ausnahmen in Konzentrationslager gebracht wurden)[356] und die Juden, im sowjetisch besetzten Teil vor allem gegen Polen (die als die Pans, d. h. die Adligen galten) und natürlich gegen die Gebildeten, die zumeist Offiziere waren. Der Mord von Katyn ist auch deswegen so tragisch für Polen, weil diese über 20 000 durch Kopfschuß ermordeten Männer zu der Elite des jungen polnischen Staates gehörten. Zugleich wurden über dreihunderttausend Polen nach Sibirien und Kasachstan verschleppt.

Als die Deutschen die Sowjetunion überfielen, veränderte sich für viele Polen die Lage. Sie wurden für die Rote Armee gebraucht. Am 12. August 1941 erließ der Oberste Sowjet ein Dekret über die Entlassung der Polen aus Lagern und Gefängnissen. Die Männer (ich übergehe hier das Problem der Armee des Generals Anders) durften einer volkspolnischen Armee unter sowjetischem Oberkommando beitreten. Als die Sowjettruppen gen Westen vorrückten und polnisches Gebiet betraten, behandelten sie dieses wie eigenes Territorium. Sie machten sich an die sofortige Vernichtung der polnischen regulären Armee-Einheiten, der AK, meist als Heimatarmee übersetzt, und der sich nach Vorkriegsmustern herausbildenden bzw. bestehenden Ortsverwaltungen.[357] Kaum war eine Stadt wie Wilna oder Lemberg durch vereinigte sowjetische und polnische Kräfte befreit, wurden letztere schon entwaffnet und in Lager geschickt.[358] Die Bekämpfung der Heimatarmee fiel den Sowjets insofern leicht, als die Polen von der Exilregierung in London den Befehl erhalten hatten, der herannahenden Sowjetarmee zu helfen, die Deutschen zurückzuschlagen, um damit zu beweisen, daß sie keine tatenlose Wirtsleute bzw. Herren im eigenen Hause sind. In einer bedeutend schwierigeren Lage würden sich, heißt es in dem Befehl, ein Befehlshaber und die ortsansässige polnische Bevölkerung befinden, deren Gebiet einzig mit Hilfe der Russen von den Deutschen befreit worden wäre. Der Befehlshaber der örtlichen polnischen Streitkräfte hatte die Aufgabe, die Militärführer der sowjetischen Armee zu begrüßen und mit ihnen über die nächsten Schritte, vor allem die Errichtung einer Zivilverwaltung, zu beraten. Dazu kam es jedoch nicht, statt dessen wurden die Offiziere und Soldaten entwaffnet und aufgefordert, entweder der Roten Armee oder den ihr unterstellten volkspolnischen Einheiten beizutreten, d. h. von einer Wiedererrichtung der Republik Polen abzulassen. Welche Vasallenrolle die am 22. Juli 1944 von der Sowjetunion eingesetzte volkspolnische Regierung bildete, beweist deren Dekret vom 23. Juli, daß alle die Heimatarmee betreffenden Fragen von sowjetischen Militärgerichten, d. h. von NKWD-Gerichten, behandelt werden. Machtpolitisch gesehen, hatten die polnischen Kommunisten keine andere Wahl, denn ohne sowjetische Hilfe hätten sie nicht die geringste Chance gehabt, sich auch nur für kurze Zeit zu etablieren. Stalin selber soll den polnischen Kommunisten im Oktober 1944 gesagt haben: *Wenn ich mir eure Arbeit anschaue, so würde es euch keine Woche lang geben, gäbe es nicht die Rote Armee.*[359]

Sehr schnell gingen die Angehörigen der Heimatarmee wieder in den Untergrund, doch bekamen sie keine klaren Anweisungen von oben, so daß sich die ehemalige antideutsche Front nicht in eine antisowjetische verwandeln konnte. Es bildeten sich nur verschiedenste Formen der Verteidigung gegen den Terror des NKWD heraus. In diesem ungleichen Krieg stützten sich beide Seiten auf Informanten, denen von der Gegenseite stets Rache drohte. Kriegsgerichte waren an der Tagesordnung, wenn es überhaupt zu irgendwelchen gerichtsartigen Verhandlungen kam. Anfang 1947 war der nationalpolnische Widerstand gebrochen, was nicht verwunderlich ist. Die Führung der Heimatarmee saß seit dem März 1945 im Moskauer Gefängnis,[360] Tausende von Menschen befanden sich in russischen Lagern und in volkspolnischen Gefängnissen, andere hatten aufgegeben, so mancher war zur Gegenseite übergewechselt, deren Informant geworden.[361] 1948 klagte der Chef des polnischen Sicherheitsdienstes über die große Zahl der Anwerbungen aufgrund von kompromittierenden Materialien, d. h., es war gelungen, dem IM, wie es in der Stasisprache heißt, entweder Zusammenarbeit mit dem deutschen Okkupanten oder dem inneren Feind, d. h. den Vertretern der Vorkriegsordnung, nachzuweisen und ihn einzuschüchtern.[362]

Wir haben es kurzum mit mehreren Arten von Denunziation zu tun. Erstens mit der Denunziation an die deutschen Okkupationsbehörden; zweitens mit der Denunziation von polnischen Bürgern an die volkspolnischen und Sowjetbehörden; drittens mit der Denunziation an die sogenannten bürgerlichen Kräfte, d. h. an jene, die sich als Bürger eines souveränen Polens fühlten, dessen Regierung in London residierte.

Im Unterschied zu Deutschland, wo das Recht des Dritten Reichs zu Unrecht erklärt werden mußte, weil es den elementaren Menschenrechten widersprach, wo Denunzianten in den ersten Jahren nach der Kapitulation aufgrund des Artikels II,1 c des Kontrollratsgesetzes Nr. 10 angeklagt und verurteilt wurden, stellte die Verurteilung der Denunziationen polnischer Bürger an deutsche Behörden kein rechtliches Problem dar. Die Deutschen waren der Feind. Zusammenarbeit mit ihm bedeutete Verrat. Es bedurfte nur des Willens, ihn aufzudecken und zu bestrafen. Ein Problem war allerdings, daß sich anfänglich sowjetische Kriegsgerichte dieser Dinge annahmen. Für viele erschienen ihre Urteile wie die einer Besatzungsmacht. Sie konnte eo ipso nicht gerecht urteilen. Außerdem waren die Prozesse – auch unter der volkspolnischen juristischen Oberhoheit – nicht öffentlich. Damit mußten sie vielfach den Eindruck von reinen Racheakten erwecken. Zweifel waren ja nicht überprüfbar. Es wurden keine größeren Zusammenhänge aufgedeckt, es wurde nur die betreffende Person im Schnellverfahren als Verräter verurteilt (wir kennen diese Problematik aus der DDR, die sich rühmte, mit den Nazis aufgeräumt zu haben). In Wirklichkeit wurden bei dieser Gelegenheit auch Anhänger einer demokratischen Ordnung ausgeschaltet,[363] so mancher ließ sich durch Erpressung aufgrund seiner Vergangenheit dienstbar machen, und vor allem wurde auf diese Weise eine Debatte darüber vermieden, wie Faschismus möglich war. In Polen wurden sogar Leute des antideutschen Widerstands, u.a. ehemalige AK-Offiziere, als Kollaborateure verurteilt und dann zusammen mit NS-Verbrechern in eine Zelle gesteckt, wie etwa Moczarski, der mit Jürgen Stroop, dem Henker des Warschauer Gettos, die Zelle teilte.[364]

Die Denunziation von Polen an den NKWD wurde in den ersten Monaten nach dem Sieg über die deutschen Truppen von jenen verfolgt, die sich als Vertreter der rechtmäßigen Ordnung eines souveränen Polens, der Republik Polen, empfanden. Geschriebenes Recht spielte dabei eine geringe Rolle. Die Strafe war aller Wahrscheinlichkeit nach eine Ermessensfrage. So lesen wir in einem Rapport vom 1. 3. 1945 aus der Wojewodschaft Białystok, in den letzten Tagen seien acht Personen, die namentlich genannt werden, als Spitzel erschossen worden. Sieben andere hätten 25 Peitschenhiebe bekommen, den fünf Frauen unter ihnen wären die Haare geschoren worden.[365] Oft wird von der Liquidierung bestimmter NKWD-Spitzel gesprochen,[366] zum Teil handelte es sich im Frühjahr 1945 um gezielte Aktionen kleiner Spezialeinheiten.[367] Unter den AK-Dokumenten aus der Wojewodschaft Białystok befindet sich das Verhörprotokoll eines Denunzianten vom 17. 5. 1945, der – wie er selbst zugab – für den NKWD Dienste geleistet hatte. Das Verhör dauerte keine zwei Stunden. Nach seinem Schuldbekenntnis und der Mitteilung darüber, was der NKWD demnächst zu tun gedenkt, sowie der Unterschrift unter das Protokoll wurde er »mit List«, wie wir lesen, erschossen, d. h. ohne Wissen über seinen bevorstehenden Tod.[368] Es war das Kriegsgericht auf der anderen Seite. Zumeist gab es nicht einmal das. In den Instruktionen hieß es zwar, eine Verurteilung dürfe ohne ein »Spezialgericht« (Sąd Specjalny),[369] das nach dem polnischen Vorkriegsrecht und späteren von der Londoner Regierung genehmigten Vorschriften zu urteilen hat, nicht stattfinden,[370] aber Anfang 1945 wurden die Befehlshaber der AK-Einheiten ermächtigt, Denunzianten zu liquidieren. Es würde, hieß es, erzieherisch wirken.[371] Die militärischen Auseinandersetzungen zwischen beiden Seiten endeten erst nach vielen Monaten, als ganze Dörfer von den massiven sowjetischen und volkspolnischen Einheiten in einer Weise pazifiziert worden waren, wie man es aus der Zeit der Einsatztruppen der SS und Gestapo kannte.[372]

Eine Atmosphäre des **rechtlichen** Umgangs mit Denunziantentum und ähnlichen Erscheinungen konnte unter diesen Umständen nicht entstehen. Erschwerend war darüber hinaus der Umstand, daß in nationalen Kategorien gedacht wurde. Deutsche und jene, die die Liste 2 für Volksdeutsche unterschrieben hatten, waren nach dem Gesetz »O wyłączeniu ze społeczeństwa polskiego wrogich elementów« (Über den Ausschluß feindlicher Elemente aus der polnischen Gesellschaft) vom 6. 5. 1945 zu rechtlosen Personen geworden. Volksdeutsche der Liste 3 und 4 wurden nur dann nicht aus der polnischen Gesellschaft ausgeschlossen, wenn sie erklärtermaßen gegen ihren Willen auf diese Listen gekommen waren.[373] Wenn aber jemand wußte, daß der Betreffende in Wirklichkeit die Liste 3 oder 4 freiwillig unterschrieben oder er während der Okkupation etwas getan hatte, was gegen die polnische nationale Souveränität gerichtet war, sollte er die Sicherheitsbehörden oder den Staatsanwalt für Sonderstrafrecht davon benachrichtigen.[374] Der entsprechende Satz des Gesetzes vom 6. 5. 1945 lautete: *In den Bekanntmachungen fordert das Gericht alle Personen auf, die etwas über eine schädliche Tätigkeit der Einbürgerungswilligen der Listen 3 und 4 der Polnischen Nation gegenüber wissen, das Gericht davon in Kenntnis zu setzen.*[375] Das kam fast einer Pflicht zur Denunziation gleich. Das Gericht hatte gegen die feindlichen »Elemente« folgendermaßen vorzugehen: Überstellung für unbestimmte Zeit in Isolierungslager, Verpflichtung zu Zwangsarbeit, lebenslanger Verlust der bürgerlichen Rechte und des gesamten Besitzes. Das Gericht konnte auch den Besitz der mit dem Verurteilten zusammenlebenden Angehörigen einziehen.[376]

Eine eindeutige Pflicht zur Denunziation bestand dagegen nach Paragraph 11 des »Dekrets zum Schutz des Staates« vom 3. November 1944. Wenn eine Person von einer anderen wußte, daß deren Wirken gegen die Volksmacht und die Durchführung der Bodenreform gerichtet war bzw. sein würde, und dieses Wissen den Behörden nicht mitteilte, war sie zu bestrafen. So wurde Maria S. dafür bestraft, den Behörden nicht zugetragen zu haben, daß ein gewisser R. sie zweimal zu überreden suchte, einer illegalen Organisation beizutreten.[377] Sie fühlte sich nicht schuldig, da sie einen solchen Beitritt abgelehnt hatte. Auch Rechtsanwälte waren verpflichtet, »konterrevolutionäre Tätigkeiten« ihrer Mandanten weiterzuleiten. Das sei eine *allgemein staatsbürgerliche* Pflicht, erklärte der damals führende Jurist Wiesław Daszkiewicz auf einer Beratung über die Verfassung Volkspolens in der Polnischen Akademie der Wissenschaften im Jahre 1953.[378]

Ein rechtlicher Umgang mit Denunziantentum wurde auch dadurch erschwert, daß die kommunistischen Machthaber sehr schnell jene Personen aus der Justiz entfernten, die eine sogenannte bürgerliche juristische Ausbildung genossen hatten. In einem Schreiben vom 18. 10. 1946 forderte der Direktor des Kabinetts des Innenministers, Oberst Andrzejewski, die Leiter der Wojewodschaftsabteilungen für innere Angelegenheiten auf, ihm Material über die »eventuelle reaktionäre Tätigkeit« der Staatsanwälte der allgemeinen und der Sondergerichte zuzusenden.[379] 1950 wurden an die Stelle der juristisch Ausgebildeten massenhaft Leute eingesetzt, die, ohne über ein Abitur zu verfügen, im Schnellkursverfahren das geltende Recht oder besser die Durchsetzung des richtigen Klassenstandpunkts ohne die Anwendung komplizierter Gerichtsverfahren erlernten.[380] Sie wurden Volksstaatsanwälte bzw. Volksrichter genannt. Rechtskultur wurde damit endgültig zum Fremdwort.

Um so freier konnte das polnische Innenministerium schalten und walten. Seine Aufgabe bestand in den ersten Nachkriegsjahren in der gnadenlosen Niederschlagung jeden Widerstandes gegen das neue Regime. Die Alliierten hatten sich unter der Bedingung, daß freie und geheime Wahlen durchgeführt werden, bereit erklärt, die neue Regierung anzuerkennen. Wenn die Kommunisten auf diese Bedingung eingegangen wären, hätten sie nach den Wahlen abtreten müssen. Um es dazu nicht kommen zu lassen, entschlossen sie sich zum Terror. Im Laufe der Wahlkampagne wurden über 100 000 Mitglieder der Bauernpartei, die besonders stark war, inhaftiert, unter ihnen befanden sich 162 Kandidaten für das Parlament. 150 Funktionäre fanden den Tod. In etwas anderer und doch fast gleicher Weise ging man mit den Sozialisten um, die immerhin als Klassenbrüder galten und in Kürze in die Reihen der neuen Vereinigten Arbeiterpartei aufgenommen werden sollten. Im Gegensatz zur Sowjetischen Besatzungszone, wo KPD und SPD bereits im April 1946 zur SED vereinigt wurden, konnten sich die kommunistischen Machthaber Volkspolens erst im Dezember 1948 zu diesem Schritt entschließen. Nachdem sie die Wahlen am 19. 1. 1947 mit Hilfe von Terror (während der Wahlkampagne fanden tagtäglich Prozesse statt; es gab keinen Tag, an dem nicht ein Todesurteil gefällt wurde) und Wahlfälschungen gewonnen hatten,[381] gingen sie zu den nächsten Aktionen über: die Zerschlagung der Bauernpartei, die Auflösung der Polnischen Sozialistischen Partei (PPS) durch Pseudovereinigung sowie die Gleichschaltung aller Organisationen. Es gelang jedoch nicht, den Einfluß der Kirche gänzlich einzudämmen. Der Sicherheitsdienst hatte zur Erfüllung dieser Aufgabe einfach zu wenig Zeit. Die Verhaftung des Kardinals Wyszyński erfolgte immerhin erst am 26. 9. 1953, d. h. ein halbes Jahr nach Stalins Tod am 5. 3. 1953. Neun Tage vor Wyszyńskis Verhaftung war Chruschtschow Erster Sekretär der KPdSU geworden. Veränderungen traten in Polen erst ein, nachdem die Enthüllungen des führenden in den Westen geflohenen Sicherheitsbeamten Józef Światło Ende 1954 mehrere Monate lang von Radio Free Europe in polnischer Sprache gesendet wurden.

Nach dem Herbst 1956, als Władysław Gomułka die Parteiführung wieder übernahm, drängten breite Bevölkerungsschichten danach, das Furchtbare, das seit 1944 geschehen war, aufzudecken und die Täter zur Rechenschaft zu ziehen, vor allem diejenigen, die gefoltert hatten. Natürlich wurden auch Denunziationsprozesse angestrengt, doch zumeist ohne Ergebnis, da keine Einsicht in die Akten gestattet wurde. Partei- und Sicherheitsapparat stabilisierten sich recht schnell, nachdem die Führer ausgewechselt und einige Täter in Prozessen unter Ausschluß der Öffentlichkeit zur Rechenschaft gezogen worden waren. Von der alltäglichen Brutalität im Umgang mit dem sogenannten Klassenfeind wurde abgelassen. Aber wenn sich Opposition regte, wurde zugeschlagen. Bei den Streiks 1970 fanden in Danzig und Stettin zig Menschen den Tod. Gegen einige noch lebende Schuldige, die es zu dem Massaker haben kommen lassen (unter ihnen der damalige Verteidigungsminister Jaruzelski), ist jetzt Anklage erhoben worden, wann und ob ein Urteil gefällt werden wird, ist ungewiß.

Im Augenblick ist es noch nicht möglich, ein Verfahren gegen jemanden anzustrengen, von dem man weiß oder annimmt, daß man durch seine Denunziation zu Schaden gekommen ist. Dagegen scheint es möglich zu sein, gegen Denunzianten an den NKWD vorzugehen. Ende Mai 1998 teilte die Tageszeitung *Rzeczpospolita* mit, in Giżycko (Lötzen) finde ein Prozeß gegen Mirosław Milewski, einen ehemaligen Innenminister Volkspolens, seit 1944 Mitarbeiter des volkspolnischen Sicherheitsdienstes, statt. Ihm wirft der 1918 geborene Czesław B. vor, er habe ihn grundlos verhaftet und dem NKWD übergeben. Ein sowjetisches Gericht verurteilte ihn dann zu 20 Jahren Lager. 1957 durfte er nach Polen zurückkehren. Mit 45 Jahren, d. h. 1963, erhielt er eine Rente für Invalidität ersten Grades. Der Prozeß mußte vertagt werden, da der Kläger Czesław B. wegen angeschlagener Gesundheit nicht erscheinen konnte.

Man fragt sich natürlich, warum in Polen die Gründung einer Untersuchungsbehörde immer wieder auf Widerstände stieß, die Archive so lange auf ihre Öffnung warten müssen. Alle Versuche, Einsicht in die Akten zu gewähren, scheiterten. 1992 stürzte sogar eine Regierung, als der Sejm beschloß, die Abgeordneten, Senatoren, Minister und Wojewoden zu überprüfen, ob sie mit dem Sicherheitsdienst zusammengearbeitet haben. In den Jahren, als die Postkommunisten mit der Bauernpartei, einer ehemaligen Blockflötenpartei, regierten, war an ein Zustandekommen eines praktizierbaren Gesetzes nicht zu denken. Erst nach dem Wahlsieg der Solidarność-Parteien im Herbst 1997 konnte ein entsprechendes Gesetz trotz Vetos des postkommunistischen Präsidenten angenommen werden, das am 18. 12. 1998 in Kraft trat, allerdings aus politisch-taktischen Gründen wieder novelliert wurde. Um eine Zweidrittelmehrheit gegen das Veto des Präsidenten im Parlament zusammenzubekommen, mußte die regierende Koalition der Bauernpartei Versprechungen machen, das Gesetz in gewissen Punkten zu ändern. Das geschah nach intensiven Beratungen am 9. 4. 1999.

Nach diesem Gesetz wird die ehemalige Kommission für die Verfolgung von Naziverbrechen in Polen und an polnischen Staatsbürgern in ein Institut für Nationales Gedächtnis verwandelt, dessen Aufgabe es ist, alle Verbrechen gegen die Menschheit und Verletzungen der Menschenrechte seit Ausbruch des Zweiten Weltkriegs bis zum 31. 12. 1989 zu ermitteln und zu verfolgen. Zu diesem Zweck erhält es alle Vollmachten, die entsprechenden Dokumente oder zumindest ihre Kopien zu sammeln und aufzubewahren, sie den Opfern, den Untersuchungsorganen und Wissenschaftlern zugänglich zu machen und selber strafrechtlich aktiv zu werden. Im Unterschied zur Gauck-Behörde hat das Institut auch Rechte einer Staatsanwaltschaft. Sie verfolgt nicht nur wie bisher die oben angeführte Kommission Naziverbrechen auf polnischem Territorium und an polnischen Staatsbürgern, sondern auch kommunistische Verbrechen. Dieser neue Typ von Verbrechen wird im Artikel 2 definiert: *Kommunistische Verbrechen sind im Verständnis des vorliegenden Gesetzes Taten, die Funktionäre des kommunistischen Staates durch die Anwendung von Repressalien oder andere Formen der Verletzung von Menschenrechten einzelnen oder Menschengruppen gegenüber in dem Zeitraum vom 17. 9. 1939 bis zum 31. 12. 1989 begangen haben [...]*.[382]

Kommunistischer Funktionär ist nicht nur einer, der aufgrund seiner öffentlichen Funktion als ein solcher bezeichnet werden kann, sondern auch einer, der besonderen Schutz des kommunistischen Regimes genoß. Es handelt sich mithin um all die Personen, die aktiv verbrecherisch an der kommunistischen Herrschaft teilnahmen und in jenen Institutionen mitwirkten, die für die Sicherheit des kommunistischen Staates zu sorgen hatten. Im Gesetz werden diese Institutionen einzeln aufgeführt.

Im Unterschied zum deutschen Verfahren muß jeder, der Einsicht in die Akten über sich erhalten will, vorher eidesstattlich erklären, ob er IM war oder nicht, damit nicht der Fall eintritt, daß er herauszubekommen versucht, ob die Akten noch vorhanden sind. Wenn sie vernichtet worden sind, könnte er ja behaupten, er sei nie IM gewesen, obwohl er es war. Als Opfer kann sich jeder bezeichnen, über den die Sicherheitsorgane Daten zusammengetragen haben. Opfer ist er jedoch nicht mehr, wenn er nach den Schikanen und Verfolgungen Funktionär, Mitarbeiter oder inoffizieller Mitarbeiter des Sicherheitsdienstes wurde. Jemand, der seine Tätigkeit als IM aufkündigte, darf sich mit anderen Worten als Opfer bezeichnen, einer, der den umgekehrten Weg einschlug, hat dieses Recht nicht.

Das Gesetz kommt einem doppelten Bedürfnis entgegen: die Verbrechen des kommunistischen Regimes und deren Täter endlich konkret benennen zu dürfen und ein Bild davon zu erhalten, wie der Sicherheitsdienst im Alltag wirkte. Da der Sicherheitsdienst in den realsozialistischen Staaten flächendeckend gearbeitet hat, möchte man auch wissen, wie es mit der Fläche aussah, wo man selber gewirkt hat. Mit der Zunahme eines demokratischen Bewußtseins wächst begreiflicherweise das Interesse für das Kleine, Alltägliche und vor allem für die eigene Lebensgeschichte, die, wie sich herausstellt, vielfach manipuliert war.

Es war gewiß naiv zu glauben, daß es in einer Demokratie möglich ist, zig Kilometer Akten unter Verschluß zu halten. Es hätte stets eine Gruppe gegeben, die aus irgendeinem Grund fragt, was die Akten enthalten, oder gar provokativ erklärt, die Archive würden die und die Geheimnisse bergen. Dazu ist nicht einmal Kenntnis vonnöten, daß der Staat kein Recht hat, über den einzelnen mehr zu wissen, als dieser von sich selber weiß, daß es ein Recht auf informationelle Selbstbestimmung gibt.

Es kommt hinzu, daß in einer Zeit, in der sich Alltagsgeschichte als ein neuer Forschungszweig etabliert, ihre Vertreter von der Zeitgeschichte verständlicherweise verlangen, es möge nicht nur der Alltag des Dritten Reichs und der von ihm okkupierten Länder erforscht werden, sondern auch der der kommunistischen Vergangenheit. Es ist sicher kein Zufall, daß in Deutschland mehrere Zeitgeschichtler, die in München über den faschistischen Alltag arbeiteten, zur Gauck-Behörde überwechselten und schon erste Ergebnisse ihrer Recherchen vorgelegt haben. Es sind Untersuchungen, die sich nicht etwa auf die Tätigkeit eines einzelnen IM konzentrieren, sondern auf sogenannte operative Vorgänge, womit erhellt wird, wie der Sicherheitsdienst mitsamt den anderen Institutionen gegen ihre »Objekte« vorgingen, zu welchen Untaten sie bereit waren. Die Tätigkeit eines IM erscheint so in einem größeren Kontext, wodurch ein objektiveres Urteil über ihn möglich ist. Ähnliches ist in Polen zu erwarten, wenn sich auch aus historischen Gründen alles viel komplizierter darstellt.

Der Vergleich

In der deutschen Literatur geistert der Vergleich der Stasi mit der Gestapo herum, der gewiß falsch ist, denn die Stasi war keineswegs eine »dedeerliche« bzw. deutsche Erfindung.[383] Zu vergleichen wäre die Gestapo mit dem sowjetischen Sicherheitsdienst (bzw. der Tscheka, der GPU bzw. OGPU, dem NKWD, dem KGB), der sofort nach dem Krieg in den von der Sowjetunion beherrschten Ländern zeigte, wozu er fähig war.

Die Zeit von 1944/45 bis 1948/49 bzw. 1953, die immer noch auf ihre Aufarbeitung wartet, war eine Zeit, in der in allen sowjetischen Satellitenländern sehr viele Menschen bei Verhören, in Gefängnissen und Lagern ums Leben gekommen sind.[384] Dennoch ist die Aufdeckung der Stasitätigkeit von großem Wert, insbesondere aus östlicher Sicht – wozu auch die polnische gehört –; denn in den ehemaligen realsozialistischen Ländern werden die Archive nur sehr zögerlich geöffnet, nachdem Akten in großer Menge vernichtet worden sind. Zwar glauben viele, daß die Stasi die am besten organisierte und funktionierende Institution dieser Art bildete,[385] aber das kann man als Märchen abtun, wenn man sich nur einmal in Washington die Akten aus Smolensk[386] oder das viele KGB-Material, das trotz massiver Widerstände ans Tageslicht befördert wird, ansieht, zumal große Bestände immer wieder vernichtet worden sind.[387] Wie bereits angeführt, sollen sich in den Archiven des polnischen Sicherheitsdienstes immerhin noch etwa 200 Kilometer Akten befinden. Es ist nicht ausgeschlossen, daß die polnischen Sicherheitsleute sogar größere Ordnung in ihren Akten gehabt haben als die aus der DDR. Kurzum, jeder Sicherheitsdienst war in den dem Sowjetimperium zugehörigen Ländern mehr oder weniger wie der KGB organisiert. Zu Recht schreibt Karl Wilhelm Fricke: *Wer die Aktivitäten und die Arbeitsweise des MfS einschätzen will, muß sie im Kontext zur repressiven Praxis der sowjetischen Geheimpolizei- und Sicherheitsorgane sehen. Jahrzehntelang wurde im Ministerium für Staatssicherheit von den »sowjetischen Tschekisten« so gut wie alles kritik- und vorbehaltlos kopiert: die Strukturen, die Prinzipien der Kaderpolitik, die Arbeitsmethodik. Insoweit war das MfS lange Zeit nichts als das deutsche Abziehbild der sowjetischen Überwachungs- und Unterdrückungsmaschinerie. Zum sowjetischen Vorbild gab es für die DDR-Staatssicherheit schon aus historischen Gründen keine Alternative: Der Aufbau des MfS vollzog sich unter unmittelbarer Anleitung und unter politischer wie fachlicher Kontrolle durch sowjetische Instrukteure – später Berater geheißen – auf allen Ebenen.*[388]

Das gleiche kann man über die Anfänge des polnischen Sicherheitsdienstes sagen, wie wir gesehen haben. Und wenn man ein vergleichendes Wörterbuch der Termini in den einzelnen sozialistischen Sicherheitsdiensten einrichten würde, käme man zu dem Schluß, daß es sich entweder um wortwörtliche Übernahmen oder um Lehnübersetzungen aus dem Russischen handelte. Der NKWD liebte zum Beispiel das Wort »operatywnyj« – wir treffen es dann sowohl im Polnischen wie auch im Deutschen an. Und anfänglich hießen die IM so wie im Russischen und im Polnischen »Informatoren« oder sogar »Agenturen«.[389]

Daß man kein Gleichheitszeichen zwischen der Gestapo und dem KGB setzen darf, beweist das hier ausgebreitete Material. Der Kommunismus und Nationalsozialismus haben ohne Zweifel totalitäre Regime geschaffen, aber es geschah unter anderen ideologischen und auch geographischen Voraussetzungen. Nationalistische und rassistische Ideen scheinen tiefer verwurzelt zu sein (ich wage nicht zu sagen, gewesen zu sein) als klassenkämpferische. Das wußten auch viele Kommunisten in den Volksdemokratien, als sie zu ethnischen Säuberungen übergingen.

Und ganz und gar nicht läßt sich ein Gleichheitszeichen zwischen dem Denunzianten im Dritten Reich und dem IM im KGB-Reich setzen. Man muß für die Beschreibung der beiden Systeme andere, jeweils angemessene Formen der Deskription finden. Die Denunziationen im Dritten Reich sind zumeist sofort verständlich, während die IM-Berichte und die Einschätzungen der Führungsoffiziere immer wieder einer Erläuterung bedürfen. Im KGB-Reich konnte der Denunziant die Gerichte nicht für sich in Anspruch nehmen, wie es im Dritten Reich geschah.

Man kann auch kein Gleichheitszeichen zwischen der NSDAP und den Parteien bolschewistischen Typs setzen. Die NSDAP-Mitglieder saßen nur selten Gericht über sich selbst, schon gar nicht in fast regelmäßigen Abständen. Eine geschlossene Parteiversammlung wie die oben beschriebene in Moskau wäre im Dritten Reich undenkbar gewesen. Die NSDAP war keine Partei der Beratungen, Beschlüsse und Ausschlüsse, insbesondere nicht nach der Machtübernahme. Die *Möglichkeit institutionalisierter Beratungen* war nicht vorgesehen.[390] Es kam im Dritten Reich auch nicht vor, daß eine Parteiversammlung eines ihrer Mitglieder per Abstimmung direkt einem »staatlichen Organ« übergab. Ähnlichkeiten zwischen den Organisationsformen sind erst in »höheren Etagen« zu erkennen. Diese stellten sowohl in dem einen wie auch dem anderen System immer wieder Anlaufstellen für Denunzianten dar.

Zweiter Teil

Enthüllen und Beschuldigen

Zwei Sphären überschneiden sich

Im Akt der Denunziation überschneiden sich zwei Sphären, die des Enthüllens und die der Beschuldigung. Es ist wichtig, sich darüber im klaren zu sein, zumal in den Medien ein immer freierer Umgang mit den Wörtern *Denunziation* und *denunzieren* zu beobachten ist.

Enthüllt wird, wenn Menschen Farbe bekennen, mit offenen Karten spielen, in ein Geheimnis einweihen, anderen die Augen öffnen, keinen Hehl aus etwas machen, ihr Herz ausschütten, ihren Gefühlen freien Lauf lassen, die Katze aus dem Sack lassen, klatschen, schwätzen, aus der Schule plaudern, sich verplappern, demaskieren, entlarven, überführen – um nur einige Ausdrücke für dieses Phänomen anzuführen.

Beim Beschuldigen sprechen wir dagegen von: vorhalten, vorwerfen, zeihen, zur Last legen, anschwärzen, anschuldigen, anzeigen, belasten, verdächtigen, bezichtigen, ergreifen bei, ertappen, festnageln, verklagen, verleumden, verantwortlich machen, anhängig machen.

Allerdings sind beide Sphären nicht streng voneinander zu trennen, vor allem da der Beschuldigung eine Enthüllung vorauszugehen pflegt (wenn die Schuld klar auf der Hand liegt, wird der Schuldige versuchen, sich zu verhüllen); doch eine Enthüllung muß nicht zu einer Beschuldigung führen. Es gibt schließlich vieles, von dem sich die Umgebung, das Milieu eine Enthüllung nicht wünscht. Sie möchte die Grenze zwischen Erlaubtem und Nicht-Erlaubtem offenlassen. Das, was sich im Zwischenraum befindet, soll der Duldung anheimfallen. Doch die Unduldsamen wollen die Hülle zerreißen, das Darunterliegende enthüllen, um Schuld aufzuzeigen. Sie gefallen sich in dieser Rolle, während sie von anderen oder im nachhinein Denunzianten genannt werden.

DIE OFFENEN GERICHTE

Wie beide Sphären miteinander verbunden sein können, sehen wir bei den offenen Gerichten in der frühen Neuzeit (Ruegegerichte, Vogtgerichte, Sendgerichte) sowie den Medienveranstaltungen, in denen verschiedenerlei Handlungen oder auch Untaten eingeschätzt werden. In der frühen Neuzeit versuchten sowohl die Landesherrn wie auch die Kirchenleitungen die Einhaltung der Policeyordnungen bzw. kirchlichen Vorschriften, die zum großen Teil den Umgang der Menschen miteinander und das, was zur öffentlichen bzw. kirchlichen Ordnung gehört, regeln sollten (nicht fluchen, Reinhaltung der Umgebung des Hauses, Beseitigung der Brandgefahr durch den Einbau der richtigen Öfen und Schornsteine, Einhaltung der Wirtshausstunden, regelmäßiger Kirchgang, Ungestörtheit des Gottesdienstes, Unterlassung ketzerischer Reden, Vermeidung unehelicher Geburten etc.), durch die Abhaltung von öffentlichen Gerichten in bestimmten Zeitabständen (z. B. halbjährlich oder jährlich) zu überprüfen. Für die weltlichen Angelegenheiten kam ein Vertreter des Landesherrn zum Gerichtstag, bei dem der Bürgermeister und alle Haushaltsvorstände zu erscheinen hatten. Nachdem die Bestimmungen verlesen worden waren, mußte jeder einzelne vor allen Frage und Antwort stehen, ob er diese eingehalten habe. Er enthüllte und beschuldigte sich gleichsam in einem. Natürlich waren die Betroffenen nicht immer bereit, die Taten und ihre Schuld sofort einzugestehen. Oft kam es unter den Versammelten zum Streit, zu einem kollektiven Ringen darum, was offengelegt werden sollte, was für die Gemeinde als nicht mehr tragbar galt, was unter Schuld zu stehen hatte. Und es war möglich, daß im *Anschluß an die*

Verhandlung und die Regelung der vorgebrachten Angelegenheiten [...] die Dreidingsordnung (das war der Name für die Policey-Ordnung in Schlesien – K. S.) *den im Dorf vorgekommenen Delikten entsprechend ergänzt* wurde, indem entsprechende *»wörterliche passuum hiemit eingefüget« wurden*.[391] Die Ergänzungen gehörten *fortan zur Dreidingsordnung* und bildeten *Bestandteile des Fragenkatalogs der Gerichtssitzungen*.[392]

Bei den Sendgerichten (von lateinisch »Synodus«), die anläßlich der Kirchenvisitation stattfanden, mußten alle erwachsenen Bewohner des Orts (die Sendpflichtigen), auf jeden Fall alle Männer, erscheinen. Die Sendschöffen wurden nun aufgefordert, *die Vergehen der einzelnen Gemeindemitglieder zur Anzeige zu bringen*.[393] Der oder die Beschuldigte hatte sich dazu zu äußern. Ihm oder ihr wurde eine entsprechende Buße auferlegt.

Eine moderne Zwischenform zwischen Enthüllen und Beschuldigen stellen Talk-Shows und andere Medienveranstaltungen dar. Vordergründig geht es darum, verschiedenartigste Verhaltensweisen an konkreten Fällen vorzuführen. Der Moderator vermittelt zwischen den Zuschauern, die spontan zumeist nach den je eigenen Vorurteilen applaudieren oder ihrem Mißfallen Ausdruck geben. Es fehlen die Zwischeninstanzen, die wir von der Gerichtsverhandlung her kennen: die Rechtsvorschriften, Prozeßordnung, Verteidiger, die Appellation etc. Daher drohen immer wieder unvorhergesehene Reaktionen sowohl der Teilnehmer auf dem Podium wie auch einzelner Zuschauer.

Enthüllen und Verhüllen
Klatsch und Denunziation

In anderer Weise fallen die Sphären des Enthüllens und des Beschuldigens beim Klatsch zusammen. Den Klatschenden geht es vor allem um Enthüllen, wenn auch zumeist Mißbilligung mitschwingt. Die Klatschenden mögen Abweichungen vom üblichen Verhalten nicht besonders, obwohl sie von ihnen angezogen sind. Der Klatsch kann jedoch nicht als Denunziation bezeichnet werden, wenn man darunter eine Mitteilung an eine Instanz versteht, in deren Macht es steht, aufgrund einer Anzeige vorzugehen. Das Klatschobjekt soll im Gegensatz zum Denunzierten nicht aus der Gesellschaft eliminiert werden. Es geht hier vielmehr um eine spezifische Kommunikationsform, ein gegenseitiges Sich-Verständigen über jemanden. Das Spezifische kann man u. a. daran erkennen, daß es bestimmte Arten der Eröffnung und Beendigung des Klatschgesprächs gibt. Der Klatschträchtige muß sich erst einmal vergewissern, ob eine Bereitschaft zum Klatschen besteht und ob das Klatschobjekt den Gesprächsteilnehmern überhaupt bekannt ist. Darüber hinaus muß ausgemacht werden, daß es mit den Anwesenden weder verwandt noch befreundet ist. Kommt es nun zum Klatsch, wird er nicht ewig dauern. Durch bestimmte Signale wird ein Ende herbeigeführt. Irgend jemand gibt – im allgemeinen in indirekter Weise – kund, es sei des Geredes genug.[394] Ein Denunzierter muß dagegen nicht Klatschobjekt gewesen sein. Er muß der Gemeinschaft nicht einmal bekannt sein. Auch die höhere Instanz braucht ihn nicht zu kennen. Sie nimmt den Fall einfach zur Kenntnis und hat die Anzeige als Aufforderung zum Handeln aufzufassen.

Klatschen können viele gleichzeitig und immer wieder. Klatsch erlaubt Widerspruch und Zurücknahme der zumeist in einer Art Konjunktiv ausgedrückten Mitteilung (ich weiß ja nicht ..., ich habe es nur so gehört, ... es scheint mir so, ... wenn man das so sieht ...). Die Denunzianten pflegen hingegen ihre Denunziationen als knallharte Feststellungen im Indikativ (»Da draußen sitzt unser Goerdeler«) vorzubringen. Sie kennen kein Wenn und Aber wie die Klatschenden, treten nicht zugleich als Richter und Verteidiger auf. Sie sind nur Richter.

Während sich das Klatschobjekt bedroht fühlen kann, aber nicht muß, ist der Denunzierte – unwissentlich oder wissentlich – von Anfang an bedroht. Nach der Denunziation ist er nur noch abhängig von dem guten oder bösen Willen der Instanz, bei der er denunziert worden ist.

In keiner Gesellschaft erfreut sich der Denunziant großer Achtung. Es heißt von ihm nicht zufällig, er ist und bleibt der größte Lump im ganzen Land, denn er nimmt allen die Freude an der Unterhaltung, dem Spiel, der Hatz, wie die Bayern sagen. Sein Vergehen ist, daß er das Gespräch bzw. das Gerede unterbindet. Über den Denunzierten läßt sich schwer klatschen. Man hat ihn entweder als Halunken oder als zu Bemitleidenden zu qualifizieren. Im letzteren Fall könnte oder müßte man um dessen Rehabilitierung kämpfen. Nichts ist oder darf mehr – wie im Klatsch – vieldeutig sein, es gibt nur noch ein Ja oder Nein.

Der Gesellschaft ist bei der Denunziation die Möglichkeit genommen, das Opfer in einem bestimmten Augenblick wieder in Ruhe zu lassen, es in ihre Reihen aufzunehmen. Im Klatsch geht es dagegen nicht oder selten um das Ausstoßen des Klatschobjekts, sondern um dessen »Erziehung« sowie um die Verifizierung der geltenden Normen und Regeln durch das Reden bzw. Gerede über abwegige bzw. scheinbar abwegige Verhaltensweisen. Klatsch hat mithin – insgesamt gesehen – eine für den gesellschaftlichen Zusammenhalt konstruktive Seite oder besser korrektive Funktion, während die Denunziation durch die Eliminierung des Denunzierten aus der Gemeinschaft destruktiv ist. Diese kann sich im Bestfall im nachhinein davon überzeugen, wie groß die Bereitschaft der Instanzen ist, gegen Denunzierte vorzugehen.

Wenn Klatsch nach Bergmann eine gewaltfreie Artikulation von Aggression ist,[395] muß man Denunziation eine gewaltsuchende Aggression nennen. Und wenn Walter Benjamin meint, der Klatsch käme *nur zustande, weil die Leute nicht mißverstanden werden wollen*,[396] während sich der destruktive Charakter nicht mißverstehen lasse, könnte man den Denunzianten einen solchen destruktiven Charakter nennen. Er duldet kein Mißverstehen, er will zerstören.

Klatsch findet im Gegensatz zur Denunziation in einem Kreis von Menschen statt, die sich in einem Raum oder einer Gruppe versammelt haben, d. h. in einer Art Öffentlichkeit, freilich im allgemeinen unter Ausschluß des Klatschobjekts. Es wird auch selten nur über eine Person geklatscht, sondern von mehreren über mehrere. Man klatscht miteinander. Die Denunziation braucht dagegen kein Miteinander, sie ist zumeist ein einmaliger, keinen Widerspruch duldender Akt, der aus dem Hinterhalt, dem Dunklen heraus erfolgt.

Denunziation und Klatsch unterscheiden sich auch in der Art der Narration. Die Denunziation läßt sich im allgemeinen in ein, zwei Sätzen formulieren, der Klatsch ähnelt eher einer Erzählung.

Denunziation und Klatsch in totalitären Systemen

Die Denunziation im Dritten Reich hatte den Ausschluß des Denunzierten aus der »Volksgemeinschaft« zur Folge. Der Denunziant empfand dies als berechtigt. Wer schlecht über die Wehrmacht spricht, ist nun einmal kein guter Deutscher und hat das Recht auf die Zugehörigkeit zur Volksgemeinschaft verwirkt. Mit Juden verkehrt man nicht, mit Homosexuellen desgleichen nicht, auch nicht mit Fremdarbeitern. Wer dies sexuell tut, verdirbt überdies die Reinheit des arischen Blutes.

Im KGB-Reich dominierte dagegen eine ganz andere Art von Denunziation: die klatschende. Während der Treffs erwartete der operative Mitarbeiter, der Führungsoffizier, nicht bzw. relativ selten, daß der IM etwas nach den geltenden Vorschriften eindeutig Strafbares mitteilte, sondern daß er sein Wissen über andere, vor allem über diejenigen, die für die Stasi von Interesse waren, ausbreitete, mit einem Wort: daß er sich wie beim Klatsch verhält. Das »ich weiß ja nicht ...«, »mir scheint es, daß ...«, »so sagt man«, im zögerlichen Ton ausgesprochen, war erlaubt. Die KGB- und Stasileute brauchten sogar diese Haltung, denn sie gab ihnen die Gelegenheit, nach scheinbar Unwichtigem zu fragen, sie waren ja begierig, kleinste Details (wann, wo, wie, mit wem etc.) zu erfahren. Aus den vielen kleinen Details zimmerten sie etwas zurecht, das den Eindruck der Allgegenwärtigkeit der Spitzel und Denunzianten weckte. Mit den IM wurde ein neues System geschaffen: das des staatlich gelenkten **denunziatorischen Klatsches**. Wie beim Klatsch überließ der IM die Art der Verwendung des gewonnenen Wissens dem Zuhörenden, obwohl er sich bewußt sein mußte – wenn er ehrlich mit sich ins Gericht ging –, daß seine Rede zum operativen Vorgehen gegen Personen, über die er gesprochen hatte, und sogar zu deren Ausschaltung beitragen konnte. Der denunziatorische Klatsch hatte den Vorteil, daß sich die IM nicht wirklich verantwortlich zu fühlen brauchten. Es geschah nicht, daß der die Denunziation Registrierende sagte: Wissen Sie auch, welche Konsequenzen diese Mitteilung für den Betroffenen haben kann – wie das manchmal im Dritten Reich der Fall war.

Während beim Klatsch ein Bekanntschaftsverhältnis notwendig ist, muß dies bei der Denunziation nicht – weder in bezug auf den Denunzierten noch auf den Vertreter der Machtorgane – der Fall sein. Im IM-System wird es, wie wir sehen, dagegen vorausgesetzt. Die IM ähneln auch in dieser Hinsicht mehr den Klatschenden als den Denunzierenden, denn sie sollen ja Beobachtungen über andere, die sie kennen, zutragen. Hermann Kant und Heiner Müller haben daher nicht unrecht, wenn sie erklären, die Treffs mit ihren Führungsoffizieren seien lange Gespräche gewesen. Jeder von ihnen hätte auch sagen können, ich habe ihnen dieses und jenes erzählt, mich lediglich *des öfteren mit diesen Leuten unterhalten*, um Hermann Kant noch einmal zu zitieren.

Wissen und Wissen weitertragen

Der Denunziant weiß, was andere nicht wissen oder nicht so genau wissen oder auch nicht wissen wollen. Im Unterschied zum Klatschenden versucht er nicht, sein Wissen durch Klatschen unter die Leute zu bringen und sich gleichzeitig seines eigenen Wissens zu vergewissern, sondern will durch Weitergabe seiner Kenntnisse an Machtpersonen oder Institutionen diesen entweder bei der Entscheidungsfindung helfen oder sie zu Entscheidungen zwingen. Die Gestapo hatte, wenn ein Denunziant kam, eine Akte anzulegen und sich des Falles anzunehmen, es

sei denn, die Sache erschien ihr völlig unsinnig. Und auch der Führungsoffizier sah sich gezwungen, Zutragungen, die für den Apparat relevant erschienen, weiterzuleiten.[397]
Der Denunziant geht von der Annahme aus, daß die Preisgabe seines Wissens folgen**trächtig** ist; er hofft, daß sie zugleich folgen**reich** sein wird. Die Weitergabe von Wissen soll zu Handlungen führen. Es geht in keiner Weise um **Wissensaustausch**. Der Klatschende gibt sein Wissen kund, um selber etwas Neues zu erfahren. Der Denunziant ist sich dagegen seiner Sache sicher, er braucht keine neuen Daten und Einsichten. Er ist sich u. a. deswegen sicher, weil er weiß oder zu wissen vermeint, was erlaubt und was verboten ist. In Kenntnis der seit langem geltenden oder auch gerade eingeführten Normen und Gesetze meldet er Abweichungen von ihnen. Bei seiner Meldung wird er sich entweder auf diese Normen und Gesetze berufen oder deren Kenntnis bei der entsprechenden Instanz voraussetzen.[398]
Wenn Simmel schreibt, die Verhältnisse der Menschen scheiden sich *an der Frage des Wissens um einander: was nicht verborgen wird, darf gewußt werden, und: was nicht offenbart wird, darf auch nicht gewußt werden,*[399] müßte er über den Denunzianten sagen, dieser offenbart und trägt das weiter, was von anderen nicht gewußt werden sollte. Wenn er etwas mitteilt, was gewußt werden müßte (etwa ein Verbrechen), wird er nicht mehr Denunziant genannt.

Sichtbarkeit und Hörbarkeit

Es gäbe keine Denunziation, wenn alles sichtbar und hörbar wäre. Herrschaftssysteme, die alles unter Kontrolle haben möchten, streben logischerweise danach, daß alles gesehen und gehört werden kann. Das Private soll auf ein

Minimum reduziert werden. Man denke nur an die Ordnungen in Klöstern, Internaten, Kasernen, Krankenhäusern und dergleichen mehr, aber auch in Dörfern oder Häusern von Großfamilien. Das Alleinsein ist dort verpönt. Alles wird gemeinsam getan. Überall soll Einblick gewährt sein. Wo er nicht möglich ist, glauben die Vorgesetzten oder eine öffentliche Meinung, sich solcher Mittel und Wege bedienen zu müssen, die das Unsichtbare sichtbar und das Unhörbare hörbar machen. Der Denunziant ist erwünscht.

In neuerer Zeit ist er allerdings durch versteckte Kameras, Abhöranlagen und andere technische Erfindungen ersetzbar. Heute braucht sich niemand mehr berufen zu fühlen, dem Geschäftsinhaber mitzuteilen, die Person in der roten Jacke hätte im Laden eine Ware mitgehen lassen, der Kollege hätte auf der Arbeit geschlafen, denn das könnte bedeuten, daß er mit den vor dem Bildschirm Sitzenden in Konkurrenz tritt. Für diese ist alles sichtbar und vielleicht auch hörbar geworden. Die Welt, wie sie Orwell geschildert hat, scheint nicht mehr im Bereich des Unmöglichen zu liegen, wenngleich die zunehmende Kommunikationsfreudigkeit der Menschen dagegen spricht, denn plötzlich gibt es einfach zu viel zu überwachen. Selbst die Anwendung modernster computergesteuerter Kontrollsysteme führt da zu keinen befriedigenden Ergebnissen.

Eine Geschichte der gegenseitigen Sicht- und Hörbarkeit wäre noch zu schreiben. Während es auf dem Lande nur wenig Möglichkeiten gab, für andere längere Zeit unsichtbar und unhörbar zu bleiben, jeder *gewissermaßen im Besitz des Nachbarn* war,[400] sah dies in Städten seit alters anders aus, wenngleich es den modernen Anspruch auf Privatheit noch nicht gab. Aber immerhin schufen hohe Mauern (insbesondere in der orientalischen Welt) oder eine Vielzahl von Räumen (etwa an den Höfen) die

Möglichkeit der Abschirmung und damit bei anderen die Neugier auf das, was sich in der Abgeschlossenheit abspielen mag. Dies war ohne Schnüffeln oder Spionieren nicht herauszubekommen. Führte eine Mitteilung über das dort Gesehene oder Gehörte zum Skandal oder gar zu einer Verhaftung, müßte nach heutigem Sprachgebrauch von Denunziation gesprochen werden.

In modernen Demokratien gilt das Prinzip, daß alles, was die Öffentlichkeit betrifft, ihren Augen und Ohren zugänglich sein sollte. Der politisch Handelnde muß sich zeigen und aufdecken, wer er ist, welche Besonderheiten, individuellen Merkmale ihm zu eigen sind. Er wird beobachtet und kritisch beurteilt; ihm bleiben daher nur wenig Möglichkeiten, seine Schwächen zu verbergen. Zu Recht verbindet Hannah Arendt politisches Handeln mit der Helle, dem Licht, dem offenen Raum, und zu Recht bemerkt sie, daß Menschen der Öffentlichkeit die Möglichkeit eines zeitweiligen Rückzugs ins Private, dem nicht allgemein Sicht- und Hörbaren, haben müssen.[401] Aber auch das wird nicht immer eingehalten, wie wir wissen. Es gibt die Reporter, die auch von ganz weitem Nahaufnahmen machen können oder sich neuester Abhörgeräte bedienen. Sie spionieren, um dann das ihnen als sensationell Erscheinende an die Öffentlichkeit zu bringen.

Privatheit und deren Verletzung

Privatheit ist dem Menschen nicht zu eigen, sie ist eine historische Erscheinung. Wir kennen aus der Antike die Privatheit des Hauses (oikos), in dem eine patriarchische Ordnung herrschte. Es war abgegrenzt von der agora, der Öffentlichkeit, in der die Gemeinschaft betreffende Fragen besprochen wurden. Eine öffentlich anerkannte Privatheit des Individuums wurde erst in jüngster Zeit zu einem Begriff, was man an der sich verändernden Rechtsprechung erkennen kann. 1890 hatten die Juristen Warren und Brandeis in ihrem Aufsatz »The right to be let alone« die Privatheit in die Diskussion gebracht, aber in der Rechtsprechung spielt sie erst in den letzten Jahrzehnten eine Rolle. In einem Urteil des Bundesverfassungsgerichts vom 16. 7. 1969 heißt es programmatisch: *Dem einzelnen muß um der freien und selbstverantwortlichen Erhaltung seiner Persönlichkeit willen ein »Innenraum« verbleiben [...], in dem er »sich selbst« besitzt und »in den er sich zurückziehen kann, zu dem die Umwelt keinen Zutritt hat, in dem man in Ruhe gelassen wird und ein Recht auf Einsamkeit genießt«.*[402]

Es gäbe einen Bereich *menschlichen Eigenlebens*, der *von Natur aus Geheimnischarakter* habe. Eine solche Ansicht konnte sich erst nach den traurigen Erfahrungen mit den totalitären Staaten durchsetzen sowie nach den grundlegenden Veränderungen im Zusammenleben der Menschen in der »Wohlstandsgesellschaft«, als es für den einzelnen möglich wurde, über einen eigenen Raum oder gar eine eigene Wohnung zu verfügen. Man bedenke, daß in älteren Zeiten der Besitz eines eigenen Betts als Möbel allgemein unbekannt war. Die Menschen schlugen erst zur Nacht ein Lager auf und durchquerten ungeniert die Räume, da Korridore selten waren.[403]

Privatheit hat auch etwas mit dem über die eigene Zukunft Verfügen-Können zu tun. Wenn diese durch Herkunft, Beruf, Vermögen der Eltern oder Bevormundung bestimmt ist, bleibt der Spielraum für die Entfaltung der Persönlichkeit nach eigenen: sprich privaten Vorstellungen nur gering. Wem wäre es unter diesen Umständen schon eingefallen, auf das Recht zu pochen, sein Leben selbst zu gestalten.

Man möchte meinen, Privatheit sei wie ein abgeschlossener Raum mit Türen, die von außen nicht geöffnet werden dürfen/können, nur der Besitzer/Bewohner dieses Raumes verfüge über die Macht, dem Neugierigen einen Blick hinein zu gestatten, welcher aber kaum etwas erkennen wird, da er die einzelnen Teile nicht in Beziehung zu setzen weiß. Da man jedoch mit anderen verkehrt, gibt man sich durch Äußerungen und Gebärden zu erkennen, obwohl man sich durch verschiedene Täuschungsmanöver zu verbergen sucht. Auf diese Weise gewinnen die anderen durch die Auswertung von ihnen bekannten Lebensdaten und psychologische Deutungen einen Einblick ins Innenleben. Manchmal gewährt man aber auch bewußt einen solchen Einblick, indem man einen anderen (eine andere) ins Vertrauen zieht. Wird dieses Vertrauen durch Weitergabe der erlangten Kenntnisse mißbraucht, sprechen wir nicht von Denunziation, sondern von einem Verletzen der Privatheit. Denunzieren läßt sie sich nicht, weil es keine Instanz gibt, die über deren Ordnung bzw. Nicht-Ordnung Kontrolle ausüben könnte. Die Privatheit des einzelnen ist ja das jeweils Eigene. Wenn sie für alle oder zumindest viele in ähnlicher Weise geordnet werden könnte, würde sich auch eine diese Ordnung bewertende Instanz finden. Es gab und gibt natürlich immer wieder Versuche, das Privateste und Intimste, die Innenwelt, in den Griff zu bekommen und Instanzen für deren Kontrolle zu errichten. Man denke nur an die Beichte in der Kirche, die regelmäßig zu erfolgen hat, oder an die Selbstkritik, die in verschiedensten Kollektiven immer wieder gefordert wird.

Die Privatheit hört auf, das Eigene zu sein, wenn man einem anderen Einblick in sie gewährt und dieser sein Wissen für sich ausnutzt, indem er es beispielsweise öffentlich macht, es an die Öffentlichkeit »denunziert«. Jedes Sich-Vertrauen einem anderen gegenüber birgt die Gefahr in sich, daß die Privatheit durch diesen verletzt wird.

Selbstenthüllung[404]

VERTRAUENS-VOLLE
Menschen spüren immer wieder das Bedürfnis, sich mitzuteilen, andere an ihren privaten oder gar intimen Nöten und Lüsten teilhaben zu lassen, sei es aus Besorgtheit, Unsicherheit oder auch aus Sehnsucht nach Glanz. Es beginnt im vertrauensvollen Gespräch mit der Bitte, es nicht weiterzusagen, und der Hoffnung, der andere begreife die Sorgen, finde aber die sich aus ihr ergebenen Gefahren nicht so schwerwiegend, verstehe die Zweifel, wenngleich sie unberechtigt seien, oder bewundere seinen Wagemut, Verbotenes zu tun. Natürlich werde Stillschweigen herrschen. Eingehalten werden solche Versprechen nur selten.

ZUFÄLLIGE ODER UNABSICHTLICHE
Im allgemeinen verraten Menschen ihre Geheimnisse unabsichtlich und zumeist vor jenen, die schon lange auf deren Lüftung warten. So manches war ihnen bereits zu Ohren gedrungen. Von ihnen hängt es dann ab, welche Folgen die »Enttarnung« haben wird. In einem klösterlichen Internat hat sich ein Junge unwillkürlich verraten, onaniert zu haben, was zu einem großen Fall wird. Die Internatsleitung wollte schon seit langem einschreiten. Sie wußte es aber nur vom Hörensagen. Jemand gibt zu, ein IM gewesen zu sein, was, wenn dieser Jemand keine öffentliche Person ist, im allgemeinen stillschweigend zur Kenntnis genommen wird.

LUSTVOLLE
Eine besondere Frage ist, warum sich jemand zu Bekenntnissen, die von der Umwelt als unangenehm oder gar peinlich empfunden werden, entscheidet. Georg Simmel rekurriert auf den Reiz der Überraschung, der Lust, das Schicksal umzukehren, eine Lust, die sogar vor einer Selbstzerstörung nicht zurückschreckt. Sie gleiche der *Anziehungskraft des Abgrundes*.[405] Simmel gebraucht hier eine Metapher, die, wie viele bildliche Wendungen, von

echter Reflexion über die konkreten Gründe der Selbstenthüllung wegführt. Man kann sie nur aus dem jeweiligen Kontext heraus interpretieren, bei dem zu fragen wäre, in welcher personalen Konstellation sich die betreffende Person befindet, gegen wen die Enthüllung gerichtet sein mag, welche Werte der Sich-Enthüllende zu verteidigen meint. Vielleicht geht es um ein Schockieren im Namen dessen, was bisher nicht benannt werden durfte. Aber die Selbstenthüllung ist auch oft Ausdruck der Hoffnung, daß man auf diese Weise Absolution von seinen als übel angesehenen Taten erhält, sich vom Druck des »falschen Lebens« befreien kann.

Für diese Befreiung, die Absolution, waren seit alters auserwählte Personen (Zauberer, Wahrsagerinnen, Priester, Ärzte etc.) zuständig. Eine besondere Erfindung war zweifelsohne die private confessio, die sich in den christlichen Glaubensgemeinschaften etwa ab dem zweiten, in umfassender Form ab dem achten Jahrhundert herausbildete. Bis zu dieser Zeit war in der antiken Welt nur die öffentliche Beichte vor der Gemeinde bekannt. Die private confessio könnte man auch eine verhüllte Selbstenthüllung nennen. Sogar wenn der Beichtvater die Sünde nicht vergeben konnte, blieb sie insofern verborgen, als er das ihm Anvertraute nicht anderen mitteilen durfte, schon gar nicht Vertretern weltlicher Stellen. Es ging ja um das Seelenheil und nicht um weltliches Recht. Als eine moderne Form der Beichte können wir die Psychoanalyse ansehen. Auch hier ist der Analytiker zur Geheimhaltung dessen verpflichtet, was ihm der Analysierte berichtet hat.

Beginnend mit dem 12. Jahrhundert wurde die Beichte obligatorisch. Dies ergab sich aus einer neuen Sündenauffassung, wonach bereits die Intention und nicht nur die Tat allein zu büßen war. Von nun hatte man zu bekennen, was man vor der Tat gedacht, gefühlt und getan hatte, ob

BEICHTE

man zu deren Ausführung schon lange bereit gewesen war. *Es kommt somit zu einer Sozialisation der Empfindungen und einer sozialen Kontrolle des Gewissens.*[406] Die Gläubigen wurden Schritt für Schritt zu einer Selbstkontrolle erzogen, die durch das Führen von Tagebüchern und Abfassen von Bekenntnisschriften sowie durch Diskussionen über die immanenten Möglichkeiten eines jeden zur Sünde eingeübt wurde. Eine Begleiterscheinung der erlernten Selbstbeobachtung war der verschärfte Blick Außenstehender für die Empfindungen und eventuellen Absichten des anderen. Meinten sie böse Absichten zu erkennen, waren sie schnell bereit, anderen ihre Beobachtungen und Vermutungen mitzuteilen, etwas noch nicht Geschehenes als Realität darzustellen. Diesem Mechanismus folgten auch die Kommunisten. Sie nannten es das System der offenen und schonungslosen Kritik und Selbstkritik.[407]

Die kommunistische »Beichtpraxis« ist im Wesen Selbstdenunziation. Ein Sich-Enthüllen, Sich-Verraten ist ja erst dann als Selbstdenunziation zu bezeichnen, wenn sich jemand mit seinem Bekenntnis einer höheren Instanz oder der Öffentlichkeit ausliefert und diese das Mitgeteilte für etwas Verbotenes erachtet.

Ist der Schriftsteller ein Denunziant?

Man hört oft, Schriftsteller seien Schnüffler, Spione, Denunzianten. Ganz offensichtlich werden hier die Sphären des Enthüllens und des Beschuldigens bzw. des Verweisens an eine Instanz, die schuldig spricht, durcheinandergebracht. Wenn der Schriftsteller geheimste Gefühle, Gedanken oder Absichten seiner Protagonisten zutage fördert, macht er berechtigterweise den Eindruck, Geheimnisse zu verraten. Er tut es aber nicht, um seine Protagonisten, die manchmal mit lebenden oder verstorbenen Personen identisch zu sein scheinen, der Öffentlichkeit zur Verurteilung auszuliefern, sondern im Gegenteil, um die innersten Motive für ihr Tun und Lassen zu begreifen und begreiflich zu machen, um dem Leser die Kompliziertheit der menschlichen Psyche vor Augen zu führen. Der Schriftsteller ist ein großer Enthüller. Zu einem Denunzianten wird er erst dann, wenn es durch die unverdeckte oder kaum verdeckte Darstellung einer wirklich lebenden Person zu deren öffentlicher Bloßstellung und möglichen Verurteilung kommt, was im biographischen Schrifttum immer häufiger zu geschehen pflegt. In ihm klingt vieles wie ein nachträgliches bösartiges Beschuldigen.

In der Wissenschaft

Man müßte glauben, daß es in der Wissenschaft keine Denunziation geben kann. Fakten seien für Wissenschaftler heilig. Aber auch Wissenschaftler befinden sich in einem sozialen Umfeld, in dem es gegenseitige Abhängigkeiten gibt. Deswegen wird es für einen Wissenschaftler, der noch nicht zu »Ehren« gekommen ist oder der »Zunft« nicht angehört, problematisch, seine Erkenntnisse der wissenschaftlichen Welt mitzuteilen oder gar an die Öffentlichkeit zu bringen, wenn er damit Interessen der dominierenden Forschungsgruppe verletzt. Ihm wird selbstverständlich nicht Denunziation vorgeworfen, - sondern Übereifer, Selbstprofilierungssucht, mangelnde Loyalität seinen Vorgesetzten oder Betreuern gegenüber, Dilettantismus und dergleichen mehr. Auseinandersetzungen zwischen ihm und den Interessengruppen können sich dramatisch zuspitzen, wenn z. B. mit der Veröffentlichung von Daten Fragen des Umweltschutzes berührt werden. Wir kennen solche Fälle aus der Atomforschung, bei der Sicherung von atomarem Müll oder aus dem Bereich der Chemie und Pharmazie und neuerdings der Genforschung. Auch unter arrivierten Wissenschaftlern gibt es viele Handlungen, die einer Denunziation gleichkommen, wenn etwa jemand einen Kollegen bei einem der mächtigen Gremien (Wissenschaftsrat, Forschungsgemeinschaft, Ministerialbehörde, Stiftungsausschuß etc.) verunglimpft, damit dieser keine Mittel für seine Studien oder Projekte zugebilligt bekommt. Die Gremien versuchen oft, sich durch ein ausgeklügeltes Gutachtersystem dagegen zu wehren, aber das nützt nichts, wenn die Tonangebenden im Wissenschaftsbetrieb seilschaftlich miteinander verbunden sind.

Techniken der Sicht- und Hörbar-Machung

MARKIERUNG Seit alters will man auf den ersten Blick wissen, wer wer ist. Man zeigt durch Kleidung, Bemalung bis hin zur Tätowierung, Schmuck und anderem, durch die Art zu sprechen usw. seine Stellung in der gesellschaftlichen Hierarchie, ob man liiert oder frei ist, aus welcher Region man stammt. Darüber hinaus deutet man durch bestimmte Bewegungen mit der Hand, dem Kopf oder dem ganzen Körper an, welcher Gruppe man angehört und wie man dem anderen gegenüber eingestellt ist. Kurzum, es werden Zeichen gesetzt, die klar und verständlich sind, soweit man nicht aus weiter Ferne kommt. Diese Zeichen dienen der Abgrenzung und der Gewißheit, daß jeder die Rolle spielt, die ihm zugewiesen ist. Eine Überschreitung der gesetzten Grenzen war bis vor kurzem kaum möglich, obwohl es immer wieder Versuche gab, durch Verkleidung und geschickte Nachahmung »ein anderer« zu werden. Wenn man dabei entdeckt wurde, konnte man einer erbarmungslos harten Strafe gewiß sein. Nur zu bestimmten Festen, etwa während des Karnevals, durften die Rollen getauscht werden.

In der Moderne scheint sich alles zu entgrenzen. Eine Kleiderordnung gibt es kaum noch. Selbst die Geschlechterunterscheidung auf den ersten Blick wird immer schwieriger. Es gab und gibt natürlich immer wieder Versuche, äußere Grenzen zu setzen (Färben der Haare, Glatze, grobes Schuhwerk, Silberringe am Ohr oder an der Nase, aber auch das Parteiabzeichen im Dritten und im KGB-Reich), sie haben aber bei der zunehmenden Egalisierung und Globalisierung kaum Chancen, sich auf **längere** Zeit durchzusetzen. Es kommt hinzu, daß die Menschen heute in einem immer größeren Maße zwischen mehreren Sphären hin und her pendeln (vom Berufsalltag zur Familie, zum Hobby-Verein, zu einer länderübergeifenden Organisation usw.). Sie werden dabei ihre Kleidungen und Abzeichen entsprechend wechseln.

Der vielleicht umfassendste Versuch im 20. Jahrhundert, Grenzen zwischen den Menschen zu ziehen, ist gescheitert. Ich meine das Dritte Reich, als die Menschen nach Gesinnung und Rasse unterschieden werden sollten. Die Gesinnung hatte man äußerlich durch den »Deutschen Gruß«, mit dem Ruf »Heil Hitler« und dem Heben des rechten Arms zu demonstrieren.[408] Man hatte seine Gesinnung in ein offenes Bekenntnis zu verwandeln.

Die richtige Rasse konnte man dagegen nur durch »Ahnenpässe« beweisen. Die äußerliche Kennzeichnung, wie sie im späten Mittelalter häufig für Juden (gelbe Flecke und spitze Hüte) üblich war, folgte im September 1941,[409] nachdem am 8. März das »P« für Pole eingeführt worden war.[410] Später kam »Ost« für Ostarbeiter, d. h. für jene, die – wie es in den Verordnungen hieß – Bürger der alten Sowjetunion (in den Grenzen vor der Annexion Ostpolens und der baltischen Staaten) waren.

DER GE-
SCHÄRFTE
BLICK

Mit dem Schwinden des Aussagewerts von Kleidung und äußerem Habitus nahm das Interesse für physiognomische Merkmale zu. Man wollte auf einen Blick Charaktereigenschaften, Einstellung dem Leben gegenüber und den Seelenzustand erfassen. Kant sprach von der *Ausspähungskunst des Inneren*. Um diese Kunst zu beherrschen, griff man gern zu den Lehrbüchern der Physiognomik, die Lavater im 18. Jahrhundert begründet hatte. Der Blick wurde geschärft. An Form des Kopfes, der Nase, Augen etc. meinte man zu erkennen, wer was ist. Und vielfach glaubte der Beobachtete sich ertappt und fand sich in seinem Selbst gestört. In Goethes *Wahlverwandtschaften* klagt Eduard, er würde sein Eigenleben verlieren, wenn *ein Fensterchen vor meiner Stirn, vor meiner Brust* seinen Gegenüber schon immer sehen läßt, wohin es mit ihm *hinauswollte*.[411] Die Zunahme des Interesses für physiognomische Merkmale im 19. und 20. Jahrhundert half den rassistisch Eingestellten ihren Blick für »rassisch Fremde« zu schärfen. Er verwandelte sich in einen denunziatorischen Blick.

Nach Foucault setzt mit der Rationalisierung und Modernisierung von Armee, Gefängnis, Krankenhaus und vor allem mit der industriellen Produktion eine neue Technik der Sichtbar-Machung ein: die der Disziplinierung und Züchtigung. Bis dahin zeigten sich die Vertreter der Macht in triumphaler Gebärde, um ihre Präsenz zu manifestieren. Die Untertanen blieben im Prinzip im Dunkeln, sie empfingen nicht mehr Licht von der Macht, als ihnen zustand. Das neue Machtsystem, die *Disziplinarmacht*, setzt sich dagegen durch, *indem sie sich unsichtbar macht, während sie den von ihr Unterworfenen die Sichtbarkeit aufzwingt. In der Disziplin sind es die Untertanen, die gesehen werden müssen, die im Scheinwerferlicht stehen, damit der Zugriff der Macht gesichert bleibt.* Es ist *gerade das ununterbrochene Gesehenwerden, das ständige Gesehenwerden-Können, ... was das Disziplinarindividuum in seiner Unterwerfung festhält.*[412]

Das neue Machtsystem habe sich nach Foucault im 19. Jahrhundert etabliert. Treiber und Steinert halten dem mit Recht entgegen, daß man es bereits im Kloster vorfindet und es sich im Absolutismus in verschiedensten Bereichen zu entfalten beginnt,[413] nur nimmt es durch die enorme Verbreitung und die Auflösung der repräsentativen Macht eine neue Qualität an.

Man kann sich streiten, ob die Disziplinarmacht im Sinne von Foucault durch die Allgegenwärtigkeit von Kameras und Mikrophonen sowie die Ausnutzung von Satelliten für Beobachtungen und das Abhorchen vervollkommnet worden ist oder ob wir es hier mit einem neuen Phänomen zu tun haben. Immerhin unterliegen auch die Machthaber diesem System. Sie sind jederzeit erreichbar, ihr Aufenthaltsort ist jederzeit ermittelbar. Mit der Einführung von handlichen Videotelefonen werden sie auch jederzeit sichtbar sein. Für Denunziationen bleibt da nicht mehr viel Platz, möchte man meinen; doch ist Skepsis angebracht, denn bisher haben die Menschen immer wieder Mittel gegen allzu große Sicht- und Hörbarkeit gefunden.

Wenn man spricht, muß man damit rechnen, von jemandem gehört zu werden, der das Gespräch nicht hören soll. Um dies zu vermeiden, spricht man entsprechend leise oder begibt sich an Orte, wo man unter seinesgleichen ist. Doch man kann nicht sicher sein, daß die Worte nicht von fremden Ohren vernommen werden. Es kann sich jemand versteckt haben, um mitzuhören und herauszufinden, wer mit wem was vorhat oder gar veranstaltet. Der Spitzel spitzt die Ohren, heißt es.

Da in absolutistischen und mehr noch in totalitären

DAS UNUNTERBROCHENE GEHÖRTWERDENKÖNNEN

Staaten dem gesprochenen Wort größte Aufmerksamkeit geschenkt wird, entwickeln die Machthaber die verschiedensten Systeme des Mit- und Abhörens. Sie trauen selbstredend auch dem Feind zu, daß er so vorgeht. Nicht zufällig wurde im Dritten Reich die Parole »Pst, Feind hört mit« ausgegeben. Man sah auf Plakaten das Gesicht einer Person, die einen Finger auf den Mund legte und darunter diese Parole. Damit wurde suggeriert, jeder Nachbar könne der Feind sein, man schweige also am besten. Lasse Friedhofsruhe eintreten, was natürlich nicht menschenmöglich ist.

Eine völlig neue Situation trat mit der Erfindung der modernen Abhörgeräte ein. Plötzlich war und ist die Möglichkeit gegeben, die Geräusche in jedem Raum mitzuhören bzw. aufzuzeichnen. Keiner kann mehr sicher sein, nicht ununterbrochen gehört zu werden. In den realsozialistischen Staaten war so gut wie jeder Bürger davon überzeugt, daß der Staatssicherheitsdienst davon Gebrauch machte, wenn er es für nötig hielt. Der Bürger nahm sich daher in acht, oft nicht wissend, daß er damit zur allgemeinen Einschüchterung beitrug.

Durch die Aufdeckung der Stasi-Akten wissen wir, daß das Abhören allein den sozialistischen Wächtern nicht ausreichte, denn zum Gespräch gehören auch die Gesten, die erläutern, wie das Gesagte gemeint ist. Und vieles war ohne Insiderwissen nicht verständlich. Manches wurde auch nicht ausgesprochen. Geldsummen nannten wir nie, erklärte Lutz Rathenow in einem Bericht über das Studium seiner Akte. Um so etwas herauszubekommen, bedurfte es des IM, der Dinge mitteilte, *die das beste Abhörgerät nicht hergibt.*[414] Wie ein Pendant zu dieser Erkenntnis klingt der Satz von IM »Karin Lenz«: *Ich war ja eigentlich nur eine verlängerte Abhörzentrale.*[415] Genauer hätte es heißen müssen: Der Sicherheitsdienst kam ohne eine solche Verlängerung nicht aus.

Da es im Grunde unmöglich ist, über Glauben und Gesinnung eines Menschen anhand von dessen Worten zu befinden, wird immer wieder nach Wegen gesucht, ihm ein sichtbares Bekenntnis abzuverlangen. Ein solches Bekenntnis kommt in einer Gabe zum Ausdruck – wer trennt sich schon gern von Besitz – oder in einem guten Werk – wer tut schon gern etwas umsonst –, das der Allgemeinheit Nutzen oder Notleidenden Erleichterung bringt. Daß Taten und Werke überhaupt nicht von dem rechten Glauben oder der rechten Gesinnung zeugen müssen, unterstrich Luther in seiner Polemik gegen die Kirche. Der Protestantismus verzichtete denn auch auf das System der äußerlichen Überprüfung des Glaubens und Zugehörigkeitsgefühls zur Gemeinde, obwohl die neuen Konfessionen in Zeiten der Bedrohung ohne Opferbereitschaft nicht bestehen konnten.

<small>AN SEINEN TATEN ERKENNEN WIR IHN</small>

Eine andere Art von Gesinnungsbezeugung wurde den Menschen mit Aufkommen der Nationalstaaten und nationalen Bewegungen abverlangt. Zeige, wo du stehst, hieß es jetzt, und lege Patriotismus an den Tag, d. h., zeige Flagge, sei zu Opfern für die Nation bereit. Setze, wenn notwendig, dein Leben für sie ein. Wer es nicht tat, konnte als Verräter gebrandmarkt werden.

In diesem Fahrwasser bewegten sich die Nationalsozialisten, denen es bereits vor dem Krieg gelang, ein engmaschiges System von Spendenaktionen zu organisieren. Wer nichts gab, galt als Gesinnungsgegner und konnte mit unangenehmen Folgen rechnen. Die gegenseitige Überwachung, wer gibt wieviel und was, war das gewollte Ziel dieser Aktionen.

Mit dem 18. Jahrhundert setzt die Zeit der Statistiken und vielfältigen Zählungen ein. Der einzelne wird gesehen, ohne daß er sich als Individuum zeigt. Man müßte meinen, endlich sei ein Mittel gefunden, bei dem die Instan-

<small>DIE ZÄHLUNG</small>

zen nicht mehr der Denunziation bedürfen, denn sie wissen auch ohne sie Bescheid und können ohne sie Entscheidungen treffen.[416] Aber es gibt immer wieder Zählungen und Befragungen zweifelhafter Natur, die Momente der Ausgrenzung enthalten oder der Vorbereitung einer solchen dienen. Ein Beispiel für Ausgrenzung war die sogenannte Judenzählung in Deutschland während des Ersten Weltkriegs, als die Oberste Heeresleitung im Herbst 1916 herausbekommen wollte, wie viele Juden Frontkämpfer waren. Sie gedachte damit, gegen Gerüchte vorzugehen, Juden würden unverhältnismäßig wenig mit dem Gewehr in der Hand kämpfen. Sie meinte, das Ergebnis der Zählung würde die Nationalisten beruhigen. Tatsächlich erreichte sie, daß wieder gefragt wurde, wer denn Jude sei, und die Juden, die in der Illusion lebten, durch ihren Einsatz volle Mitglieder der deutschen Gesellschaft geworden zu sein, wieder auf ihre angebliche Andersheit verwiesen wurden.[417] Beispiele für die Vorbereitung von Ausgrenzungen stellten die Zählungen nach nationalen Gesichtspunkten dar, die durchgeführt wurden, um herauszufinden, wieviel Stellen frei werden könnten, wieviel Transportmittel notwendig sind, um eine Minderheit zu deportieren oder gar zu töten. Am bekanntesten sind die antijüdischen Maßnahmen nicht nur in Deutschland, sondern auch in besetzten Ländern mit – oft vorauseilender – Hilfe der dortigen Behörden. Weniger bekannt ist, daß sich auch die sowjetischen Machthaber des Mittels der Volksumfrage bedienten, um ihre antihumanen Maßnahmen zu verwirklichen. So schickten sie auf Befehl von Berija nach der Besetzung Ostpolens im September 1939 sogenannte Dreiergruppen aus, die unter dem Deckmantel der Volkszählung ermitteln sollten, wer und wie viele Menschen jeweils welcher Deportationsgruppe zuzuweisen sind. Erst dann erfolgten die Transporte nach Sibirien oder Kasachstan.[418]

Herrschaft kommt ohne Kontrolle nicht aus. Sie kann offiziell durch Kontrolleure verschiedenster Art oder auch inoffiziell mittels »V-Personen« (im Volksmund Spitzel genannt) erfolgen. Der Denunziant bildet den spontanen Faktor in diesem System. Er ist zwar vorgesehen, aber Ort und Zeit seines Erscheinens sind unbekannt.

Kontrolleure können ihr Eintreffen ankündigen, wie es bei den Kirchenvisitationen der Fall war; sie können auch unerwartet aufkreuzen. Letzteres ist ein beliebtes Thema in der Literatur – man denke an Kleists *Zerbrochenen Krug* oder Gogols *Revisor* –, denn gerade bei der plötzlichen Kontrolle kann es dort, wo die Vorschriften nur pro forma eingehalten werden, zu manchen Überraschungen kommen. Die bessere Kontrolle stellt jedoch die Fürsorge dar. Die von den Normen Abweichenden werden »in Pflege« genommen, man läßt ihnen Hilfe angedeihen und bekommt sie so unter Kontrolle. Die Geschichte der Armenpflege ist bekanntlich zugleich eine der Sozialdisziplinierung, d. h. der Errichtung eines umfassenden, von vielen nicht mehr dechiffrierbaren Kontrollnetzes.[419]

Eine enge Verquickung von Fürsorge und Kontrolle stellte das umfassende Organisationsnetz im Dritten Reich dar. Der Blockwart hatte beispielsweise einerseits die Regimetreue der Bewohner anhand ihrer Spendenfreudigkeit zu überprüfen, andererseits sollte er den schlechter Gestellten Hilfe angedeihen lassen. Ihm war gleichsam die Rolle eines liebevollen Kontrolleurs zugewiesen.

Wer möchte nicht wissen, wie es Menschen miteinander treiben, wenn sie sich unbeobachtet fühlen. Man denkt sich dieses und jenes, möchte aber sicher sein, daß es die richtigen Vorstellungen waren. Nur selten steht ein Schlüsselloch zur Verfügung, und viele Schlüssellöcher zu verschiedensten Räumen gibt es schon gar nicht. Früher

EIN NETZ DER KONTROLLE

EINSICHT GEWINNEN

bot einzig die Literatur hierfür einen Ersatz. Sie schien Einblick in das – speziell intime – Leben anderer zu gewähren. Heute versuchen Reporter, Journalisten und Wissenschaftler, unsere Neugier zu befriedigen, indem sie uns mit ihren Reportagen und Live-Sendungen das Gefühl vermitteln, wir hätten Einsicht in das »Treiben« anderer. Da sehen oder hören wir, was sich so alles in einer Gefängniszelle im Männer- oder Frauentrakt tut, wie Matrosen unter Deck während der langen Reisen zurechtkommen, was sich in einer Wohngemeinschaft abspielt, wie Punks leben etc. Zumeist werden die Fälle nicht in denunziatorischer Absicht beschrieben oder vorgeführt. Es soll ohne Folgen für die Beschriebenen oder Gezeigten bleiben. Doch angesichts der allgemeinen Gedankenlosigkeit passiert nicht selten das Umgekehrte. Die Einsicht Gewährenden müssen ihre Großzügigkeit den Medien und den berufsmäßigen Voyeuren gegenüber bedauern.

Er wird sich selber verraten

Die Menschen scheinen von der Überzeugung durchdrungen zu sein, daß jemand, der etwas wider die allgemein anerkannten Vorschriften oder sogenannten guten Sitten getan hat, sich durch eine Geste verraten wird, wie die Mörder in Schillers *Kraniche des Ibykus*. In früheren Zeiten mußten diejenigen, die eines Vergehens verdächtigt wurden, durch das Bestehen gefährlicher Proben (»Wasserprobe«, »Eisenprobe«) ihre Unschuld beweisen. Wenn jemand Furcht vor Schmerz zeigte, war er bereits halb überführt. Heute soll der Lügendetektor diese Funktion erfüllen. Die Befürworter dieser »Selbstdenunziationsmaschine« vergessen jedoch, unter welcher Pression ein Mensch steht, wenn er an eine Maschine angeschlossen wird, zumal wenn soviel davon abhängt. Selbst die Organe desjenigen, der nichts zu verbergen hat, geraten in Erregung.

Sich-Verhüllen

Menschen als soziale Wesen glauben einen Anspruch auf andere zu haben. Privatheit, sich fernhalten wollen, seine Geheimnisse haben, all das wird immer wieder bekämpft oder zumindest mit Mißtrauen betrachtet. Es beunruhigt, weil es schwer interpretierbar ist. Jemand, der sich nicht zeigt, der schweigt, ist nicht berechenbar. Er schließt sich aus und sucht damit freiwillig nach dem Schicksal, das dem Denunzierten bereitet wird. Allerdings fehlt ihm gegenüber die Instanz, die über das Recht verfügt, ein Urteil über ihn zu fällen, weil er sich an gewisse Normen nicht gehalten bzw. ihnen nicht entsprochen habe. Der Sich-selbst-Ausschließende eilt dem Urteil der anderen voraus, indem er sich willentlich an gewisse, zumeist unausgesprochene Regeln bzw. Normen nicht hält. Er wird in Ruhe gelassen, wenn die Umgebung damit leben kann oder wenn es zu viele Sich-Ausschließende dieser Art gibt.

<small>SICH SELBER AUSSCHLIESSEN</small>

Immer wieder fanden und finden sich solche, die am Rande des Dorfes, im Wald, weit oben in den Bergen oder gar in wüstenartigen Gegenden zu leben suchten bzw. suchen. Solchen Menschen gelang es wohl nur einmal in der abendländischen Geschichte, von anderen nicht nur in Ruhe gelassen, sondern auch hochgeachtet zu werden. Ich meine die Anachoreten bzw. Eremiten im frühen Mittelalter. Sie lebten grundsätzlich »allein mit dem alleinigen Gott« oder, wenn man will, für die anderen in Einkehr gottgefällig. Ihr eigentlicher Lebensraum war die Zelle, ohne daß sie damit jeden Kontakt mit der Umwelt aufgaben.[420] Doch es kam die Zeit, in der sie gedrängt wurden, sich ins Kloster zu begeben, wo man ihnen wenigstens so weit entgegenkam, daß man ihnen erlaubte, nicht zu sprechen. Ähnlich erging es den Bettlern. Auch sie waren aus religiösen Gründen geduldet, lebten sie doch gemäß den Anforderungen des christlichen Armutsgedankens, weswegen die Kirche im Mittelalter die Entstehung und Zunahme von Bettelorden begünstigte. In dieser Zeit war das Leben vom Bettel *eine durchaus legitime Form individueller Reproduktion*.[421] Es stellte gewissermaßen einen Beruf dar. Davon zeugt *die Tatsache, daß die Bettler sich 1454 in Köln zu einer Art »Zunft« zusammenschlossen, um sich im Falle von Krankheit und Not gegenseitig helfen zu können. In Frankfurt erhielten berufsmäßige Bettler sogar das Bürgerrecht. Im Zeitraum 1432 bis 1500 waren es insgesamt 33 Arme und Blinde, denen als Bettler das Bürgerrecht verliehen wurde. Erst 1489 beschloß der Rat der Stadt Frankfurt, keine fremden Bettler mehr in die Bürgerschaft aufzunehmen. Zu diesem Zeitpunkt waren bereits allseits Klagen über die »falschen« Bettler laut geworden.*[422]

Diese Klagen erwuchsen rationalistischem Denken: Es wäre besser, diese »Nichtstuer« in die Arbeitswelt zu integrieren. Der Bettler wurde als Anklage gegen die Ordnung empfunden, die allgemeinen Wohlstand auf ihre Fahnen geschrieben hatte. Die moderne *Verkehrsgesellschaft*, d. h. eine Gesellschaft, *deren Mitglieder sich über den marktgesteuerten Austausch von Gütern und Leistungen reproduzieren*,[423] war auch nicht mehr imstande und gewillt, die Sorge um die Bedürftigen und Armen zufälligem Mitleid und Appellen an Barmherzigkeit zu überlassen.

Eine andere Form des Sich-Ausschließens praktizierten jene, die sich weigerten, einen Ehebund zu schließen. Sie wurden noch und noch bedrängt, ihr Junggesellen- bzw. Jungferntum aufzugeben. Wer jedoch hartnäckig genug war, wurde schließlich geduldet, allerdings von bestimmten Posten ausgeschlossen. Noch heute ist es in den meisten Ländern schwer, als alleinstehende Person Botschafter(in) zu werden. Für Heiratsunwillige gab es das Kloster, was für manche den Nachteil hatte, wieder in Gemeinschaft leben zu müssen. Heute setzt sich in westlichen Ländern immer stärker eine Single-Existenz durch, die – im Unterschied zu katholischen Priestern oder zu Frauen, die einst nur Lehrerinnen sein durften, wenn sie unverheiratet waren – nicht mehr institutionell geprägt ist, was sich in unserem Zusammenhang als ein Versuch der Betroffenen interpretieren läßt, Denunziationsanlässe zu vermindern. Die Singles sind zwar prinzipiell sichtbar und hörbar, verfügen aber über die Möglichkeit, sich wenigstens zeitweise der Aufmerksamkeit zu entziehen.

Menschen wollen einerseits gesehen werden, anderseits suchen sie sich zu entziehen, etwas geheimzuhalten. Dies beginnt in jungen Jahren und gehört mit zum Reifeprozeß eines Menschen. Für Simmel ist das Geheimnis *eine der größten Errungenschaften der Menschheit; gegenüber dem kindischen Zustand, in dem jede Vorstellung sofort ausgesprochen wird, jedes Unternehmen allen Blicken zugänglich ist, wird durch das Geheimnis eine ungeheure Erweiterung des Lebens erreicht, weil vielerlei Inhalte desselben bei völliger Publizität überhaupt nicht auftauchen können.*[424]

Das Geheimnis

Durch die Schaffung von Eigenem, Geheimem, Verborgenem[425] wird aus dem Kind ein Erwachsener. Es lernt, etwas für sich zu behalten, für sich zu artikulieren, in Geist und Phantasie wie in der Wirklichkeit eigene Wege zu gehen. Zumeist hält es jedoch das Geheimhalten nicht aus. Es möchte sein »Gut« – als *schmückenden Besitz und Wert der Persönlichkeit* – zeigen,[426] zum besten geben, wenn auch zum eigenen Nachteil. Es verrät sich selber, unwillkürlich oder auch gewollt. Geheimnis und Verrat sind gleichsam Geschwister.

Geheimnisse haben natürlich nicht nur Individuen, sondern auch Gruppen, die meinen, sich dem Blick der Herrschenden oder auch der Öffentlichkeit entziehen zu müssen. Gleichzeitig war es einst das Vorrecht der herrschenden Eliten, daß die Untertanen keinen Zugang zu ihrer Welt hatten, wodurch sie die Aura des Geheimnisvollen bekam.

In modernen Demokratien, die zahlreiche Möglichkeiten bieten, andere Ansichten zu vertreten, in denen die Artikulierung einer eigenen Meinung keine Gefährdung für Gesundheit und Leben bedeutet bzw. bedeuten sollte, werden Geheimgesellschaften und vor allem Geheimnistuerei im Bereich der Politik als eine Bedrohung des öffentlichen Lebens empfunden, in dem – wie wir bereits sahen – das Prinzip der Sichtbarkeit und Hörbarkeit all jener Angelegenheiten, die größere Teile der Öffentlichkeit betreffen, gilt. Dieses Prinzip wird selbstredend immer wieder durchbrochen, etwa im Namen der Effektivität. Aus dem Geheimen heraus läßt sich bekanntlich besser handeln, manche würden sagen: besser zuschlagen.

In den totalitären Regimen gibt es dagegen noch und noch Geheimnisse – das Verheimlichen ist regelrechtes Prinzip –, für deren Offenlegung zumeist höchste Strafen vorgesehen sind. Diejenigen, die solche Geheimnisse – etwa über westliche Medien – an die Öffentlichkeit brachten, wurden jedoch nicht Denunzianten, sondern Verräter genannt, um ihren Abfall von der »Gemeinschaft« (der nationalen, sozialistischen etc.) zu unterstreichen. Zumeist »verrieten« sie nicht so sehr Personen, sondern Sachverhalte oder gar Institutionen, die Geheimnisse hüteten (wie den KGB). Hier wären all die Renegaten zu nennen, die einst überzeugte Kommunisten waren und sich dann in leidenschaftliche Antikommunisten verwandelten, was Außenstehenden zumeist anrüchig erschien.

In dem Augenblick, in dem jemand am anderen zu erkennen glaubt, was der nicht zu erkennen geben möchte, sucht dieser andere, sich zu verstellen. Es ist eine besondere Art der Verhüllung. Der junge Nietzsche hielt die Verstellung für einen Grundzug des Menschen, die er – insbesondere wenn er schwach ist – brauche, um sich als Individuum behaupten zu können: *Der Intellekt, als ein Mittel zur Erhaltung des Individuums, entfaltet seine Hauptkräfte in der Verstellung; denn diese ist das Mittel, durch das die schwächeren, weniger robusten Individuen sich erhalten, als welchen einen Kampf um die Existenz mit Hörnern oder scharfem Raubthier-Gebiss zu führen versagt ist. Im Menschen kommt diese Verstellungskunst auf ihren Gipfel: hier ist die Täuschung, das Schmeicheln, Lügen und Trügen, das Hinter-dem-Rücken-Reden, das Repräsentiren, das im erborgten Glanze Leben, das Maskirtsein, die verhüllende Convention, das Bühnenspiel vor Anderen und vor sich selbst, kurz das fortwährende Herumflattern um die eine Flamme Eitelkeit so sehr die Regel und das Gesetz, dass fast nichts unbegreiflicher ist, als wie unter den Menschen ein ehrlicher und reiner Trieb zur Wahrheit aufkommen konnte.*[427]

Wichtiger als der Trieb zur Wahrheit seien Illusionen und Selbsttäuschungen. Der Mensch habe ein ganzes Abwehrsystem entwickelt, um gegen Erkundungen über sich gefeit zu sein. Er treibt es bis zur Abwehr seiner selbst: *Der Mensch ist gegen sich selbst, gegen Auskundschaftung und Belagerung durch sich selber, sehr gut vertheidigt, er vermag gewöhnlich nicht mehr von sich, als seine Aussenwerke wahrzunehmen. Die eigentliche Festung ist ihm unzugänglich, selbst unsichtbar, es sei denn, dass Freunde und Feinde die Verräther machen und ihn*

VERSTELLUNG, ABWEHR, SELBSTTÄUSCHUNG

selber auf geheimen Wegen hineinführen,⁴²⁸ schreibt Nietzsche 1878 in *Menschliches. Allzumenschliches. Ein Buch für freie Geister*. Später fragt er sich, ob die Selbsttäuschung nicht vom Leib im Namen der Gesundheit ausgehe. Es sei daher falsch, erklärt er 1886, alles, *was mit guten Gründen verdeckt gehalten wird, entschleiern, aufdecken, in helles Licht stellen* zu wollen. Für das Leben tue es not, die Griechen nachzuahmen, d. h., *tapfer bei der Oberfläche, der Falte, der Haut stehen zu bleiben, den Schein anzubeten, an Formen, Töne, an Worte, an den ganzen Olymp des Scheins zu glauben! Diese Griechen waren oberflächlich – aus Tiefe!*⁴²⁹ Nietzsche hielt sich allerdings an dieses Programm nicht. Er wurde lieber krank, huldigte dem Schmerz, dem *letzte*[n] *Befreier des Geistes*,⁴³⁰ als daß er vor Erkenntnissen und Selbsterkenntnissen zurückschrecken sollte.

Verschlüsselung

Das Begehren ist größer als die Möglichkeit seiner Realisierung. Und vieles, was Menschen insgeheim begehren, steht unter Verbot. Seit ältesten Zeiten arbeitet die Menschheit daran, das Begehren zu beschränken, den einzelnen zu disziplinieren. Ihr wirksamstes Instrument ist das Gewissen. Viele Menschen täten gern etwas Verbotenes, unterlassen es aber, da sie ihr Gewissen nicht belasten möchten. An der Herausbildung des Gewissens haben Generationen gearbeitet. Und jeder neuen Generation unterliegt es, die Gewissensgebote den eingetretenen Veränderungen anzupassen bzw. sie durch andere Gebote zu ersetzen. Das Individuum soll sich stets fragen, ob sein Gewissen es erlaubt, so und nicht anders vorzugehen. Bei Handlungen, die gegen die herrschenden Moralauffassungen verstoßen, werden Gewissensnöte erwartet.

Das Gewissen fungiert als innerer Wächter. Freud nannte es das Über-Ich, das nicht nur das Ich gnadenlos kontrolliert, sondern auch mehr vom unbewußten Es wissen kann als das Ich.[431] Es produziert Schuldgefühle. Das Ich wirft sich vor, den Ansprüchen, die das eigene Gewissen aufgegeben hat, nicht nachgekommen zu sein. Diese Schuldgefühle bleiben zum Teil unbewußt. Sie können bei einem zu stark ausgeprägten Über-Ich sich derart steigern, daß es, wie Freud beobachtet hat, zu psychischen Erkrankungen sowie unüberlegten Handlungen kommt.[432]

Das Über-Ich wird in einen Gott verwandelt, der alles sieht, hört und weiß, der die »sündigen Regungen« früher registriert als das Ich. Es vermag in gewissem Sinn alles sichtbar und hörbar zu machen. Man könnte die These wagen: eine Disziplinarmacht im Sinne von Foucault würde ohne die Herausbildung eines strengen Gewissens, ohne die Bereitschaft zu tiefen Schuldgefühlen recht schnell in sich zusammenfallen. Wie lange könnte klösterliche Disziplin ohne ständige Gewissensprüfung aufrechterhalten werden?

Man sucht verständlicherweise – zumeist vergeblich – immer wieder nach Möglichkeiten, sich dem Druck des Über-Ichs zu entziehen, doch es gelingt kaum. Die größte Freiheit gewährt in dieser Hinsicht der Traum, aber auch dort gibt es die Zensur. Er bedient sich daher verschlüsselter Formen, die jedoch oft so stark verschlüsselt sind, daß man im Wachzustand nicht mehr weiß, wofür sie stehen. Erst die moderne Traumanalyse hat uns dank Freud Schlüssel in die Hand gegeben, mit deren Hilfe das Geträumte zu deuten wäre. Seitdem ist es gefährlich, jemandem, vor dem man etwas verbergen möchte, seinen Traum zu erzählen.

Beschuldigen und Denunzieren
Vorformen des Denunzierens

Es gibt verschiedene Vorformen der Denunziation, für die viele Bezeichnungen in Umlauf sind.

PETZEN — *Petzen*, ein Wort, das in der heutigen Bedeutung am Ende des 18. Jahrhunderts in Studentenkreisen geprägt wurde, kommt der Denunziation sehr nah, denn der Schüler/die Schülerin offenbart etwas, was nur das Wissen der Klasse bleiben sollte, weswegen der Petzer mit der Rache der anderen rechnen muß. Er tut den Mund auf (falls sich das Wort aus dem Hebräischen *pazah* [den Mund auftun] ableitet) oder bellt (wenn *Petze* = Hündin die Vorform darstellt), trägt damit einer höheren Instanz, dem Professor bzw. Lehrer, etwas zu, was dazu führen kann, daß der Verpetzte bestraft oder gar aus der Schule ausgeschlossen wird. In der Literatur ist dies häufig beschrieben worden. Man denke nur an Robert Musils *Törless*. Der Lehrer kann aber auch widerwillig reagieren und den Petzer zurechtweisen. Dem Petzer fehlt im allgemeinen die Möglichkeit, die höhere Instanz zur Ausübung von Sanktionen förmlich zu zwingen.

HINTERTRAGEN — *Hintertragen* bedeutet, jemandem hinter dem Rücken eines anderen etwas über diesen mitzuteilen. Da es nicht offen (»ins Gesicht«) geschieht, muß es für den Betroffenen etwas Unangenehmes sein. Über die Folgen, die sich für ihn aus dem Hintertragen ergeben (können), sagt dieses Wort allerdings nichts aus. Sie hängen davon ab, über welche Sanktionsgewalt der Benachrichtigte verfügt.

ANGEBEN — Jemand gibt an: Er spielt sich auf, prahlt; doch das Wort enthält seiner ursprünglichen Bedeutung nach auch, daß etwas benannt, etwas/jemand angegeben wird; erst im

19. Jahrhundert bekommt es einen pejorativen Sinn. Der Angeber ist mehr als ein Klatschender, denn er redet aus eigenem Antrieb heraus, nicht in Übereinkunft mit den anderen, die Lust zum Klatschen gezeigt haben. Er ist aber noch kein eigentlicher Denunziant, es sei denn, er wendet sich an eine Instanz. Eine andere Sache ist, daß bei der Denunziation oft Angeberei, Prahlen, das Hervorheben des eigenen Mehrwissens eine Rolle spielen. Helene Schwärzel prahlte in gewissem Sinne mit ihrem guten Erinnerungs- und Erkennungsvermögen, dessen sich ein anderer, ihr Vorgesetzter, der Goerdeler vor fast ebenso langer Zeit das letzte Mal gesehen hatte, nicht rühmen konnte.[433]

Einer, der etwas nicht direkt aussprechen möchte, aber Lust hat, den Dingen einen anderen Lauf zu geben, äußert sich in vagen Andeutungen, läßt etwas durchsickern. Dies geschieht heutzutage zumeist in Gremien oder auch der Presse gegenüber. Das Durchsickern-Lassen ähnelt dem Klatsch, aber es fehlt die Klatschatmosphäre, das Sich-gegenseitig-mitteilen-Wollen. Von einem gegenseitigen Durchsickern-Lassen wird man wohl kaum sprechen.

    Das Durchsickern-Lassen ist eine Vorform der Denunziation. Der Sprecher bedient sich immer noch des Konjunktivs, behält sich die Möglichkeit des Rückzugs vor, denn er möchte erst einmal erkunden, ob die anderen anbeißen würden, wenn er sein Wissen im Indikativ vorbrächte. Eine Art Konjunktiv bildet auch oft die Frageform, etwa: Ist es wahr, daß Ihr Partner/Ihre Partnerin mit X dort und dort gemeinsam aufgetreten ist? Sie sind doch mit ihm/ihr verheiratet?; Haben Sie sich nicht mit Y, der als Faschist/Kommunist/Terrorist bekannt ist, in Paris getroffen?

    Ein Durchsickern-Lassen wäre auch, wenn jemand zufällig in den Besitz eines Steuerbescheids gelangt, dem zu

_{DURCH-SICKERN LASSEN}

entnehmen ist, daß der Empfänger, eine berühmte Persönlichkeit, nicht mehr Steuern zahlt als ein Landarzt, und diesen Bescheid einem Freund übergibt, der ihn an eine Zeitung weiterleitet.[434] Die Quelle des Wissens will wie so mancher Denunziant anonym bleiben. Sie fürchtet sich offensichtlich vor Fragen, wie sie in den Besitz des Dokuments gelangt ist.

ANSCHWÄRZEN Während »hintertragen« und »durchsickern lassen« im Grunde genommen nur etwas über den Weg der Mitteilung aussagen, »angeben« etwas über den Sprechenden, ist es beim Anschwärzen klar, daß der Betroffene schlecht gemacht wird. Es kann sogar öffentlich und in seiner Anwesenheit erfolgen. Man versteht darunter auch eine informelle Denunziation.

ANPRANGERN Während beim »anschwärzen« nichts darüber ausgesagt wird, ob es vor der Öffentlichkeit erfolgt, unterliegt es beim Anprangern keinem Zweifel. Damit nicht genug. Es enthält auch eine klare Beschuldigung.

VERDÄCHTIGEN Das Vorkommnis, die Tat ist bekannt. Über den Täter weiß man nichts. Wer mag es gewesen sein? Vermutungen kommen auf. Sie spitzen sich zu einem Verdacht zu. Der und der müßte es gewesen sein. Wenn ein solcher Verdacht einer Instanz uneingeschränkt trotz mangelnder eindeutiger Beweise vorgebracht wird, kann es bereits einer Denunziation gleichkommen. Gegen den Verdacht ist der Betroffene zumeist machtlos. Wenn er ihn als Bedrohung empfindet, wird er versuchen, sich zu erklären, ein Alibi vorzubringen.

Bei kriminellen Taten ist die Polizei für Hinweise, Verdächtigungen im allgemeinen dankbar. Es bringt sie auf heiße Spuren, manchmal auch auf falsche. Furchtbare Folgen können dagegen Verdächtigungen in diktatorischen und totalitären Regimen haben, insbesondere wenn es sich um ideologische Vorwürfe handelt, gegen die es kaum Verteidigungsmöglichkeiten gibt, da nur noch subjektives Ermessen eine Rolle spielt.

Eine Ähnlichkeit zum Verdacht hat das »Etwas jemandem anhängen«, das zum Alltag des Umgangs untereinander gehört. Es kommt der Denunziation nah, wenn es zum Einschreiten von Machtinstanzen oder zu einem Boykott des Jemanden durch die Öffentlichkeit führt. Die Behauptung, der Jemand habe mit der Gestapo, dem NKWD oder KGB zusammengearbeitet, er habe sich auf üble Weise bereichert, nicht die richtigen Medikamente oder Instrumente bei der Operation benutzt, sittenlos gelebt etc., kann in bestimmten Situationen fatale Auswirkungen für den Betroffenen haben. In modernen Demokratien sind es Boulevardpresse und kommerzielles Fernsehen, die gern jemandem etwas anhängen.

<small>ETWAS JEMANDEM ANHÄNGEN</small>

In den realsozialistischen Staaten gab es das Beschwerdebuch. In Volkspolen hieß es lautmalerisch *Książka życzeń i zażaleń* (Wunsch- und Beschwerdebuch).[435] Es hatte in jedem Geschäft, Hotel und sonstigem Dienstleistungsbetrieb, wie es in der DDR hieß, auszuliegen. Im Laufe der Jahre verschwand es wie eine seltene Ware unterm Ladentisch. Der Kunde verlangte dessen Herausgabe, wenn er sich über etwas besonders geärgert hatte und meinte, so gehe es nun wirklich nicht. Das Beschwerdebuch sollte regelmäßig von Vorgesetzten oder auch Vorgesetzten-Vorgesetzten gelesen werden. Ihnen wurde im Geiste die Macht verliehen, die gewünschte Ordnung wiederherstellen bzw. herbeiführen zu können.

<small>SICH BESCHWEREN</small>

Als die Solidarność-Revolution bereits fortgeschritten war, dachte sich die politische Führung eine große Aktion aus: Alle sollten ihre kritischen Bemerkungen, Beschwerden und Verbesserungsvorstellungen aufschreiben und an die entsprechende höhere Stelle weiterleiten. Das erinnerte an die große, historisch einmalige Aktion der Beschwerdehefte (*cahiers de doléance*) im Jahre 1789.[436] Nur erfolgte diese nicht während der Revolution, sondern davor, was unbeabsichtigt mit zu deren Ausbruch beitrug, indem sie den einfachen Menschen die Freude an der Artikulation ihrer Sorgen vermittelte, wie Alphonse Aulard einmal bemerkte. Die Beschwerden waren an den König gerichtet, der noch Vertrauen im Volk genoß. In Volkspolen wollte die politische Führung mit der Beschwerdeaktion den revolutionären Elan der Bevölkerung in die alten Bahnen lenken. Man solle der Führung all seine Sorgen mitteilen, sie werde sie wie ein guter Vater zur Kenntnis nehmen und die Mängel in ebenso väterlicher Weise beseitigen. Man brauche nur mit dem Finger auf das Unvollkommene zu weisen, d. h., die Fehler und deren Verursacher informell anzuzeigen. Für eine irrtümliche Anzeige werde keiner zur Verantwortung gezogen, sondern sie werde als Wahrnehmungstäuschung verstanden. Die Aktion verlief angesichts der Existenz einer von den Machthabern unabhängigen Organisation, der Solidarność, wie zu erwarten war, im Sande.

Der Einrichtung der Beschwerdehefte begegnet man heute in Hotels, die einer weltweiten Kette angehören. In den Zimmern liegt ein Bogen aus, auf dem man den Service beurteilen soll und in den man auch persönliche Bemerkungen hineinschreiben kann. Die Einschätzungen durch die Hotelgäste werden von entsprechenden Stellen bearbeitet. Der Gast ist der festen Überzeugung, daß seine Bemerkungen folgenreich sein werden. Die Normalreaktion eines unzufriedenen Gastes wird freilich sein, daß er sich das nächste Mal in ein anderes Hotel begibt. Konkurrenz und Pluralismus erweisen sich als Möglichkeiten, die Einrichtung der an eine Instanz gerichteten Beschwerde überflüssig zu machen. Aber nicht in allen Bereichen des gesellschaftlichen Lebens ist diese Möglichkeit gegeben. Man denke an die staatlichen Institutionen, von deren Funktionieren oft das Wohl oder gar Schicksal des einzelnen abhängt. Manchmal wird er verzweifelt nach einer Möglichkeit der Beschwerde Ausschau halten.

Die Beschwerde erwächst aus einer Kränkung oder einem Schaden, den man durch eine Instanz oder deren Vertreter erlitten hat. Der Beschwerdeführer verlangt in seinem Schreiben Genugtuung und manchmal auch Entschädigung. Mit der Denunziation hat die Beschwerde die Erwartung gemein, daß ein einmaliger Akt alles bewirken könne. Sie wird jedoch erst zur Denunziation, wenn es dem sich Beschwerenden nicht mehr so sehr um die Behebung von Mängeln geht, sondern vor allem um die Entfernung von Personen aus ihrem Wirkungsbereich, wenn der Anlaß sich in einen reinen Vorwand verwandelt. Daher kann man Eingaben und Briefe an Behörden und Parteiführer nicht von vornherein *Letters of denunciation* nennen, wie es Sheila Fitzpatrick getan hat.[437] Es ist zu bedenken, daß es in den sozialistischen Staaten kaum eine Möglichkeit gab, sich an Gerichte (oder gar Verwaltungsgerichte) zu wenden, wenn man meinte, eine staatliche Einrichtung habe ihre Kompetenzen überschritten oder nicht eingehalten. Hin und wieder hatte der Beschwerdeführer sogar mit seiner in jeder oder vieler Hinsicht berechtigten Kritik Erfolg. Ihm erschien die Existenz eines Beschwerdebuchs sicher als etwas Lobenswertes.

So mögen es auch die Bauern in Schlesien und in der Lausitz gesehen haben, als der König von Böhmen ihnen *den Weg zur Beschwerdeführung gegen ihre Grundherren bei der höfischen Hofkanzlei in Prag ermöglichte*,[438] um ein Gegengewicht gegen die bauernfeindliche Politik des Feudaladels zu schaffen. Das Recht auf Beschwerde und

Petition ist überall dort vonnöten, wo es Hierarchien gibt und die Gefahr besteht, daß Zwischeninstanzen zu viel Macht an sich reißen.

Wenn die hierarchischen Regime liberal sein wollen, werden sie dem Beschwerdeführer einräumen, daß er ein gutes Recht habe, sich um seine Angelegenheiten zu sorgen, indem er immer wieder nachfragt und andere für seine Sache zu interessieren sucht, nur darf er sich nicht erkühnen, Allgemeinurteile über den Behördenapparat zu fällen, dann macht er sich selber zum Feind des Regimes; im totalitären muß er zudem stets bekunden, daß es ihm um eine Verbesserung des Bestehenden gehe. In diesem Geist waren auch die meisten Beschwerdebriefe im realen Sozialismus verfaßt.[439]

Der Denunziant ist unbekannt

DIE ANONYME MITTEILUNG

Die Denunziation ist bekannt, der Denunziant jedoch nicht. Er hat seine Mitteilung nicht unterschrieben. 1387 beschlossen die Zehnherren, *in Zukunft alle Zettel ohne Namen (cedule sine nomine), die am Dogenpalast, vor dem Markusdom und an sonstigen Stätten niedergelegt würden, nicht mehr zu vernichten, sondern sorgfältig aufzubewahren und zu prüfen, ob sie den Status der »Comunitas Venetarium« tangierten.*[440]

Und in Florenz wurden spezielle Kästen, die tamburi, eingerichtet, in die jeder seine Beobachtungen auf einem Zettel einwerfen konnte. Bei anonymen Mitteilungen wurde ursprünglich von *denumptiatio* gesprochen, aber sehr schnell trat nach Hergemöller an dessen Stelle das Wort *intamburatio*. Man kann sich vorstellen, wie vergiftet die Atmosphäre einer Stadt oder eines Staates ist, wenn jeder jeden anonym anzeigen kann und dem in einem Gremium nachgegangen wird, ohne daß der Betroffene davon etwas weiß, er irgendwelche Möglichkeiten einer Verteidigung besitzt. Zudem handelte es sich hier um Vorwürfe, deren Wahrheitsgehalt sich empirisch kaum belegen ließ, nämlich um sexuelle Praktiken, die als unstatthaft galten.

Die Beachtung der anonymen Anzeige bedeutete eine Nivellierung sozialer Schranken. Es gab nicht mehr die Denunziationswürdigen (aufgrund hohen Ansehens, eines guten Leumunds etc.) und diejenigen, auf die aus diesen oder jenen Gründen nicht gehört wird. Der anonyme Denunziant fand allerdings nur indirekte Anerkennung, indem er sah, daß auf seine Mitteilung gehört worden ist. Er konnte sich sagen, er habe etwas für die von ihm erstrebte Ordnung getan.

Gegen anonyme Anzeigen gibt es bekanntlich ein Mittel: Sie sofort ungelesen zu vernichten, denn schon deren Lektüre hinterläßt einen Stachel, was der Denunziant nur zu gut weiß. Das andere Mittel wäre die genaue Kontrolle der Vorwürfe. Da es immer wieder Situationen gibt, in denen der Anzeigende sich nicht zeigen kann, weil der von ihm Angezeigte im Besitz großer Macht ist, kann es angebracht sein, der Mitteilung Beachtung zu schenken. So durfte in Baden zu Beginn des vorigen Jahrhunderts ein Amtmann nicht mit Familien vor Ort verwandt sein. 1844 wird in einer anonymen Eingabe aus dem Schwarzwaldamt Schönau geklagt, *daß der Amtmann Felician Hiß durch Heirat seiner Töchter »mit fast allen reichen Familien im Amt verwandt« ist. Eine Tochter habe in eine Kaufmanns-, die andere in eine Fabrikantenfamilie geheiratet, die wohlhabendsten Häuser von Schönau und Todtnau. Bei dieser Verwandtschaft, so die Bittsteller, könnten »die vielen armen [...] nicht mehr wohl klagen bei dem Amt«. Aus Angst vor Repressalien entschlossen sie sich, ihre Namen nicht zu nennen, »weil auch andere und viele arme unseres Bezirkes mit uns darunter leiden müßten«.*[441]

Diese anonymen Anzeigenden waren von einem Vertrauen zur höheren Staatsgewalt durchdrungen, das einige Jahre später so groß nicht mehr gewesen sein kann, denn sonst wäre es nicht zu den revolutionären Protesten gekommen, bei denen es ja auch um die Frage der Gewaltenteilung und des Rechts auf Öffentlichkeit ging.

In Ländern, in denen die Gewalten geteilt sind und die Zensur unbekannt ist, dürfte es keine anonymen Anzeigen und Mitteilungen geben. Doch wie steht es mit Fällen, wie dem folgenden: Einer/eine meldet der Polizei oder einem Stadtbeamten in einem anonymen Schreiben, der Nachbar lebe nur in einer Scheinehe mit der Ausländerin X, damit diese eine Aufenthaltsgenehmigung bekommen konnte. Die Behörde entscheidet sich zu einer Kontrolle: Bitte zeigen Sie Ihre Wohnung, Sie haben ja keine Vorräte für zwei Personen im Eisschrank, warum steht da nur eine Zahnbürste, überhaupt kann hier von keiner Ehe die Rede sein. Ein Ausweisungsverfahren wird eingeleitet. Möglicherweise bewegen sich alle am Rande des Rechts: sowohl das Paar, das tatsächlich eine Scheinehe, auch Gefälligkeitsehe genannt, eingegangen ist, wie auch die Behörde, die dieses wiederum nicht eindeutig behaupten kann. Eheschließung, die Art des Zusammenlebens und Ehescheidung sind ja Privatsache; in vielen Ländern sind zudem die Bestimmungen aufgehoben, die Partner müßten in einer Wohnung zusammenleben. Noch dazu gibt es Zeiten, wo Scheinehen Heldentaten sind, etwa eine Ehe mit einem rassisch oder politisch verfolgten Partner. Manche würden die Nachricht in der *NZZ* dagegenhalten, im Jahre 1995 seien in Zürich 18 Prostituierte dank Heirat in den Genuß einer Aufenthaltsgenehmigung gekommen, 1997 waren es 170. Und es heißt weiter: *Der Ausländerdienst der Stadtpolizei ermittelte in den letzten drei Jahren in 147 Fällen wegen Verdachts auf Umgehung der Vorschriften für Ausländer mittels Gefälligkeitsehen. In-*

*dessen konnte nur in einem knappen halben Dutzend Fälle der Verdacht auch nachgewiesen werden, was zum Entzug der Aufenthaltsbewilligung führte.*⁴⁴²

Wie die Behörden zu ihren Informationen gelangt sind, interessiert den Autor des NZZ-Berichts nicht. Aber sicher spielten anonyme Mitteilungen eine wichtige Rolle.

Im Gerücht wird etwas Unbestätigtes über Geschehenes oder über eine vermeintlich drohende Gefahr verbreitet. Es kommt einer Denunziation nah, wenn es einer bestimmten Person oder Personengruppe Schuld zuweist. Der Adressat sind alle. Durch die Verbreitung des Gerüchts schaffen sie eine Art öffentliche Meinung. Von den Betroffenen wird es als bedrohlich empfunden, gerade weil der Urheber, der »Gerüchtemacher«, unbekannt ist. Der Betroffene kann sich kaum wehren. Im Mittelalter passierte es oft, daß er erklären mußte, warum er ins Gerede gekommen ist, warum Gerüchte über ihn kursieren. Wenn er dem Gerücht zuvorkommen will, indem er seine Umgebung nach dessen Ursache fragt, wird er im allgemeinen dazu beitragen, daß sich das Gerücht weiter erhärtet. Gerücht und üble Nachrede verschränken sich.

An der Wende vom 12. zum 13. Jahrhundert war es ein Novum, als Papst Innozenz III. es billigte, gegen einen Kleriker ein Verfahren aufgrund eines Gerüchts aufzunehmen.⁴⁴³ Bis dahin war es üblich, daß ein Ankläger auftrat und ein Verfahren gegen den von ihm Beschuldigten forderte. Die Fama ersetzt plötzlich die accusatio. Dazu muß es natürlich Personen geben, die das Gerücht einem für die Untersuchung Verantwortlichen zu Ohren bringen. Sie spielen die Rolle eines Denunzianten, ohne es sein zu müssen; ein solcher sind sie erst, wenn sie im Namen des Gerüchts fordernd auftreten, bewußt diffamieren.

Hinter der Verfolgung eines vom Gerücht Betroffenen, eines ins Gerede Gekommenen durch einen Beamten

Das Gerücht

(Richter) oder eine Kommission steht vielfach die Überzeugung, man könne verborgenen Delikten auf die Spur kommen. Die Untersuchenden reagieren nicht mehr auf ein »scandalum«, auf Geschehenes, sondern auf eine Eventualität. Oft geschieht es in der Hoffnung, auf diese Weise jene zu entdecken, die nicht nach den Normen leben; nur selten sollen durch vorwegnehmende Untersuchungen die in der Luft hängenden, nur halb ausgesprochenen Verdächtigungen beseitigt werden, um damit die Atmosphäre zu bereinigen, was bei Gerüchten fast ein Ding der Unmöglichkeit zu sein scheint.[444]

Eine beliebte Art, gerüchteumwobenen Personen zu begegnen, ist, sie zu fragen, was es mit der Fama auf sich habe. Während der Hexenverfolgungen in der Frühen Neuzeit war es üblich, die Verdächtigte »zu beschicken«, damit sie sich verteidige, oder Dorfbewohner gingen vor ihr Haus, um sie *mit lauter Stimme* aufzufordern, *vor die Tür zu treten* und sich zu erklären.[445] Das Gerücht verwandelte sich in »materielle Gewalt«.

In absolutistischen, diktatorischen und totalitären Staaten gibt es Gerüchte noch und noch. Sie entstehen aus Mangel an Öffentlichkeit, aus Ärger über schlechte und korrupte Herrschaft oder auch aus Furcht vor radikalen Veränderungen. Wenn die Zahl der Gerüchte überhandnimmt, müssen die Machthaber um das Fortbestehen ihres Regimes fürchten. So ist Ludwig XVI. unter anderem über die vielen an Zoten grenzenden Gerüchten, die über ihn und den Hof in Umlauf waren und die man in den *Libelles* nachlesen konnte, gestürzt. Das Ende des Zarenreichs verbindet man noch heute mit den Gerüchten um die Gestalt Rasputins, einer ordentlichen Mischung aus Sex, Politik und Sensation. Die Gerüchte selber waren am Hofe entstanden, wurden aber dann zumeist über illegal kursierende Schriften ins Volk getragen, um dann wieder am Hofe dem laufenden Klatsch als Thema zu dienen, mit der Geste der heiligen Empörung: »was sich das Volk so alles erzählt«.

In Polen haben 1995 zwei Autoren ein Buch über die Rolle der Gerüchte zwischen 1949 und 1956 herausgegeben. Als polnische Bauern zum Beispiel hörten, alle werden in eine Kolchose eintreten müssen, fragten sie sich, wie sie ihre Frauen vor gemeinsamem Besitz schützen konnten.[446] Das Gerücht wollte wissen, daß nicht nur Grund und Boden allen gehören sollte, sondern auch die »Weiber«. Dieses Gerücht empfanden die Machthaber als gegen sich gerichtet. Wahrscheinlich sahen sie sich von den Bauern denunziert.

Der Denunziant ist nur der Behörde bekannt

In den Inquisitionsverfahren wurden dem Angeklagten die Zeugen nicht genannt. Das Beweismaterial bekam er erst am Ende des Verfahrens zu sehen, aber die Zeugen blieben verborgen. Zuvor war so etwas in den Kirchengerichten nicht erlaubt. Sogar in demokratischen Staaten wird die Nicht-Nennung von Zuträgern (V-Personen beispielsweise) praktiziert. Über Steuerbehörden hört man immer wieder, daß jemand ein Steuervergehen meldet, welches sich im nachhinein als eine falsche Anzeige erweist. Doch ehe dies festgestellt wird, erlebt der Betroffene viele Unannehmlichkeiten, so daß er sich am Ende entschließt, ein Strafverfahren gegen Unbekannt anzustrengen. Nun muß er erleben, daß die Behörde nicht bereit ist, der Staatsanwaltschaft den Gewährsmann, d. h. den Namen des Denunzianten zu nennen, denn – so argumentiert sie – es sei zu befürchten, daß die Zahl der Mitteilungen aus der Bevölkerung abnehme, wenn die Anonymität nicht garantiert sei. Dank solcher Mitteilungen seien dem Staat viele Millionen DM zugeführt worden.[447]

Der Gutachter als Denunziant

Behörden oder Institutionen bitten immer wieder Spezialisten um interne Gutachten über Personen, deren Beförderung, Bestrafung oder Entlassung sie aufgrund von Vorschriften oder Weisungen ins Auge gefaßt haben. Selber fühlen sie sich zu einem Urteil nicht kompetent genug. Manchmal wollen sie auch nur erfahren, wie die »Zunft« über den zu Bewertenden denkt. Dem Gutachter wird im allgemeinen Anonymität zugesichert, sein Name werde nicht genannt. Er kann dies als Aufforderung auffassen, über seine Kollegen und Kolleginnen offen oder gar rücksichtslos zu schreiben. Er weiß, daß er im Namen einer Sache zu begutachten hat und zumindest so tun muß, als würde er seine persönlichen Interessen hintenanstellen. Je größer seine Autorität, desto gewichtiger sind seine Mitteilungen. Er wird die Aufforderung für ein Gutachten insbesondere dann gern annehmen, wenn er die Mehrheit der »Zunft« gegen sich weiß und er hoffen kann, bei der mit Machtmitteln ausgestatteten Institution (Behörde) Unterstützung zu finden. Seine Mitteilungen werden im Faktischen mehr oder weniger der Wahrheit entsprechen, insofern sind sie keine Denunziationen. Zu einer solchen werden sie erst durch die Benennungen, welche im gegebenen Augenblick für den Begutachteten folgenreich sein können. Ein gutes Beispiel hierfür stellt ein Gutachten Heideggers dar. Nach Hitlers Machtantritt war die bayrische Kultusbürokratie auf Widerstand gestoßen, als sie den Philosophen und Lehrstuhlinhaber für Philosophie an der Universität München, Richard Hönigswald, im Rahmen des »Gesetzes für Wiederherstellung des Berufsbeamtentums« wegen seiner jüdischen Abstammung pensionieren wollte. Sie holte Gutachten ein, u. a. von Martin Heidegger, dem Rektor der Universität Freiburg. Er schrieb unter anderem: *Hönigswald kommt aus der Schule des Neukantianismus, der eine Philosophie vertreten hat, die dem Liberalismus auf den Leib zugeschnitten ist. Das Wesen des Menschen wurde da aufgelöst in ein freischwebendes Bewußtsein überhaupt und dies verdünnt zu einer allgemein logischen Weltvernunft. Auf diesem Weg wurde unter scheinbar streng wissenschaftlicher Begründung der Blick abgelenkt vom Menschen in seiner geschichtlichen Verwurzelung und seiner volkhaften Überlieferung, seiner Herkunft aus Blut und Boden. Damit zusammen ging eine bewußte Zurückdrängung jedes metaphysischen Fragens, und der Mensch galt nur noch als Diener einer indifferenten allgemeinen Weltkultur. Es kommt aber hinzu, daß gerade Hönigswald die Gedanken des Neukantianismus mit einem gefährlichen Scharfsinn verficht. Die Gefahr besteht vor allem darin, daß dieses Treiben den Eindruck höchster Sachlichkeit erweckt und bereits viele junge Menschen getäuscht und irregeführt hat. Ich muß auch noch heute die Berufung dieses Mannes an die Universität München als einen Skandal bezeichnen ... Heil Hitler! Ihr sehr ergebener Heidegger.*[448]

Liberalismus galt in anderen Zeiten durch seine Berufung auf Vernunft und Recht als friedensstiftend und zivilisationsfördernd, als Überwindung nationalistischen Denkens. Aber jetzt war letzteres gefragt. Heidegger rekurriert nicht auf antisemitische Argumente. Ihm geht es schließlich um mehr, um die Ausschaltung aller kosmopolitisch Eingestellten und einer damals dominierenden Richtung, des Neukantianismus. Ihren Anhängern soll die Möglichkeit genommen werden, auf die Jugend Einfluß zu nehmen. Hönigswald wurde im August 1933 zwangspensioniert, nicht ganz sechs Jahre später verließ er Deutschland, nachdem er drei Wochen im KZ Dachau verbringen mußte.

In etwas anderer Weise betätigte sich Ernst Bloch denunziatorisch. Er hatte in der Nachfolge Gadamers im Frühjahr 1949 den Lehrstuhl für Philosophie an der Universität Leipzig erhalten. Es war die Idee des Romanisten Werner Krauss, ihn aus dem amerikanischen Exil nach Leipzig zu holen. Nach einigen Widerständen erfolgte die Berufung. Am 24. Mai 1949 hielt Bloch seine Antrittsvorlesung. Es stellte sich jedoch bald heraus, daß ihm die Methoden, wie man in einem totalitären System unbequeme Professoren aus dem Feld schlägt, geläufig waren und er sie sogar selber anzuwenden wußte. Bereits im ersten Jahr seiner Tätigkeit als Direktor des Philosophischen Instituts der Leipziger Universität versuchte er, den Unterricht der Professoren Petzelt und Menzel, die Übungen zur Philosophiegeschichte im Wintersemester 49/50 angekündigt hatten, auf dem Gebiet, das er als **sein** Fach ansah, zu unterbinden. Er rief hierbei den Minister für Volksbildung und Hochschulwesen zu Hilfe, dem er u. a. – als schreibe er ein Gutachten – mitteilte: *Bei der eindeutig reaktionären politisch-weltanschaulichen Einstellung Petzelts besteht im neuen Deutschland auch keinerlei sachliches Interesse an einer philosophischen Tätigkeit seinerseits. Desto weniger, als gerade eine philosophische Vorlesung Stoffe genug bietet, die in demokratiefeindlicher Weise verfälscht und dargestellt werden können.*

Bloch geht so weit, Petzelt vorzuwerfen, daß er *das Psychologische Institut*, dem dieser vorstand, *zu allerhand reaktionären Querverbindungen ausgenutzt* habe. Es gebe dort *Erziehungsberatung, Psychoanalyse* und *sogar Graphologie*, wodurch es ihm möglich sei, Beziehungen zu anderen Fakultäten zu knüpfen. Und schließlich wolle Petzelt *ein an den Haaren herbeigezogenes 75-jähriges Wundt-Jubiläum dazu benutzen, um die von ihm rein idealistisch betriebene Psychologie in den Vordergrund zu rücken sowie vor allem das Netzwerk des Psychologischen Instituts zu erweitern.*[449]

Im Unterschied zu Heidegger verwendet Bloch keine nationalen Denkmuster, sondern solche, die aus dem marxistischen Klassendenken, der Dichotomie Materialismus/Idealismus stammen. 1957 sollten sich DDR-Philosophen mit ähnlichen politisch-ideologischen Argumenten gegen Ernst Bloch wenden! Wieder wurden Gutachten oder gutachtenähnliche Schreiben verfaßt.

Die Denunziation

Unter Denunziation versteht man erst in neuerer Zeit eine freiwillige Mitteilung bzw. Anzeige aus eher niedriger Gesinnung an eine Instanz, von der der Denunziant erwartet, daß sie den Denunzierten schuldig spricht und verurteilt.

WORTGE-
SCHICHTE

Das Wort *Denunziation* leitet sich bekanntlich vom lateinischen *denuntiare* und *denuntiatio* ab. Diese Begriffe kommen nach Theodor Kipp in den römischen Quellen *für Mittheilungen von Thatsachen, Aufforderungen, Androhungen der verschiedensten Art seitens eines Privaten an einen anderen, Anzeigen seitens Privater an die Obrigkeit, Ansagen der Obrigkeit an Private, Mittheilungen von Behörden unter einander, endlich auch für Gebote oder Androhungen als Inhalt von Rechtssätzen oder leges contractus vor.*[450]

Von Denunziation wird in diesen Fällen aber nur dann gesprochen, wenn die Angelegenheit einem juristischen Zweck dient und, wie Kipp zu zeigen sucht, *der Denuntiant dem Denuntiaten in mehr oder weniger ausgeprägter Weise als Gegner gegenübertritt.*[451] Kipp fügt einschränkend hinzu, es sei natürlich schwer, die Grenzen zwischen Gegnerschaft und juristischer Absicht, zwischen Erklärungen zu juristischen Zwecken und Denunziationen (im Sinne von Anzeigen) festzulegen. Von der heutigen pejorativen Bedeutung des Wortes *Denunziation* kann hier nicht die Rede sein.

Im Deutschen wäre eine negative Bewertung dieses Wortes im 17. Jahrhundert zu erwarten, als Friedrich von Spee die Denunziationen, die bei den Hexenprozessen üblich waren und zur Auslösung neuer Prozesse führten, in seiner *Cautio Criminalis* 1631 verurteilte und das Phänomen der massenhaft falschen Beschuldigungen ins Bewußtsein brachte. Damals hieß das entsprechende deutsche Wort für *denuntiatio* jedoch nicht *Denunziation*, wie man annehmen könnte, wenn man Joachim-Friedrich Ritters Übersetzung der *Cautio criminale* von 1939 liest, sondern *Besagung*, wie die zeitgenössische Übersetzung von Hermann Schmidt *Cautio Criminalis [...] Das ist / Peinliche Warschawung von Anstell: vnd Führung deß Processes gegen die angegebene Zauberer / Hexen und Vnholden* von 1649 beweist. Da ist zum Beispiel das Kapitel XLVI mit der Frage betitelt: *Ob man aber nicht auffs wenigst alßdann die Besagung gelten lassen müsse / wann man gewißlich weiß / daß die besagend Persohn sich rechtschaffen bekehret habe / vnd nunmehr die Warheit sagen wolle?*[452] Bei Spee hieß dieser Titel: *An saltem denunciationibus credi debeat, si infallibiliter certum sit denunciantes vere conversas esse, & verum velle dicere?*[453] Die Antwort auf diese Frage fällt negativ aus. Nach Spee können unschuldige Frauen, die bei Folterungen aussagen, von Komplizen nichts gewußt haben, während schuldige Frauen, d. h. »wirkliche Hexen«,[454] nicht andere Hexen benennen, besagen würden, sondern Unschuldige. Sie verbleiben ja im Bund mit dem Teufel. Bekehrung kann da nichts beweisen.

Noch im 18. Jahrhundert scheint »denunciatio« wertfrei gebraucht worden zu sein, wie aus der Definition Zedlers hervorgeht: *Denunciatio, eine Ankündigung, An-*

zeigung, Verkündigung, ingleichen die Angebung des Lasters bei der Obrigkeit, welche geschieht entweder durch ihre hierzu bestellten Diener und Kundschafter, oder auch sonst von jemand, welcher sich dem Beweiß und übrigen Processe nicht beladen mag, sondern die Untersuchung und Bestrafung des angegebenen Verbrechens der Obrigkeit lediglich überläßt. Sie differiert von der Accusation, welche allezeit schriftlich Libell erfordert, jene aber ohne eigentlich den Namen des Delatoris zu erfahren, geschehen kann.[455]

Der Denunziant zieht es eindeutig vor, nicht genannt zu werden. Er kann sogar zur Beobachtung und Mitteilung des Beobachteten angestellt (bestellt) sein. Aufschlußreich ist auch, wie Zedler den Denunzianten definiert: *Denunciant, heist der etwas bey der Obrigkeit angiebt.*[456] Der Denunziant wird mithin mit einer Herrschaftsinstanz verbunden.

Die heutige pejorative Bedeutung erhielt das Wort *Denunziation* zu Beginn des 19. Jahrhunderts. So gebraucht der Übersetzer Johann Karl Höck des dreibändigen Werkes über die Geschichte der spanischen Inquisition von Llorente immer wieder die Worte *Denunciation, Denunciant,* der *Denunciirte, denunciiren* in der heutigen Bedeutung wie etwa an folgender Stelle: *Am 9. Dec. denunciirte Br. Johann de Regla von freien Stücken den Erzbischof wegen der von diesem Prälaten vor Karl V. in Betreff der Vergebung der Sünden gebrauchten Ausdrücke. [...] Am 23. desselben Monats denunciirte dieser Mönch den D. Bartholomäus von Neuem, weil er in der zweiten Sitzung der Tridenter Synode, als darin die Rede von dem heiligen Meßopfer gewesen, die Argumente und Autoritäten der Lutheraner mit Nachdruck behauptet, und weil, als Bischof sich erlaubt, ego haerero certe, zu sagen, an diesen Worten mehrere Väter des Konciliums sich geärgert hätten, unter anderem die Theologen seines Ordens; und zwar habe der Denunciirte in der Folge seine Aeusserung erklärt, aber ohne Wärme und Nachdruck in Absicht auf gewisse Artikel. [...] Ueberdies war die Denunciation von Umständen begleitet, die den Werth derselben nicht wenig schwächten [...].*[457]

In der Sekundärliteratur kann man dagegen immer wieder lesen, daß das Wort *Denunziation* seine pejorative Bedeutung in der Metternich-Zeit und den Jahren nach der mißlungenen 1848er Revolution erhalten habe, als an vielen Orten Anschuldigungen aus der Gesinnung heraus und ein von den Machthabern gefördertes Spitzeltum zu verzeichnen waren. Die Neubearbeitung von Grimms Wörterbuch gibt zum Beispiel für 1849 den Satz von Diezel an: *er war mit falschen denunziationen und erlogenen auszagen hauptsächlich dabei thätig, jene männer in's Zuchthaus zu bringen.*[458]

Tatsächlich finden wir das Wort bereits 1837 als Titel bei Heinrich Heine: *Über den Denunzianten*, bekannt auch als »Menzel, der Denunziant«. Und 1843 formuliert August Heinrich Hoffmann von Fallersleben, der Dichter des *Deutschlandlieds*, in seinen *Politischen Gedichten aus der Vorzeit* den bekannten Ausspruch: *Der größte Lump im ganzen Land ist und bleibt der Denunziant.*

Mit den Begriffen *Denunziation* und *Denunziant* wird in der ersten Hälfte des 19. Jahrhunderts ein neues Phänomen signalisiert und zugleich verurteilt: die Anzeige aus der Gesinnung heraus, bei der der Anzeigende seines Erfolgs sicher sein kann, während die Verteidigungsmöglichkeiten der Angezeigten äußerst gering sind.[459] Da jedoch die Zahl der Andersgesinnten im Vormärz relativ groß war und die Denunziationen auch solche traf, die sich für die neuen Ideen nur wenig interessiert hatten, empfanden die Zeitgenossen das Ganze als ein massenhaftes Phänomen. Sie meinten, in einer Epoche der Denunziationen und allgemeinen Verfolgungen zu leben. Sie konnten nicht ahnen, daß dies im folgenden Jahrhundert um ein vielfaches überboten werden sollte.

In den Jahren nach der 1848er Revolution, als der Kriegszustand eingeführt worden war, kam hinzu, daß die staatlichen Behörden, sich intensiver um die Einhaltung der polizeilichen Vorschriften, insbesondere der Polizeistunde zu kümmern begannen. Aber auch der Bereich der außerehelichen Sexualbeziehungen war – selbst im relativ liberalen Baden – *Zielfeld staatlicher Disziplinierung*.[460] Bei hinreichendem Verdacht fanden Hausdurchsuchungen statt, wurden Nachbarn und Hausbewohner befragt. Die *normative Kontrolle der Gesellschaft* wurde *engmaschig wie nie zuvor im 19. Jahrhundert*.[461] Das bedeutete aber auch die Zunahme verschiedenartigster Denunziationen, d. h. kleinlicher Anzeigen aus moralischer Gesinnung und der Lust am Schnüffeln. Vieles davon bewegte sich zwar noch im Bereich des Rechtlichen – zumal persönliche Freiheit nach wie vor kleingeschrieben wurde –, aber es war aufs engste mit engstirnigen Moralauffassungen verbunden.

Die massenhafte Denunziation

Die Erscheinung der **massenhaften** Denunziation in der Moderne erklärt sich einerseits aus dem Abbau der *Instanzen informeller sozialer Kontrolle* – dörfliche Nachbarschaft, Gemeinde, Zunft, Familie oder Kirche[462] – bei gleichzeitiger Zunahme institutioneller Kontrollinstanzen, andererseits aus dem Glauben an die Möglichkeit, soziale Fragen mit einem Schlag lösen zu können. Eine große Rolle spielt ferner die Demokratisierung aller Lebensbereiche, zu der das Recht der Bürger zur Anzeige gehörte, das ihnen unter der alten Herrschaft, etwa eines Gutsherrn, so gut wie verwehrt war. Und wenn dort einer etwas zutrug, jemanden denunzierte, kam er keineswegs in den kurzen Genuß, an der Macht teilzuhaben, denn er konnte den oder die Vertreter der alten Macht, wie den Gutsherrn, nicht zu einer Handlung gegen den Denunzierten zwingen. Er konnte nicht mittelbarer Täter werden. Das war erst möglich, als den Bürgern das Gefühl vermittelt wurde, über das Recht zur Kontrolle der staatlichen und sozialen Ordnung zu verfügen. Dieses Recht bekamen sie beispielsweise gleich zu Beginn der Französischen Revolution, als das Anzeigen sogenannter Konterrevolutionäre und unpatriotischer Männer als patriotische Tugend gelobt und zur revolutionären Pflicht erklärt wurde.[463] In ähnlicher Weise argumentierten die Kommunisten im 20. Jahrhundert. Und auch die NS-Machthaber riefen 1933 das deutsche Volk zur aktiven Mitgestaltung der neuen Volksgemeinschaft auf. Sie waren allerdings über den Eifer, am neuen Regime durch Mitteilungen teilzuhaben, überrascht, so daß sie sich zu Warnungen vor allzu großer Denunziationslust aufraffen mußten. Aber auch in gefestigten Demokratien gibt es immer wieder Augenblicke, in denen es zu Denunziationen kommen kann. Es sind jene Zeiten, in denen die Vertreter des Staates glauben, daß sie die sich aus irgendeinem Grund abzeichnende Krise ohne die spontane Unterstützung und besondere Wachsamkeit der einfachen Bürger nicht werden meistern können.

In demokratischen Staaten

In demokratischen Staaten dürfte es prinzipiell keine Denunziation im alltäglichen pejorativen Wortgebrauch, die amtliches Gehör fände, geben.[464] Es ist kein Zufall, daß das Strafgesetzbuch den Begriff nicht kennt. Es verwendet zu Recht den neutralen der Anzeige, die entweder berechtigt ist oder eine Verleumdung darstellt. In bestimmten Fällen besteht eine Anzeigepflicht, u. a. wenn jemand von dem Vorhaben oder der Ausführung einer Straftat (etwa der Vorbereitung eines Angriffskrieges, eines Hochverrats oder Landesverrats, schweren Menschenhandels, einer Straftat gegen die persönliche Freiheit, gemeingefährlicher Straftaten, eines Raubes oder einer räuberischen Erpressung) zu einer Zeit *glaubhaft erfährt, zu der die Ausführung oder der Erfolg noch abgewendet werden kann.*[465] Unterläßt er es, der Behörde oder dem Bedrohten rechtzeitig Anzeige zu machen, droht ihm eine Freiheitsstrafe bis zu fünf Jahren oder auch eine Geldstrafe. Politische »Benachrichtigungen« sind dagegen ausgeschlossen. Nach Paragraph 241a, Absatz 1 des Strafgesetzbuches wird einer, der *einen anderen durch eine Anzeige oder eine Verdächtigung der Gefahr aussetzt, aus politischen Gründen verfolgt zu werden und hierbei im Widerspruch zu rechtsstaatlichen Grundsätzen durch Gewalt- oder Willkürmaßnahmen Schaden an Leib oder Leben zu erleiden, der Freiheit beraubt oder in seiner beruflichen oder wirtschaftlichen Stellung empfindlich beeinträchtigt zu werden,* unter Strafe gestellt. Und ebenso wird bestraft, heißt es weiter, *wer eine Mitteilung über einen anderen macht oder übermittelt und ihn dadurch der in Absatz 1 bezeichneten Gefahr einer politischen Verfolgung aussetzt.*

Dieser Paragraph war 1951 in der Bundesrepublik mit Sicht auf die DDR, die deutschen Schwestern und Brüder, formuliert worden, konnte aber ohne weiteres nach dem Grundlagenvertrag in Kraft bleiben; es geht in ihm schließlich um die Einhaltung elementarer rechtsstaatlicher Grundsätze. Er ist auch einer der wenigen Paragraphen des bundesdeutschen Strafgesetzbuches, der rückwirkend auf DDR-Zeiten angewandt werden darf.

Obwohl im geltenden deutschen Recht das Wort *De-*

nunziation fehlt, wird es in Begründungen von Rechtsurteilen verwendet, wenn es um politische Vergehen in der NS-Zeit oder im kommunistischen Regime geht. So gebraucht der 5. Strafsenat des Oberlandesgerichts Düsseldorf in einem Urteil über die Strafbarkeit der Anzeige der geplanten Republikflucht vom 31. 8. 1978 viermal das Wort *Denunziation*. Gleich im ersten Satz wird die prinzipielle Frage gestellt, *unter welchen Voraussetzungen eine politische Denunziation gegenüber DDR-Behörden – hier: Anzeige einer geplanten »Republikflucht« – die Tatbestände der StGB Paragraph 241a und StGB Paragraph 239 erfüllt*. In einem Urteil des Bundesgerichtshofes (Senat für Anwaltssachen) vom 21. 11. 1994 über die *Zulassung zur Rechtsanwaltschaft* einer ehemaligen DDR-Rechtsanwältin, die als IM ihre Kollegen *ausspionierte und denunzierte*, kommt das Wort neben der verbalen Form einmal als Substantiv vor. Der 7. Zivilsenat des OLG Dresden fällt am 20. 4. 1995 ein Urteil über »Schadenersatzanspruch gegen den Denunzianten einer Vorbereitung zur Republikflucht aus der ehemaligen DDR«. Der 5. Strafsenat des BGH befindet am 23. 10. 1996, zur Verurteilung wegen Freiheitsberaubung reiche es nicht aus, dem Täter die Absicht nachzuweisen, er habe die Bestrafung des von ihm *denunzierten Fluchtwilligen* angestrebt. Die Worte »Denunziant«, »Denunziation« und »denunzieren« werden in diesen und ähnlichen Urteilen auf politische Verdächtigungen und Menschenrechtsverletzungen bezogen, die in einem Unrechtssystem zum bestehenden Recht oder zur gängigen staatspolitischen Praxis gehören.

Je nach Bewertung

Eine Anzeige ist keine Information von der Art, daß nur der in ihr festgehaltene Tatbestand von Interesse wäre. Da sie in irgendeiner Form zwischenmenschliches Zusammenleben berührt, will die öffentliche Meinung auch erfahren, wer die Anzeige erstattet hat, wen sie betrifft, welche Folgen sie zeitigen kann etc. Je nach den Umständen wird sie die Anzeige als Denunziation oder völlig berechtigte Mitteilung bewerten. Wenn es um einen klaren kriminellen Fall – etwa um Diebstahl oder gar Totschlag – geht, wird sie nicht von Denunziation sprechen. *Wenn aber jemand einen Gastwirt anzeigt, der einmal die Polizeistunde um ein geringes überschritten hat,* wird sie *dazu neigen, diese Handlungsweise als Ausfluß niedriger Gesinnung des Anzeigenden abzulehnen. Zwar wird auch hier eine strafbare Überschreitung des Gesetzes zur Kenntnis der öffentlichen Dienststellen gebracht, aber das Gemeinschaftsleben wird durch die einmalige geringfügige Übertretung nicht ernstlich gestört, so daß die Allgemeinheit an der Anzeige kein Interesse hat. Die öffentliche Meinung wird sich mit der Anzeige allenfalls noch abfinden, wenn etwa der Anzeigende durch die Überschreitung der Polizeistunde im Schlafe gestört wurde, aber den Anzeigenden wird die ganze dem Denunzianten entgegengebrachte moralische Mißbilligung treffen, wenn dieser etwa ein anderer Gastwirt war, der die Anzeige aus Konkurrenzneid erstattet hat.*[466]

Die Anzeige läßt sich zwar rechtlich nicht in Frage stellen, aber ihre Motive können nicht akzeptiert werden. Sie wird daher als Denunziation gelten. Das betrifft auch manche Anzeigen, die nach der öffentlichen Meinung zu harte Strafen nach sich ziehen oder zögen. Es müßte doch, wird sie einwenden, noch andere Möglichkeiten gegeben haben, den Angezeigten auf den rechten Weg zu bringen.

UNAUFGEFOR- Sheila Fitzpatrick und Rober Gellately charakterisieren
DERT Denunziation als *Unaufgeforderte Mitteilungen einzelner an den Staat (oder an eine Obrigkeit, wie der Kirche), in denen Einzelpersonen oder Amtsträger eines Fehlverhaltens bezichtigt werden und in denen überdies indirekt oder direkt die Aufforderung zur Strafe enthalten ist.*[467]

Sie unterscheiden mithin die Denunziation weder von der Anzeige vermeintlicher Übeltäter[468] noch von der als berechtigt erscheinenden Beschwerde, die gegen einen für die Mißstände wirklich oder scheinbar Verantwortlichen gerichtet ist. In Demokratien sollten solche Mitteilungen offen erfolgen, aber dies ist nicht immer möglich. Mit *unaufgefordert, spontan* meinen die Autoren die mitteilende Person. In den meisten Fällen wird sie zur Überraschung der Instanz erscheinen, um ihr etwas zur Kenntnis zu geben. Aber die Überraschung betrifft die Person und nicht die Sache. Schließlich enthält jede Vorschrift eine potentielle Aufforderung, ihre Überschreitung nicht zu dulden, diese einer entsprechenden Instanz zu melden. Ohne die (unaufgeforderte) Mitwirkung der Gemeinschaftsmitglieder an der von ihnen akzeptierten oder ihnen auferlegten Ordnung würde es keinerlei Zusammenhalt einer Gemeinschaft geben, und kein Machthaber könnte sich längere Zeit halten. Insofern würde die Definition der beiden Autoren bedeuten, daß der Advokat Dr. Ronge recht hätte, der in Mitscherlichs Film *Die Denunziantin* sagt, die Denunziation sei der Kitt des gesellschaftlichen Zusammenhangs. Ronge unterscheidet aber bewußt nicht gerechtfertigte von ungerechtfertigter Anzeigebereitschaft. Einer, der einem gewaltfreudigen Hooligan unaufgefordert entgegentritt und bereit ist, über ihn Mitteilung zu machen, sorgt dafür, daß die Gesellschaft ihre Angst vor ihm und seinen Gefährten wenigstens teilweise verliert; einer, der mit Lust an Verfolgungen unangepaßter Personen teilnimmt, trägt dagegen zu einem allgemeinen

Klima der Intoleranz bei. Im zweiten Fall werden wir viel eher von Denunziation sprechen als im ersten. In beiden Fällen handeln die Betreffenden unaufgefordert.

Die Denunziation und ihre Voraussetzungen

Formale Bedingungen für Denunziation

ENTSCHEI-
DUNGSINSTANZ
Wenn jemand denunzieren will, begibt er sich zu einer Instanz, die bereit ist, die Denunziation zur Kenntnis zu nehmen und sie gebührend zu behandeln. Die Geschichte der Denunziation ist immer auch eine der Behörden. Je größer die Zahl und Bedeutung der Behörden vor Ort und je geringer die Kontrolle ihrer Wirkungsweise, desto größer die Wahrscheinlichkeit des Erscheinens von Denunzianten.

Hauptanlaufstelle ist die Polizei, die, wie wir sie heute kennen, im 19. Jahrhundert geschaffen worden ist. Vorformen existierten bereits in der frühen Neuzeit.[469] Die Polizei eignet sich für Denunziationen besonders gut, weil man bei ihr nicht – wie beispielsweise beim Gericht – mit Zeugen erscheinen muß. Man bringt sie auf eine Spur, benachrichtigt sie, verweist auf etwas und ist ungehalten, wenn sie den Informationen nicht nachgeht. Die Polizei selber ist auf Zuträger angewiesen. Bis zu 90 Prozent ihrer Ermittlungen kommen durch die Anzeigenden zustande, obwohl das wenigste bei ihr gemeldet wird. Wahrscheinlich gelangen keine 20 Prozent der Delikte von Amts wegen zur Anzeige (wenn man die Verkehrsdelikte abrechnet). Solange die Polizei nur normale Strafsachen – vor allem Kriminalfälle – behandelt, wird man nur selten auf die Idee kommen, sie sei eine Instanz für die Nutzung von Denunziationen. Erst wenn die Verfolgung von Gesinnungen und des Andersartigen (Hautfarbe, äußeres Aussehen, Verhaltensweisen etc.) in ihren Aufgabenbereich fällt oder sie es sich zu ihrem Aufgabenbereich (etwa die Polizeistunde) wählt, schafft sie die Voraussetzungen für Anzeigen, die als Denunziationen bezeichnet werden können. Da der Ermessensspielraum der Polizei recht groß ist, besteht selbst in demokratischen Staaten immer wieder die Gefahr, daß sie nicht nur für Strafanzeigen, sondern auch für Denunziationen empfänglich ist. Und mit dem bereits erwähnten zunehmenden Abbau der Instanzen informeller Kontrolle ist der einzelne bei der Verfolgung seiner Ordnungsbedürfnisse immer mehr auf die Hilfe oder das Einschreiten einer außenstehenden Instanz, die zumeist eine staatliche ist, angewiesen. Er wird sie um so mehr in Anspruch nehmen, mit ihr in Interaktion treten, je stärker seine und ihre Ordnungsvorstellungen miteinander übereinstimmen.

Die Polizei ist allerdings nicht die einzige Instanz, die sich für Denunziationen eignet. Es kann auch das Finanzamt sein. Das Wesentliche ist dabei, daß der Denunziant es der Behörde überläßt, sich über den Wahrheitsgehalt der Denunziation zu informieren, ohne sich über die Motive, warum er etwas mitteilt, äußern zu müssen. Und es kommt auch immer wieder zu den historischen Augenblicken, in denen die Staatsmacht, unterstützt von der öffentlichen Meinung, versucht ist, Probleme mit Hilfe von Denunziationen zu lösen.

Eine Geschichte der Instanzen mit Blick auf das Phänomen der Anzeigen und Denunziationen wäre noch zu schreiben. Sie beginnt in dem Augenblick, in dem der Anzeigende nicht mehr verpflichtet ist, einen oder mehrere Zeugen für die Bestätigung der Information oder Anklage mitzubringen bzw. zu benennen (Bürgschaftsleistung), und der Beamte das Recht hat, gegen einzelne Personen Untersuchungen zwecks Bestrafung einzuleiten oder gar in das Leben eines Hauses mit seinen vielen Familienmitgliedern oder das einer ganzen Ortschaft einzugreifen.

Die Bestrafung eines Täters erfolgte ja ursprünglich auf Initiative des Geschädigten und seiner Genossen (meist im Sinne einer Rache). Die Offizialklage war unüblich bzw. auf wenige Vergehen beschränkt. So gehörte die Münzfälschung zu den wenigen Verbrechensgruppen, bei denen die spätrömische Strafjustiz nach der Kaisergesetzgebung ohne Anklage einschritt.[470] Im Mittelalter bildete sich die Offizialklage durch einen Beamten schrittweise mit Unterbrechungen heraus, um dann im Inquisitionsprozeß einen Höhepunkt zu erreichen. Der Beamte konnte aufgrund von Denunziation oder Gerücht eine Untersuchung (inquirire) einleiten. Es gab keine unabhängige Instanz wie die der Geschworenen, die die Überprüfung der Beweise übernommen und das sich daraus ergebende Urteil gesprochen hätte. Da, wo *ein officielles Einschreiten statthaft wird* – formuliert Richard Schmidt, der für Inquisitionsprozesse als Mittel zur Staatsbildung großes Verständnis aufbringt, zugespitzt –, löst sich *bei gewissen Delikten* die *alte Anklage in der Untersuchung* auf und sinkt *zur blossen Denunciation mit nachfolgender amtlicher Aufklärung des Sachverhalts* herab.[471]

Das Recht, ohne Rücksicht auf Stand und Herkunft in die Privatsphäre einzudringen,[472] bekam die Obrigkeit zum erstenmal bei den Pestepidemien (Pestzügen) im späten Mittelalter und der frühen Neuzeit, als eine Gesundheitspolizei organisiert wurde, die Obrigkeit aber angesichts des zahlenmäßig geringen Personals auf Hinweise aus der Bevölkerung angewiesen war. Weitere Stadien stellten die Veränderungen in der Armenfürsorge, die mit einer massiven Ausgrenzung von Fremden verbunden waren, und das neue Denken in Policeyordnungen dar, das zwar anfänglich geringen Erfolg zeitigte, sich aber immer mehr als herrschender Diskurs durchsetzte.

Obwohl Denunziation stets als außergewöhnlicher Akt NORMEN
gilt, gibt es sie nur, wenn eine relativ klare Norm bzw.
Normvorstellung existiert. Je klarer sie ist, desto größer die
Wahrscheinlichkeit von Denunziationen. Der Denunziant
weiß sich im Recht. Er kann stolz sein Wissen verkünden
und fordernd auftreten. Den Machthabern ist er insbesondere dann willkommen, wenn die von ihnen festgelegten
Normen nicht von allen Teilen der Gesellschaft anerkannt
werden. Er hilft ihnen, an exemplarischen Fällen ihre Entschlossenheit zu deren Durchsetzung zu demonstrieren.

Denunziation ist selbstverständlich nur möglich, wenn GEWISSHEIT
der Denunzierende gewiß sein darf, bei den entsprechenden Instanzen Gehör zu finden. Dabei reicht es nicht aus,
daß er auf geltende Rechtsvorschriften, die seiner Meinung nach nicht eingehalten worden sind, verweisen
kann, denn nicht jede Vorschrift ist die Instanz bereit zu
verfolgen. Gleichzeitig möchte der Denunziant gewiß
sein, daß ihm durch das Milieu, dem er angehört, kaum
eine Verurteilung droht. Anders gesagt, der Denunziant
geht immer ein doppeltes Risiko ein. Er kann abgewiesen
und sogar als Verleumder hingestellt oder von seinen Mitbürgern verachtet und aus ihren Reihen ausgestoßen werden. Für ihn ist es besonders wichtig, daß er bei der Instanz, bei den Machthabern Anerkennung findet und sein
Ziel erreicht, wenn er sich schon einmal auf den Weg zu ihnen gemacht hat, ihnen etwas **zuträgt**.
    Einst durfte nicht jeder zutragen. Sklaven, Frauen und
Fremden war dies im Altertum im allgemeinen verwehrt.
Es scheint jedoch *praktisch unmöglich* gewesen zu sein,
die Denunziationen der Unfreien einfach zu ignorieren.[473]
Hatte ein Unfreier von etwas Unrechtem, beispielsweise
einer Testamentsfälschung, Kenntnis und wollte er auf sie
verweisen, war es das beste, wenn er sich an jemanden
wandte, der Anzeigerecht besaß. Auch in späteren Zeiten

war nicht jeder »denunziationswürdig«. Noch heute erkundigen sich die Behörden, ob der Anzeigende auch über einen guten Leumund verfüge. Die mit »schlechtem Leumund« werden sich gerade deswegen nicht danach drängen, sich zu einer Entscheidungsinstanz zu begeben, um ihr gewisse Beobachtungen mitzuteilen.

VERKÜRZTE RECHTSWEGE

Denunziation greift stets um sich, wenn die Entscheidungsinstanz nicht mit offenen Karten spielen muß, sich nicht zu erklären hat, wie sie zu ihrem Wissen gekommen ist, und wenn ihr Urteil nur einer beschränkten oder gar keiner Kontrolle unterliegt. Bernd-Ulrich Hergemöller hat in seiner kleinen Studie über Verfolgung Homosexueller im spätmittelalterlichen Venedig und Florenz überaus anschaulich gezeigt, wie bei der Aufdeckung und Bestrafung von Sexualpraktiken, die *wider die Gebote der Fortpflanzung* standen (gemeint waren damit nicht nur die Homosexuellen, sondern auch die Onanisten, Zoophilen und Eheleute, die Anal- oder Oralverkehr ausübten), die *rechtlichen Schranken, die der anonymen Weitergabe von Verdächtigungen und Gerüchten im Wege standen*,[474] beseitigt wurden, um die vermeintlichen Übel, welche nach damaligen Vorstellungen die Ursachen von Naturkatastrophen und Kriegen waren, schnell und gründlich auszumerzen. Es wurden nicht nur anonyme Anzeigen akzeptiert, sondern sogar agents provocateurs eingesetzt und geschützt, auch solche, *die auf dem Wege der sodomitischen Tätigkeit andere Menschen der Kriminaljustiz auslieferten* […].[475] Ferner wurden die Ärzte und Barbiere ersucht, Anzeigen zu erstatten, wenn sie erkannten, daß eine Verletzung durch Sodomie entstanden war.[476] Das Ganze stellte einerseits eine Möglichkeit dar, die Kontrolle über die Bewohner der Stadtrepublik zu verschärfen und die Macht zu zentralisieren, andererseits gab es der Bevölkerung ein Mittel in die Hand, familiäre und milieubedingte Konflikte auf dem Wege der Denunziation, wie wir heute sagen würden, zu lösen. Hergemöller führt als Beispiel den Fall des Fischers Johannes Furlanus an, der 1481 von seiner Frau angeklagt wurde, sie *mehrfach sodomitisiert zu haben; auf einstimmigen Beschluß der venezianischen Vierherren wird er dazu verurteilt, daß ihm das Haupt abgeschlagen und sein Körper auf dem Scheiterhaufen verbrannt werde.*[477]

Am Ende seiner Studie zitiert Hergemöller den Brief einer Florentiner Witwe vom 13. 11. 1465 an die »Herren der Nacht«: *Meine Herrn Ufficiali, ich flehe Euch an: Ich bin eine arme Witwe, die einen einzigen Sohn hat, der Niccolò heißt. Er hat aber hier in Gambassi einen, der Francesco di Perio Benghi heißt und der ihn jeden Abend mitnimmt und ihn sodomitisiert – e si lo soddomità. Jedes Mal gibt er ihm einen halben Groschen. Nehmt ihn, das heißt, diesen Jungen, unauffällig gefangen. Wenn Ihr ihm mit der Peitsche ein wenig Furcht einflößt, wird er schon alles gestehen. Mein Name ist Maria Angelicha, Witwe des Trome di Gallo.*[478]

Das erinnert an die Bittbriefe im Ancien régime, mit denen Mütter, Väter, Ehefrauen und Ehemänner an den König oder den höchsten Vertreter der Polizei appellierten, den Sohn, die Tochter, den Ehemann oder die Ehefrau wegen ihres unsittlichen Lebens einzusperren. Durch die Einrichtung der *Lettres de cachet* konnten sie den langwierigen und kostspieligen Weg über das Gericht umgehen und vermieden die Scham, die ihre Familie bei einem öffentlichen Urteil gegen eines ihrer Mitglieder hätte empfinden müssen. Bei den *Lettres de cachet* trug der König die Verantwortung für das Verschwinden des Betroffenen. Es war, als hätte ein Vater eingegriffen. Die Kosten für Unterkunft und Verpflegung des Eingesperrten hatte allerdings die Familie zu tragen. Im Unterschied zu den Verfolgungen in Venedig und Florenz war das Verfahren recht offen. Familienmitglieder, Nachbarn, Notabeln des Ortes und auch der Priester wurden von der Polizei befragt oder schlossen sich den Bitten selber an. Trotzdem gerieten die *Lettres de cachet* in Verruf, nicht nur, weil sie auch der Eliminierung von politischen Gegnern dienten, sondern ebenfalls deswegen, weil der Justizweg übergangen wurde. (Immerhin gab es auch während der Revolution Stimmen, die dafür plädierten, diese Art der Konfliktbereinigung familiärer Probleme mittels Polizeiorganen auf irgendeine Weise beizubehalten).[479]

Die Revolutionszeit brachte neue verkürzte Verfahren mit sich, bei denen die bloße Vermutung – sprich Denunziation – zur Verhaftung und schnellen Verurteilung ausreichte. Zwar hatten sich die Anzeigenden erkennen zu geben (Anonymität galt als unpatriotisch), aber die richtige Überzeugung des Anklagenden, des Denunzianten, reichte zumeist für die Glaubwürdigkeit eines Vorwurfs aus. Der Weg zum Terror war von Anfang an gebahnt. Immer wieder haben Historiker und Schriftsteller gefragt, wie der Prozeß gegen Danton ohne den Denunzianten Laflotte verlaufen wäre, der behauptete, in den Verliesen des Luxembourg habe sich eine Verschwörung gebildet, deren Ziel es sei, die Mitglieder des *Comité de salut public* niederzumetzeln und den Konvent zu sprengen. Der Konvent nahm daraufhin einstimmig ein Dekret an, wonach er sich nicht in die Arbeit des Tribunals einmischen werde und ein Angeklagter, der die Autorität des Tribunals nicht anerkenne, des Todes sei. Die Zeugen wurden nicht mehr vernommen, und der Vorsitzende griff sehr schnell auf ein anderes Dekret zurück, wonach ein Prozeß am dritten Tag abgebrochen werden kann, wenn die Geschworenen der Meinung sind, sie könnten aufgrund des vorliegenden Materials das Urteil sprechen. Am Tag darauf lagen die Köpfe Dantons und seiner Gefährten im Korb unter der Guillotine.

Das Ganze erscheint wie eine Vorwegnahme der Methoden der Bolschewiki, für die die Französische Revolution und insbesondere die Herrschaft Robespierres lebendige Gegenwart darstellten und die meinten, die »Inkonsequenzen« und »Fehler« der Jakobiner vermeiden zu können.[480] Sie fällten ihre Urteile daher noch schneller und noch formloser. Tausende und Abertausende von Menschen fanden ohne jeden Prozeß den Tod. Und selbst bei den Schauprozessen, die für die Öffentlichkeit bestimmt waren, ging es im Haurückverfahren zu. Man bedenke nur, wie kurz die Prozesse gegen die ehemaligen Parteigrößen Sinowjew, Kamenew, Radek, Bucharin und andere dauerten. Und im Augenblick, als die Methoden der Bolschewiki im Ausland angegriffen wurden, verteidigte sie Romain Rolland mit dem Argument, die Situation in Sowjetrußland ähnle der in Frankreich, als die Jakobiner das Vaterland vor den inneren und äußeren Feinden retten mußten, es könne wie damals ohne Irrtümer und Ungerechtigkeiten nicht abgehen. Ervin Sinko antwortete, es gäbe einen großen Unterschied zwischen der französischen und sowjetischen Situation: Die Angeklagten in der Zeit der Französischen Revolution seien *sich selbst treu und mit sich selber identisch* geblieben, *vor dem Blutgericht wie auf dem Schafott.*[481] Das beste Beispiel dafür sei Danton. Die Angeklagten der Moskauer Prozesse hätten dagegen ohne Ausnahme ihre Persönlichkeit verloren und sich offen zu ihrer angeblichen Demoralisierung bekannt. Sie haben sich selbst denunziert, könnte man hinzufügen, z. T. sogar aus Überzeugung. Sie trugen damit zu einer weiteren Verkürzung des Rechtswegs bei, soweit sie überhaupt an Recht dachten; hatten sie doch selber nie viel von Rechtsvorschriften und einer Prozeßordnung gehalten. Sie dachten in anderen Kategorien, wie Arthur Koestler in *Sonnenfinsternis* zu erhellen versuchte. Er scheint allerdings noch nicht Lenins Anweisung gekannt zu haben: *An einem Ort wird man zehn Reiche, ein Dutzend Gauner, ein halbes Dutzend Arbeiter, die sich vor der Arbeit drücken, ins Gefängnis stecken. An einem anderen Ort wird man sie die Klosetts reinigen lassen. An einem dritten Ort wird man ihnen nach Abbüßung ihrer Freiheitsstrafe gelbe Pässe (wie den Prostituierten) aushändigen, damit das ganze Volk sie bis zu ihrer Besserung als* **schädliche** *Elemente überwache. An einem vierten Ort wird man einen von zehn, die sich des Parasitentums schuldig machen, auf der Stelle erschießen.*[482]

In der Sowjetunion ist das Rechtssystem immer ein inquisitorisches geblieben. Es gab nie eine Unterscheidung zwischen der Instanz, die Indizien sammelt und einen Teil davon als Beweise vorlegt, und der, die die Beweise überprüft und erst danach das Urteil fällt.

Über die Verkürzung der Rechtswege und Rechtsmittel nach Hitlers Machtantritt gibt es mittlerweile eine ausführliche Literatur. Die Bevölkerung akzeptierte die Maßnahmen der Naziführung weitgehend, denn sie glaubte, auf diese Weise könnten offene Gewalt auf der Straße und Ungerechtigkeiten aller Art schnell und für immer beseitigt werden. Für komplizierte Rechtsverfahren brachte sie kein Verständnis auf. Nur die wenigsten dachten daran, daß eine der Folgen der Verkürzung der Rechtswege und der Beschneidung der Rechtsvorschriften das Aufblühen von Denunziantentum ist.

DENUNZIATI-ONSANGEBOT

Die verkürzten Rechtswege koppeln die Machthaber zumeist an die Schaffung von außerordentlichen Stellen für die Entgegennahme von Zutragungen. Beim Kampf gegen Häresie wiesen die eingesetzten Inquisitoren nach ihrer Ankunft in der jeweiligen zentral gelegenen Ortschaft die Geistlichen an, den Gemeinden den Zweck ihres Kommens mitzuteilen, einen Ablaß zu verkünden und diejenigen, die Kenntnis von Ketzerei haben, aufzufordern, ihnen diese zuzutragen. Anonymität wurde zugesichert. In Florenz wurden die schon erwähnten Kästen für anonyme Mitteilungen eingerichtet. In revolutionären Zeiten sind es Revolutionskomitees verschiedener Art, die anfänglich meinen, offen wirken zu können, denn sie glauben, einer neuen gerechten Sache zu dienen. Das alte Recht halten sie im allgemeinen für eine Ausgeburt der Ungerechtigkeit. Im Dritten Reich standen Behörden, Parteiinstanzen und systemkonforme Organisationen für Meldefreudige zur Verfügung. Sie schufen auf diese Weise, wie Bernward Dörner für das Dritte Reich formulierte, ein *strukturelles »Denunziationsangebot« an die Bevölkerung*.[483] Im KGB-Reich wird man von verschiedenen Phasen des Denunziationsangebots ausgehen müssen. 1925 erklärte der Sekretär der Zentralen Kontrollkommission auf dem 14. Parteitag der KPdSU, Sergej Gusew, Lenin zufolge müsse jedes Parteimitglied *ein guter Agent der Tscheka sein. Wir haben die ZKK, das ZK, aber ich denke, jedes Parteimitglied muß denunzieren können. Wir gewinnen nicht etwas, wenn wir kein Denunziantentum haben, sondern nur, wenn es dieses gibt*.[484] Stalin drückte sich dagegen diskreter aus, als er im Juni 1937 auf einer Sitzung des Kriegsrats rhetorisch fragte, wer verbiete es denn den Parteimitgliedern und Parteilosen, an das Zentralkomitee zu schreiben, wenn ihnen etwas auf dem Herzen liegt. Und wie könne einer sich des Schreibens enthalten, wenn er etwas über Versuche wisse, die alte trotzkistische Linie fortzusetzen? In den folgenden Jahren wurde jedoch das spontane Element immer mehr zugunsten eines wohlorganisierten Zuträgersystems eliminiert.

Ein besonderes Kapitel bilden Presseorgane (und mittlerweile auch Internetseiten), die – zumeist im Namen einer wie auch immer verstandenen Reinheit – ihre Leser auffordern, Unregelmäßigkeiten im öffentlichen Leben mitzuteilen. Wenn dies nicht als Hetze gegen bestimmte

Personen oder Personengruppen gedacht ist und die Menschenwürde nicht mißachtet wird, können solche Aufforderungen als Element einer demokratischen Meinungsbildung aufgefaßt werden. Das ganze Gegenteil stellen Blätter wie der *Stürmer* oder das französische Pendant *Au pilori* dar, um nur die bekanntesten zu nennen. *Au pilori* hatte eine Auflage von über 100 000 Exemplaren. Am 13. August 1942 bot es sich offen als Organ für antijüdische Denunziationen an: *Zahlreiche Leser fragen bei uns an, wohin sie sich wenden sollen, um okkulte Handlungen oder Betrügereien von Juden anzuzeigen. Es genügt, einen Brief oder eine einfach unterschriebene Notiz ans Generalkommissariat für Judenfragen oder an unsere Redaktion zu schicken, die alle Schreiben weiterleiten wird.*[485]

Ein anderes antijüdisches Blatt, *Je suis partout*, dessen Französisch nach Pryce-Jones besser war, das jedoch in ähnlicher Weise Denunziationen förderte, brachte es auf 300 000 Exemplare. Auch wenn die Zahl der Denunziationen, die durch diese Blätter vermittelt wurden, nicht unbedingt groß gewesen sein muß, so haben sie auf jeden Fall zu einem denunziationsfördernden Klima beigetragen.

BELOHNUNG   Die beste Voraussetzung für Denunziationen ist, wenn der Denunzierende mit einer Belohnung, den berühmten dreißig Silberlingen, rechnen darf. Nicht jede Belohnung kann als verwerflich gelten. Noch heute werden Summen eingesetzt, um Vergehen aller Art aufzudecken. Wichtig ist es zu wissen, um welche Art von Vergehen es sich dreht und wie der Gestellte behandelt wird. Belohnungen für Anzeigen werden vielfach öffentlich versprochen. In einem englischen Erlaß von 1547 heißt es beispielsweise, *jeder Mann, der länger als drei Tage nicht arbeitet*, sei *mit einem glühenden Eisen* zu brandmarken und dann *zu zwei Jahren Knechtschaft* zu verurteilen, *die er entweder bei demjenigen abzudienen hat, der ihn der Justiz gemeldet hat, oder aber in seinem Heimatort.*[486] Das war sicher ein schneller Weg für den Anzeigenden, der bereits einem Denunzianten gleichkam, sich eine billige Arbeitskraft zu beschaffen. Wenn der Verurteilte floh, drohte ihm *lebenslängliche Knechtschaft*, bei abermaliger Flucht die Todesstrafe. 1550 wird der Erlaß allerdings wieder rückgängig gemacht. Die Erfahrungen scheinen nicht die besten gewesen zu sein. In Deutschland war es in der frühen Neuzeit üblich, dem Anzeigenden ein Drittel des Strafgelds zukommen zu lassen. Manche Belohnungen verwandelten sich in eine Art Besoldung, vor allem wenn es sich um »Denunzianten mit Auftrag« handelte. Sie bekamen anstelle des Drittels ein regelmäßiges Handgeld. In Zeiten des massenhaften Denunziantentums sind Geldzuwendungen eher das Außergewöhnliche. Das KGB-System hätte nicht funktionieren können, wenn alle ein festes Handgeld erhalten hätten. Es gab zu viele IM. An die Stelle der Belohnung traten Vergünstigungen verschiedener Art. In einer polnischen Instruktion aus dem Jahre 1949 heißt es: *Bei der Werbung eines wertvollen Informanten dürfen keine materiellen Mittel bedauert werden, wobei das nicht in der Art zu verstehen hat, daß man immer mit Barmitteln operiert. Es ist im größeren Maße mit solchen Mitteln zu operieren wie Hilfe bei Erlangung einer Arbeitsstelle, ärztliche Hilfe, wenn notwendig, Hilfeleistungen in unangenehmen Lebenssituationen, Befriedigung von Sehnsüchten und Hobbys, Hilfe bei der Kontaktaufnahme mit Nächsten, die im Gefängnis sitzen, etc.*[487]

Soziale Bedingungen für Denunziation

ATMOSPHÄRE DES MISSTRAUENS

Wo Vertrauen herrscht, ist mit Denunziation nicht zu rechnen. Erst der dauernde Verdacht, andere würden Normen oder Vorschriften übertreten, läßt eine Atmosphäre des Mißtrauens und der Bereitschaft entstehen, die eigenen Vermutungen weiterzutragen. Nicht zufällig sagte Stalin, Vertrauen sei gut, Kontrolle besser. Seid immer mißtrauisch und bereit zur Denunziation, hieß das im Klartext.

STIGMATISIERUNG

Die Denunziation ist zumeist eine Einzelaktion,[488] aber die Merkmale, über die jemand verfügen muß, damit er denunzierbar ist, stellen das Ergebnis einer kollektiven Übereinkunft oder eines kollektiven Einverständnisses mit dem dar, was Herrschaftsinstanzen für denunziationswürdig erachten. Die Merkmale müssen als verwerflich gelten, Brandmalen gleichkommen. Der Denunziation geht mithin eine Stigmatisierung (das Versehen mit einem Brandmal in wörtlicher Bedeutung)[489] als Akt der Abgrenzung und Ausgrenzung voraus: sie hext, er betreibt Sodomie, er äußert häretische Gedanken, sympathisiert mit der Konterrevolution, dem Feind (ein Volksschädling), der Bourgeoisie, ist Jude, Zigeuner, Deutscher, Punk etc. Der zu Denunzierende wird auf bestimmte Merkmale reduziert (Sexualverhalten, Glauben, ethnische Zugehörigkeit, etc.). Seine sonstigen Eigenschaften sind nicht von Interesse. Sie wären es vielleicht im Klatsch, aber nicht bei der Denunziation.

IM NAMEN DER DISZIPLINIERUNG

Selbst bei Anerkennung vorgegebener Normen fällt es schwer, diese wirklich einzuhalten. Der Körper, die Psyche, die Gewohnheit und anderes wehren sich dagegen. Ein Beispiel hierfür stellen die Klöster dar, in denen sich Menschen freiwillig zusammenfinden, um in Gott, was zugleich heißt, nach bestimmten Regeln zu leben. Doch die

Brüder und Schwestern sind kaum imstande, sie einzuhalten. Überwachungssysteme erweisen sich als notwendig. Disziplinierung läßt sich ohne Beobachtung nicht erreichen, selbst wenn alle bereit wären, die festgelegte Ordnung einzuhalten, sie auf sich zu nehmen. Ein Teil der Beobachtungen wird stets insgeheim erfolgen, denn erst dann ist zu erkennen, ob die betreffende Person die Regeln aus sich heraus, d. h. wirklich freiwillig einhält. Tut sie es nicht, muß es einer Instanz gemeldet werden. Die betreffende Person kann sich dann sagen, jemand habe sie denunziert.

Im allgemeinen widersprechen die Disziplinierungsanforderungen anderen Interessen, vor allem den privaten oder rein persönlichen. Es erscheint heute selbstverständlich, daß bei Ausbruch einer Epidemie die Kranken isoliert werden. Bei den Pestzügen im Mittelalter und in der frühen Neuzeit versuchten die Hausbewohner, einen Krankheitsfall so lange wie möglich zu verheimlichen, denn sein Bekanntwerden hatte zur Folge, daß das Haus isoliert wurde, ein Handwerksbetrieb nicht mehr weitergeführt werden konnte, die Toten nicht mehr auf dem Friedhof, sondern nur in einem Massengrab vor der Stadt begraben werden durften, was dem familiären Umgang mit den Verstorbenen widersprach. Aus der Sicht der Familien klang die Formel »Im Interesse des Gemeinwohls« abstrakt, zumal sie der Überzeugung sein konnten, daß ihre Kranken zu Hause besser aufgehoben sind als in irgendwelchen Lazaretten.[490] Nach mehr Staat sollte erst in der Neuzeit gerufen werden, als die Sozialdisziplinierungsmaßnahmen wie etwas Selbstverständliches wahrgenommen wurden.

Eine der Ursachen der Stigmatisierung ist die Furcht vor Personen, die imstande sein könnten, den Zusammenhalt und das Wohlergehen einer Gruppe oder gar die Stabilität

Angst vor Schaden und Schädlingen

einer Institution bis hin zum Staat zu gefährden. Die »Perversen« können den Zorn Gottes, der sich in Seuchen und Überschwemmungen manifestiert, hervorrufen; die »Verschwörer« machen die Erfolge der Revolution zunichte, die Juden gefährden den Erhalt der Nation, die Kritiker eines Krieges sind für Niederlagen verantwortlich, die Oppositionellen untergraben die Existenz des Sozialismus, die Rechtsradikalen die der Demokratie. Die Angst hat große Augen, heißt es im Polnischen, d. h., sie ruft zumeist übertriebene Reaktionen hervor. Mittlerweile wissen wir, daß die meisten Stigmatisierungen in der Geschichte aus Hirngespinsten – wie wissenschaftlich begründetem Hexenglauben, Rassenkunde mit wissenschaftlicher Bewertung der höherstehenden Rassen, historische Gesetze, denen Völker unterliegen, etc. – erwachsen sind.

DIE FURCHT DER SESSHAFTEN Es gibt eine uralte Furcht der Seßhaften vor den Nicht-Seßhaften, den Vagabunden, Zigeunern, Sektierern, Händlern, Bettlern, Arbeitslosen, Kranken, Juden, Flüchtlingen, Exilanten etc. Deren »Wurzellosigkeit« empfinden die Seßhaften als Bedrohung ihrer festgefügten Lebensweise und ihres erreichten Wohlstands. Aus dieser Bedrohung erwächst die Bereitschaft, die Andersartigen zu stigmatisieren und ihnen alles Böse zuzuschreiben. Man ist fast geneigt zu sagen, die Seßhaften verschwören sich gegen die »Mobilen« in dem festen Glauben, es mit Verschwörern zu tun zu haben. Aus den vielen kleinen Banden machen sie schnell eine große Mafia mit einem legendären Boß an der Spitze, aus den jüdischen Kapitalverflechtungen eine jüdische Weltverschwörung, aus den Vagabunden ein Vagabundenheer usw. Und das schlimme sei, daß diese mittels Agenten versuchen, die innere Sicherheit in den Gemeinden und Ansiedlungen zu untergraben. Gerade ihnen müsse man auf die Spur kommen, sie entlarven und vernichten. Die Seßhaften fühlen sich, mit anderen Worten, nicht nur von außen, sondern auch im Innern bedroht. Wenn sie meinen, es mit einer kollektiven Verschwörung zu tun zu haben, der man auf die Spur kommen müsse, wird das Denunziantentum aufblühen. Plötzlich ist jeder ein potentieller Verschwörer.

Die Mobilen, die »Fahrenden«, die Vagierenden (»Umherschweifenden«) erfreuten sich aber – ungeachtet dieser latenten Furcht – einst einer recht großen Beliebtheit. Sie galten, als es noch keine gedruckten Blätter und Bücher gab, als Menschen, die aus anderen Gegenden etwas mitteilen konnten, die ein Stück Welt gesehen hatten. Weder ihre Armut schreckte ab – sie lebten schließlich in Christi Nachfolge – noch daß sie nicht arbeiteten. Die Arbeit als ethischer Wert gewann erst seit dem Reformationszeitalter an Bedeutung. Man erkennt es an der zunehmenden Verurteilung der »Müßiggänger«. Eine erste Unterscheidung zwischen solchen Vaganten, die rein körperlich zur Arbeit fähig wären, und solchen, die es nicht sind, trifft am Ende des 14. Jahrhunderts das englische Recht, das nur solche gesunden »Herumziehenden« zulassen will, die sich als Klosterbrüder, Einsiedler, Pilger oder fahrende Schüler ausweisen können.[491] Mit der Reformation setzt eine Kampagne gegen Fahrende aller Art ein. Die Straßen und Plätze sollen von ihnen freigemacht werden. Sie haben zu arbeiten und sich einen festen Wohnsitz zu verschaffen. Der Jesuit François Garasse findet 1623, man solle die Städte vor dem Ungeziefer der Zigeuner, Bettler und Beutelschneider bewahren.[492] Es ist die Zeit, in der in ganz Europa die verschiedenartigsten Häuser für alle möglichen Andersartigen eingerichtet werden, seien es die Workhouses in England, die gefängnisartigen »Hospitale« in Frankreich, die Zuchthäuser in Deutschland und ähnliche Einrichtungen in anderen Ländern. In der Pariser »Charité« waren 1662 etwa 6000 Personen eingesperrt, d. h. ein Prozent der Bevölkerung der französischen Metropole.⁴⁹³ Man bedenke, wieviel Menschen für das Gelingen von solchen »Internierungen« notwendig waren. Ohne Denunzianten ging es nicht ab.

Es ist sicher kein Zufall, daß die Hauptgestalten der europäischen Prosawerke des 16. und 17. Jahrhunderts Vaganten, Picaros, Schelme und Abenteurer sind. Die Autoren, wie Cervantes, Rabelais oder Grimmelshausen, wissen genau zwischen den einzelnen Typen zu unterscheiden, was sich in den vielen Bezeichnungen (wie Landstörzerin, Springinsfeld ...), die uns heute höchstens noch aus Dialekten bekannt sind, manifestiert. Die Ordnungshüter qualifizieren dagegen die Vaganten als Bettler ab, die für sie arbeitsscheue Elemente, Betrüger sind. Es ist die Literatur, die die Trauerarbeit für das leistet, was man den »Umherschweifenden« antat. Anfänglich, als die großen Internierungsaktionen begannen, fanden sie noch Verteidiger, es kam sogar zu Tumulten,⁴⁹⁴ aber gegen rationale Systeme kommt am Ende niemand auf; sie können nur durch andere, scheinbar bessere ersetzt werden.

Bis zum 18. Jahrhundert wurden gegen die Existenzweise der »Nicht-Seßhaften« vor allem soziale und religiöse Argumente angeführt. Später kamen nationale hinzu. Herder lobt das slawische Volk ob *seiner Liebe zur Ruhe und zum häuslichen Fleiß*,⁴⁹⁵ während er über die Zigeuner nur Übles zu sagen weiß. Es sei ein *zahlreiches, fremdes, heidnisches, unterirdisches Volk, das fast in allen Ländern Europas, anzutreffen ist: Wie kommt es hierher? wie kommen die sieben bis achtmal hundert tausend Köpfe hierher, die ihr neuester Geschichtsschreiber zählet? Eine verworfne Indische Kaste, die von allem, was sich göttlich, anständig und bürgerlich nennet, ihrer Geburt nach entfernt ist, und dieser erniedrigenden Bestimmung noch nach Jahrhunderten treu bleibt, wozu taugt sie in Europa, als zur militärischen Zucht, die doch alles aufs schnellste diszipliniert?*⁴⁹⁶

Mit anderen Worten, dieses Volk müsse mit aller Macht seßhaft gemacht werden.

Uralt ist auch die Abneigung gegen die Unruhigen, denen man nichts recht machen kann. Ihre Reden werden von den meisten als verletzend empfunden. Nichts sei ihnen heilig. Im Mittelalter wurde ihnen schnell Häresie, im 20. Jahrhundert politischer Radikalismus nachgesagt. Soweit sie keinen Sekten bzw. keinen Oppositionsgruppen angehörten, Individualisten blieben, hing ihr Schicksal in Zeiten der Verfolgung von Andersgläubigen oder Andersdenkenden zumeist davon ab, ob sich einer fand, der sie denunzierte. Da sitzt beispielsweise in den dreißiger Jahren ein Mann in Köln regelmäßig am Fenster und sagt den vorbeigehenden Nachbarn und Nachbarinnen seine Meinung nicht nur zu Fragen des Alltags, sondern auch zur Politik.[497] Er erfreute sich bei den Frauen einer gewissen Beliebtheit, da ihm auch die Kunst des Zuhörens nicht fremd war. Seine bissigen Kommentare gegen das Naziregime nahmen sie entweder hin oder gar mit Genugtuung auf. Doch dann fanden drei Parteigenossen, er gehe zu weit, hetze die Frauen politisch auf. Als Halbjude kam er relativ gut davon, wie es im nachhinein hieß: Er überlebte. Sein nach dem Krieg angestrengter Prozeß führte zu nichts. Die Denunzianten wurden freigesprochen. Die Richter hatten nach einer einfachen Lösung, d. h. einem Haupttäter gesucht. Sie verstanden nicht, daß es sich um einen komplizierten Gruppenprozeß gehandelt hatte, in dem sich die Beteiligten in einer Mischung von Neid dem Selbstbewußten gegenüber und Angst vor der Gestapo hochgeschaukelt hatten. Keiner war bereit gewesen, den Furchtlosen und Aufmüpfigen zu verteidigen. Es hatte einzig Zögerliche gegeben. Schließlich, so dachte man, hätte er vorsichtiger sein können, andere hatten es ja auch vermocht.

DIE FURCHT VOR DEN UNRUHIGEN

Wenn man die Untersuchung von Dördelmann verallgemeinern wollte, was aufgrund der wenigen Fälle, die sie verfolgt hat, nicht berechtigt ist, sind die Denunzierten im Dritten Reich die Unruhigen, die sich nicht gern einordnen und sich so schnell nichts sagen lassen. Die Denunzianten sind dagegen diejenigen, die sich in ihrer Lebensweise verunsichert, gekränkt fühlen, die die »Sache« nicht auf sich beruhen lassen wollen, hartnäckig auf dem Ihren bestehen.

Wenn Gesinnung entscheidet

Jemand sagt etwas. Mit dem Gesagten kann man einverstanden sein, es hört sich akzeptabel an, erscheint bedenkenswert. Doch dann erfahren wir, wer Autor der Worte ist, welcher Gesinnung er sei bzw. gewesen sei. Das Gesagte könne mithin nur das und das bedeuten. Daß jemand etwas anderes denkt, spricht, schreibt oder gar tut, als es sich aus der Gesinnung ergeben müßte, erscheint vielen unvorstellbar. Eine zugeschriebene Gesinnung erfüllt, wenn sie als die zu verwerfende gilt, die Funktion eines Stigmas. Im Alltag äußert sich das in Bemerkungen von der Art: Weißt du nicht, daß das ein Katholik, Protestant, Roter, Schwarzer, eine Feministin etc. ist. Er werde also auch, glaubt man, wie ein Katholik, Protestant, Roter, Schwarzer, eine Feministin etc. handeln.

Eine Gesinnung unterschieben

Jemand sagte Sätze, die wie Zitate aus einem verworfenen Buch, einer verworfenen Weltanschauung bzw. aus Schriften von verurteilten Autoren klingen. Was liegt näher, als diesem Jemand vorzuwerfen, er sei ein Anhänger dieses Verworfenen oder Verurteilten. Sollte er davon nicht gewußt haben, wird man sich fragen und sich über seine Naivität wundern. Man wird ihm raten, von nun an »correctness« zu üben.

Der Denunzierte als der Schwache

In dem Dreieck Denunziant, Instanz, Denunzierter ist letzterer der Schwache, wenngleich er vom Denunzianten oft als der ihm Überlegene wahrgenommen wird. Der Denunzierte steht in Zeiten der anerkannten Denunziation auf verlorenem Posten. Ihn zu verteidigen verlangt Mut. Er soll ja aus dem sozialen Beziehungsfeld als einer, der nicht mehr gesellschaftsfähig ist, ausgeschlossen werden. In den Augen des Anklägers bzw. des Denunzianten wollen die Verteidiger des Denunzierten das Beziehungsfeld, in das alle eingebettet sind, prinzipiell verändern, indirekt die Zulassung dessen erwirken, was verboten ist oder verboten sein sollte.

Der Denunzierte wird – vor allem von den Entscheidungsträgern – nicht mehr als ein Mensch mit seinen individuellen Eigenschaften wahrgenommen, sondern als Verkörperung eines Übels. Er ist der Ungläubige, Konterrevolutionär, Volksfeind, Antisozialist, Antikommunist; steht im Bündnis mit dem Teufel, den Aristokraten, dem Feind, der jüdischen Weltverschwörung, den Faschisten etc. Er muß wie eine Eiterbeule aus der angeblich gesunden Gemeinschaft herausgeschnitten werden. In Denunziationszeiten sind chirurgische Bilder sehr populär.

Der Denunzierte muß sich besonders verloren fühlen, wenn ihm vorgeworfen wird, einer großen, womöglich internationalen Verschwörung anzugehören. Schon den Hexen sagte man in der frühen Neuzeit nach, sie würden eine weltweite Organisation bilden, deren Zweck es sei, das Christentum zu vernichten. Im 20. Jahrhundert waren es vor allem die Juden, die in den Augen der Nationalisten und Faschisten insgeheim die Welt erobern wollten. Und die Stalinisten sahen in Trotzki und seinen imaginären Anhängern Weltverschwörer. Da es sich wie bei den Hexen um keine fest umrissene Gruppe handelte, war jeder, der in der Sowjetunion wohnte, der Gefahr ausgesetzt, als Trotzkist denunziert zu werden.

Aufforderung zur Denunziation

INDIREKT   Es gibt immer wieder Situationen, die man als Aufforderung zu Mitteilungen bis hin zur Denunziation auffassen kann. Da ist bei den Nachbarn etwas passiert, Vertreter der Behörde oder der Polizei erscheinen und fragen, ohne deutlich zu erklären, worum es geht und was sie bereits wissen, so daß für Auskünfte aller Art Raum bleibt. Nach 1848 wurden Gendarmen ermächtigt, *zur Aufdeckung »sittenwidriger Verbindungen« auch die Nachbarn und Hausmitbewohner einer verdächtigen Person zu befragen*.[498] Die Befragten werden entsprechend ihrer zumeist engen Moralvorstellungen geantwortet und nicht unbedingt gesehen haben, daß die Disziplinierung der Bevölkerung nach der mißlungenen Revolution vor allem aus politischen Gründen erfolgte.

Oder ein anderes Beispiel: 1858 ließ der Konstanzer Amtmann *die Gendarmerie gezielt außerehelichen Beziehungen eines Wollmatinger Weinhändlers nachspüren*, lesen wir in der schon zitierten Arbeit über Amtmänner und Bürger in Baden.[499] Wer nachspürt, sucht Hilfe beim Auffinden. Diese Hilfe kann sich auch als eine Denunziation erweisen, nicht nur im nachhinein bei veränderten Moralauffassungen und Wertvorstellungen.

ALS PFLICHT   In den demokratischen Staaten gibt es in bestimmten Fällen, wenn Gefahr für das Leben eines Menschen besteht, eine Anzeigepflicht. Insgesamt ist diese aber auf ein Minimum reduziert. Das war natürlich nicht immer so. Eine Mitteilungspflicht galt zum Beispiel in christlichen Gemeinden und vor allem in der Kirchenhierarchie als selbstverständlich. Schließlich ging es um die Reinheit der Seele eines jeden Gläubigen. Wie ein jeder im Interesse der Gemeinde und des Betroffenen darum ringen sollte, hatte bereits Matthäus unter Berufung auf Christus skizziert: Sündigt aber dein Bruder, so gehe hin und halte es ihm vor zwischen dir und ihm allein. Hört er dich, so hast du deinen Bruder gewonnen. Hört er dich nicht, so nimm noch einen oder zwei zu dir, auf daß jegliche Sache stehe auf zweier oder dreier Zeugen Mund. Hört er die nicht, so sage es der Gemeinde. Hört er die Gemeinde nicht, so sei er dir wie ein Heide und Zöllner.[500]

Diese recht praktischen Hinweise lagen dem Verfahren der *denuntiatio canonica* zugrunde, das ein Mittel darstellte, den Klerus zu disziplinieren, auf dessen lockeres Leben immer wieder, insbesondere von Ketzern, hingewiesen wurde.[501] Bemerkenswert ist das stufenweise Vorgehen, vor allem die allmähliche Erweiterung des Kreises der Wissenden und Mitwisser. Im Gegensatz zum Inquisitionsverfahren wird der Betroffene von Anfang an in Kenntnis gesetzt, daß gegen ihn etwas vorliegt.

Ganz streng ging es in den Klöstern zu. Dort herrschte eindeutiger Denunziationszwang: *Jede Sünde muß dem Vorgesetzten angezeigt werden, entweder vom Sünder selbst oder von denen, die darum wissen, sofern sie diese nicht zu heilen imstande sind. Denn eine Sünde, die verschwiegen wird, ist eine heimliche Krankheit der Seele [...] Daher soll keiner das Heimliche eines anderen mitverheimlichen, damit er nicht statt eines Bruderfreundes ein Brudermörder und seiner eigener Mörder werde.*[502]

Das sind starke Worte. Aber schon Augustinus hatte unter Verwendung chirurgischer Metaphern erklärt: *Haltet Anzeige (wegen Zuchtlosigkeit – K. S.) nicht für lieblos; denn andernfalls seid ihr ja nicht frei von Schuld, wenn ihr eure Mitbrüder, die ihr durch Anzeige bessern könnt, durch Stillschweigen zugrunde gehen läßt. Wenn dein Bruder an seinem Körper eine Wunde hätte, die er vielleicht geheimgehalten wissen möchte, da er sich vor dem Schneiden fürchtet, wäre es da nicht grausam von dir, darüber zu schweigen, dagegen barmherzig, es zu offenbaren? Um wieviel mehr mußt du es also anzeigen, damit er nicht zu seinem größeren Unglück in seinem Herzen Fäulnis berge.*[503]

Denunziationszwang scheint ein Kennzeichen von geschlossenen Anstalten und Gruppen insgesamt zu sein. Je geringer die Freiheit des einzelnen, desto größer die Zahl der möglichen Abweichungen vom Vorgeschriebenen.

Daß mit dem Aufkommen der Policeyordnungen in der frühen Neuzeit auch immer wieder Vorschriften zur Denunziationspflicht, wie wir heute sagen würden, erlassen wurden, nimmt nicht wunder. Eine solche bestand beispielsweise im Herzogtum Württemberg nach der »Politisch Censur und Rugordnung« von 1559. Das Nicht-Anzeigen konnte mit Strafen belegt werden, während für das Anzeigen Belohnungen ausgesetzt wurden. So hieß es in einer Verordnung von 1705 in Schlesien, daß jeder *Denunciant, er sey Christ oder Jude/Käuffer/Verkäuffer/ Unterthan/Dienstbote* nicht *weniger als ein Drittel der zu verhängenden Strafe*, will heißen des Strafgelds, ausgehändigt bekommen soll.[504] Bemerkenswerterweise sollte das, was öffentlich geschah, öffentlich in der Gerichtsversammlung gemeldet werden, dagegen hatte man das, was im verborgenen passierte, *heimlich* der Herrschaft mitzuteilen.[505]

In der Neuzeit finden wir Denunziationspflicht vor allem während und auch nach den Revolutionen und in diktatorischen bzw. totalitären Regimen. Die Führer der Französischen Revolution sprachen allerdings nicht von Denunziationspflicht, sondern von dem inneren Drang des Citoyen, den höheren Instanzen »konterrevolutionäres Treiben« unter Nennung des eigenen Namens mitzuteilen. Unter der Despotie habe man zu Recht geschwiegen, im Reich der Freiheit sei dies ein Verbrechen.[506] Es ist kein Zufall, daß auf den Assignaten gedruckt stand: *Das Gesetz bestraft Fälscher, die Nation belohnt die, die sie anzeigen.*

Im 20. Jahrhundert wird als besonders empörend empfunden, wenn bereits die Absicht einer Tat, die unter demokratischen Bedingungen nicht als kriminelles Vergehen gilt, an eine entsprechende Instanz mitzuteilen ist. In der DDR stand beispielsweise jeder unter Strafe, der von einer geplanten Republikflucht wußte. Die bundesdeutschen Gerichte haben jedoch nach der Wiedervereinigung Klagen gegen Personen zurückgewiesen, durch deren Anzeigen Fluchtwillige eingesperrt wurden, es sei denn, daß es nicht bei der bloßen Anzeige blieb, der Denunziant sich zum Instrument des Staatssicherheitsdienstes machen ließ, um den DDR-Müden in seinem Vorhaben zu bestärken und zu seiner Tat zu veranlassen. Im ersten Fall wäre es dem Anzeigenden nicht zuzumuten gewesen, im Namen der Menschenrechte gegen die Rechtsvorschriften zu handeln bzw. die verlangten Schritte zu unterlassen. Im zweiten Fall habe er über genügend Möglichkeiten verfügt, sich nicht zum Instrument des Sicherheitsdienstes machen zu lassen. Es gab schließlich vom Recht her gesehen keine Pflicht zur Zusammenarbeit.[507]

Aber auch Demokratien sind gegen die Versuchung, eine Pflicht zur Denunziation einzuführen, nicht gefeit. Man denke nur an die McCarthy-Ära.

Die Geschichte der Menschheit ist voll von erzwungenen Denunziationen. Man möchte aus bestimmten Gründen einen Namen nicht angeben, die verhörende Instanz läßt jedoch keine Ruhe, sie ist sogar zur Folter bereit. Wenn sie ein unbeschränktes Recht zur Folter hat, endet das Verhör im allgemeinen nach ihrem Wunsch. Standhaftigkeit be-

ERZWUNGEN

deutet für den Verhörten, daß er körperliche Schäden davonträgt, Redebereitschaft kann Schlimmes für andere nach sich ziehen.

Einen Sonderfall der erzwungenen Denunziation stellt die erzwungene falsche Denunziation dar, die wir aus den Zeiten der Inquisition und von den Schauprozessen her kennen. Während sich bei den Inquisitionsprozessen die falsche Besagung eher aus dem Übereifer derjenigen ergibt, die nach Häretikern suchen, hatten die Offiziere, die die Schauprozesse vorbereiteten, von oben vorgegebene Aussagen zu erpressen – oft unter Anwendung brutalster Foltermethoden –, mit denen eine in sich stimmige Geschichte konstruiert werden konnte, nach der die Angeklagten absichtlich die Grundfesten des Sozialismus untergraben wollten.[508]

Die Denunziation als Möglichkeit der Öffnung instanzferner Räume

Mit der Denunziation verläßt der Denunziant sein Milieu. Er wendet sich an eine Instanz, die heute im allgemeinen eine staatliche ist. Er öffnet damit dieser Instanz einen Raum, der ihr sonst höchstens über Amtspersonen zugänglich ist. Indem jemand als Häretiker, Hexe, Volksschädling, Klassenfeind etc. angezeigt wird, bekommt die Instanz Einblick in das Milieu, dem der Denunziant und der Denunzierte angehören. Eine wichtige Rolle spielen hierbei die Stellungnahmen aus dem Milieu heraus, ob der Denunzierte zu verurteilen sei oder nicht. Die Instanz kann diese für ihre weiteren Maßnahmen nutzen. Wenn das Milieu die Denunziation schweigend hinnimmt, bedeutet das einen Akt der Unterwerfung. Die Denunziation ist für die Machthaber gerade deswegen so wichtig, weil sie ein Mittel darstellt, über konkrete Personen in

Milieus, Räume, die ihr bis dahin fremd waren und vielleicht auch feindselig gegenüberstanden, einzudringen und sie in ihren Einflußbereich zu bringen.

An der Schnittstelle zwischen Unterstützung und Distanz

Denunziation erweckt unter anderem deswegen immer wieder Interesse, weil man an ihrem Erfolg oder Mißerfolg die Absichten und Durchsetzungsmöglichkeiten der Entscheidungsinstanz abmessen kann. Wird der Denunziant abgewiesen, heißt es, daß seine Vorstellungen von Recht und Ordnung behördlicherseits nicht gefragt sind. Wird er erhört, kann man durch die Befürwortung oder Ablehnung des Denunzianten zugleich Nähe oder Ferne zum Herrschaftssystem demonstrieren.[509] In Perioden, in denen der Griff zur Waffe zum Alltag gehört, verwandelt sich die Distanz zumeist in eine unversöhnliche Gegnerschaft. Denunzianten wie auch deren Verächter müssen um ihr Leben fürchten. Sich aus allem herauszuhalten ist in solchen Zeiten zumeist nicht möglich. Es wird als Charakterlosigkeit angesehen, was man im nachhinein, wenn einem die Konflikte vom modernen Standpunkt aus als widersinnig erscheinen, oft vergißt. Man meint, die Widersinnigkeit der Konflikte müßte von Anfang an gesehen worden sein.

Nicht mehr unter sich austragen können

Wenn eine Machtinstanz, eine Instanz mit Sanktionsgewalt für Denunziationen ein offenes Ohr hat oder sogar eine Pflicht zur Denunziation deklariert, sind Konflikte mit den lokalen Gesellschaften im allgemeinen unvermeidbar. Sie werden als Reaktionen von oben, als Einmischung in ihre informelle Ordnung empfinden. Dabei können sie vieles als vernünftig ansehen, aber die Tatsache, daß die Kontrolle von außen erfolgt, verstimmt sie. In Baden gab es zum Beispiel zu Beginn des 19. Jahrhunderts eine kommunale Ortspolizei und vom Staat eingestellte Amtmänner und Gendarmen. Doch *der Polizeidiener wurde im dörflichen Alltag nur selten benötigt. Deswegen stellten die Gemeinden weiterhin möglichst wenige, mancherorts gar keine Polizeidiener an. […] Der Polizeidiener war einheimisch und eingebunden, der Gendarm ortsfremd und seinen Vorgesetzten verpflichtet.*[510]

Die Polizeidiener wurden oft nur gebraucht, Ausschau zu halten, ob sich Gendarmen nähern. Wenn dies der Fall war, sollten sie es schnellstens mitteilen, damit der Ort bei der Obrigkeit nicht in schlechten Ruf gerät und zugleich von seinen alten Gewohnheiten nicht abzugehen braucht. Die meisten Polizeidiener müssen schriftunkundig gewesen sein; wahrscheinlich erwarteten die Einheimischen von ihnen, daß sie nur dann eingreifen, wenn es um Diebstahl oder Raufereien mit tödlichen Folgen und ähnliches ging.

Allgemein läßt sich sagen, daß eine Gemeinschaft, insbesondere eine kommunale, erst dann die Hilfe von außen bzw. von oben erwartet und braucht, wenn sie ihre Probleme nicht selber auf informellem Wege zu lösen vermag. Solange sie dazu imstande ist, wird sie das Eingreifen einer äußeren herrschaftlichen Instanz als etwas Feindliches empfinden und Anzeigende gern zu Denunzianten stempeln. In Dörfern und kleinen Städten war dies bis in die Neuzeit hinein der Fall. Streitfälle wurden, *solange keine allzu massive Gewalt angewendet worden war und solange das Opfer weder Amtsträger noch hochgestellte Persönlichkeit war,*[511] von den Betroffenen selbst gelöst. Die außenstehenden Instanzen mußten über Konfliktlösungen dieser Art zufrieden sein, denn sie verfügten selber gar nicht über das Instrumentarium dafür, d. h. über Leute, die notwendig gewesen wären, um die vielen örtlichen Händeleien und Konflikte zu schlichten. Man kann hier von einer *sich selbst überwachenden Gesellschaft* sprechen.[512]

Mit diesem Begriff sind dagegen nicht Gesellschaften zu beschreiben, deren Mitglieder sich in der Mehrzahl für die Einführung einer neuen Ordnung aussprechen und sich gern an die neuen Ordnungskräfte wenden, um Abweichungen zu melden, wie das etwa im Dritten Reich der Fall war. Hier müßte von einer Gesellschaft gesprochen werden, die sich im Einklang mit den Erwartungen der neuen Machthaber befindet. Robert Gellately hat den Begriff der sich selbst überwachenden Gesellschaft dagegen für das Dritte Reich verwandt und später auch auf die DDR übertragen. Er gebraucht das »sich selbst« etwas zu frei. Die Instanz versteht man im allgemeinen nicht als Teil der Gesellschaft, als ein Selbst, sondern als etwas über ihr Stehendes, als Repräsentanz des Staates.

Gemeinschaften sträuben sich im Normalfall gegen Eingriffe von oben mit Hilfe von Denunziationen, weil die Erfahrung lehrt, daß einer Denunziation weitere folgen. Es gibt einfach zu viel »Verborgenes«, was, um Konflikte zu vermeiden, nicht ausgesprochen wird. Wenn einmal daran gerührt wird, stürzt das ganze Kartenhaus ein. So war es bei den Hexenprozessen, wo im Nu ganze Dörfer zerrüttet wurden, nachdem das Konstrukt »Hexensabbat« geschaffen ward, was dazu führte, daß die etwas freier denkenden bzw. handelnden Frauen als vom Teufel besessene »denunziert« wurden und diese sich wiederum mit Hilfe weiterer »Besagungen« zu wehren suchten.

Denunziationstrunkene Zeiten

Es gibt immer wieder Zeiten, in denen Denunziationen ein Gebot der Stunde zu sein scheinen. Wenn man sich die soziale Herkunft der Denunzianten dieser Zeiten anschaut – soweit das aufgrund der Archivquellen möglich ist –, erhält man den Eindruck, daß es sich vor allem um Menschen aus unteren und mittleren Schichten handelt, die sich plötzlich regen und andere ausliefern, ohne unbedingt persönlich etwas gegen den Denunzierten zu haben. Helene Schwärzel mochte Goerdeler sogar. Die einfache Frau und der einfache Mann haben für einen Augenblick etwas zu sagen, sind in diesem Moment Teil eines historischen Ereignisses oder einer großen Bewegung. Noch dazu können sie infolge der verkürzten Rechtswege und der situativen Anpassung des Rechts an momentan herrschende Interessen und Entwicklungen zu schnellem Erfolg gelangen. Es tut sich etwas. Und sie sind nicht nur Zuschauer, sondern auch Akteure, wenngleich mit einem kurzen Auftritt. Ihre Rolle beschränkt sich im wesentlichen auf ein, zwei Sätze.

Zuvor wurde an die Bürger appelliert: mitzuwirken (*Wir wenden uns an Euch, Bürger, um Auskünfte über die Meinungen und das Verhalten ... der verdächtigen Leute zu bekommen*, erklärt ein Mitglied des Straßburger »Comité de surveillance«)[513], ihrem wahren Glauben, ihrem Gerechtigkeitsgefühl, ihrer patriotischen Gesinnung, ihrem Klasseninstinkt zu folgen. Sie meinen, es zu tun, auch wenn sie aus egoistischen Motiven handeln. Die große Politik und ihr Alltag vereinen sich in ihrem Bewußtsein, wenngleich auf verquere Weise. Die Problemlösungen, die ihnen angeboten werden, sind überaus einfach. Nur einige wenige vom Teufel Besessene, Aristokraten, Reiche, Sittenlose, Fremde oder auch Juden stünden den hehren Zielen im Wege. Dieser Diskurs entspricht in irgendeiner Weise ihrem Gerechtigkeitsgefühl oder ihrem Wissen aus den Heiligen Schriften oder insgeheimen Wünschen. In ihren Mitteilungen, Beschwerden und Denunziationen brauchen sie nur zu erklären, der und der sei Aristokrat oder habe aristokratische Manieren, der und der stamme aus der Ausbeuterklasse, sympathisiere mit ihr, was man an seinen bürgerlichen Manieren erkenne, der und der sei ein Feind der Nation, was seine Ähnlichkeit mit dem Gegner beweise.

Man darf nicht vergessen, daß solche Zeiten voller Gewalttätigkeiten und voll panischer Ängste sind, in denen sich plötzlich ganze Dörfer verbinden und von der Obrigkeit die Erlaubnis ertrotzen, nach Hexen – das sind oft die eigenen Frauen – zu jagen, um *solch böß unkraut außzurotten*,[514] in denen biedere Männer die Pariser Gefängnisse erstürmen und *ungefähr 1000 bis 1400 Menschen, darunter 300 Priester* massakrieren,[515] in denen ein Munizipalbeamter findet, man dürfe vor einem Blutbad nicht zurückschrecken: *Ihr sagt, Ihr hättet Euch der Verräter versichert und hieltet sie im nationalen Gewahrsam. Der einzige nationale Gewahrsam für die Verräter hat die Guillotine zu sein, jeder andere ist schlecht; zweifelst Du noch daran?* »*An Euren Händen klebt noch kein Blut.*« *Wie wagt Ihr das zu sagen? Heißt das nicht die Volksrache zu beschimpfen, die so notwendig gewesen ist, weil diese Ungeheuer mit ihrem Gold Richter und Gesetze eingeschläfert haben.* [...] *Wacht doch auf, laßt diese Verräter zum Tode verurteilen, und erinnert Euch, erinnere Du Dich, daß wenn das Volk überall seine Hände rein gehalten hätte, wie Ihr Euch rühmt, was denn, dann trügen diese Hände Ketten, und wir hätten noch Könige und Tyrannen!*[516]

Ein Angestellter beim Proviantamt in Straßburg lobt in einem Schreiben nach Paris die Wundertaten der Guillotine mit den Worten: [...] *Es war Zeit, daß Saint-Just zu dieser unglücklichen Armee kam und daß er dem Fanatismus der Elsässer, ihrer deutschen Trägheit und Dummheit, dem Egoismus, der Gier, der Niedertracht der Reichen gewaltige Beilhiebe versetzt hat; sonst wäre es um diese schönen Departements geschehen gewesen. Er hat alles belebt, erfrischt, und um dieses Werk zu vollenden, kommen von allen Seiten revolutionäre Apostel, tüchtige Sansculotten zu uns; die heilige Guillotine ist in der glänzendsten Geschäftigkeit, und der wohltätige Schrecken bringt hier in einer Wunderwirkung hervor, was man von der Vernunft und Philosophie in mindestens einem Jahrhundert nicht hätte erhoffen dürfen.*[517]

Im 20. Jahrhundert finden wir dieses Pathos seltener. Dafür ist das Ausmaß der Gewalttätigkeiten und die Zahl der Denunziationen größer als je zuvor. Von einem wahren Denunziationsfieber wurde die sowjetische Gesellschaft während der großen Säuberung in den dreißiger Jahren ergriffen, zumal ein Parteimitglied, bevor es verhaftet werden konnte, von seiner Grundorganisation ausgeschlossen werden mußte. Die Parteiversammlungen wurden so zu einem Hort der Verdächtigung. Es reichte aus, einem Genossen vorzuwerfen, mit feindlichen »Elementen«, d. h. mit Bekannten von bereits Verurteilten, verkehrt, seinen Lebenslauf falsch dargestellt oder sich unbolschewistisch verhalten zu haben. Sofort wurde auch dieser aus den Reihen der Partei entfernt und damit der Aufmerksamkeit des NKWD ausgeliefert. Auf diese Weise erhielt die von oben eingeleitete Säuberungsaktion eine unbeabsichtigte Dynamik. Stalin und seine Mitstreiter im Politbüro (Molotow, Kaganowitsch, Woroschilow und andere) verloren, obwohl sie die Todes- und Verbannungsurteile zum großen Teil selber unterschrieben, zeitweise die Übersicht darüber, wer zum Opfer wurde. Es mußte ein Zeichen gesetzt werden, aus dem hervorging, daß Spontaneität nicht gewünscht war. Dies geschah Ende

1938 durch die Absetzung des NKWD-Chefs Jeshow und die Berufung Berijas an dessen Stelle, der für eine Eindämmung der Säuberungen zu sorgen hatte. Die vorhergegangenen Säuberungen wurden propagandistisch geschickt mit dem Namen *Jeshowshtshina* abgewertet. Ihre große Zahl wurde einem einzelnen in die Schuhe geschoben, um nicht die Repressalien an sich verurteilen zu müssen.

Unter dem Gesichtspunkt der Kommunikation zwischen Staatsbürgern und Behörden bzw. Machtinstanzen sind denunziationstrunkene Zeiten solche, die sich durch einen massenhaften unmittelbaren Kontakt der Bürger mit Machtorganen auszeichnen. Für einen bestimmten Teil der Gesellschaft sind es Hoch-Zeiten. Es kommt sogar dazu, daß sich mehrere Personen auf einmal als Gleichgesinnte an die neuen Machthaber mit der Forderung wenden, etwas gegen bestimmte Menschen zu unternehmen. So schrieben 1934 neun »alte Parteimitglieder, Veteranen des Bürgerkriegs« anonym (sie würden sich vor Vergeltung fürchten) an Molotow, in der Parteiorganisation ihres Gebietes befänden sich Söhne von Priestern, zaristischen Offizieren, Mullahs und eines Universitätsrektors in hohen Positionen. Wenn keine Reaktion erfolge, würden sie Stalin informieren. Sollte auch er nichts veranlassen, gäbe es nur den einen Schluß: Unsere Gesellschaftsordnung ist keine sozialistische, sondern die der Kulaken.[518]

In solchen Zeiten schlägt auch die Presse denunziatorische Töne an durch Nennung bestimmter Namen oder Verweise auf Personengruppen, die aus der Gesellschaft bzw. Gemeinschaft ausgeschlossen werden müßten. Man kann meinen, es mit spontanen Aktionen oder Kampagnen zu tun zu haben, doch zumeist ist das Ganze auf irgendeine Art und Weise gesteuert, zumal in den kommunistischen Staaten, wo nichts ohne Wissen und Genehmigung entsprechender Instanzen an die Öffentlichkeit – wie klein sie auch immer war – dringen durfte und das Gedruckte im allgemeinen der Vorbereitung oder Begründung von repressiven Maßnahmen des Sicherheitsdienstes gegen bestimmte Personen oder Personenkreise diente.

Jagdrausch

Daniil Granin beschreibt, wie Sostschenko am Ende seines Lebens vor dem Leningrader Schriftstellerverband Selbstkritik zu üben hatte, wozu er nur bis zu einem gewissen Grad bereit war. Das spürte die Versammlung sofort. Man wollte Halbheiten nicht zulassen: *Alle redeten durcheinander, am lautesten diejenigen, die meinten, Sostschenko wolle sich herauswinden und sie hätten ihn dabei ertappt. Sie brauchten nicht einmal seine Reue, sie waren vom Jagdrausch besessen. Ihn fangen, ihn dabei erwischen, daß er sich herauswinden will, ihn ertappen, entlarven! Im Saal herrschte der schonungslose Jagdgeist der Meute, die jemanden hetzt und umzingelt.*[519]

Die Schriftsteller waren zu einer Hetzmasse im Sinne von Canetti geworden. Sostschenko sollte sich davon nie wieder erholen.

Ein Jagdrausch in der Öffentlichkeit oder der Öffentlichkeit ist auch in Demokratien möglich. Dort beginnt es zumeist mit Vorfällen, die in einer Demokratie nicht geduldet werden sollten; man möchte kurzen Prozeß machen, das Übel ein für allemal beseitigen – und schon sind die Verfolger bereit, von Unterschieden, dem je individuellen Fall abzusehen. Es geht nur noch um den Sieg, den endgültigen. Und so verseucht sich die Öffentlichkeit in der Bekämpfung einer wirklichen oder vermeintlichen Seuche. Das bekannteste Beispiel ist McCarthys Feldzug gegen kommunistische Unterwanderung, bei dem geltendes Recht mit Einverständnis einer breiten öffentlichen Meinung noch und noch verletzt wurde. Eine ganze Reihe von Staatsbeamten, Lehrern und Akademikern wurden grundlos entlassen. Jeder, der einst der kommunistischen Partei angehört hatte, mußte nachweisen, daß er mit innerer Überzeugung ausgetreten ist. Den Nachweis des guten Glaubens konnte er erbringen, indem er sich bereit erklärte, andere Personen als Kommunisten zu identifizieren: *1954 gaben Schulangestellte zu, Kommunisten gewesen zu sein, aber nur 16 von ihnen waren bereit, einstige Kollegen als ehemalige Kommunisten zu nennen. Nach Ansicht der Erziehungsbehörde bewiesen dadurch diese 16 »in befriedigender Weise, daß ihre Trennung von der Kommunistischen Partei vollständig, endgültig und aufrichtig« sei, wogegen die renitenten 11 entlassen werden sollten. Gegen diese Art des Vorgehens hat in einem Brief an die »New York Times« ein Ausschuß der »Union für bürgerliche Freiheit« protestiert. »Wir stellen zur Erwägung«, heißt es darin, »daß das Denunzieren anderer weder der Akt des guten Glaubens ist, der gewünscht wird, noch der in den einschlägigen Gesetzen vorgesehen ist ... Wir finden es moralisch abstoßend, einen Maßstab des Verhaltens aufzustellen, der einen Ex-Kommunisten ermutigt, sich seine Stellung dadurch zu erhalten, daß er als Denunziant gegen seine Kollegen auftritt.« Die Argumente drangen nicht durch. Der Erziehungsausschuß von New York hat im März 1955 mit sieben gegen eine Stimme beschlossen: 1. daß alle Lehrer gezwungen werden sollten, unter Eid jedwede Frage zu beantworten, die unter die Jurisdiktion des Ausschusses fällt; 2. von den Lehrern zu verlangen, daß sie jeden Kollegen nennen, der gegenwärtig oder früher Mitglied einer subversiven Gruppe ist oder war.*[520]

Ein Lichtblick war, daß sich nicht alle Intellektuellen

dem Verfolgungsrausch angeschlossen hatten und daß im Laufe der Jahre auch viele Entscheidungen als rechtswidrig wieder zurückgenommen wurden.

Ausgrenzung, bei der Denunziation nicht vonnöten

AUFGRUND VON ÄUSSEREN MERKMALEN

Bei der Denunziation findet immer eine Ausgrenzung statt, aber nicht für jede Ausgrenzung ist eine Denunziation vonnöten. Denken wir zum Beispiel an die Rassismen verschiedenster Art. Hier werden bestimmte Personen aus der Gemeinschaft (Gesellschaft) aufgrund von äußeren, sichtbaren Merkmalen (Farbe, körperliche oder geistige Behinderung, sexuelle Neigungen, Zugehörigkeit zu einem Volksstamm etc.), durch die sie einer bestimmten Gruppe zugerechnet werden können, diskriminiert oder gar zu Tode gehetzt.

MOBBING

Eine andere Art von Ausgrenzung ist das **Mobbing**, das als Wort bis vor kurzem unbekannt war. Mit ihm wird die Vorgehensweise eines »Kollektivs« bezeichnet, mit der eine von ihm als Opfer designierte Person Schritt für Schritt mit zunehmender Freude durch Psychoterror an den Rand gedrängt wird, bis sie zusammenbricht oder noch früh genug die Flucht ergreift.[521] Die Person wird nicht aus »rassischen Gründen« bedrängt, d. h., weil sie einer bestimmten Menschengruppe angehört, sondern weil sie über Eigenschaften verfügt, die nicht gefragt sind (sie ist zu strebsam, zu vorlaut, zu verschwiegen, zu klug, zu einzelgängerisch etc.). Sie wird im Unterschied zum Denunziationsfall nicht aufgrund von Vorschriften oder Normen, die sie – wie der Denunziant in Erfahrung gebracht hat bzw. gebracht haben will – angeblich oder tatsächlich nicht eingehalten hat, von einer höheren Instanz aus dem »Kollektiv« entfernt, sondern aus nur schwer zu erklärenden Gründen[522] von der Gemeinschaft in die Enge getrieben. Ähnliches kennt man aus der Schule und von Dörfern her. Dort nannte man es »die Hatz«, das bis aufs Blut Hänseln, bei dem das Eigentliche nicht beim Namen genannt wurde. Das Neue ist, daß sich der Psychoterror am Arbeitsplatz, nicht am Wohnort abspielt.

En masse oder die Schriftmacht

Im Mittelalter bediente man sich der körperlichen Markierung (aufgeschlitztes Ohr, abgeschnittenes Haar), damit alle wußten, daß diese Person stiehlt oder gestohlen hat. Und vor allem zeigte die Kleidung an, wer wer und was war. In der frühen Neuzeit mußten neue Formen des Sich-Ausweisens angesichts einer neuen Organisation der Armenfürsorge, einer neuen Bettelgesetzgebung, einer neuen Regelung des Ortswechsels etc. gefunden werden. Von nun an wurden Zeugnisse, Beglaubigungen, Pässe in größerer Zahl ausgestellt, so daß man von einer Art Zettelwirtschaft sprechen könnte. *Bei der Einführung solcher Papiere, handelt es sich um eine Überwachungsmaßnahme von neuer Qualität, die keine mittelalterliche Entsprechung hatte.*[523] In Frankreich wurde im Jahre 1568 das *sogenannte Aktenkontrollrecht eingeführt, eine Steuer, die zahlbar war, wenn Auszüge aus den Kirchenbüchern bei Gericht vorgelegt wurden. Im Jahre 1654 wurde es erneuert und später durch die Schaffung der Ämter des Gerichtsschreibers (1690) und des Aktenprüfers (1706) verschärft.*[524] Diese und andere Bestimmungen führten, soweit sie die zusätzliche Zahlung von Steuern betrafen, oft zu Unruhen und Protesten. Nach Jean Delumeau steckte dahinter aber auch die Angst *einer wesentlich von mündlicher Kommunikation bestimmten Volkskultur gegenüber dem Papierkrieg einer zentralistisch orientierten Bürokratie, die immer mehr gebührenpflichtige Aktenauszüge, Zahlungsaufforderungen usw. produzierte.*[525]

Welch einen Einschnitt im Umgang der Parteien und des Gerichts miteinander mußte die Einführung der Pflicht zur Schriftlichkeit aller Gerichtsverfahren bedeutet haben! Ohne sie wäre es nicht zur Verlegung der Gerichtsverhandlung vom Freien ins Gebäude gekommen, in dem für das »Dingvolk«, d. h. die urteilsfähigen gemeinen Männer, kein Raum mehr vorgesehen war. Ohne diese Pflicht hätten sich auch nicht die neuen Berufsstände, der des Notars[526] und der des gelehrten wie auch beamteten Richters, herausgebildet. Ein Denken in neuen Kategorien begann sich durchzusetzen: Wenn Gesagtes protokolliert wird, geht die Flüchtigkeit verloren, es kann von verschiedenen Seiten beleuchtet und in zeitlich quasi unbegrenzter, exakter Konfrontation mit den Rechtsvorschiften hin und her gewendet werden. Das Niedergeschriebene erscheint als etwas Ewiges. Die Individuen wurden immer mehr in ein *Netz des Schreibens und der Schrift* hineingezogen, von einer *Unmasse von Dokumenten* erfaßt. Am Ende dieses Prozesses installierte sich eine *Schriftmacht* über den einzelnen.[527]

Die Schriftmacht wurde durch die Herausbildung von Staaten, die um der *Selbsterhaltung* willen die *Verwaltung* zu ihrer Natur machen,[528] potenziert. Und die Nivellierung der Ständeschranken sowie die Beseitigung der lokalen und schichtenspezifischen Polizeirechte (nach denen etwa der Gutsherr auch der oberste Richter und Polizist über das Gebiet seines Besitzes war) machte einen massenhaften Zugriff auf die Individuen möglich: *Wenn alles und jedermann poliziert wird, einschließlich des nunmehr aufgeklärten Landesherrn, dann bekommt auch alles und jedermann eine entsprechend nivellierende (um nicht zu sagen: fast egalitäre) Qualität. Dann wird notwendigerweise der Staat mittels seines nunmehr etablierten Gewaltmonopols zum Garanten der jetzt ständisch-ungebundenen Egalität, und die Gesellschaft wiederum etabliert und fixiert sich als Bewußtseinsgröße dieser nivellierenden Ordnungspraxis.*[529]

Hinzu kommt, daß sich immer mehr die Vorstellung

vom Rechtsstaat durchsetzte, weswegen die einzelnen Verwaltungseinheiten zunehmend angewiesen wurden, ihre Tätigkeit so zu dokumentieren, daß sie imstande sind, Vorwürfe der Überschreitung von Machtbefugnissen zurückzuweisen. So wurde vieles, insbesondere persönlich Zugetragenes, von den Beamten schriftlich festgehalten. Sie beachteten nicht, ob es sich um Wesentliches oder Unwesentliches handelt. Darüber sollten ihre Vorgesetzten entscheiden. Den Beamten ging und geht es nur darum, sich bei Kritik rechtfertigen zu können, daß sie Bescheid gewußt hätten und aktiv geworden seien, indem sie die Sache nach oben weitergeleitet hatten.

Die Zahl der schriftlichen Vorgänge wuchs und wächst von Jahrzehnt zu Jahrzehnt. Seit der zweiten Hälfte des 19. Jahrhunderts nehmen sie in einem förmlichen Eiltempo zu. Als Beispiel sei die Polizeiverwaltung von Preußen genannt: *Wurden im Jahre 1860 nur 4359 Vorgänge in die Journale der Präsidialabteilung eingetragen, so waren es 1870 schon 7358. [...] Zehn Jahre später trug man schon 23 847 Vorgänge in die Journale der Abteilung I ein, im Präsidium insgesamt fast 800 000.*[530] Gleichzeitig nahm die Zahl der Beamten pro Einwohner zu. Kam um 1870 in Berlin ein Exekutivbeamter der Polizei auf 772 Einwohner, war es um die Jahrhundertwende einer auf etwa 300. Das Verwaltungspersonal der Polizei versechsfachte sich in diesem Zeitraum.[531] Der sich etablierenden Schriftmacht wurden damit neue Kräfte zugeführt. Bald gibt es keinen Bürger mehr, der nicht in irgendwelchen Meldeämtern und Registern erfaßt ist. Die Daten über ihn werden immer genauer. Bald *konnten sich auch der gewitzteste Vagant und der arbeitsuchende Proletarier der bürokratischen Kontrolle nicht mehr entziehen.*[532] Der Zugriff auf jeden einzelnen ist jederzeit möglich.

Auf eine Denunziation muß jetzt nicht mehr sofort reagiert werden, sie verwandelt sich erst einmal in einen schriftlichen Akt. Es bleibt freier Platz für weitere Signale. Die Behörden fühlen sich gleichzeitig selber berufen, Daten über Bürger oder eine bestimmte Gruppe von Bürgern zu sammeln, um auf entscheidende Augenblicke, die als Katastrophe stilisiert werden können, vorbereitet zu sein. Zu den Daten gelangen sie entweder durch eigene Beobachtungen oder mit Hilfe von anderen.

Das Individuum droht zum Fall zu werden, der *sowohl Gegenstand für eine Erkenntnis wie auch Zielscheibe für eine Macht ist.* Der Fall ist das *Individuum, wie man es beschreiben, abschätzen, messen, mit anderen vergleichen kann – und zwar in seiner Individualität selbst; der Fall ist aber auch das Individuum, das man zu dressieren oder zu korrigieren, zu klassifizieren, zu normalisieren, auszuschließen hat usw.*[533]

So kann man Individuen sowohl nach dem Gesichtspunkt der Krankheit (als Abweichung von einer Norm mit dem Namen Gesundheit), des Sexualverhaltens (als Abweichung von einer Norm mit dem Namen gute Sitten) oder der Einstellung zum Staat (als Abweichung von einer vorgeschriebenen Norm wie vaterländische, nationalsozialistische Gesinnung, Standpunkt der Arbeiter- und Bauernklasse, der Partei als führender Kraft und anderes mehr) **en masse** als Fälle dokumentieren. Das führt schließlich zu kilometerlangen Aktenbeständen. Die Fälle sind jederzeit abrufbar. Sie können behandelt werden. Mit jedem kann in gleicher Weise verfahren werden, aber jeder ist durch die Beziehungen, die er in der Gesellschaft der Egalitären mit anderen eingeht, ein besonderer Fall, der womöglich einer Beobachtung bedarf. Der Fall kann auch eliminiert werden, worüber jedoch zumeist eine politische Instanz entscheidet. Im Dritten Reich wurde nach Rassenkriterien, politischer Einstellung, geistigem Zustand eliminiert. Im KGB-Reich waren es offiziell Klassenkriterien und politische Einstellung, aber es kamen auch andere Gesichtspunkte hinzu, etwa nationale, wie man bei den Deportationen ganzer Völkerschaften erkennen kann. So ging den Deportationen der Polen aus dem sowjetischen Besatzungsgebiet zwischen 1939 und 1941 eine besondere Volkszählung voraus. Ihre Ergebnisse entschieden über die Klassifizierung eines jeden einzelnen, ob und in welches Gebiet er zu transportieren war. In späteren Zeiten ging es mehr um die Einordnung einzelner Personen als nutzbringend für die »Aufklärung« operativer Vorgänge oder als potentiell gefährlich, so daß wir es bei den überlieferten Akten aus dem KGB-Reich mit einem *primär personenbezogenen Schriftgut* zu tun haben.[534] Sein Umfang ist *im historischen Vergleichsmaßstab ungewöhnlich groß*,[535] was sich aus der Überbürokratisierung dieser Apparate ergibt, die angesichts gegenseitigen Mißtrauens sich als notwendig erwies.

Die »Schriftmächte« müßten an und für sich ohne Denunziation auskommen, zumal jeder Bürger verpflichtet ist, auf Fragen, die die jeweilige »Schriftmacht« für wesentlich hält, zu antworten. Aber da so mancher Bürger aus diesem oder jenem Grund keine Lust hat, die Karten aufzudecken, sind die Machtorgane für zusätzliche Informationen, wie es so schön heißt, dankbar. Der Denunziant ist ihnen eine »wertvolle Hilfe«.

Es kommt auch hinzu, daß die »Schriftmächte« dem Denunzianten eine wichtige Waffe in die Hand gegeben haben: die schriftlich fixierten Gesetze, Anordnungen, Verbote etc. Der Denunziant kann sich auf sie berufen; die Instanz ist verpflichtet, Überschreitungen zu verfolgen, auch wenn ihnen im gegebenen Augenblick die Zutragung ungelegen kommt. Der Denunziant hat durch die schriftlichen Fixierungen an Selbstsicherheit gewonnen.

Öffentlichkeit und Denunziation

Öffentlich, offenbar, unverborgen

Die ursprüngliche Bedeutung von »öffentlich« ist offenbar im Sinne von *klar, vor Augen stehend*,[536] *offensichtlich*. Das, was gesehen wird, ist das Offensichtliche. Dazu gehört auch ein Sich-Bewegen vor Menschen, in der Öffentlichkeit. Gerichte wurden im Freien, zwischen Sonnenaufgang und -untergang abgehalten, was auch Symbol dafür war, *daß es hier nichts zu verbergen gab und alles mit rechten Dingen zuging. Dieser Bedeutung des Attributs »öffentlich« entsprach die Form des Verfahrens, welche im Gegensatz zum späteren Inquisitionsprozeß als »Akkusationsprozeß« bezeichnet wird. In ihm lud – auch in Strafsachen – nicht die Obrigkeit, sondern der Kläger selbst zum öffentlichen Gericht und erhob seine Anklage vor allen zugelassenen Dingpflichtigen. Öffentlich in diesem Sinne verlief jedoch auch das ganze übrige Verfahren von der Zeugenvernehmung und dem Eid der Parteien bis hin zur Beratung, Abstimmung und Verurteilung des Täters.*[537]

Man war der Meinung, die Wahrheit sei das »Unverborgene«, was an Heideggers Übersetzung von αληθεια erinnert. In der Öffentlichkeit gäbe es keine Lüge, und wenn es zu einer solchen – einer öffentlichen Lüge – kommt, ist sie nach Luther keiner Antwort wert. Öffentlich wurde bis ins 18. Jahrhundert hinein als Gegensatz zu »geheim« verstanden. Für öffentlich als Bezeichnung sozialer Zusammenhänge wurde dagegen das Wort »gemein« verwandt. Das Wort »Öffentlichkeit«, das in der zweiten Hälfte des 18. Jahrhunderts aufkommt, tritt erst nach Jahrzehnten an die Stelle von »Publizität«.[538] Zu einem festen Begriff wurde es in Deutschland im Vormärz, als sich mittlerweile eine die Stände und Ländergrenzen übergreifende Öffentlichkeit herausgebildet hatte. Interessanterweise bleibt der alte Sinn von »öffentlich« als etwas Evidentem erhalten: Wenn etwas ans Licht kommt, muß es offensichtlich, wahr sein. Dahinter verbirgt sich die Meinung, die Öffentlichkeit sei stets imstande, das Offengelegte als wahr oder falsch zu interpretieren.

Die Öffentlichkeit als Instanz

Das Paradoxe des Sich-an-die-Öffentlichkeit-Wendens kommt gerade in Heinrich Heines Streitschriften zum Ausdruck. Er nannte in seiner Vorrede zum *Salon* Wolfgang Menzel einen Denunzianten, weil er durch seine ausführliche Rezension des Romans *Wally, die Zweiflerin* (1835) von Karl Gutzkow den Anstoß zum Verbot der Schriften des Jungen Deutschland durch den Frankfurter Bundestag gegeben habe.[539] Diesen Sachverhalt müsse die Öffentlichkeit kennen. Sie dürfe sich so etwas nicht bieten lassen, wenn sie in Freiheit leben wolle.

Heine erwartete in seinem Kampf gegen Menzel Unterstützung von der Öffentlichkeit. Doch dazu mußte er wie ein Denunziant auftreten, zumal er sich selber von Menzel denunziert fühlte. Dieser hatte die Jungdeutschen Gutzkow, Heinrich Laube, Ludolf Wienbarg und Theodor Mundt *Schwächlinge*, *Wollüstige*, *literarische Wüstlinge*, *Auswurf der Nation* genannt, ihre Schriften als *unzüchtig* und *obszön* bezeichnet. Sie seien voller *ins Bordell gehöriger Nuditäten*. Und Heine, dem er immerhin Talent zuerkennt, benutze seine Fähigkeiten nur, um über *alles Heilige und Hohe, Edle und Unschuldige in der Welt* zu lästern. In seinem Gegenangriff hielt Heine nicht zurück.

Menzel gebe sich als deutscher Patriot aus, sehe aber gar nicht wie ein Deutscher aus, sondern *wie ein Mongole ... jeder Backenknochen ein Kalmuck!*[540] Es war als ein Gegenschlag gegen Menzels Charakteristik gedacht: *Die Physiognomie des jungen Deutschland war die eines aus Paris kommenden, nach der neuesten Mode gekleideten, aber gänzlich blasierten, durch Liederlichkeit entnervten Judenjünglings mit spezifischem Moschus- und Knoblauchgeruch.*

Heine verdeutlichte auch, daß Denunzianten immer vorgeben, im Namen von etwas Allgemeinem aufzutreten: *Sonderbar! Und immer ist es die Religion, und immer die Moral, und immer der Patriotismus, womit alle schlechten Subjekte ihre Angriffe beschönigen! Sie greifen uns an, nicht aus schäbigen Privatinteressen, nicht aus Schriftstellerneid, nicht aus angebornem Knechtsinn, sondern um den lieben Gott, um die guten Sitten und das Vaterland zu retten.*[541]

Auch Heine gibt vor, nicht aus verletzter Eitelkeit gegen Menzel zu polemisieren, sondern weil dieser den konservativen Entscheidungsträgern das Material für das Druckverbot geliefert habe. Ohne ihn wären die Herren im Frankfurter Bundestag überhaupt nicht auf die Idee des Generalverbots gekommen. Heine erwartet, die Öffentlichkeit werde sich empören und gegen das Verbot protestieren. Sie sollte sich über alle Instanzen hinwegsetzen und sich selber zur obersten Instanz erklären.

Keine feste Größe

Es gibt aber nicht **die** Öffentlichkeit. Sie muß sich immer wieder formieren. Das geschieht im Laufe einer Debatte, bei der sich die Teilnehmer ein Urteil über die »Denunziation« bzw. den »Denunzianten« bilden. Am Ende nimmt sie den Charakter einer Instanz an, die sich zu einer Urteilsfällung berechtigt fühlt.

Als Luther am 31. Oktober 1517 seine 95 Thesen über Buße und Ablaß an der Tür der Wittenberger Allerheiligen-Kirche mit der Absicht öffentlich machte, die Gelehrten zum klärenden Disput herauszufordern, nahmen erst einmal wenige von ihnen Notiz, obwohl er den allgemein Ärgernis erregenden Ablaßhandel »denunzierte«. Erst allmählich bildete sich eine »reformierte Öffentlichkeit« heraus.[542] Eine große Rolle spielte dabei, daß die Thesen ins Deutsche übersetzt wurden und daß Luther sowohl deutsch zu schreiben – wie die Schrift *Von der Freiheit eines Christenmenschen* – als auch »die Massen ergreifende Ideen« zu formulieren begann. Die »reformierte Öffentlichkeit« bestand jedoch nur kurz; nach der Niederschlagung der Bauernkriege brach sie zusammen. Sie war für viele, insbesondere für die Herrschenden, schreckenerregend geworden. Öffentlichkeit ist mithin keine feste Größe.

In die Presse bringen

Von der Macht des Mediums Presse sprach man zwar bereits am Ende des 18. Jahrhunderts, aber es sollte noch Jahrzehnte dauern, bis die Zeitungen es als ihre Aufgabe ansahen, nicht nur Nachrichten zu übermitteln, sondern auch verborgene Machenschaften – welcher Partei auch immer – ans Licht der Öffentlichkeit zu bringen. Die Enthüllungen im Watergate-Skandal durch Reporter der *Washington Post* bildeten einen Höhepunkt dieses Vorgehens, »investigative journalism« genannt. Aber nicht immer liegt das Ergebnis der eifrigen Nachforschungen so klar auf der Hand und erweist sich im nachhinein als berechtigt. Oft handelt es sich um Schnüffeleien und Unterstellungen, durch die einer öffentlichen Persönlichkeit etwas »angehängt« werden soll. Vielfach geht es nicht einmal darum, sondern nur um eine sensationelle Meldung, um eine Schlagzeile, wie wir sie in der Boulevardpresse antreffen. Die Folgen für den Betroffenen interessieren die Journalisten dabei nicht. Dem eine Grenze zu setzen ist überaus schwer; schließlich wünscht sich niemand die Wiedereinführung von Zensurbehörden, und auf vieles hat die Öffentlichkeit ein Recht. In Deutschland versuchen Selbstkontrollorgane wie der »Deutsche Presserat« das Schlimmste zu verhüten. Die geistige Elite meint weltweit, mit den alltäglichen Sensationsmeldungen denunziatorischer Art, die nicht selten als große Enthüllungen hingestellt werden, zurechtzukommen, indem sie die Boulevardpresse einfach nicht in die Hand nimmt.

Mittels Fernsehen und Internet

Eine völlig neue Art, sich an die Öffentlichkeit zu wenden, stellte in der Clinton-Monica-Lewinsky-Affäre die Initiative des Sonderermittlers Starr dar, seinen Bericht über das Internet und das Clinton-Verhör über das Fernsehen der Weltöffentlichkeit bekanntzugeben, um den Präsidenten bloßzustellen. Starr wollte damit offensichtlich den Rechtsweg verkürzen, die Öffentlichkeit in helle Empörung versetzen, damit sie einen schnellen Prozeß fordert. Zu der Empörung ist es am Ende nicht gekommen. Die Öffentlichkeit reagiert nicht immer so, wie es die Initiatoren annehmen. Sie ist eben keine feste Größe. Starr hat sich im Grunde wie ein Denunziant verhalten, der nach einer sofortigen Lösung sucht, keine komplizierten Zwischeninstanzen erträgt.

Im Internet wird eine neue Art von Öffentlichkeit geschaffen, in der es schwer ist, sich gegen unbegründete Behauptungen zu wehren. Der Urheber mag zwar durch die Internet-Adresse bekannt sein, ist aber trotzdem unangreifbar, da er in einem anderen Land beheimatet ist. Vielfach ähneln seine Mitteilungen denen, wie man sie früher in Wirtshäusern vernahm. Vermutungen aufgrund von Gehörtem und Selbstphantasiertem werden ausgesprochen. Dort war der Redner jedoch Mitglied einer Gemeinschaft, einer bestimmten Lebenswelt. Zumeist wurden seine lauten Bemerkungen nicht sonderlich ernst genommen, obwohl es auch geschehen konnte, daß man ihn zu weiteren Äußerungen aufstachelte. Heute wissen die Internet-Leute kaum etwas voneinander. Sie verbindet die Nachricht, welche auch immer. Der Nachrichtenaustausch ist ihre Lebenswelt.

In der Talk-Show

Die Talk-Show lebt vom Sich-Aussprechen und Aussprechen. Vieles wirkt wie Denunziation. Da erscheint z. B. ein junger Mann, namens Peter, mit seiner vor kurzem angeheirateten Frau. Er habe ein Problem. Er verstehe nicht, warum Michaela ihn vor Jahren betrog. »Warum hast du mir das angetan?« ist das Thema der Sendung »Vera am Mittag« vom 10. Februar 1999. Während er im Beisein seiner Frau über die Untreue vor Jahren berichtet, zeigt uns die Kamera, wie Michaela, die hinter der Bühne mit ihrem Mann Harry sitzt, auf die Erzählung mimisch reagiert. Die beiden werden dann auf die Bühne gebeten, und Michaela soll Stellung nehmen. Doch da kommt die Überraschung. Ein Andreas ist in der Telefonleitung. Peter hat dies arrangiert, um plötzlich zu verraten, daß Andreas seit mehreren Wochen ein Verhältnis mit Michaela habe. Sie könne es mit ihrer Untreue eben nicht lassen. Ihr Mann Harry, arbeitslos, bis vor kurzem alkoholabhängig, nimmt es mit Erstaunen, aber zugleich gefaßt zur Kenntnis. Die Moderatorin und eine Psychologin kleinbürgerlichen Zuschnitts wollen nun mitsamt dem Publikum von Michaela erzwingen, daß sie mit Rücksicht auf die beiden Kinder und den »trocken« gewordenen Ehemann auf weitere Treffs mit Andreas verzichtet. Es ist deutlich zu erkennen, daß Michaela dem vielseitigen Druck entkommen möchte. Am Ende gibt sie klein bei: Sie wolle es noch einmal mit Harry versuchen und Andreas aufgeben, obwohl er ihr ein Gefühl der Geborgenheit vermittelt hatte. Aber auch er ist verheiratet, wenngleich von Scheidungsabsicht durchdrungen.

Hat Peter denunziert oder nur etwas an den Tag gebracht? Er wollte sich rächen, wie aus seinen Reaktionen eindeutig hervorgeht. Das ist ihm auch gelungen. Da weder Andreas noch Michaela versuchen, ihr Verhältnis zu verbergen, nachdem es offenbar geworden ist, empfindet man Peters Mitteilung nicht als Denunziation. Beide scheinen zu meinen, ein gutes Recht auf ihr Verhältnis zu haben, schließlich mögen sie sich. Doch sie wissen nicht, daß die Moderatorin und die Psychologin ausschließlich monogame Beziehungen gelten lassen. Entweder/oder heißt es für sie. Die Sendung verwandelt sich in ein offenes Gericht, bei dem Michaela allein bleibt, denn die Institution der Verteidigung gibt es hier nicht. Der kritische Beobachter erkennt, wie kompliziert und im Grunde genommen verkorkst die Beziehungen zwischen den fünf Akteuren sind, daß da nur wenig zu retten ist, aber dafür interessieren sich Moderatorin, Psychologin und das Publikum nur wenig. Sie wollen in diesem Fall ein Exempel statuieren.

Öffentlich benennen

Auf einer Internetseite lesen wir, X habe eine Gruppe von Studenten und Studentinnen als *gleichgültig denunziert*, kurz darauf heißt es, eine andere Gruppe habe X als *verantwortungslos denunziert*. X bediene sich einer *formalen Argumentationsweise*, die eindeutig der *Denunziation* diene. Zwar hätte man hier an Stelle des Verbs »denunzieren« auch das wertfreie »hinstellen« benutzen können. Aber der Internetbeiträger will offensichtlich einen Versuch abwehren, die Öffentlichkeit für etwas zu mobilisieren, für das sie seiner Meinung nach nicht mobilisiert werden sollte. Es geht ihm keineswegs um die Rettung von »Denunziationsopfern«, denn wenn eine ganze Gruppe als »gleichgültig« oder »verantwortungslos« hingestellt wird, bleibt das für den einzelnen ohne Folgen. Er will nur die »Unterstellungen« des X unschädlich machen.

In jeder Polemik, durch die mit Hilfe der Öffentlichkeit Entscheidungen herbeigeführt werden sollen, werden real existierende Widersprüche zwischen bestimmten Personenkreisen benannt oder Widersprüche durch Benennungen heraufbeschworen. Dies könnte als eine Denunziation aufgefaßt werden, wenn es sich um Insinuationen oder böswillige Unterstellungen handelt, die den Betroffenen in eine ausweglose Lage bringen, ihm keine Verteidigungsmöglichkeiten lassen. Er wird einfach an den Pranger gestellt. In der Antike taten dies die Sykophanten, die ihre Anklagebefugnis eigennützig dazu benutzten, um jemanden wegen einer Nichtigkeit in der Öffentlichkeit »zu ermorden«. Im Jahre 404 v. u. Z. griffen die Dreißig bekanntlich zur äußersten Maßnahme: Sie ließen die berüchtigtsten Sykophanten zum Tode verurteilen. Der Erfolg war von kurzer Dauer. Es hängt von der Öffentlichkeit ab, ob sie dem Angeprangerten alle Rechtfertigungsmöglichkeiten nimmt, wie sie einerseits mit persönlichen Polemiken umgeht und andererseits mit Auseinandersetzungen um Benennungen, die zum Funktionieren der Demokratie immer wieder notwendig sind.

Nicht eingesperrt, sondern ausgesperrt

Unter den Intellektuellen müssen wir die großen Enthüller von denen unterscheiden, die das Enthüllen mit konkreten Schuldzuweisungen und Ausgrenzungsversuchen verbinden. Viele sind geneigt, Nietzsches und Freuds Methoden denunziatorisch zu nennen. Nietzsche denunziere die Verlogenheit der Menschen, Freud deren sexuelle Bedingtheit von Kind auf. Als dritten führt man gern Marx an.[543] Doch er blieb nicht beim Aufzeigen von Mechanismen stehen, sondern trug zum Aufbau einer Bewegung bei, deren Aufgabe die Eroberung der Macht sein sollte. Der Weg dorthin führte über eine entsprechende Ideologie. Wenn einer innerhalb der sozialistischen Bewegung von ihr abwich, mußte er aus der Bewegung ausgeschlossen werden. Marx wendete unerhört viel Kraft auf, um Abweichler zu benennen, lächerlich zu machen und gleichzeitig als Schädlinge hinzustellen, sie aus den Gremien der sozialistischen Bewegung hinauszudrängen, soweit sie ihnen angehören. Er enthüllte nicht nur, sondern grenzte auch aus.

Das 20. Jahrhundert zeichnete sich nach dem Sieg des Nationalsozialismus in Deutschland durch eine wahre Schuldzuweisungskette von Intellektuellen gegen Intellektuelle aus. Das Fatale daran war, daß es nicht als opportun galt, Faschismus und Kommunismus als menschenverachtende Regime in einem Atemzug zu nennen. Wer es tat, wurde als Überläufer zum Faschismus verunglimpft. Als Beispiel hierfür sei die Polemik um Lion

Feuchtwangers Buch *Moskau 1937. Ein Reisebericht für meine Freunde* genannt, das eine glühende Verteidigung des Schauprozesses gegen Sinowjew, Kamenew u. a. darstellte, während der bisherige Sowjetfreund André Gide in seinen *Retuschen zu meinem Russlandbuch* kurz zuvor zu dem Schluß gekommen war, daß sich dort ein despotisches Regime herausbilde. Stalin ertrage nur Beifall, *als Feind gilt ihm jeder, der nicht applaudiert. Und oft geschieht es, dass er in der Folge irgendeine vorgeschlagene Reform zur seinigen macht; doch um sich dieser Idee ganz zu bemächtigen, um sie recht gründlich sich anzueignen, beseitigt er zuvor denjenigen, der sie vorgeschlagen hat. Das ist seine Manier, »recht zu behalten«. So dass er bald nur noch Leute um sich haben wird, die ihm nicht unrecht geben* **können**, *weil sie eigener Gedanken gar nicht mehr fähig sind. Es liegt im Wesen des Despotismus, sich nicht mit Werten, sondern mit dienstbaren Nullen zu umgeben.*[544]

Leidenschaftlich appelliert Gide an die noch denkenden Linken, nicht zu schweigen, bereit zu sein, sich von der Partei zu lösen, wenn sie zu lügen verlange. Er wurde von deutschen linken Emigranten wie auch von Romain Rolland sofort als Überläufer ins andere Lager angegriffen. Besonders empört über die maßlosen und derben Attacken gegen Gide war Klaus Mann, der, wie bereits erwähnt, im Sommer 1934 als Gast des 1. Alluniomskongresses der Sowjetschriftsteller Moskau besucht und einen recht nachdenklichen Bericht verfaßt hatte.[545] In seiner Verteidigung von Gide nennt er Kisch und Feuchtwanger namentlich. Beide würden *in ihren polemischen Äußerungen den großen Schriftsteller nicht nur wie einen Verräter, sondern wie einen etwas geistesschwachen, genußsüchtigen alten Sünder* behandeln, *dessen Verrat zwar ekelhaft, aber kaum von geistiger Bedeutung* sei.[546] Er fordert, nicht die Waffen des Gegners, d. h. der Faschisten, im eigenen Lager anzuwenden. Jeder habe das Recht, den Stalinismus zu kritisieren, damit sei er noch kein Nazi, auch wenn er sogleich in der Goebbelspresse zitiert werde. Wenn man dieses Recht nicht jedem zubillige, ließe man sich *von den Feinden eine Taktik vorschreiben, um derentwillen wir sie doch gerade verachten, die Taktik des Verschleierns, des Beschönigens, Fälschens, Umlügens* [...].547 Gerade diese Taktik war, wie wir heute wissen, eine Voraussetzung für die Lebensfähigkeit des sogenannten real existierenden Sozialismus. Es ist eine Taktik, die bis heute benutzt wird, man denke an die Debatte um das *Schwarzbuch* in Deutschland.

Auf die Frage, wann sich eine öffentliche Beschuldigung oder gar Diffamierung bestimmter Personen als Denunziation bezeichnen läßt, müßte die Antwort lauten: Wenn der Angegriffene kaum Möglichkeiten zur Verteidigung hat oder wenn er damit ein für allemal abgestempelt ist. Das kann sich z. B. so äußern: Ich zitiere einen Satz oder besser Gedanken, den der Angegriffene einmal formuliert hat und der mir als bemerkenswert oder gar wahr erscheint, und bekomme zu hören, ob ich nicht wisse, daß dieser das und das sei (ein Faschist, Kommunist, Perverser etc.). Mir wird so zu verstehen gegeben, daß der Betreffende aus dem Verkehr gezogen ist. Er ist zwar nicht eingesperrt, dafür aber ausgesperrt. Wenn ich ihn weiterhin verteidige, könne auch mir drohen, aus dem Verkehr gezogen zu werden.

Die Geschichte ist voller Aussperrungskampagnen. Man denke an den Streit zwischen den Nominalisten und Realisten (als Universalienstreit bekannt) im Mittelalter, als der Nominalist Roscelin von der Synode von Soissons 1092 zum Widerruf gezwungen wurde, womit der Nominalismus auf lange Zeit erlosch,548 an die verschiedenen schwarzen Listen, die Bücherverbrennungen im Mai 1933 und die Ausstellung »Entartete Kunst« oder an die Formalismusdebatte in der Sowjetunion und später in den sozialistischen Ländern. Aber auch in den Demokratien mangelt es nicht an Kampagnen dieser Art, obwohl sie kein offizielles Publikationsverbot – dafür aber oft Boykott durch bestimmte Zeitschriften, Zeitungen, Funk- und Fernsehstationen und damit finanzielle Einbußen – zur Folge haben.

Ohne Öffentlichkeit

Selbst absolute Herrscher wissen, daß sie wenigstens bis zu einem gewissen Grad auf die Loyalität ihrer Untertanen angewiesen sind und sie daher von deren Stimmung Kenntnis haben müssen. Da es in ihren Staaten keine öffentliche Meinung – auch nicht Meinungsforschung – gibt, müssen sie nach besonderen Wegen suchen, auf denen sie ein Bild von der allgemeinen Einstellung der Bevölkerung bekommen können. Einen gewissen Einblick erhalten sie durch die Bittschriften. Nicht zufällig nahmen die russischen Zaren immer wieder entweder persönlich oder mittels eines entsprechenden Büros Bittschriften an. Sie taten es nicht nur, um die eigenen Beamten überwachen zu können, sondern auch, um sich über die Stimmungen im Reich zu orientieren. Für Erkenntnisse über die Tätigkeit oppositioneller Bewegungen reichte dies allerdings nicht aus. Dafür waren besondere Dienste vonnöten. Einer von ihnen war die Dritte Abteilung, die Zar Nikolaus I. nach dem Dekabristenaufstand und der Ermordung seines Vorgängers Alexander I. gebildet hatte. Zu ihren Aufgaben gehörte nicht nur die Bekämpfung von Oppositionellen und Mißliebigen, sondern auch die Beschaffung von glaubwürdigen Informationen über die Stimmung der Bevölkerung. Alljährlich legte die Dritte Abteilung dem Zaren einen Bericht über

den »Stand der öffentlichen Meinung« vor. 1827 soll der Bericht der *Schlüssel zur Reform des Staates in den Bereichen der Industrie und Rechtsprechung* gewesen sein.[549]
Im Dritten Reich nahm der 1931 von Himmler geschaffene Sicherheitsdienst des Reichsführers SS, der SD, seit 1936 die Aufgabe der *Lagegebietserforschung* wahr, d. h., er erkundete die Stimmungen in der Bevölkerung. Von oberster Stelle wurde verlangt, daß die Stimmung grundsätzlich *rückhaltlos, ohne Schönfärberei oder propagandistischer Aufmachung, d. h. sachlich, klar, zuverlässig und verantwortungsvoll geschildert wird, so wie es ist, nicht, wie es sein könnte oder sollte.*[550] Die Berichterstatter hatten sich vor allem als Beobachter, weniger als Lockspitzel zu verstehen. Die in bestimmten Zeitabschnitten vom SD angefertigten Übersichtsberichte wurden wahrscheinlich allen Reichsministern, Reichsleitern der NSDAP und Gauleitern zugestellt.

Auch in den Staaten des real existierenden Sozialismus waren sich die Parteiführer darüber im klaren, daß sie wissen mußten, welche Stimmungen im Lande vorherrschen. Entsprechende Berichte wurden vor allem von den Sicherheitsdiensten aufgrund einzelner Zutragungen angefertigt und den höchsten Parteifunktionären zugesandt.[551] Daneben schickten Leitungsorgane der »führenden Partei« und der Massenorganisationen Informationsberichte zu »aktuellen Problemen, Stimmungen und Meinungen« in ihren Basisorganisationen an ihre Vorgesetzten. In den achtziger Jahren wurden in einigen Ländern des Ostblocks sogar Institute für Meinungsumfragen gegründet, deren Ergebnisse allerdings zumeist geheim blieben. In welchem Grad die verschiedenen Berichte, die einen Einblick in die Stimmungen einzelner Teile der Bevölkerung vermittelten, die politischen Entscheidungen in den jeweiligen Führungsgremien beeinflußt haben, ist schwer herauszufinden. Da es die ideologisch bedingten Sprachregelungen zumeist nicht zuließen, die absehbaren Reaktionen der Bevölkerung deutlich zu benennen – es gab ja nicht einmal innerhalb der Führungsspitzen so etwas wie einen offenen Meinungsaustausch –, ist anzunehmen, daß die Berichte vor allem für das psychische Selbstbefinden der Entscheidungsträger von Bedeutung waren. Außerdem gehörte es ja zur Tradition der kommunistischen Parteien, die Unzufriedenheit und den Widerwillen, den große Bevölkerungsteile ihrer Herrschaft entgegenbrachten, gerade nicht zu beachten oder erst dann, wenn es zu spät war.

Denunziant, Verräter und Spion

Der Denunziant als mittelbarer Täter

Unter einem Denunzianten versteht man heute jemanden, der einer Herrschaftsinstanz etwas über eine andere Person mitteilt, das dieser zum Nachteil gereichen kann. Ob seine Tat lobens- oder verabscheuenswert ist, hängt davon ab, was er aus welchen Motiven und unter welchen Bedingungen mitgeteilt hat. Im allgemeinen wird er *Denunziant* genannt, wenn er sich nicht zu erkennen gibt und aus rein privaten Motiven handelt, dabei aber so tut, als vertrete er das öffentliche Wohl. Die Steuerunterschlagungen eines Arbeitskollegen, Nachbarn oder Verwandten meldet er beispielsweise nur deswegen, weil er ihn beneidet oder gar haßt. In Regimen mit verkürzten Rechtswegen kann der Denunziant sogar den Tod des Denunzierten bewirken (über *Tatherrschaft* verfügen),[552] ohne ein ausführender oder gar exzessiver Täter zu sein. Er ist als mittelbarer Täter zu bezeichnen, weil er die Ausschaltung des Denunzierten aus der Gesellschaft (in Form einer direkten Todesstrafe oder der Überführung in ein Lager, in dem der Tod mehr als wahrscheinlich ist) einer entsprechenden mit Vollmachten ausgestatteten Instanz überläßt. Das Maß an *krimineller Energie*, die er bei seiner Tat aufzubringen hatte, ist daher *geringer anzusetzen [...] als das des »gewöhnlichen« Mörders [...]*.[553] Für das Dritte Reich sind solche Fälle in den Bänden *Justiz und NS-Verbrechen* umfassend dokumentiert worden.[554]

Der Denunziant im Auftrag

Der aus eigenem Antrieb Denunzierende sollte von demjenigen unterschieden werden, der es im Auftrag von ... tut. Für diesen gibt es vielerlei Bezeichnungen: Spitzel, Deferenten, Sendschöffen, V-Mann, Konfindent, Agent, IM. Er teilt seine Beobachtungen, zu denen er entweder zufällig oder durch systematisches Vorgehen gelangt ist, einem Auftraggeber mit. Diese Mitteilungen werden als Denunziationen qualifiziert, wenn sie anderen zu Unrecht oder in unangemessener Weise Schaden bringen.

Denunzianten im Auftrag gibt es seit je dort, wo eine Institution versucht, ihre Ordnungsvorstellungen im Alltag der ihr Unterstellten bzw. der von ihr Erfaßten durchzusetzen. So dachte man im Württembergischen Kirchenkonvent daran, solche Leute als Deferenten auszuwählen, *die stetiges in publico und mit vielen Leüthen zue thun haben, alß da sein die Schulmeister, Mößner, Markh-, Flaisch- und Brodtbeschawern, Kuchinbekhen, Bäder, Barbierer, Flekhenschmidt, Gerichtsbotten, Stadt- und Flekhendiener und dergleichen.*[555] Der Amtmann sollte sie anstellen, ohne daß jemand davon etwas wußte. In den katholischen Diözesen waren es die Sendschöffen, die Abweichungen vom Vorgeschriebenen mitteilen sollten. *Es waren Männer aus der Gemeinde, die als verläßlich angesehen wurden und dieses Amt als Ehre übertragen bekamen*, oft gegen ihren Willen. Sie *waren eidlich verpflichtet, alle Vergehen und Unregelmäßigkeiten aufzuspüren und zu vermerken*, was vielfach Unwillen erzeugte, der sich gegen sie namentlich richten konnte, da sie öffentlich bekannt waren und daher eher mit einem Polizisten zu vergleichen wären.[556] Wie sich der Unwille gegen sie äußerte, ersehen wir aus den folgenden Beispielen: *1663 [...] hatte in Waldenberg der Dorfbewohner Pe-*

ter Thielen den Sendschöffen mit vorgehaltenem Gewehr bedroht, weil dieser ihn anzeigen wollte. In der Stadt Ahrweiler wurden die Sendschöffen von zwei Bewohnern beschimpft: »Judas« hätten sie geschrieen, und »es were nit guth, daß einer deß anderen verräther wehre«.[557]

Solche und andere Formen des Widerstands hatten zur Folge, daß man sich allgemein vor diesem Amt drückte. So wird in einer kurfürstlichen Verordnung von Köln im Jahre 1686 beklagt, niemand wolle den Sendschöffendienst übernehmen, *weilen selbige von ihren Mitt-Nachbarn hierüber geschmähet, verspottet und davon abgeschreckt werden.*[558] Manche verließen den Ort, nachdem sie einen Nachfolger für ihr Amt finden konnten.

Einen neuen Typ des Denunzianten im Auftrag stellten im 18. Jahrhundert die Pariser Polizeispitzel dar. Der Reiseschriftsteller Friedrich Schulze schätzte ihre Zahl in der Metropole auf 40 000.[559] In Wirklichkeit waren es um die 350.[560] Im 19. Jahrhundert werden sie mit der Herausbildung der modernen Polizei zu einer europäischen Erscheinung, die es bis heute gibt. In Deutschland werden sie V-Leute genannt. Ihre Aufgabe ist es, in kriminelle Gruppierungen einzudringen und deren beabsichtigte Taten in Erfahrung zu bringen. Sie müssen sich wie Spione verstellen, und zwar so, daß die Kriminellen sie für die Ihrigen halten. Die Polizei greift daher gern auf tatsächliche Kriminelle zurück und bietet ihnen Straferlaß an. Der Einsatz von V-Personen ist umstritten. Einerseits erweisen sie sich bei der Bekämpfung von organisierter Kriminalität als nützlich, andererseits erschweren sie dadurch, daß sie nicht als Zeugen auftreten, die Prozeßführung. Man nennt sie auch *geheimgehaltene Zeugen*, was einen Widerspruch in sich darstellt, denn Prozesse sollten sich gerade durch Offenheit auszeichnen. Ein Zeuge ist ja einer, der bei der Tat anwesend war; er soll schließlich etwas Gesehenes oder Gehörtes bezeugen; aber die Polizei möchte ihren V-Mann nicht preisgeben. Die Verteidiger wollen dagegen erfahren, wie glaubwürdig die V-Person überhaupt ist, ob nicht sie es war, die den Beschuldigten zur Tat angestiftet hat, um in eigener Sache Pluspunkte zu gewinnen. Vielfach droht auch, daß die V-Person im Auftrag eines sie führenden Beamten eine Straftat begeht, damit eine noch größere Straftat aufdeckt werden kann.[561] *Staatlich gesteuerte Deliktsbeteiligung* heißt dies. Damit droht der Staat zum Mittäter zu werden und in den Geruch übler Machenschaften zu geraten. Hat er überhaupt die richtigen Leute zu V-Personen ausgewählt? Ist die V-Person nicht zu früh, d. h. bereits vor einem gut begründeten Verdacht in Aktion getreten? War sie nicht ein Verführer, der existierende Neigungen – etwa zur Einnahme von Drogen – des zu Verurteilenden geweckt hat?[562]

Ein besonderer Typ des Denunzianten im Auftrag stellt der IM dar. Während der Polizeispitzel für eine Institution arbeitet, deren Beamte selber in Erscheinung treten, nämlich als Polizisten, observiert und berichtet der IM für Auftraggeber, die sich in der Öffentlichkeit nicht zeigen.

Dem Denunzianten im Auftrag kann man nur selten mittelbare Täterschaft nachsagen, denn zumeist wird er nicht wissen, welche Folgen seine Mitteilungen für den Betroffenen haben.[563] Schon allein durch den Auftrag ist er eines großen Teils der Verantwortung entledigt. Nicht er zwingt die Instanz zum Handeln, sondern diese wünscht sich seine Mithilfe, um Beweise in die Hand zu bekommen. Die ergriffenen Maßnahmen sind mithin das Werk des Auftraggebers – in neuerer Zeit eines ganzen Stabes von »Sicherheitsleuten« –, ihm kommt die eigentliche Verantwortung zu; trotzdem bleibt es dabei: die IM haben mitgewirkt, ihre Mithilfe kam oft einer Beihilfe gleich, luden somit Schuld auf sich.

Der politische Lockspitzel

Der Lockspitzel, auch *agent provocateur* genannt, versucht jemanden in eine Falle zu locken, um ihn dann anzeigen zu können. Er tut dies zumeist in einem Auftrag oder um anderen zu beweisen, daß er mit seinen Annahmen recht hatte. Er ist kein bloßer Anzeigender, sondern einer, der eine Anzeige erst möglich macht, indem er den Anzuzeigenden zu einer strafbaren Tat provoziert. Eine besondere Art von Lockspitzel, nämlich den politischen, kennen wir aus der zaristischen Zeit, der als Agent der Ochrana Gegner des Regimes zu Terrorakten verleitetete, damit die zaristische Polizei Gelegenheit bekam, groß angelegte Aktionen gegen Oppositionelle einzuleiten.[564]

Als einen politischen Lockspitzel kann man auch Sascha Andersen ansehen. Er zog Oppositionelle an sich und veranlaßte sie zu Handlungen, die der offiziellen Doktrin nicht entsprachen. Seine Aktivitäten wurden von der Staatssicherheit geduldet bzw. gefördert, denn sie meinte, auf diese Weise ein gewisses Oppositionspotential unter Kontrolle zu behalten – im Notfall könne sie ja zuschlagen. Doch dann waren es zu viele, die sich auf die Straße gewagt hatten. Es wäre zu einem Blutbad mit unabsehbaren Folgen gekommen. Und vor allem hatte der Große Bruder bereits anders entschieden.

Der Verräter

Wenn wir den Begriff *Verräter* für jemanden verwenden, der etwas preisgibt, wollen wir damit ausdrücken, daß ein Geheimnis vorgelegen hat, das nicht nach außen dringen sollte. Der Verräter hatte an diesem Geheimnis teil, gehörte vielleicht auch der Gruppe an, die das Geheimnis hütete. Der Denunziant kann ein Verräter sein, muß es

EIN GEHEIMNIS PREISGEBEN

aber nicht, denn häufig verrät er kein Geheimnis, sondern zeigt einfach jemanden an, bei dessen Tat er zufällig Zeuge war; andere mögen auch Zeugen gewesen sein, aber sie haben weggeschaut.

Der Überläufer

Als Höhepunkt des Verrats gilt der Wechsel zur anderen, zumeist feindlichen Seite. In Zeiten harter Auseinandersetzungen wird es immer wieder zu Versuchen kommen, den Überläufer (Konvertiten, Renegaten) nicht nur mit einem Bann zu belegen, sondern ihn auch durch Tod »unschädlich zu machen«. Er habe nicht nur den Zusammenhalt der Gemeinschaft, deren Mitglied er war, bedroht, sondern auch deren Werte mißachtet, das Heilige profaniert.

Wider Willen

So mancher wird wider Willen zum Verräter gestempelt. Personen, die zwei Gruppen, Gemeinschaften oder Kulturen angehören, erleben so etwas immer wieder sowohl in ruhigen wie auch konfliktreichen Zeiten. Wenn sie als Kenner der anderen Kultur zu erklären suchen, worauf Mißverständnisse beruhen, begegnet man ihnen vielfach mit Widerwillen, behandelt sie, als seien sie potentielle Verräter. In einer fatalen Situation befinden sich solche Personen in Kriegszeiten. Als Polen 1939 überfallen wurde, geriet jeder Deutsche polnischer Staatsangehörigkeit in den Verdacht, Verrat an der polnischen Sache zu üben, auch wenn er sich in dem Augenblick der Bedrohung als polnischer Patriot erwies oder erweisen wollte.[565] Man könnte auch die Japaner mit amerikanischer Staatsbürgerschaft anführen, die nach dem Überfall auf Pearl Harbor inhaftiert wurden.

Es gibt auch immer wieder die Furcht, daß man entgegen seinem Willen zum »Verräter« werden muß, indem man zu wählen hat zwischen zwei Gruppenzugehörigkeiten oder zwei Werten. Der englische Romanautor

E. M. Forster drückte seine Furcht einmal zugespitzt und wortspielerisch in dem viel zitierten Spruch aus: *If I had to choose between betraying my country and betraying my friend, I hope I should have the guts to betray my country.*[566] Judith Shklar nannte diesen Wunsch frivol, ja unverantwortlich, obwohl Forster ja nur seiner Hoffnung Ausdruck gab, niemals eine solche Wahl treffen zu müssen. Aber wenn dies der Fall sein sollte, werde er das Individuum dem Kollektivum vorziehen.

Wenn Cäsar sagt, er liebe den Verrat, aber nicht den Verräter, so meint er mit Verrat nicht den Verrat an sich, sondern den zu seinen Gunsten; diesen muß er als Politiker lieben. Den Verräter zu seinen Gunsten kann er dagegen nicht lieben, denn er muß sich ihm dankbar erweisen und vor allem fürchten, daß der Verräter eines Tages den Spieß umdreht. Er ist ein unsicherer Geselle.

Ich liebe den Verrat, aber nicht den Verräter

Cäsar nutzt in diesem Ausspruch geschickt die Unterscheidung von Politik und Moral aus. Politisch ist ihm der Verrat notwendig, moralisch kann er es sich leisten, den Verräter zu verurteilen, denn der hat die Tat bereits vollbracht. Durch die entpersonifizierte Form »Verrat« wird verschleiert, daß zu jedem Verrat auch ein Verräter gehört.

Im 20. Jahrhundert haben sich die Herrschaftsverhältnisse immer wieder radikal verändert, wodurch sich Millionen von Menschen gezwungen fühlten, ihren bisherigen Standpunkt von einem Tag auf den anderen aufzugeben. So wurden *vom Standpunkt der jeweils geltenden Gesetze her gesehen, Millionen von Menschen zu Verrätern, ein Vorgang, der sich als einfache Umpolung beschreiben läßt; zum potentiellen Verräter wird, wer es vorher nicht war, und umgekehrt. Vor diesem Umschlag vermag nur die sofortige Preisgabe der bisher behaupteten Position und die blitzschnelle Adaption an die nunmehr gebotene zu schüt-*

Blitzschnell seine Position wechseln

zen; wer nicht als Verräter gelten will, muß unverzüglich verraten, woran er sich gehalten hat.[567]

Erst wurde der König, Kaiser oder Zar »verraten«, dann die Republik, schließlich das totalitäre System, was zugleich bedeutete, die eigene Kindheit, das Elternhaus, die Schulzeit, Parteizugehörigkeit etc. zu verraten. Als der größte Verräter ließe sich derjenige hinstellen, der einer Widerstandsbewegung angehörte, obwohl seine Tat von anderen als »heilvoller Verrat« angesehen wird. Er ist ein Verräter an einer Staatsideologie, aber nicht an ethischen Werten, etwa der Idee der Menschenwürde. Derjenige, der sich schnell anzupassen weiß, wird im allgemeinen und richtiger Opportunist genannt.

Der Fall Kukliński. Ein »Verräter« als Herausforderung

Kurz vor Ausrufung des Kriegszustands im Dezember 1981 verließ Ryszard Kukliński, der dem Generalstab der Armee angehörte, Polen insgeheim. Einige Wochen später verurteilte ihn das Oberste Militärgericht in Abwesenheit wegen Landesverrats zum Tode. Tatsächlich hatte er über viele Jahre hinweg dem CIA wichtige Dokumente über die militärischen Pläne des Warschauer Pakts zugespielt. Aus ihnen soll u. a. hervorgegangen sein, daß die Sowjetunion den Einsatz von Atomwaffen für einen begrenzten Krieg in Europa geplant hatte. Das Pentagon habe daraufhin seine Strategie grundlegend geändert. Möglicherweise ist damit ein bewaffneter Konflikt in Europa verhindert worden.

In Polen galt Kukliński lange Zeit, auch nach 1989, als Verräter. Er habe die polnische Armee zugunsten einer fremden Macht verlassen. Die meisten, nicht nur Jaruzelski, wollten nicht wahrhaben, daß er nicht polnische, sondern sowjetische Geheimnisse verraten hatte. Es bedurfte vieler Mühe und der Ablösung der postkommunistischen Regierung durch den Rechts-Mitte-Block, bis das Todesurteil kassiert und Kukliński 1998 eine Besuchsreise nach Polen gewährt wurde. Von einigen wurde er als Held gefeiert, doch nach den Umfragen hielt ihn ein großer Teil der Bevölkerung nach wie vor für einen Verräter. Für sie ist Volkspolen Polen; dessen Abhängigkeit von der Sowjetunion wollen sie nicht wahrhaben. Auch der Umstand, daß beide Söhne Kuklińskis zu Beginn der neunziger Jahre in den USA in einer Weise ums Leben gekommen waren, die auf die Methoden des KGB verwies, machte sie nicht nachdenklich. Kukliński gehört zu jenen »Verrätern«, denen man nach dem Zusammenbruch des despotischen oder totalitären Systems recht geben muß. Die meisten tun dies ungern, weil sie glauben, damit ihr eigenes Leben oder das ihrer Eltern als vertan abwerten zu müssen. Wer will schon sagen, daß der Verrat im Grunde das richtige war. Gegen Kukliński wird auch immer wieder das Argument angeführt, er habe seine Kameraden verraten. Niemand beruft sich jedoch auf den Satz von E. M. Forster.

Konversion und persönliche Bindung

Jemand, der einst zu einer anderen Konfession übertrat oder – in modernen Zeiten – zu einem anderen politischen – etwa dem kommunistischen oder antikommunistischen – Lager überwechselte, kam kaum umhin, »denunziatorisch« tätig zu werden. Er mußte beweisen, daß er tatsächlich mit der alten Konfession, der alten Überzeugung gebrochen hat, daß ihm an seinen ehemaligen Freunden und Parteigängern nichts mehr liegt, ja, daß er sogar bereit ist, sie als Gegner anzusehen. Dieses wird und kann ihm nicht leichtfallen, denn er hat wahrscheinlich noch deren Gastfreundschaft vor Augen, spürt die einstige persönliche Nähe zu ihnen. Er muß etwas verleugnen, was im allgemeinen als absoluter Wert gilt. Er weiß, daß ihm Verrat an Verwandten, Freunden, ehemaligen Mitarbeitern und Mitstreitern vorgeworfen wird. Und da die Konfessionsstreitigkeiten, die politischen Alternativen, die drohenden Gefahren für Volk, Nation, Staat, Gesellschaftsordnung etc. im nachhinein den später Geborenen als schwer verständlich, oft absurd erscheinen, kann er sicher sein, daß ihm seine Informationen, die er über die ehemaligen Gastgeber und Freunde sowie über Verwandte den neuen Vorgesetzten und Instanzen vermittelt hat, als Denunziationen, selten dagegen als Dienst an einer guten, ja gerechten Sache ausgelegt werden.

Der Spion

Ein Spion kommt von außen, um in einer Gruppe oder gar beim Feind etwas in Erfahrung zu bringen, was für die Seinen von Bedeutung sein könnte. Um in die Gruppe bzw. beim Feind eindringen zu können, muß er so tun, als gehöre er zu ihr bzw. zu ihm. Er muß sich daher auf irgendeine Weise verkleiden, eine Maske aufsetzen, um nicht als Fremder bzw. als Feind entlarvt zu werden (die Larve ist ja eine bestimmte Form von Maske). In der Literatur rangiert er – im Gegensatz zum Spitzel – wegen seiner Risikobereitschaft und seiner Talente, sich auf fremden Boden zu bewegen, vielfach als bewundernswerte Figur. Er rückt in die Nähe des Abenteurers, wenngleich er im Unterschied zu ihm kein freier Mensch ist.

Ein besonderes Kapitel stellen die Spione im KGB-Reich dar, denn sie waren zumeist keine Spione, sondern Denunzianten im Auftrag. Sie hielten sich im Ausland auf, um die eigenen Landsleute (z. B. Exil-Polen, Exil-Bulgaren oder ehemalige DDR-Bürger, besonders Dissidenten) zu beobachten und zu bearbeiten.

Der IM ein Spion?

Immer wieder wird der IM als Spion bezeichnet. Die Gegner der Verdammung des IM-Systems führen an, jeder Staat habe seine Spione und keiner sei bereit, sie der Öffentlichkeit preiszugeben. Timothy Garton Ash zieht in seinem Buch *The File. A Personal History* eine Parallele zwischen dem Angebot des Secret Intelligence Service, sich als Spion anheuern zu lassen, mit den Angeboten der Stasi an DDR-Bürger, IM zu werden.[568] Ist der IM tatsächlich ein Spion?

Ein IM, der operativ tätig ist, hat insofern etwas vom Spion, als er sich verstellen muß, um vertrauliche Beziehungen zu sogenannten negativen Personen eingehen zu können. Aber er kommt im Gegensatz zum Spion nicht von außen nach innen, sondern begibt sich von innen (den Seinigen) nach außen (zu den Auftraggebern). Die IM wurden ja im allgemeinen aus dem Bereich angeworben, in dem sie beruflich oder anderweitig wirkten. Wenn sich der IM im Laufe seiner Tätigkeit immer mehr mit seinen Auftraggebern identifizierte, nahm er zunehmend die Eigenschaften eines Spions an, ohne jedoch von außen als Fremder, Hinzugekommener eingesetzt worden zu sein.

Der Kollaborateur

Der Kollaborateur unterstützt auf diese oder jene Weise die von der Besatzungsmacht geschaffenen Machtorgane, indem er mit ihnen zusammenarbeitet. Im Gegensatz zum Denunzianten nimmt er nicht nur einmal oder sporadisch mit den neuen Behörden Kontakt auf, sondern immer wieder; aber im Unterschied zu diesem ist es zumeist nicht sein Ziel, einer bestimmten Person zu schaden. Er schadet dafür der Gegengesellschaft bzw. den Kräften, die nach der Befreiung von der fremden Macht streben.

Kollaboration ist ein altes Phänomen, das mit Kriegen und der Existenz von geordneten Machtgebilden verbunden ist, die wir im allgemeinen Staaten nennen. Für die Einheimischen stellt sich nach jeder Besatzung die Frage, wie mit den neuen Machthabern umzugehen ist. Die Antwort fiel zumeist unterschiedlich aus; so auch zu Beginn des Zweiten Weltkriegs. Allerdings rechnete niemand damit, daß ausgerechnet der Held von Verdun, Marschall Philippe Pétain, im Oktober 1940 nach einer Unterredung mit Hitler über den Rundfunk mitteilen würde, es sei eine »Collaboration« zwischen beiden Ländern ins Auge gefaßt worden und er habe ihr im Prinzip zugestimmt. Es war die erste Staatskollaboration[569] in der Neuzeit oder, besser, in der Zeit der Nationalstaaten. Das Wort *Kollaboration* bekam eine völlig neue Bedeutung, als klar wurde, welch menschenverachtende Okkupationspolitik die Vertreter des Dritten Reichs betreiben, daß ihre Okkupationsziele in der Beseitigung der Lebensgrundlagen und sogar in der physischen Beseitung der Bevölkerung bestanden. Frankreich selber gewann durch die »Collaboration« nichts. Der Besatzer verhielt sich dadurch nicht gemäßigter, im Gegenteil, die beiden einschneidenden *Ereignisse in der vierjährigen Geschichte der deutschen Herrschaft in Frankreich – die Deportation der Juden und die zwangsweise Verschickung ziviler Arbeiter nach Deutschland – lassen nicht erkennen, daß die französischen Behörden und die Vichy-Regierung einen mäßigenden Einfluß gehabt hätten. Im Gegenteil: die* anti-jüdische Gesetzgebung des Vichy-Regimes und seine »Arisierungsmaßnahmen«, auch gegen ausländische Juden, waren bereits gang und gäbe, bevor die nationalsozialistischen Besatzer die rechtliche Ausgrenzung der Juden als ersten Schritt auf dem Weg der »Endlösung« anordneten. Anfänglich lehnten die Deutschen sogar die von den Franzosen verhängten antijüdischen Maßnahmen ab, da sie Frankreich lediglich als Sammelbecken für deutsch-jüdische Flüchtlinge ausersehen hatten. [...] Die negative Bilanz der Kollaboration wird nicht nur in dem immensen Beitrag der französischen Behörden zum »Reichseinsatz« der Kriegsgefangenen und Zwangsarbeiter deutlich und in der aktiven Hilfe der Polizei und anderer staatlicher Stellen bei der Deportation der Juden, sondern hinzu kamen die Internierung von mehr als 70 000 sogenannten »Staatsfeinden« (darunter zahlreiche deutsche Emigranten), die Entlassung von 35 000 »nicht vertrauenswürdigen« Beamten sowie Gerichtsverfahren gegen schätzungsweise 135 000 Franzosen in den Jahren 1940 bis 1944. Die Geschichte der Kollaboration und der betroffenen Politiker, Beamten, Unternehmer unter der deutschen Besatzung und während der zwei Jahre des Vichy-Regimes veranschaulicht, warum die nationalsozialistische Herrschaft in Europa, zumindest anfänglich, derart erfolgreich sein konnte.[570]

Während die meisten nach dem Krieg zu wissen meinten, wer die Kollaborateure waren und was Kollaboration ist, spricht die Forschung heute von den unterschiedlichen Formen der Zusammenarbeit mit den Deutschen in den verschiedensten Bereichen: der Administration, der öffentlichen Ordnung, dem Gerichtswesen, der Wirtschaft, der Finanzbeziehungen, der Kultur, der »Endlösung« etc.[571]

Zur Kollaboration kann es aus unterschiedlichsten Gründen kommen, etwa aus politischen, religiösen, taktischen oder ökonomischen. Politisch hieße: eine Identifikation mit den politischen Zielsetzungen des Okkupanten und Gegnerschaft zu dem im eigenen Land herrschenden politischen System; taktisch hieße: Man arbeitet mit dem Okkupanten zusammen, um etwas für das eigene Land zu retten. Oft erweist sich dies als reine Illusion. Auch die ökonomische Kollaboration kann so begründet werden, wenngleich die meisten nur an die eigene Bereicherung und nicht an das Überleben der Volkswirtschaft des besetzten Landes dachten.

Größte Schwierigkeiten bereitet die Beurteilung jener Menschen in den osteuropäischen Ländern, die nach den bitteren Erfahrungen während der Sowjetherrschaft mit den Deutschen kollaborierten.[572] Die meisten Forscher schrecken davor zurück, die Zusammenarbeit mit dem sowjetischen Besatzer als Kollaboration zu bezeichnen, wodurch ihre Ratlosigkeit bei der Einschätzung der Handlungsmöglichkeiten dieser Menschengruppen nur noch zunimmt.[573]

Und wie soll man jene nennen, die mit dem einen Regime zusammenarbeiteten, obwohl es im eigenen Land wie ein fremdes, wie eine Besatzungsmacht herrschte? Als Mussolini die Macht übernahm und sie festigte, verglich Turati den Faschismus mit einem fremden Besatzungsheer, *gegen welches jede Rebellion technisch unmöglich und unwirksam ist.*[574] So wurden später auch die kommunistischen Regime eingeschätzt, und es gab in deren Endphase sowie nach 1989 Versuche, die Zusammenarbeit mit ihnen als Kollaboration zu werten. Aber wo beginnt und wo endet sie?

Judas

Judas wird vielfach als der erste und bedeutendste Denunziant hingestellt, der für eine Belohnung von dreißig Silberlingen, d. h. für ein geringes Entgelt, Jesus seinen Verfolgern ausgeliefert habe. Als sie kamen, zeigte er ihn ihnen durch einen Kuß, ihn mit Rabbi anredend.[575] Das Vertrackte an der Sache ist jedoch, Jesus versteckt sich nicht, er wäre auch ohne Judas auffindbar gewesen, und vor allem hatte er während des Abendmahls die Auslieferung vorausgesagt. Nach Matthäus erklärte Jesus, es werde der sein, mit dem er jetzt gemeinsam den Bissen in die Schüssel tauchen wird.[576] Lukas zufolge ist Judas sich seiner Tat gar nicht bewußt, denn der Satan sei in ihn gefahren. Johannes identifiziert ihn sogar mit dem Teufel. Das Ganze nimmt damit eschatologische Dimensionen an. Judas wird zu einem schuldlosen Instrument des göttlichen Heilsplanes. Nach der Lehre der Kainiten besaß er sogar eine höhere Erkenntnis, aus der heraus er Jesus in sein Schicksal, den Willen Gottes, hineinzwang.

Diejenigen, die ihn einen Denunzianten oder Verräter nennen, denken an seine Bereitschaft, Jesus den Häschern kenntlich zu machen und Geld dafür zu nehmen.[577] Für Moderne ist es unverständlich, daß es überhaupt einer Person bedurfte, die den allbekannten Mann »verriet«. Nach Karl Kautsky wäre das *ungefähr so, als wenn die Berliner Polizei einen Spitzel besoldete, damit er die Person bezeichnete, die Bebel hieß*.[578] Judas ist auch nicht bei der Anklage dabei, bezeugt nicht, welch umstürzlerische Worte Jesus gesagt habe. Er wird bemerkenswerterweise in der frühchristlichen Gemeinde nie von der Liste der Apostel gestrichen.[579] Immerhin hatten alle Jünger nach der Verhaftung ihres Meisters das Weite gesucht. Petrus verleugnete Jesus gleich dreimal in einer Nacht.

Wenn man auf den Urtext der Evangelien zurückgeht,

wird man feststellen, daß dort, wo die geläufigen Bibelausgaben in Verbindung mit Judas von »verraten« bzw. »Verrat« sprechen, das griechische Verb *paradidónai* gebraucht wird, was mit »dahingeben, ausliefern, denunzieren« zu übersetzen ist.[580] Das Wort *prodotes* für *Verräter* findet sich allein bei Lukas (6,16) und ist möglicherweise das Ergebnis einer Redaktion. Wenn man *paradidónai* mit »verraten« übersetzt, wird eine Übereinstimmung von Tat **und** Motiv suggeriert, mit »ausliefern« wird dagegen in erster Linie die Tat benannt.[581] Jesus braucht eigentlich nicht verraten zu werden, weil ihn jeder kennt. Aber die Häscher fürchten sich vor einem Auflauf der Menge, wie wir bei Lukas erfahren.[582] Sie brauchen daher jemanden, der ihnen mitteilt, wann eine Verhaftung ohne großes Aufsehen möglich wäre. Diese Rolle übernimmt Judas, und zwar aus freien Stücken. Es geschieht während des Abendmahls in Anknüpfung an das Passahmahl, das in Erinnerung an den Exodus aus dem Land des Todes gefeiert wird. Damals war der Todesengel am Haus der Urahnen vorbeigegangen. Solches wird diesmal nicht geschehen, schließlich soll Jesus ja aus dem Leben scheiden. Die Rolle des Todesengels wird Judas spielen.

In der Beurteilung seines Charakters und seiner eventuellen Motive ist die älteste Überlieferung über ihn, die des Markus, am zurückhaltendsten. Er weiß nichts davon, daß Judas eine Gegenleistung für sein Auslieferungsangebot verlangt und ihn Jesus während des Abendmahls entlarvt hat. Für ihn kam jeder Jünger in Frage. Erst am Ende teilt Markus mit, daß Judas der Auslieferer war. Matthäus berichtet dagegen, wie Judas von den Hohenpriestern Geld verlangte;[583] er nennt auch als einziger die Summe von dreißig Silberlingen und schildert, wie sich Judas als der künftige Täter verraten habe. Lukas läßt, wie gesagt, den Teufel in ihn fahren. Die extreme Stilisierung des Judas als Verkörperung des Bösen setzt mit der spätesten

Überlieferung, mit der des Johannes, ein. Judas stellt nicht mehr nur eine Hülle für den Satan dar, sondern **ist** ein Teufel. Johannes sieht in ihm von Anfang an den *Repräsentanten der Macht der Finsternis: Als Jesus den Jüngern die Füße wäscht, damit sie bleibende Gemeinschaft mit ihm hätten, die Gemeinschaft der Reinen, da sagt er »Ihr seid nicht alle rein« und meint Judas, der garnicht rein werden kann (Joh 13,11). Als Jesus den Jüngern erklärt, wer ihn ausliefern würde, und Judas entlarvt, da sei »der Satan« in ihn gefahren (Joh 13,27). Als Jesus gleich darauf bittet, bald zu tun, was er tun wolle, da mißverstehen ihn die Jünger und meinen, er habe Judas als Verwalter der Kasse angesprochen (Joh 13,29). Als Jesus in Gethsemane verhaftet wird, da führt Judas wie ein Kommandant die Kohorte der feindlichen Mächte an (Joh 18,3).*[584]

Judas wird von nun an jahrhundertelang als Gegensatz zu Jesus, dem Licht, gesehen. Immer mehr erscheint er als die Verkörperung des Denunzianten oder gar Verräters, des Täters, dem die Schuld für den Opfertod von Jesus zukommt. Erst seit der Aufklärung beginnt man, sich nach den rationalen und psychologischen Gründen seines Handelns zu fragen, ihn als Menschen zu sehen, der in einer konkreten historischen Situation gehandelt hat und innere Wandlungen durchlebt. Einen ersten Anstoß zu Reflexionen über ihn gab in Deutschland Klopstock mit seiner Judasdarstellung im *Messias*. Judas glaubt infolge eines Traumes an die irdische Messiasbereitschaft Jesu. Er will ihn zwingen, endlich *sein so lange erwartetes Reich auf Einmal* zu errichten. Mit tödlichem Ausgang rechnet er nicht. Jesus werde schon einen Ausweg finden. Goethe wollte mit seinem geplanten Drama *Der Ewige Jude* noch weiter gehen, wie wir aus *Dichtung und Wahrheit* wissen. In einem bestimmten Augenblick erscheint Judas in der Werkstatt des Schusters Ahasverus, um ihm von seiner *mißlungenen Tat* zu erzählen: *Er sei nämlich, so gut als die klügsten der übrigen Anhänger, fest überzeugt gewesen, daß Christus sich als Regent und Volksoberhaupt erklären werde, und habe das bisher unüberwindliche Zaudern des Herrn mit Gewalt zur Tat nötigen wollen und deswegen die Priesterschaft zu Tätlichkeiten aufgereizt, welche auch diese bisher nicht gewagt. Von der Jünger Seite sei man auch nicht unbewaffnet gewesen, und wahrscheinlicherweise wäre alles gut abgelaufen, wenn der Herr sich nicht selbst ergeben und sie in den traurigen Zuständen zurückgelassen hätte.*[585]

Am weitesten wagt sich Hebbel mit seiner später häufig zitierten Sentenz vor: *Judas ist der Allergläubigste*, die sich in den Notizen zu einem geplanten Christusdrama findet. Höchstwahrscheinlich kannte Lukács als guter Kenner und Liebhaber des Werks von Hebbel diesen Satz.[586] Nach Lengyels Bericht habe sich Lukács, als er und seine Freunde sich zum Kommunismus bekannten, Judas zum Vorbild genommen. So wie dieser den göttlichen Heilsplan verwirklichte, müßten sie den historischen realisieren helfen. József Lengyel habe gesagt bekommen, er möge nun *erst einmal »Die Gebrüder Karamasow« von Dostojewski lesen. Das sei viel tiefer als Tolstoi! Vor allem sollte ich die Reden des Starez Sossima vom »langsamen Heldentum« lesen; denn das sei mehr, als für eine Sache sterben zu können. Sterben, fest und kühn etwas Großes zu vollbringen sei leicht. Aber wie ein Heiliger zu leben, das sollte man mal versuchen! – Ich las die Reden des Starez; schön, sehr schön, aber was ging mich das an? – Dann erfuhr ich, was für Probleme aufgeworfen wurden, und ich sperrte förmlich Mund und Augen auf. – Eins der Probleme:* **Wir Kommunisten sind wie Judas.** *Unsere blutige Arbeit ist, Christus zu kreuzigen. Aber diese sündhafte Arbeit ist zugleich unsere Berufung; Christus wird erst durch den Tod am Kreuze Gott, und das sei notwendig, um die Welt erlösen zu können. Wir Kommuni-*

sten also nehmen die Sünden der Welt auf uns, um dadurch die Welt zu erlösen.[587]

Lukács, von dem die Worte »Wir Kommunisten sind wie Judas« stammten, war tatsächlich nach anfänglichen Skrupeln bereit, im Namen der geschichtsphilosophischen Berufung Schuld auf sich zu laden. Er berief sich allerdings auf Hebbels *Judith*. Seinen Essay *Taktik und Ethik* von Ende 1918 schließt mit den Sätzen: *Nur die mörderische Tat des Menschen, der unerschütterlich und alle Zweifel ausschließend weiß, daß der Mord unter keinen Umständen zu billigen ist, kann – tragisch – moralischer Natur sein. Um diesen Gedanken größter menschlicher Tragik mit den unnachahmlich schönen Worten von Hebbels »Judith« auszudrücken: »Und wenn Gott zwischen mich und die mir auferlegte Tat die Sünde gesetzt hätte – wer bin ich, daß ich mich dieser entziehen könnte?«*[588]

Die Bereitschaft zur »Sünde« war damit vorprogrammiert. Es sollte nicht lange dauern, bis sich für Lukács die Gelegenheit zu einer Untat oder zumindest wenig löblichen Tat ergab, als er 1919 Politkommissar in der ungarischen Roten Armee wurde.[589] Der Gedanke, daß Judas seine Tat bedauert haben mag,[590] lag Lukács fern. Wahrscheinlich hätte er dagegengehalten, daß Jesus seinen Jünger zu der Tat förmlich auffordert: *Was du tust, tue bald.*[591]

In der modernen Literatur überwiegen psychologische und existentielle Erörterungen über Judas. Es ist so, als habe sich die Auffassung durchgesetzt, daß der Mensch ein schwaches Wesen sei und man daher immer mit der Bereitschaft zum Ausliefern eines anderen oder gar zum Verrat rechnen kann. *Leben heißt verraten,*[592] sagte Sonnenschein.

Freude an der Tat

Wenn wir die durch Folter, Drohung oder psychischen Druck erlangten Informationen außer acht lassen, verbindet die Denunzianten, Denunzianten im Auftrag, Spione und Verräter die Bereitschaft zum Handeln und die Freude, manchmal gar Lust an der Tat – aus welchem Grund auch immer – in dem Moment, in dem sie ihre Kenntnisse an eine Instanz weitergeben. Sie können sich an ihrem Wissensvorsprung gegenüber der Instanz sowie an dem Bewußtsein laben, das Schicksal von Menschen zu lenken, womit sie für einen Augenblick oder, im Falle der Denunzianten im Auftrag, für viele Augenblicke ins Zentrum des Geschehens rücken. Sie treten damit aus dem Beziehungsfeld, in das sie eingebettet waren, heraus. Sie brauchen keine Rücksicht mehr auf andere oder auch auf bestimmte Moralgebote zu nehmen, denn sie meinen, das historische Recht hinter sich zu haben, angesichts dessen alle üblichen Einwände als kleinlich abgetan werden können.

Sie bildeten eine Minderheit

Als tröstend wird häufig das Argument angeführt, *daß die Zahl der Nicht-Denunzianten um ein vielfaches größer war als die der Denunzianten.*[593] Mit dieser absolut richtigen Feststellung soll offensichtlich unterstrichen werden, daß die große Mehrheit der Menschen so schlecht nicht ist. An die Stelle der politischen Argumentation tritt eine psychologisch-moralische. In Wirklichkeit können Machthaber an einem »Meer von Denunziation« nicht interessiert sein. Es würde jeglicher Machtausübung hinderlich sein. Es reicht, daß die Mehrheit der Bevölkerung die Denunziation als ein Damoklesschwert über sich spürt, sie an jeder Ecke einen potentiellen Denunzianten zu sehen glaubt. Wie verheerend sich die bloße Möglichkeit einer Denunziation auswirkt, erkennt man in Extremsituationen, wenn es um Tod und Leben geht, etwa bei der »Endlösung«.

Der Denunziant und der Richter

Jesus spricht Pilatus als Richter frei,[594] während er jenen verurteilt, der es zu seiner Verhaftung hat kommen lassen: *Da sprach Pilatus zu ihm: Redest du nicht mit mir? Weißt du, daß ich die Macht habe, dich loszugeben, und die Macht habe, dich zu kreuzigen? Jesus antwortete: Du hättest keine Macht über mich, wenn sie dir nicht wäre von oben her gegeben. Darum: der mich überantwortet hat, der hat größere Sünde.*[595]

Der Richter handelt in einem Rechtssystem; die anderen, insbesondere der Denunziant, tun es aus freien Stücken, scheint Jesus zu meinen.[596] Wer es aus freien Stücken tut, untersteht dem moralischen Urteil. Das wäre auch der Grund, weswegen die Denunzianten schneller in der Öffentlichkeit verurteilt werden als Amtspersonen, wenngleich diese das Unrechtssystem mittragen und die Logik für den Satz spricht, den der Strafsenat des Bundesgerichtshofes in Verbindung mit dem Fall der Denunziantin Hilde Berthold im Juli 1952 formuliert hatte: Es gehe nicht an, daß etwas *vom Standpunkt der Richter als rechtsmässig, vom Standpunkt der Angeklagten als rechtswidrig* angesehen wird. *Die Frage der Rechtswidrigkeit* müsse *für alle Beteiligten einheitlich beantwortet werden.*[597]

Bekennen und sühnen?

Judas wirft die Silberlinge fort und begeht nach Matthäus 23, 3–10 Selbstmord. Er muß sich demzufolge – zumindest in den Augen des Evangelisten – als mittelbarer Täter gefühlt haben, der seine Tat bereut. Etwas davon erwarten viele Opfer in modernen Zeiten vom Denunzianten. Er soll zwar nicht Selbstmord begehen, aber ein Bekenntnis ablegen und Reue zeigen, sich vielleicht auch Buße auferlegen. Doch was tun, wenn die Zahl der Denunzianten riesig ist und sie nicht die vemeintliche Freiwilligkeit eines Judas an den Tag legen? Es gibt solche, die meinen, man möge die Dinge ruhenlassen, denn sonst käme es zu unerhört vielen ungerechten Verurteilungen. Andere finden, es reiche eine Art Enquete-Kommission aus, die an charakteristischen Beispielen zeigt, wie das Unrechtssystem funktioniert hat. So mancher beharrt jedoch auf der Benennung der Taten und der Täter, ohne zugleich eine Verurteilung zu fordern.

In Polen hat sich Adam Michnik für das Ruhenlassen stark gemacht. Er beruft sich hierbei auf zwei Aussprüche des Papstes während einer Messe in Lettland: »Erst Barmherzigkeit, dann Gerechtigkeit« und »Es darf keine Sieger und keine Besiegten geben«.[598] Michnik befürchtete, es käme zu Mord und Totschlag, sollten die polnischen Archive des Sicherheitsdienstes allgemein zugänglich gemacht werden. Der Kirche warf er vor, daß sie die Kommunisten härter behandele als die Deutschen; die polnischen Bischöfe hätten sich zu einem ähnlichen Brief entschließen sollen, wie sie ihn 1965 an die deutschen Bischöfe gesandt hatten, mit der bekannten Formel: »Wir vergeben und bitten um Vergebung.« Das erstaunliche an Michniks Denken ist die Unempfindlichkeit für das Detail und die Opferperspektive. Eine rechtliche Beurteilung der Untaten verschiedenster Art hält er für unmöglich, weswegen man sich mit einer *ungerechten Gerechtigkeit* abfinden müsse,[599] d. h. mit einem Nicht-Urteil. Ihm kommt nicht in den Sinn, daß das Opfer, der einst Verfolgte, ein Recht hat zu erfahren, welche Mechanismen der Machtapparat gegen ihn in Bewegung gesetzt hatte, wer der Denunziant oder IM war. Dem Opfer geht es erst einmal um die Enthüllung der alltäglichen Schikanen und Repressalien, die ihm zu schaffen gemacht haben. Die Bestrafung steht für ihn auf einem anderen Blatt. Nach Michnik geht es diesem dagegen nur um eine Bestrafung, die er am liebsten eigenhändig vornehmen und nicht der Justiz überlassen möchte. Recht und Gericht scheint Michnik nicht besonders zu schätzen. Er bedauert beispielsweise, daß Jaruzelski immer wieder vors Gericht »gezerrt« wird. Die höhere Form moralischer Haltung sei schließlich die Vergebung. 1995 erklärte er: *Ich bin der Meinung, wenn ich meinen Peinigern vergebe, werde ich ein Besserer. Ich bin besser, indem ich in mir die Fähigkeit zu Vergebung kreiere. Und ich will ein Besserer sein, als ich wirklich bin.*[600]

Józef Tischner, Priester und Philosoph, warf im Gespräch mit Michnik ein, zur Vergebung und Barmherzigkeit würden zwei reichen, für die Gerechtigkeit seien drei vonnöten. Man könnte es auch so formulieren: Vergebung kann privat und ohne allgemein akzeptierte Kriterien erfolgen; ich kann dem übelsten Verbrecher vergeben. Das andere ist hingegen ein öffentlicher Akt, nicht nur weil ein Dritter dabei ist, sondern weil der Begriff der Gerechtigkeit vor der Öffentlichkeit zu rechtfertigen ist; hierzu muß ich mich kundig machen, wie groß das Ausmaß der Untat ist, wie es zu ihr gekommen ist, aus welchen Motiven der Täter gehandelt hat. Ich muß so vorgehen, als würde ein Prozeß gegen den Täter geführt werden. Und vor allem muß ich einem Dritten überlassen, das Urteil zu fällen. Damit gebe ich die Initiative aus der Hand. Michnik mag dies offensichtlich nicht. Er möchte Beichtvater und Richter zugleich sein und in der Rolle des Dissidenten verbleiben, als der er seine Entscheidungen einsam fällte und bereit war, dafür zu leiden. Mit der Herausbildung von demokratischen Praktiken hat das allerdings wenig tun.

Was wiegt schwerer?

In Denunziationsprozessen, wie wir sie etwa von den deutschen Gerichten in den Westzonen kennen, wird zumeist eingehend erörtert, aus welchen Gründen der Angeklagte denunziert haben mag. Die Richtenden meinen, auf diese Weise zu einem gerechten bzw. angemessenen Urteil gelangen zu können. Als besonders verwerflich gelten persönlicher Neid und noch mehr persönliche Rachegelüste. Denunzierte der Angeklagte dagegen aus politischen Gründen, aufgrund einer Gesinnung ist das Gericht immer wieder geneigt, dies zu dessen Gunsten als strafmildernd anzurechnen.[601] Die Tradition der Judasverurteilung hat sich offensichtlich tief ins Bewußtsein eingeprägt: Judas kann Jesus nur aus niedrigen Motiven heraus, wegen dreißig Silberlingen, ausgeliefert haben. Ein religiöser oder politischer Grund komme nicht in Frage. Die Folge war, daß Taten aufgrund einer – wenn auch falschen – Gesinnung insgeheime Anerkennung finden. Sie erscheinen als uneigennützig.[602] Der indirekte Nutzen, den jemand hatte, indem er das sich etablierende bzw. etablierte System unterstützte, erscheint, nachdem das Regime zusammengebrochen ist, als unbedeutend. Bei aller Hochachtung für die Gesinnung glauben die Richtenden, solch ein Mensch verfüge im Grunde über wenig Lebensklugheit, auf jeden Fall über geringe Flexibilität. Oft sagen sie ihm sogar Starr- und Eigensinn nach. Der Denunziant konnte auf diese Weise sogar Mitleid erwecken, obgleich seine Denunziation den Tod des Denunzierten nach sich gezogen hatte. Solche Reaktionen lassen sich bei den Richtenden immer wieder beobachten, auch in der nachkommunistischen Zeit. Daß hier politische Untaten unpolitisch beurteilt werden, bemerkt kaum jemand.

Die Betroffenen wollen es wissen

Denunziationsprozesse in großer Zahl waren nach 1945 ein Novum; aber das Bedürfnis, nach einer Verfolgungswelle zu erfahren, wie es mit den Denunziationen aussah, ob denunziert wurde und wer was denunziert haben mochte, welches belastende Material über einen in irgendwelchen Akten zu finden ist, bestand natürlich auch in älteren Zeiten, als bereits fleißig protokolliert wurde. Die »Schriftmächte« waren dagegen nach Abschluß der Verfolgungen daran interessiert, die Vergangenheit vergessen zu machen, etwa durch Vernichtung der Akten. Sie taten es zumeist im Namen des sozialen Friedens. Diese Situation trat beispielsweise 1659 nach dem Ende der Hexenverfolgung in Kurtrier ein. Da gab es eine, wenn auch verdeckte *Anfrage aus der Grafschaft Leiningen*, bei der es *um eigene Untertanen ging, die in Prozessen des benachbarten kurtrierischen Amtes Montabaur besagt worden sein sollten. Die Antwort ergab nur zwei Namen; aber »dem gemeinen verlaut nach« wußten die leiningschen Beamten zu Westerburg, daß noch mehr Besagungen vorhanden sein sollten, worauf schon die Anzahl der in Montabaur befindlichen Gerichtsakten hinwies.*[603] Doch mehr konnte nicht ermittelt werden, da die Geständnisse der Hingerichteten in den Akten fehlten. Sie waren an höherer Stelle angeblich verlorengegangen. Irgend jemand hatte ein Interesse, die Täter nicht zu belasten, obwohl die oberen Gerichte und Kanzleien den Hexenverfolgungen gegenüber eher zurückhaltend eingestellt waren; andererseits konnte ihnen an einer Aufdeckung vergangener Untaten nicht liegen. Sie hätten ihre eigene Passivität, ja Ohnmacht an den Tag legen müssen.

Der Mechanismus Verfolgung mit anschließender Vertuschung funktioniert relativ gut, wenn sich die Machtverhältnisse nicht wesentlich verändern, dagegen nicht nach dem Zusammenbruch der bisherigen staatlichen Ordnung. In diesem Fall tritt zumeist die umgekehrte Situation ein: der Wille zur Aufdeckung der vergangenen Untaten, einschließlich der Denunziationen und Denunzianten setzt sich durch. Die alten Machthaber wissen darum und versuchen in letzter Minute, alle Spuren durch Verbrennungen, Vergrabungen oder Versenkungen zu tilgen. Manchmal helfen ihnen dabei auch unabsichtlich empörte Massen durch eigene Vernichtungsaktionen. Man denke nur an die Erstürmungen der Stasizentralen und ihre womöglichen Folgen, wenn ihnen nicht von seiten der Opposition Einhalt geboten worden wäre.

Im allgemeinen erlahmt jedoch nach anfänglichem Enthusiasmus recht schnell der Wille zur Aufdeckung der Untaten und ihrer Täter. Es gibt hierfür unterschiedliche Gründe, u. a. die bittere Erkenntnis, daß manche Opfer nicht nur Opfer, sondern auch Täter waren, sowie die Furcht vor falschen Verdächtigungen und Anzeigen, einer Säuberungswelle, d. h. vor neuen Denunziationen. Doch der wichtigste Grund ist, daß sich bei genauem Hinsehen die Untat aus vielen unterschiedlichen Untaten zusammensetzt. Die Gerechtigkeit ist nicht mit einem Schlag zu haben. Die vielen unterschiedlichen Fälle lassen sich nicht unter einem Fall subsumieren. Wenn man über sie gerecht urteilen will, müssen sie jeweils nach entsprechendem Recht behandelt werden, das keineswegs mit der Gerechtigkeit identisch ist. Wer denkt an dieser Stelle nicht an Bärbel Bohleys Empörung: Wir wollten die Gerechtigkeit und bekamen den Rechtsstaat. Das ist nach der Herrschaft des Unrechts zwar schon viel, aber es befriedigt nicht diejenigen, die wissen wollen, wie ihr Fall aussah. Immerhin zeichnen sich durch den erleichterten Zugang sowohl des Geschädigten wie auch der öffentlichen Meinung zu den Akten neue Lösungen ab. Ohne in jedem Fall Recht zu sprechen, wird eine recht umfassende Einsicht in das ehemalige Unrecht vermittelt. Die Denunziationen werden ohne eindeutige Schuldzuweisungen enthüllt. Vielleicht ist das der bessere Weg zur Gerechtigkeit.

Gesinnung, Ereignis und Handlung

Immer wieder kommt es zu Gesinnungsschnüffelei. Die das Sagen haben, möchten wissen, wer was denkt, ob er auch wirklich an Gott, die heilige Dreieinigkeit, Jesus als Menschengott, die Menschenrechte, das Vaterland, die führende Rolle der Partei etc. glaubt. Aber Gesinnung läßt sich nur schwer denunzieren, es sei denn, der Betroffene verkündet vor anderen, von denen er weiß, daß sie Vertreter der herrschenden Meinung sind, laut und vernehmlich seine abweichenden Anschauungen. Dann ist aber nur noch in Ausnahmefällen eine Denunziation vonnöten. Die meisten werden jedoch ihre andersartigen Anschauungen zurückhalten. Sie werden den Konflikt vermeiden. Aber der geringste falsche Zungenschlag kann Verdacht erzeugen. Die Beflissenen werden versuchen, sie bei einer Tat zu ertappen, die von seiner andersartigen Gesinnung zeugen könnte. Sie werden nach einem »Ereignis«, einem Fehlverhalten, fahnden, sind sogar bereit, es zu provozieren. Solch ein Ereignis wäre bereits, wenn der Betroffene den Kirchgang versäumt oder zu früh, wie Johannes R. Becher, die Versammlung verläßt. Banale Ereignisse! Oder vielleicht auch nicht? Sie bedürfen auf jeden Fall der Interpretation. Der Betroffene möge sich daher erklären. Wenn er sich zu schnell zu seinem Fehler bekennt, wird er Mißtrauen erwecken. Er maskiere sich. Nimmt er die Vorwürfe auf die leichte Schulter, wird er als Ungläubiger, Gesinnungsfeind hingestellt. Was er auch tut, das Mißtrauen wird er so lange nicht loswerden, so lange er nicht selber andere beschnüffelt. Er ist entweder reif für eine Denunziation, oder er muß sich selber zu einer Denunziation entscheiden. Vergessen wir nicht, daß es einst in einer solchen Situation schwer war, sich seinen Mitgenossen durch Wechsel der Wohnung und Arbeit zu entziehen.

An dem Wissen um die Gesinnung eines anderen liegt den meisten auch deswegen so sehr, weil die Meinung vorherrscht, bei Kenntnis der Gesinnung einer Person sei es möglich, ihre Handlungen in bestimmten Situationen, vor allem wenn es auf des Messers Schneide steht, vorauszusehen. Daß es da keine Sicherheit gibt, frustriert die Menschen immer wieder. Wie ist es zu verstehen, fragt man sich, daß gerade Stefan George mit seinen autoritären Ansichten Deutschland verlassen hat, als die Nazis ans Ruder kamen, oder daß Ernst Jünger es 1933 ablehnte, der neu formierten Akademie der Künste beizutreten? Daß ein Antisemit Juden rettet, ist nicht zu erwarten. Und doch kam es vor. Trotz vieler Ausnahmen treffen wir immer wieder die große Selbstsicherheit an, mit der jemand zu wissen glaubt, wie der/die andere handeln wird. Er kenne ja dessen/deren Gesinnung. Wehe, jemand erklärt, er sehe da keinen zwingenden Kausalnexus. Man wird ihn verdächtigen, selber unvorhergesehener Taten fähig zu sein. Er kann erleben, daß er dessen öffentlich geziehen wird.

Umgekehrt wird bei einer nur schwer akzeptierbaren Handlung nach der Gesinnung gesucht, die ihr zugrunde gelegen haben muß. Der Täter müsse schon immer Ansichten vertreten haben, die diese Handlung begründen, hört man in solchen Fällen. Man bedauert, den Täter nicht schon vorher nach seiner Gesinnung abgeklopft zu haben. Man hätte dann, glaubt man, einiges vermeiden können.

Täter, Tatherrschaft, Teilnahme

Mit dem Wort *Denunziant* assoziiert man im allgemeinen einen Täter, der weiß, was er will, der zielbewußt handelt. Es ist einer, der über Tatherrschaft verfügt; schließlich kann er sogar Herrschaftsinstanzen zum Handeln zwingen, was ihn wenigstens einen Augenblick lang mit Genugtuung erfüllen muß, wenn er es auch später nicht zugeben will. In der Bundesrepublik wurden in vielen Prozessen Denunzianten aus der Nazizeit gemäß der Vorstellung, es jeweils mit einem zielbewußten Täter zu tun zu haben, verurteilt bzw. freigesprochen. Die bei der Denunziation Mitwirkenden fanden daher kaum Beachtung. Während Helene Schwärzel verurteilt wurde, blieben Schadwinkel und Hellbusch straffrei, ganz zu schweigen von den anderen Teilnehmern an der Aktion.

Heute ist man vor allem an der Aufdeckung der Personenkonstellation und der konkreten Bedingungen, in der eine Denunziation erfolgt, interessiert. Dabei kommt man vielfach zu dem Schluß, daß das Politische gewissermaßen nur als eine Zugabe zu den üblichen alltäglichen Konflikten figurierte. Es schuf einfach eine weitere Möglichkeit, einen Partner loszuwerden, jemanden aus der Wohnung zu werfen, einen Geschäftskonkurrenten auszuschalten, einen bei den Frauen allzu beliebten Ratgeber zu entfernen etc. Man hat den Eindruck, als glaubten die Forscher – vor allem unter dem Einfluß der Alltagsforschung – gar nicht mehr an die Möglichkeit einer erfolgreichen Einzelaktion, als sei jede Denunziation das Ergebnis der Handlung eines Kollektivs gewesen. Da der Denunziant nur selten vor Augen hat, wie die Verurteilung des Denunzierten auszusehen hat, er seine Tat eher zufällig begeht, fehlt ihm das, was man sonst Kriminellen zuschreibt und den Verbrechertypus nennt. Der Denunziant ragt nicht durch bestimmte Neigungen hervor. Er läßt nicht gern etwas mitgehen wie der Dieb, er ist nicht »kaltblütig« wie der Mörder, nicht ideenreich wie ein Einbrecher. Der Grund und das Ziel seiner Tat sind jedesmal andere. Sie lassen sich zumeist nicht einmal als eine wirklich politische Denunziationen auslegen. Die Freude an dem kurzen Augenblick der Tatherrschaft wird schnell vergessen, zumal sie nachträglich nur schwer rekonstruierbar und schon gar nicht nachweisbar ist. Alles in allem wird aus der Tatherrschaft so etwas wie Teilnahme an einer Tat, die unter dem Namen *Denunziation* figuriert.

Seitdem das IM-System aufgedeckt ist, scheinen sich die Faschismusforscher mehr denn je im Recht zu fühlen, bei der Behandlung von Denunziationsfällen nach den Personenkonstellationen oder gar nach Kollektivhandlungen zu fragen. Doch trotz aller Ähnlichkeiten verfügt der IM im Unterschied zum Denunzianten so gut wie nie über Tatherrschaft. Selbst wenn er auf die »Schädlichkeit« der Anschauungen oder Aktionen anderer hinweist, zwingt er die Führungsoffiziere noch nicht zum Handeln, denn sie sind ja keine offizielle Entscheidungsinstanz. Der IM weiß zwar, soweit er über andere Auskunft erteilt und andere ausschnüffelt, daß er an einer Entscheidung über das Schicksal dieser Personen mitwirkt, aber wie diese ausfallen wird, bleibt im unklaren. Es scheint alles von den Führungsoffizieren und ihrem Apparat abzuhängen. Hinzu kommt, daß auch noch andere IM bei dem »operativen Vorgang« eingesetzt sind, so daß das Ganze wie eine echte Kollektivaktion – bei der kaum einer dabeigewesen sein will, aber auf jeden Fall, niemand etwas Wesentliches getan habe – erscheint.

Da der IM im Gegensatz zum Denunzianten nicht aus einem Zufall heraus handelt – das Argument der Zufälligkeit läßt sich höchstens auf den Augenblick der Werbung anwenden (und auch das nur selten, denn die Werbungsphase dauerte zumeist *mehrere Monate*)[604], aber nicht mehr auf die spätere Zeit, in der er so etwas wie Routine entwickeln muß – und da es so aussieht, als ließen sich bestimmte Typen von IM unterscheiden (der Sicherheitsapparat hat solche Unterscheidungen immer wieder vorgenommen, um zu einer effektiveren Zusammenarbeit mit ihnen zu gelangen), kann er als Täter qualifiziert werden, der in vielen Fällen strafwürdig ist, ohne strafbar zu sein; denn die Wirkung seiner Tätigkeit, das Unrecht, das er verursacht hat, läßt sich nicht genau bestimmen. Er hat an dem Zustandekommen des Unrechts mitgewirkt – in den sogenannten Jahren des Stalinismus konnte es der Tod der als »operatives Objekt« qualifizierten Person sein –, aber er war wirklich nicht der einzige, der etwas mitgeteilt, zugetragen hat. Gerechterweise müßte eine ganze Gruppe von Teilnehmern an der Tat oder den Taten, die man zum Teil als Massenverwaltungsverbrechen zu qualifizieren hätte,[605] auf der Strafbank sitzen. Das sehen klassische Gerichtsverfahren jedoch nicht vor. Sie suchen nach dem Einzeltäter. Sie können ja nicht erklären, es gäbe nur noch Taten bzw. Untaten, aber keine Täter mehr im alten Wortverständnis, d. h. solche, denen man noch einen Handlungswillen zuschreiben konnte.

Denunziation und Sprache

Kann ein Taubstummer denunzieren?

Judas zeigt den Häschern mit einem Kuß, wer in dem Abendmahlskreis Jesus ist. Er tut es ihnen gegenüber ohne Worte. Vorher hat er aber den Hohenpriestern gesagt, er werde eine Gelegenheit zum Verrat finden. Wie er ihnen diese mitgeteilt hat, wissen wir nicht. Man hat den Eindruck, da geht vieles wortlos vor sich. Er hätte auch ein Stummer sein können, doch kein Taubstummer ohne Zeichensprache, ohne die Fähigkeit zu schriftlicher Mitteilung. Um etwas denunzieren zu können, muß man über einen Namen, über Sprache verfügen. Gewiß, im Falle von Jesus scheint es zu genügen, wenn einer auf ihn zeigt, ihn küßt und damit sagt: Das ist er.[606] Dieses Zeigen hätte jedoch keinen Sinn, wenn die Hohenpriester nicht schon vorher in einer Beratung ein Urteil über ihn gesprochen hätten und wenn nicht die zweifelhafte Anklage vor dem Statthalter folgen würde. Judas' Gesinnung wird uns verschwiegen, als habe er keine, als könne er sie nicht benennen. Der Teufel muß in ihn gefahren sein, möchte man mit Johannes sagen.

Man ist geneigt anzunehmen, daß Taubstumme nicht denunzieren können, weil das Gesagte die Hauptdomäne des Denunzierens ist. Es wird seltener ange-zeigt als zuge-tragen.

Das gesprochene und geschriebene Wort

Die Menschen achten seit eh und je darauf, welches Wort gebraucht wird. Jeder weiß es und verhält sich danach. Wenn er nicht auffallen will, wird er sich glatt ausdrücken, was nicht leicht ist, denn die Sprache unterliegt Veränderungen. Was gestern erlaubt war, kann morgen anecken. Andere lieben es, Widerspruch zu erzeugen, zu provozieren. Sie verwenden daher umstrittene oder gar verbotene Wendungen. Es ist ein Versuch, zu erproben, wieviel Abweichungen vom Erlaubten der Umgebung zugemutet werden kann. Geschieht dies im Gespräch, droht, daß der Sprecher entweder zur Rede gestellt oder durch »Mundpropaganda« gesellschaftlich isoliert wird. Geschieht es schriftlich, fühlen ich die Hüter des Wortes (Zensoren, Reinheitsfanatiker, Ideologiekritiker etc.) aufgefordert, die Stellen, die ihrer Meinung nach von übler Gesinnung zeugen, herauszupicken. Sie treten zumeist im Namen einer Sache auf. Verallgemeinernd ließe sich sagen: Dem Begehren nach Sprechen und schriftlichem Ausdruck wird aus unterschiedlichen Gründen immer wieder Grenzen gesetzt. Wer die Grenzen überschreitet, läuft Gefahr, dafür belangt zu werden. Er hat sich zu stellen. Nicht immer wird er die Chance einer Klarstellung bekommen. Oft geht es auch gar nicht darum, sondern einfach um einen Machtkampf.

Schweigen ist Gold?

Wer nicht denunzieren will, versucht, trotz tiefen Begehrens nach Sprechen zu schweigen, und wenn er gefragt, ja ausgefragt wird, erklärt er, er habe nichts gesehen, nichts gehört. Er könne nichts benennen. Er widersteht dem Ansinnen der Instanz; weist es aber nicht aktiv zurück, indem er seine andersartige Auffassung darlegt oder gar sie öffentlich demonstriert, mit anderen Worten am Kampf um verschiedene Ordnungsvorstellungen teilnimmt. In gewissen Augenblicken bedeutet sein Schweigen eine Heldentat, in anderen kann ihm mangelnder Mut, ängstliches Verhalten vorgeworfen werden.

Ohne Benennung keine Denunziation

Ständig wird um Benennungen gerungen, begonnen mit den Spitznamen und den Namensverdrehungen, bis hin zu den Schimpfworten und Feindbezeichnungen. Immer wieder handelt es sich um Zuweisungen und zugleich um Ausgrenzungen. Besonders in den Denunziationen spiegelt sich der Kampf um Benennungen, weswegen Umbruchszeiten, in denen es um die Durchsetzung neuer Sprachregelungen geht, stets voller Denunziationen sind. Jeder soll benannt werden. Der Name zeige, wohin er gehört, welcher Gesinnung er ist, was er war, wozu er in Zukunft fähig sein könnte. Die Namen sind zumeist während intensiver Beratungen auf Kirchensynoden, in Parteiversammlungen oder aus gelehrten Polemiken hervorgegangen. Sie müssen nur noch Personen zugeordnet werden: Häretiker, Hexe, Homo, Hure, Protestant, Katholik, Adliger, Jakobiner, Vaterlandsverräter, Idealist, Materialist, Anarchist, Kommunist, Klassenfeind, Faschist, Grüner, Roter, Schwarzer usw. Das Fatale an solchen Benennungen ist, daß sie so vieles wegschneiden, daß dem einzelnen das Individuelle genommen wird. Es ist dies aber das Fatale von Benennungen überhaupt. Kluge Ärzte sagen, solange das Befinden eines Kranken noch nicht mit einem konkreten Namen belegt worden ist, so lange besteht noch Hoffnung auf eine umfassende Heilung. Gesellschaften, in denen man nicht gleich für alles einen Namen parat hat,[607] in denen Erzählen wichtiger ist als Fragen und Ausfragen, empfinden wir als menschlich, denn sie lassen dem einzelnen einen Freiraum. Dort besteht auch keine rechte Chance für Denunziationen.

Anmerkungen

1 Die Tscheka wurde im Dezember 1917 gegründet und 1922 in GPU, zu Beginn der Dreißiger in OGPU, 1934 in NKWD, 1946 in MVD und MGB, schließlich nach Stalins Tod in KGB umbenannt. Bei dieser Gelegenheit gab es immer wieder Umstrukturierungen, aber der ursprüngliche Charakter dieser Dienste, der einer terroristischen Organisation, blieb erhalten.
2 Inge Marßolek, *Die Denunziantin. Die Geschichte der Helene Schwärzel 1944–1947*, Bremen o. J., S. 33.
3 Ebd., S. 33 f.
4 Ebd., S. 34. Damit zog sie auf geschickte Weise einen Vorgesetzten in den Denunziationsakt mit hinein.
5 Nach *Justiz und NS-Verbrechen. Sammlung deutscher Strafurteile wegen nationalsozialistischer Tötungsverbrechen 1945–1966*, Bd. IX, Amsterdam 1972, S. 175 f.
6 Inge Marßolek, *Die Denunziantin*, a. a. O., S. 35.
7 Der Bankdirektor in der Deutschen Bank hatte nicht zugelassen, daß Helene Schwärzel bei der Scheckauszahlung fotografiert wird, so daß man sich zu der Dresdner Bank begab, wo der entsprechende Mann daran nichts Anstößiges fand (siehe ebd., S. 40).
8 Vgl. hierzu *Justiz und NS-Verbrechen. Sammlung deutscher Strafurteile wegen nationalsozialistischer Tötungsverbrechen 1945–1966*, Bd. 1, Amsterdam 1968, S. 710.
9 Das Zögern drückte sich vor allem in der etwa fünfminutigen Diskussion nach dem Weggang Goerderlers aus, ob er wirklich der Mann sei, der in den Zeitungen abgebildet ist.
10 *Justiz und NS-Verbrechen*, Bd. 1, a. a. O., S. 710.
11 In: Eike Henning, (Hrsg.), *Hessen unterm Hakenkreuz. Studien zur Durchsetzung der NSDAP in Hessen*, Frankfurt am Main 1983, S. 534.

12 Nach Reinhard Mann, *Protest und Kontrolle im Dritten Reich. Nationalsozialistische Herrschaft im Alltag einer rheinischen Großstadt*, Frankfurt am Main, New York 1987, S. 300. Auch Martin Broszat zitiert diesen Satz, spricht aber von einem Runderlaß vom 28. 4. 1934, von dem sich eine Abschrift im StA München befände (siehe Martin Broszat, »Politische Denunziation in der NS-Zeit. Aus Forschungserfahrungen im Staatsarchiv München«, in: *Archivalische Zeitschrift*, hrsg. von der Generaldirektion der Staatlichen Archive Bayerns, 73. Bd., Köln, Wien 1977, S. 223).
13 Nach Joerg Schadt, *Verfolgung und Widerstand unter dem Nationalsozialismus in Baden. Die Lageberichte der Gestapo und des Generalstaatsanwalts Karlsruhe 1933–1945*, Stuttgart u. a. 1976, S. 304.
14 Zitiert nach Reinhard Mann, *Protest und Kontrolle im Dritten Reich ...*, a. a. O., S. 300.
15 Ebenda.
16 Nach Lothar Gruchmann, *Justiz im Dritten Reich 1933–1940. Anpassung und Unterwerfung in der Ära Gürtner*, München 1988, S. 835.
17 Nach Gisela Diewald-Kerkmann, *Politische Denunziation im NS-Regime oder Die kleine Macht der »Volksgenossen«*, Bonn 1995, S. 64 f.
18 Vgl. hierzu Gunther Schmitz, »Wider die ›Miesmacher‹, ›Nörgler‹ und ›Kritikaster‹. Zur strafrechtlichen Verfolgung politischer Äußerungen in Hamburg 1933–1939. Mit einem Ausblick auf die Kriegszeit«, in: Justizbehörde Hamburg (Hrsg.), *»Für Führer, Volk und Vaterland ...«. Hamburger Justiz im Nationalsozialismus*, Hamburg 1992, S. 324. Schütz zitiert ausführlich aus der Notiz der Reichskanzlei vom 14. 10. 1939.
19 Ebd., S. 322.
20 Klaus Michael Mallmann/Gerhard Paul, »Allwissend, allmächtig, allgegenwärtig? Gestapo, Gesellschaft und Widerstand«, in: ZfG 41 (1993), 11, S. 989. Siehe auch: Klaus-Mi-

chael Mallmann und Gerhard Paul, *Gestapo – Mythos und Realität*, in: Bernd Florath, Armin Mitter, Stefan Wolle (Hrsg.), *Die Ohnmacht der Allmächtigen. Geheimdienste und politische Polizei in der modernen Gesellschaft*, Berlin 1992, S. 102. Robert Gellately schreibt in der Zusammenfassung seines Buches *Die Gestapo und die deutsche Gesellschaft. Die Durchsetzung der Rassenpolitik 1933–1945* (aus dem Englischen übertragen von Karl und Heide Nicolai, Paderborn, München, Wien, Zürich 1993), daß die Gestapo *einfach nicht die physischen Mittel besaß, um die ihr übertragenen Aufgaben durchzuführen, zumal diese an Zahl und Umfang zunahmen. Und das gilt sogar, wenn man berücksichtigt, daß die Gestapo auf die Hilfe anderer Organisationen der NSDAP und des deutschen Staates zählen konnte* (S. 284).

21 Reinhard Mann, *Protest und Kontrolle im Dritten Reich ...*, a. a. O., S. 301. Sein Buch ist eine Veröffentlichung aus dem Nachlaß. Der Autor ist 1981 verstorben.

22 Elisabeth Kohlhaas, »Die Mitarbeiter der regionalen Staatspolizeistellen«, in: Gerhard Paul/Klaus-Michael Mallmann (Hrsg.), *Die Gestapo. Mythos und Realität*, Darmstadt 1996, S. 223. Diewald-Kerkmann spricht von einem Richtwert von einem Mitarbeiter der Gestapo auf 10 000 Einwohner; in Orten mit vielen Zwangsarbeitern und Kriegsgefangenen verringerte er sich dann jedoch (vgl. Gisela Diewald-Kerkmann, *Politische Denunziation im NS-Regime ...*, a. a. O., S. 27 und S. 200).

23 Es sind Angaben, die ich dem Buch von Robert Gellately, *Die Gestapo und die deutsche Gesellschaft ...*, a. a. O., S. 61, entnehme. Er schlüsselt sie in folgender Weise auf: *etwa 3000 Verwaltungsbeamte, 15 500 Vollzugsbeamte, 13 500 Angestellte und Arbeiter (darunter 9000 sog. Notdienstverpflichtete). Die »Verwaltungsbeamten« besaßen die gleiche Ausbildung wie andere Beamte und befaßten sich mit Personalakten, Haushaltsfragen und juristischen Problemen, die*

sich etwa aus dem Paßgesetz ergaben. Den in der »Führerschule« besonders ausgebildeten »Vollzugsbeamten« wurden ihre Aufgaben entsprechend den verschiedenen Referaten, in die die Gestapo eingeteilt war, zugewiesen. Diese Beamten »hatten die eigentlichen Aufgaben der Gestapo, die gesetzlich niedergelegt waren, auszuführen«, obwohl »auch ein Teil dieser Beamten nur mit reinen Büroarbeiten beschäftigt war« (S. 61 f.). Darüber hinaus gehörten der Kripo 12 792 und dem SD 6428 Personen an; *die Gesamtstärke der Sipo betrug am 1. 1. 1944: 50 648* (S. 62).

24 Ebd., S. 62.
25 Klaus-Michael Mallmann/Gerhard Paul, *Herrschaft und Alltag: Ein Industrierevier im Dritten Reich*, Bonn 1991, S. 215. In dem Artikel »Deutschland, deine Denunzianten« konstatiert Gerhard Paul: *Das für ganz Nordbayern zuständige Nachrichtenreferat der Stapo-Stelle Nürnberg-Fürth verfügte 1943/44 über nur 80 bis 100 V-Leute, unter ihnen etliche Wichtigtuer, Aufschneider und Hochstapler* ...(in: *Die Zeit*, Nr. 35, 10. September 1993, S. 56). Ausführlicher geht Mallmann auf die Problematik der V-Leute im Dritten Reich in seinem Artikel »Denunziation, Kollaboration, Terror: Deutsche Gesellschaft und Geheime Staatspolizei im Nationalsozialismus« [in: *Sowi (Sozialwissenschaftliche Informationen)*, 2/1998, S. 132–137] ein.
26 Robert Gellately, *Die Gestapo und die deutsche Gesellschaft* ..., a. a. O., S. 105. Gellately zeigt, daß die Würzburger Gestapo keinen Fall der »Rassenschande« aus eigener Beobachtung (etwa mittels V-Leuten) heraus verfolgt hat (vgl. *Die Gestapo und die deutsche Gesellschaft* ..., a. a. O., S. 185).
27 Robert Gellately, *Die Gestapo und die deutsche Gesellschaft* ..., a. a. O., S. 157.
28 Ebd., S. 158.
29 Klaus-Michael Mallmann/Gerhard Paul, *Herrschaft und Alltag* ..., a. a. O., S. 241.
30 Ebd., S. 245. In ihrem Diskussionsbeitrag »Allwissend, all-

mächtig, allgegenwärtig? Gestapo, Gesellschaft und Widerstand« schreiben Klaus Michael Mallmann/Gerhard Paul: *Kaum einmal waren die örtlichen Stapo-Stellen Ermittlungsapparate, sondern primär Sammelstellen für Anzeigen und Entscheidungsinstanzen für deren Bearbeitung. Sie waren der Briefkasten für alle Meldungen »von unten«* [...], (in: ZfG 41 (1993), 11, S. 992).

31 Christiane Oehler, *Die Rechtsprechung des Sondergerichts Mannheim. 1933–1945*, Berlin 1997, S. 186 f.
32 Ebd., S. 189.
33 Klaus Marxen, *Das Volk und sein Gerichtshof. Eine Studie zum nationalsozialistischen Volksgerichtshof*, Frankfurt am Main 1994, S. 71.
34 Ludwig Eiber, »Zur ›Effektivität‹ der Gestapotätigkeit und der Funktion der Gestapo im faschistischen Terrorsystem. Anmerkungen zum Referat von Gerhard Paul«, in: *Terror, Herrschaft und Alltag im Nationalsozialismus. Probleme einer Sozialgeschichte des deutschen Faschismus*, hrsg. von Brigitte Berlekamp und Werner Röhr, Münster 1995, S. 190.
35 Gisela Diewald-Kerkmann scheint dies nicht zu berücksichtigen, wenn sie Wolfgang Wippermann, der in seiner vierbändigen Darstellung *Das Leben in Frankfurt zur NS-Zeit* (Frankfurt am Main 1986) von einer Flut von Denunziationen zu Beginn des Naziregimes spricht, vorhält, daß in den Akten von 1933 und 34 relativ wenige solcher Fälle vermerkt sind; gleichzeitig verweist sie darauf, daß sogar Nazigrößen bereits in den ersten Monaten der »braunen Revolution« Furcht vor übertrieben vielen Denunziationen hatten, ohne das eine mit dem anderen in Verbindung zu bringen. (siehe Gisela Diewald-Kerkmann, *Politische Denunziation im NS-Regime*, a. a. O., S. 63).
36 Zit. nach Robert Gellately, *Die Gestapo und die deutsche Gesellschaft...*, a. a. O., S. 51.
37 Zit. nach *Topographie des Terrors. Gestapo, SS und Reichssicherheitshauptamt auf dem »Prinz-Albrecht-Gedände«.*

Eine Dokumentation, hrsg. von Reinhard Rürup, Berlin 1989, S. 57.
38 Ebd.
39 Detlev Peuckert, *Die KPD im Widerstand. Verfolgungen und Untergrundarbeit an Rhein und Ruhr 1933 bis 1945*, Wuppertal 1980, S. 121.
40 Ebd., S. 121 f.
41 Ebd., S. 123. Es gab auch V-Leute aus dem inneren Kern der KPD, die vielfach freiwillig oder zumindest leichtfertig in den Dienst der Gestapo getreten waren und die Namen von vielen, bereits in der Illegalität wirkenden Kommunisten preisgaben. Vgl. hierzu u. a. Klaus Michael Mallmann, »Die V-Leute der Gestapo. Umrisse einer kollektiven Biographie« (in: *Die Gestapo. Mythos und Realität*, a. a. O., S. 268–287), der auch auf das Problem der vielen Zuträger aus sozialdemokratischen, konservativen und kirchlichen Kreisen eingeht.
42 Zit. nach *Topographie des Terrors ...*, a. a. O., S. 51.
43 Detlev Peuckert, *Die KPD im Widerstand*, a. a. O., S. 122.
44 Klaus-Michael Mallmann/Gerhard Paul, *Herrschaft und Alltag ...*, a. a. O., S. 230.
45 Franz Weisz, »Personell vor allem ein ›ständestaatlicher Polizeikörper‹. Die Gestapo in Österreich«, in: Gerhard Paul/Klaus-Michael (Hrsg.), *Die Gestapo. Mythos und Realität*, a. a. O., S. 458.
46 Ebd., S. 459.
47 Vgl. hierzu Włodzimierz Borodziej, *Terror i Polityka. Policja niemiecka a polski ruch oporu w GG 1939–1944*, Warszawa 1985, S. 57.
48 RGBl, I 1934, S. 1269.
49 Zit. nach Christiane Oehler, *Die Rechtsprechung des Sondergerichts Mannheim. 1933–1945*, a. a. O., S. 228.
50 Zit. nach Christiane Oehler, ebd.
51 Zit. nach Christiane Oehler, ebd.
52 Bernward Dörner, »Gestapo und ›Heimtücke‹. Zur Praxis

der Geheimen Staatspolizei bei der Verfolgung von Verstößen gegen das ›Heimtücke-Gesetz‹«, in: Gerhard Paul/Klaus-Michael Mallman (Hrsg.), *Die Gestapo. Mythos und Realität*, a. a. O., S. 325.
53 In: *Bayern in der NS-Zeit IV. Herrschaft im Konflikt*. Teil C, hrsg. von Martin Broszat u. a., München 1981, S. 518.
54 Nach Christiane Oehler, *Die Rechtsprechung des Sondergerichts Mannheim. 1933–1945*, a. a. O., S. 143.
55 Ebd.
56 Vgl. hierzu Bernward Dörner, »Gestapo und ›Heimtücke‹ …«, in: *Die Gestapo. Mythos und Realität*, a. a. O., S. 327.
57 Katrin Dördelmann, *Die Macht der Worte. Denunziationen im nationalsozialistischen Köln*, Köln 1998, S. 83.
58 Manfred Messerschmidt, »Der ›Zersetzer‹ und sein Denunziant. Urteile des Zentralgerichts des Heeres – Außenstelle Wien – 1944«, in: *Der Krieg des kleinen Mannes. Eine Militärgeschichte von unten*, München, Zürich ²1995, S. 261. Siehe zu diesem Thema auch: »Der Krieg ist verloren!«. »Wehrkraftzersetzung« und Denunziation in der Truppe (in: *Die anderen Soldaten. Wehrkraftzersetzung, Gehorsamsverweigerung und Fahnenflucht im Zweiten Weltkrieg*, hrsg. von Norbert Haase und Gerhard Paul, Frankfurt am Main 1995).
59 Nach Lothar Gruchmann, *Justiz im Dritten Reich*, a. a. O., S. 902.
60 Ebd., S. 904.
61 Zit. nach Lawrence D. Stokes, *Kleinstadt und Nationalsozialismus. Ausgewählte Dokumente zur Geschichte von Eutin 1918–1945*, Neumünster 1984, S. 907.
62 Zitiert nach Burkhard Jellonek, *Homosexuelle unter dem Hakenkreuz. Die Verfolgungen der Homosexuellen im Dritten Reich*, Paderborn 1990, S. 97.
63 Burkhard Jellonek, »Staatspolizeiliche Fahndungs- und Ermittlungsmethoden gegen Homosexuelle. Regionale Diffe-

renzen und Gemeinsamkeiten«, in: Gerhard Paul/Klaus-Michael (Hrsg.), *Die Gestapo. Mythos und Realität*, a. a. O., S. 350.

64 Die Zahlenangaben stammen aus der Studie von Hans-Christian Lassen, »Der Kampf gegen Homosexualität, Abtreibung und ›Rassenschande‹. Sexualdelikte vor Gericht in Hamburg 1933–1939«, in: Justizbehörde Hamburg (Hrsg.), *»Für Führer, Volk und Vaterland ...«. Hamburger Justiz im Nationalsozialismus*, S. 222, S. 224 und S. 230; etwas andere Zahlen der rechtskräftig verurteilten Personen sind verzeichnet in: *Homosexualität in der NS-Zeit. Dokumente einer Diskriminierung und Verfolgung*, hrsg. von Günter Grau, Frankfurt am Main 1993, S. 197; sie spiegeln jedoch die gleiche Tendenz wider.

65 Siehe hierzu: *Homosexualität in der NS-Zeit*, a. a. O., S. 191–196.

66 Hans-Christian Lassen, »Der Kampf gegen Homosexualität ...«, in *»Für Führer, Volk und Vaterland ...«. Hamburger Justiz im Nationalsozialismus*, a. a. O., S. 242.

67 Ebd., S. 244.

68 Ebd., S. 245.

69 Ebd., S. 283 ff.

70 Berhard Lösener und Friedrich Knost, *Die Nürnberger Gesetze*, Berlin 1936, S. 53.

71 Zitiert nach Hans Robinsohn, *Justiz als politische Verfolgung. Die Rechtsprechung in »Rassenschandefällen« beim Landgericht Hamburg 1936–1943*, Stuttgart 1977, S. 34.

72 Ebd., S. 34 f.

73 Hans-Christian Lassen, »Der Kampf gegen Homosexualität ...«, a. a. O., S. 266.

74 Nach Gisela Diewald-Kerkmann, *Politische Denunziation im NS-Regime ...*, a. a. O., S. 72.

75 Ebd., S. 71 f.

76 Zit. nach *Das Sonderrecht für die Juden im NS-Staat. Eine Sammlung der gesetzlichen Maßnahmen und Richtlinien –*

Inhalt und Bedeutung, hrsg. von Joseph Walk, mit Beiträgen von Robert M. Kempner und Adalbert Rückerl, Heidelberg und Karlsruhe 1981, S. 129.
77 Ebd., S. 131.
78 Lothar Gruchmann, *Justiz im Dritten Reich*, a. a. O., S. 879.
79 Zit. nach *Das Sonderrecht für die Juden im NS-Staat*, a. a. O., S. 192.
80 Nach Gruchmann, *Justiz im Dritten Reich*, a. a. O., S. 881.
81 Siehe hierzu ebd., S. 885.
82 Robert Gellately, *Die Gestapo und die deutsche Gesellschaft*..., a. a. O., S. 186.
83 Den Fall stellt Hans Robinsohn in seinem Buch *Justiz als politische Verfolgung*..., a. a. O., S. 18 f., dar.
84 Den Fall entnehme ich mit wörtlichen Anleihen den Recherchen von Robert Gellately, *Die Gestapo und die deutsche Gesellschaft*..., a. a. O., S. 193.
85 Im September 1941 waren in Deutschland 3,5 Millionen ausländische Arbeitskräfte tätig, davon etwas über eine Million Polen und fast eine Million französische Kriegsgefangene; 1942 betrugen die entsprechenden Zahlen 4,6 Mill. ausländische Arbeitskräfte, 1,3 Mill. Polen, fast eine Million französische Kriegsgefangene, 1,6 Mill. sowjetische Zivilarbeiter und Kriegsgefangene (nach Ulrich Herbert, *Fremdarbeiter. Politik und Praxis des »Ausländer-Einsatzes« in der Kriegswirtschaft des Dritten Reiches*, Berlin 1986, S. 181).
86 Robert Gellately, *Die Gestapo und die deutsche Gesellschaft*..., a. a. O., S. 253.
87 Ebd.
88 Ebd., S. 266 f.
89 Nach Gellateley, ebd., S. 263.
90 Nach Ulrich Herbert, *Fremdarbeiter*, a. a. O., S. 125.
91 Nach Robert Gellately, *Die Gestapo und die deutsche Gesellschaft*..., a. a. O., S. 256.
92 So wurde im *Frühjahr 1942 ein 43jähriger Walzwerker bei Krupp von einem Kollegen bei der Gestapo angezeigt, weil er*

zweimal einem französischen Kriegsgefangenen seine gefüllte Tabaksdose gegeben hatte, so daß der daraus eine Zigarette drehte – zwei Zeugen wurden vernommen, der Betroffene zur Sache gehört, angeklagt und zu einem Monat Gefängnis verurteilt (nach Ulrich Herbert, *Fremdarbeiter*, a. a. O., S. 123).

93 Robert Gellately, *Die Gestapo und die deutsche Gesellschaft* ..., a. a. O., S. 270.

94 Wie man in der Arbeit *Bremen im Dritten Reich. Anpassung, Widerstand, Verfolgung* (Bremen 1986) von Inge Marßolek und René Ott auf S. 204 lesen kann, behauptete der ehemalige Bremer Gestapo-Beamte Menne Schulte 1949, 90 % der Anzeigen seien von der Kreisleitung gekommen. Dieser Behauptung ist schwer Glauben zu schenken, wenn man sich die neueren Arbeiten anschaut, aber die Zahl der indirekten Mitteilungen über die NSDAP-Stellen muß sehr groß gewesen sein.

95 Organisationsbuch der NSDAP, S. 150 (zitiert nach Diewald-Kerkmann, *Politische Denunziation im NS-Regime* ..., a. a. O., S. 59).

96 Es gab sogar Fälle, in denen eine Ortsgruppe der NSDAP die Gestapo bat, bei der Vernehmung nicht anzugeben, wer die Denunziation weitergeleitet hat. Ein solches Beispiel führen Marßolek und Ott in der oben zitierten Arbeit auf S. 171 an.

97 Diewald-Kerkmann, *Politische Denunziation im NS-Regime* ..., a. a. O., S. 89.

98 Ebd., S. 88.

99 Gerhard Paul ist in seinen Untersuchungen von 121 Ermittlungsakten der Staatspolizei Kiel aus den Jahren 1939–1945 zu dem Ergebnis gelangt, daß sich 30 % der Denunzianten direkt an die Gestapo gewandt hatten (*Staatlicher Terror und gesellschaftliche Verrohung. Die Gestapo in Schleswig Holstein*, Hamburg 1996, S. 125). Harald Hirsch kommt in seinen Untersuchungen über die politische Denunziation vor dem Sondergericht Darmstadt ebenfalls zu dem Schluß,

daß die Zahl der Anzeigen bei der lokalen Polizei und der Gestapo groß gewesen sein muß. 1935 seien von 87 Heimtückeverfahren nur in elf Fällen (13 %) die Ermittlungen von Parteistellen ausgegangen, dagegen in 41 Fällen (47 %) von lokalen Polizeibehörden und in 35 Fällen (40 %) von der Gestapo eingeleitet worden. Er erklärt die starke Beanspruchung der Geheimen Staatspolizei in Darmstadt u. a. damit, daß Hessen dank Werner Best, dem »Sonderkommissar für das Hessische Polizeiwesen«, über eine »reibungslos und effektiv« funktionierende politische Polizei verfügte (aus einem unveröffentlichen Beitrag zum Colloquium »Justiz und Denunziation«, veranstaltet im Juni 1998 vom Graduiertenkolleg »Rechtsgeschichte« am Institut für Rechtsgeschichte der Universität Frankfurt).

100 Robert Gellately, *Die Gestapo und die deutsche Gesellschaft ...*, a. a. O., S. 288.
101 Klaus-Michael Mallmann, Gerhard Paul, *Herrschaft und Alltag ...*, a. a. O., S. 232.
102 Robert Gellately, *Die Gestapo und die deutsche Gesellschaft ...*, a. a. O., S. 191
103 Christiane Oehler, *Die Rechtsprechung des Sondergerichts Mannheim. 1933–1945*, a. a. O., S. 187 f.
104 Diewald-Kerkmann, *Politische Denunziation im NS-Regime ...*, a. a. O., S. 107.
105 Zit. nach Gerhard Paul, *Staatlicher Terror und gesellschaftliche Verrohung*, a. a. O., S. 330. Das Dokument ist Teil der Akten des Sondergerichts Schleswig-Holsteins.
106 Ebd., S. 331.
107 Nach Manfred Messerschmidt, »Der ›Zersetzer‹ und sein Denunziant ...«, in: *Der Krieg des kleinen Mannes ...*, a. a. O., S. 261.
108 Klaus-Michael Mallmann, Gerhard Paul, *Herrschaft und Alltag ...*, a. a. O., S. 242.
109 Mallmann und Paul, *Herrschaft und Alltag ...*, a. a. O., S. 232.

110 Vgl. Christiane Oehler, *Die Rechtsprechung des Sondergerichts Mannheim. 1933–1945*, a. a. O., S. 141 f.
111 Gerhard Hetzer, »Die Industriestadt Augsburg«, in: *Bayern in der NS-Zeit*, Bd. III, hrsg. von Martin Broszat, Elke Fröhlich, Anton Grossmann, München, Wien 1981, S. 148 f.
112 Ebd., S. 149.
113 Katrin Dördelmann, »Denunziationen im Nationalsozialismus. Geschlechtsspezifische Aspekte«, in: *Denunziation. Historische, juristische und psychologische Aspekte*, hrsg. von Günter Jerouschek, Inge Marßolek, Hedwig Röckelein, Tübingen 1997, S. 159.
114 Nach Christiane Oehler, *Die Rechtsprechung des Sondergerichts Mannheim. 1933–1945*, a. a. O., S. 188.
115 Beide Beispiele nach Gerhard Paul, *Staatlicher Terror ...*, a. a. O., S. 124.
116 Vgl. hierzu Gisela Diewald-Kerkmann, *Politische Denunziation im NS-Regime ...*, a. a. O., S. 139.
117 Gerhard Paul, *Staatlicher Terror ...*, a. a. O., S. 128.
118 Der Vorgang ist in *Justiz und NS-Verbrechen*, Bd. 3 (Lfd. Nr. 090), Amsterdam 1969, S. 289–295, dargestellt. Der Umstand, daß die Frau den Mann *gar nicht näher kannte*, ihn *aus politischen Gründen angezeigt und damit verfolgt hat*, wurde ihr vom Gericht *zu ihren Gunsten* angerechnet (ebd., S. 294).
119 Bernward Dörner, »Alltagsterror und Denunziation. Zur Bedeutung von Anzeigen aus der Bevölkerung für die Verfolgungswirkung des nationalsozialistischen ›Heimtücke-Gesetzes‹ in Krefeld«, in: *Alltagskultur, Subjektivität und Geschichte. Zur Theorie und Praxis von Alltagsgeschichte*, hrsg. von der Berliner Geschichtswerkstatt, Münster 1994, S. 265 f.
120 Hermann Graml, »Die Wehrmacht im Dritten Reich«, in: *Vierteljahrshefte für Zeitgeschichte*, 3/1997, S. 378.
121 Ebd., S. 383.
122 Ebd., S. 384.

123 Siehe *Justiz und NS-Verbrechen*, Bd. 1, a. a. O., S. 685.
124 Gerhard Paul, *Staatlicher Terror...*, a. a. O., S. 132.
125 Nach Gisela Diewald-Kerkmann, *Politische Denunziation im NS-Regime...*, a. a. O., S. 115.
126 Peter Hüttenberger in: *Bayern in der NS-Zeit IV*, a. a. O., S. 511; Michael Mallmann und Gerhard Paul kommen aufgrund ihrer Recherchen zu dem gleichen Ergebnis (siehe: *Herrschaft und Alltag...*, a. a. O., S. 321).
127 *Der Oberschicht und Adel besaßen andere und wirksamere Mittel, um soziale Macht auszuüben* (Robert Gellately, *Die Gestapo und die deutsche Gesellschaft...*, a. a. O., S. 181).
128 Gisela Diewald-Kerkmann, *Politische Denunziation im NS-Regime...*, a. a. O., S. 124; und ähnlich lautend in ihrem Aufsatz: »Denunziantentum und Gestapo. Die freiwilligen ›Helfer‹ aus der Bevölkerung«, in: *Die Gestapo. Mythos und Realität*, a. a. O., S. 302.
129 Klaus-Michael Mallmann/Gerhard Paul, *Herrschaft und Alltag...*, a. a. O., S. 233.
130 Für Augsburg ermittelte Gerhard Hetzer anhand seines Materials folgendes Bild: *41,7 Prozent der Zuträger* waren *Mitglieder der NSDAP oder ihrer Gliederungen (SA, SS, NS-Frauenschaft, Führerkorps von HJ und BDM), davon gehörten 30 % schon vor 1933 den Parteiorganisationen an. Die Rolle der aktiven Nationalsozialisten unter den Denunzianten war in den Jahren 1933 bis 1935 am stärksten, zwischen 1939 und 1942 sank sie auf ein Drittel ab, bei Kriegsende nahm sie wieder an Bedeutung zu.* (»Die Industriestadt Augsburg«, in: *Bayern in der NS-Zeit*, Bd. III, a. a. O., S. 149).
131 Gerhard Ritter, *Carl Goerdeler und die deutsche Widerstandsbewegung*, Stuttgart ⁴1984, S. 417.
132 Ebd., S. 418.
133 Ebd., S. 419.
134 Ebd., S. 420.

135 Martin Broszat, »Politische Denunziation in der NS-Zeit. Aus Forschungserfahrungen im Staatsarchiv München«, in: *Archivalische Zeitschrift*, a. a. O., S. 229 f.
136 Klaus-Michael Mallmann/Gerhard Paul, *Herrschaft und Alltag* ..., a. a. O., S. 231.
137 Irmhild Kohte-Meyer, »Denunzierung – eine psychoanalytische Sicht auf individuelle und kollektive psychische Geschehnisse«, in: *Denunziation. Historische, juristische und psychologische Aspekte*, a. a. O., S. 293.
138 Ebd., S. 294.
139 Nach *Justiz und NS-Verbrechen*, Bd. 1, a. a. O., S. 681–688.
140 Ebd., S. 665 f.
141 Ebd., S. 391 f.
142 Es seien hier nur Gerhard Hirschfeld, *Fremdherrschaft und Kollaboration. Die Niederlande unter deutscher Besatzung 1940–1945*, Stuttgart 1984, und *Kollaboration in Frankreich. Politik, Wirtschaft und Kultur während der nationalsozialistischen Besatzung 1940–1944*, hrsg. von Gerhard Hirschfeld und Patrick Marsh, Frankfurt/Main 1991, genannt.
143 Nach André Halimi (*La délation sous l'Occupation*, Paris 1983, und »Une certaine France sous l'Occupation«, in: Nicole Czechowski/Jacques Hassoun [Hrsg.], *La délation: Un archaïsme, une technique*, Paris 1992, S. 138–145) sind während der Besatzungszeit in Frankreich etwa drei bis fünf Millionen Denunziationsbriefe an die Vichy-Regierung und auch direkt an die Gestapo geschrieben worden. Sie waren zumeist namentlich unterzeichnet.
144 Ich spreche vom deutsch besetzten Polen, weil es zwischen dem 17. 9. 1939 und dem Einmarsch der deutschen Truppen in die Sowjetunion auch ein sowjetrussisch besetztes Polen gab.
145 Die »blaue Polizei« setzte sich aus den Beamten der polnischen Vorkriegspolizei und aus Freiwilligen zusammen. Sie hatte keine politischen Aufgaben zu erfüllen, war vor allem

für normale Ordnungsfragen zuständig, doch waren ihr auch bei Sonderaktionen, wie der Auflösung der Gettos, Hilfsdienste zugewiesen, womit sie zu einer Handlangerin des Okkupanten wurde. Die Zahl der Polizisten nahm *seit Ende 1939 ständig zu: 1942 gehörten ihr 11 500, 1943 schon 16 000* Mitarbeiter an (nach Klaus-Peter Friedrich, »Über den Widerstandsmythos im besetzten Polen in der Historiographie«, in: *1999*, 13 (1998), S. 35; siehe auch die folgenden Seiten, auf denen Friedrich den derzeitigen Wissensstand über die Rolle dieser Polizei referiert). Der polnische Mathematiker Hugo Steinhaus schildert in seinen Erinnerungen, wie er zum erstenmal *polnische Polizisten in der Rolle deutscher Knechte* erlebte und daß nicht jeder ein solcher Knecht war. (*Wspomnienia i zapiski* [Erinnerungen und Aufzeichnungen], bearbeitet von Aleksandra Zgorzelska, London 1992, S. 242 u. 264).

146 Vgl. hierzu Andrzej Paczkowski, »Nazizm i komunizm w pamięci i Świadomości Polaków« (Nazismus und Kommunismus im Bewußtsein der Polen), in: *Rzeczpospolita* vom 4. 9. 1999.

147 Emanuel Ringelblum, *Getto Warschau. Tagebücher aus dem Chaos*, Stuttgart 1967, S. 48.

148 Siehe u. a. Władysław Bartoszewski, Zofia Lewinówna, *Ten jest z ojczyzny mojej. Polacy z pomocą Żydom 1939–1945* (Er ist aus meinem Vaterland. Polen helfen Juden. 1939–1945), Kraków 1969, S. 758.

149 Zitiert nach Calel Perechodnik, *Czy ja jestem mordercą?*, hrsg. und kommentiert von Paweł Szapiro, Warszawa, ²1995, S. 317 f. (dt. *Bin ich ein Mörder? Das Testament eines jüdischen Ghetto-Polizisten*, Lüneburg 1997; in der deutschen Ausgabe fehlt leider der ausführliche Kommentarteil).

150 Ebd., S. 319.

151 Ebd., S. 320 (Unterstreichung im Original).

152 Ebd., S. 323.

153 *Losy żydowskie. Swiadectwo Zywych* (Jüdische Schicksale. Zeugnisse von Lebenden), hrsg. von Marian Turski, Warszawa 1995, S. 21 (die Übersetzungen stammen von mir).
154 Ebd., S. 131.
155 Ebd., S. 165. Polnische Widerstandsorganisationen haben etwa 120 Mordaktionen gegen Juden, die sich in Wäldern versteckt hatten, auf ihrem Konto (vgl. ebd., S. 266).
156 Ebd., S. 216.
157 Nach Marßolek, *Die Denunziantin ...*, a. a. O., S. 65.
158 Ebd., S. 81.
159 Interessanterweise beantragten die beiden daraufhin ein Verfahren gegen sich, was aber infolge der Verordnung Nr. 234 des Britischen Hohen Kommissars vom 31. August 1951, wonach die sich aus dem Kontrollratsgesetz ergebene Verordnung Nr. 47 ab 1. September 1951 aufgehoben sei, für gegenstandslos angesehen wurde (siehe *Justiz und NS-Verbrechen*, Bd. IX, a. a. O., S. 169).
160 Nach *Justiz und NS-Verbrechen*, Bd. 1, a. a. O., S. 709 und 721.
161 Paul Ronge, »Vom Profil des Denunzianten«, in: *Aufbau*, 1/1947, S. 79.
162 »Denunziation als Verbrechen«, *Frankfurter Hefte*, 3. Jg., H. 4, S. 297.
163 Ebd., S. 298.
164 In dem Urteil des Landesgerichts Freibug vom 9. 8. 1948 heißt es in ähnlicher, juristisch verklausulierter Weise, das KRG Nr. 10 wolle keineswegs *Handlungen, die zur Zeit, als sie begangen wurden, erlaubt waren, nachträglich zu verbotenen stempeln. Es erklärt vielmehr nur Taten, die als Verstösse gegen die Gebote der Menschlichkeit und gegen die Menschenrechte schon immer als unrecht angesehen wurden, ausdrücklich als verboten und versieht diese als* **lex-imperfecta** *bestehende Rechtsnorm nunmehr mit Strafsanktionen* (nach: *Justiz und NS-Verbrechen*, Bd. 3, a. a. O., S. 136 – Hervorhebung von mir). Es wüde sich lohnen, ein-

mal die einzelnen Stellungnahmen der Gerichte zum KRG Nr. 10 zu vergleichen.
165 G. Radbruch, »Gesetzliches Unrecht und übergesetzliches Recht«, in: *Süddeutsche Juristenzeitung*, Jg. 1, Nr. 5, S. 105.
166 Ebd., S. 107.
167 Ebd., S. 108 (die drei Gedankenstriche im Original). In dem Wiederabdruck in der vierten Auflage der *Rechtsphilosophie* (Stuttgart 1950) fehlt diese Fußnote.
168 Freisprüche in Denunziantenprozessen oder die Unterlassung von solchen Prozessen schlossen Entschädigungsansprüche von seiten der Denunzierten als Opfer nicht aus, wenngleich sie bei ihren Forderungen immer wieder auf Hindernisse stießen (siehe hierzu: Hans Carl Nipperdey, »Die Haftung für politische Denunziation in der Nazizeit«, in: *Das deutsche Privatrecht in der Mitte des 20. Jahrhunderts. Festschrift für Heinrich Lehmann zum 80. Geburtstag*, hrsg. in Gemeinschaft mit den Mitarbeitern von H. C. Nipperdey, Bd. 1, Berlin, Tübingen, Frankfurt am Main 1956, S. 285–307).
169 BGHSt 3, S. 118. Das Todesurteil wurde aus ungeklärten Gründen nicht vollstreckt.
170 Der Vorsitzende des Feldgerichts, Dr. Blasberg, war am 7. 5. 1945 verstorben. Gegen den Anklagevertreter dieses Gerichts wurde am 5. 6. 1953 das Ermittlungsverfahren *mangels hinreichenden Verdachtes der objektiven und subjektiven Voraussetzungen einer strafbaren Handlung eingestellt.* (Nach *Justiz und NS-Verbrechen*, Bd. XII, a. a. O., Amsterdam 1974, S. 67.)
171 Rudolf Wassermann, »Die DDR-Denunzianten und der Bundesgerichtshof«, in: NJW 14/1995, S. 932. Als »Amtspersonen« werden im Urteil des BGH vom 8. 7. 1952 Polizeibeamter, Staatsanwalt und Richter verstanden (BGHSt 3, S. 111 und 114 f.).
172 Der Fall wird in *Justiz und NS-Verbrechen*, Bd. XII, a. a. O., S. 63–89 (Lfd. Nr. 384) dargestellt.

173 Martin Broszat, »Siegerjustiz oder strafrechtliche ›Selbstreinigung‹«, in: VfZ. 4/1981, S. 543.
174 Ebd., S. 540. Siehe auch:»»Rechtliche und politische Aspekte der NS-Verbrecher-Prozesse«, hrsg. von Peter Schneider und H. J. Meyer, Mainz 1968, insbesondere S. 40, wo Hermann Nohl erklärt: *Erforderlich gewesen wäre eine tapfere Tat des Gesetzgebers.*
175 Georg Lukács, Johannes R. Becher, Friedrich Wolf und andere, *Die Säuberung*, hrsg. von Reinhard Müller, Reinbek bei Hamburg 1991, S. 114.
176 Ebd., S. 146.
177 Ebd., S. 155.
178 Ebd., S. 163.
179 Ebd., S. 171. AIZ ist die Abkürzung für Arbeiter Illustrierte Zeitung.
180 Ebd., S. 289 (die Unterstreichungen habe ich in den Zitaten weggelassen).
181 Ebd., S. 290.
182 Ebd., S. 561 f.
183 Ebd., S. 409.
184 Ebd., S. 422.
185 Ebd., S. 241.
186 Ebd., S. 393.
187 Ebd., S. 133.
188 Ebd., S. 211.
189 Ebd., S. 231.
190 Ebd., S. 386.
191 Ebd., S. 206.
192 Ebd., S. 218.
193 In den 21 Bedingungen für die Aufnahme in die Komintern, die auf dem 2. Weltkongreß 1920 beschlossen wurden, schreibt Lenin u. a.: *In der gegenwärtigen Epoche des verschärften Bürgerkriegs wird die kommunistische Partei nur dann ihre Pflicht erfüllen können, wenn sie möglichst zentralistisch organisiert ist, wenn in ihr eine eiserne Disziplin*

herrscht, die an militärische Disziplin grenzt, und wenn ihr Parteizentrum ein starkes, autoritatives Organ mit weitgehenden Vollmachten ist, das das allgemeine Vertrauen der Parteimitgliedschaft besitzt (W. I. Lenin, Werke, Berlin 1959, S. 197).

194 Hier sei nur Herbert Wehners Charakteristik der Arbeit dieses Apparats angeführt: *Die Überwachung, die von den Funktionären gegenseitig ausgeübt wurde, war der »Ersatz« für die erstickte Demokratie in den Parteiorganisationen. Mit Hilfe dieser Überwachung sammelte der sogenannte Nachrichtendienst (der sich als Seele der Organisation fühlte) Material, das teils zur Bildung und Vervollständigung des Archivs, teils zur laufenden Information der höchsten Leiter in den Bezirken und Politbüro diente* (zit. nach Reinhard Müller, *Die Akte Wehner. Moskau 1937 bis 1941*, Reinbek 1993, S. 28). Viele Informationen würde man heute Denunziationen nennen. Sie wurden bei den Säuberungsaktionen immer wieder ausgenutzt. Die meisten Informationen hatte Kippenberger an die Komintern in Moskau weitergeleitet.

195 Nach B. Wolin, *Politisches Grundwissen*, Leningrad 1934, S. 116 f.

196 So von Emiljan Jaroslawski, *Für eine bolschewistische Prüfung und Reinigung der Parteireihen*, Moskau/Leningrad 1933; Lasar Kaganowitsch, *Über die Parteireinigung*, Moskau/Leningrad 1933.

197 Vgl. hierzu B. Wolin, *Politisches Grundwissen*, a. a. O., S. 124 f.

198 Jean Elleinstein, *Geschichte des »Stalinismus«*, Berlin 1977, S. 108.

199 In den zwanziger und dreißiger Jahren kam es nur in den kominternabhängigen Parteiführungen außerhalb der UdSSR zu Säuberungen, die natürlich stets Auswirkungen auf die Auswahl der mittleren Funktionäre hatte (für die KPD vgl. Hermann Weber, *Die Wandlung des deutschen*

Kommunismus. Die Stalinisierung der KPD in der Weimarer Republik, Frankfurt am Main 1969, insbesondere Bd. 1, S. 289). Inwieweit die einfachen Mitglieder davon betroffen waren, ist ein gesondertes Problem, das seit dem Erscheinen der Studie *Kommunisten in der Weimarer Republik. Sozialgeschichte einer revolutionären Bewegung* von Klaus-Michael Mallmann (Darmstadt 1996), in den Blick der Forschung gerückt ist (siehe hierzu auch Andrea Wirsching, »Stalinisierung« oder entideologisierte »Nischengesellschaft«? Alte Einsichten und neue Thesen zum Charakter der KPD in der Weimarer Republik«, in: *Vierteljahresschrift für Zeitgeschichte*, 3/1997, S. 449–466, sowie Mallmanns Erwiderung »Gehorsame Parteisoldaten oder eigensinnige Akteure« hierauf im nächsten Jahrgang, S. 401–415).

200 Marta Fik, *Kultura po Jałcie. Kronika lat 1944–1981* (Kultur nach Jalta. Eine Chronik von 1944 bis 1981), Warszawa 1989, S. 457.

201 Es ist hier nicht der Platz, auf Lenins umfassende Reinigungsvorstellungen, *die Säuberung der russischen Erde von allem Ungeziefer*, einzugehen. Vgl. dazu Gerd Koenen, *Utopie der Säuberung*, Berlin 1998, S. 65.

202 Herbert Wehner, *Zeugnis. Persönliche Notizen 1929–1942*, Köln 1982, S. 65.

203 Reinhard Müller, in: *Die Säuberung*, a. a. O., S. 387.

204 Einer ihrer Vorreiter, Heinz Neumann, ein großer Freund Stalins, von ihm persönlich empfangen und später dessen Opfer (er wurde am 26. 11. 1937 vom Militärkollegium des Obersten Gerichts der UdSSR zum Tode verurteilt), verfaßte 1925 die Schrift *Was ist Bolschewisierung?* (erschienen in Hamburg). Später hat sich das Wort Stalinisierung durchgesetzt, womit suggeriert wird, daß sich die neue Ordnung auf eine bestimmte Person und ihre Wirkungszeit beschränkt.

205 *Die Säuberung*, a. a. O., S. 194.

206 Wörtlich heißt es: *Es muß eine vollständige ideologische*

Gesundung, ein Ausrotten all dieser Emigrationselemente bei uns vorhanden sein (ebd., S. 195).
207 Lenin, *Was tun?* (1902), in: *Werke*, Bd. 5, Berlin 1955, S. 498.
208 Roj A. Miedwiediew, *Ludzie Stalina*, Warschau 1988, S. 88.
209 Jörg Baberowski verweist in seinem Artikel »Wer petzt, hat mehr vom Leben. Der Denunziant aus der Perspektive des Denunzianten: Seine Rolle in der Sowjetunion« in der Beilage Geisteswissenschaft der FAZ vom 12. 11. 1997 darauf, daß in der Sowjetunion *Denunziationen von Familienangehörigen [...] ungeachtet der Propaganda, dem Beispiel von Pawlik Morosow nachzueifern, als verwerflich* galten.
210 Ich stütze mich hier vor allem auf die sehr genaue Recherche von Jurij Drushnikow, die 1990 unter dem Titel *Zdrajca Nr 1 czyli wniebowzięcie Pawlika Morozowa* (Verräter Nr. 1 oder die Himmelfahrt des Pawlik Morosow) in Warschau erschien.
211 In: *Sozialistische Realismuskonzeptionen. Dokumente zum 1. Allunionskongreß der Sowjetschriftsteller*, hrsg. von H.-J. Schmidt und G. Schramm, Frankfurt am Main 1974, S. 388.
212 In »Richtlinie Nr. 21 über die Suche, Anwerbung und Arbeit mit Informatoren, geheimen Mitarbeitern und Personen, die konspirative Wohnungen unterhalten«, in: *Reihe A: Dokumente, Die Inoffiziellen Mitarbeiter*, Nr. 1, hrsg. vom Bundesbeauftragten für die Unterlagen des Staatssicherheitsdienstes der ehemaligen Deutschen Demokratischen Republik, Bd. I, S. 28.
213 Müller-Enbergs konstatiert: [...] *Personen, die sich selbst für Spitzeltätigkeiten anboten, wurden grundsätzlich nicht akzeptiert* (vgl. *Inoffizielle Mitarbeiter des Ministeriums für Staatssicherheit. Richtlinien und Durchführungsbestimmungen*, hrsg. von Helmut Müller-Enbergs, Berlin ²1996, S. 13).
214 Von der DDR wissen wir zuverlässig, daß dort der Anteil von Informationen aus der Bevölkerung rapide abnahm. *Bezüglich Ermittlungsverfahren betrug er 1983 und 1984*

lediglich zwei, 1985 drei Prozent, lesen wir in der Einleitung des von Müller-Enbergs herausgegebenen Bandes *Inoffizielle Mitarbeiter des Ministeriums für Staatssicherheit*, a. a. O., S. 94.

215 In: »*Enquete-Kommission. Aufarbeitung von Geschichte und Folgen der SED-Diktatur in Deutschland*«, Baden-Baden 1995, Bd. VIII, S. 47.

216 Vgl. *Dokumenty do dziejów PRL. Aparat bezpieczeństwa w latach 1944–1956. Taktyka, Strategia, Metody*, (Dokumente zur Geschichte der Polnischen Volksrepublik. Der Sicherheitsapparat in der Zeit 1944–1956. Taktik, Strategie, Methoden), hrsg. von Andrzej Paczkowski, Teil I, Warszawa 1994, S. 11.

217 Serow war mittlerweile Staatssicherheitskommissar II. Ranges geworden: siehe Andrzej Chmielacz, »Likwidacja podziemia polskiego na Nowogródczyźnie i Wileńszczyźnie (lipiec 1944-lipiec 1945)« [Die Liquidierung des polnischen Untergrunds im Gebiet von Nowogródek und Wilna (Juli 1944 – Juli 1945)], in: *Z dziejów Armii Krajowej na Nowogródczyźnie i Wileńszczyźnie. Studia (1941–1944)* [Zur Geschichte der Heimatarmee im Gebiet von Nowogródek und Wilna. Studien (1941–1944)], Warszawa 1997, S. 172.

218 Vgl. hierzu Karl Wilhelm Fricke, Roger Engelmann, »*Konzentrierte Schläge«. Staatssicherheitsaktionen und politische Prozesse in der DDR 1953–1956*, Berlin 1998, S. 64 f.

219 Er gehörte zu den Siegern im Kampf um die Nachfolge Stalins, was er seinem engen Kontakt mit Chruschtschow und General Schukow seit den dreißiger Jahren in der Ukraine verdankte (siehe hierzu Jan Foitzik, »Der sowjetische Terrorapparat in Deutschland. Wirkung und Wirklichkeit«, in: *Schriftenreihe des Berliner Landesbeauftragten für die Unterlagen des Staatssicherheitsdienstes der ehemaligen DDR*, S. 24 f.). 1963 beginnt sein Abstieg.

220 In vielem ähnelt sein Wirken dem des russischen Feldmar-

schalls Iwan F. Paskewitsch, der auch die Stationen Kaukasus, Polen und Ungarn durchlief. Von 1828 bis 1829 hatte er den Oberbefehl der russischen Armee im Kaukasus inne, wo er u. a. gegen die Tschetschenen kämpfte. 1831 warf er den polnischen Aufstand nieder und wurde zaristischer Statthalter im russisch besetzten Polen. 1849 besiegte er die von General A. Görgey geführten aufständischen ungarischen Truppen in der Schlacht bei Világos.

221 Sergej Pawlowitsch Dawydow (1905–1958) wurde im Mai 1945 Stellvertreter des NKWD-Beraters im volkspolnischen Sicherheitsdienst, 1946 übernahm er die Funktion des Beraters, von 1950–1952 war er in der DDR tätig. Er war nach Serow der zweite hochstehende sowjetische Funktionär des Sicherheitsdienstes, der seine polnischen Erfahrungen weiter westlich nutzen konnte!

222 Vgl. Henryk Dominiczak, *Organy Bezpiezeństwa PRL. 1944–1990* (Die Sicherheitsdienstorgane der Polnischen Volksrepublik 1944–1990), Warszawa 1997, S. 39.

223 Ausführlich informiert darüber Siergiej Kriwienko, »Dokumenty z »Teczki specjalnej« Stalina dotyczące działalności organów NKWD w Polsce w latach 1944–1946« (Dokumente aus Stalins »Spezialakte« über die Tätigkeit der NKWD-Organe in Polen von 1944–1946), in: *NKWD o Polsce i Polakach. Rekonesans archiwalny* (Der NKWD über Polen und die Polen. Eine Archiverkundung), Warschau 1996, S. 9–42 sowie 85–146.

224 Bernhardt Marquardt, »Die Zusammenarbeit zwischen MfS und KGB«, in: *Enquete-Kommission ...*, a. a. O., Bd. VIII, S. 307 sowie in Karl Wilhelm Fricke/Bernhard Marquardt, *DDR-Staatssicherheit. Das Phänomen des Verrats – Die Zusammenarbeit zwischen MfS und KGB*, Bochum 1995, S. 65.

225 Als Berija im Sommer 1946 die Einheiten des sowjetischen Innenministeriums in Polen abziehen will (mit über 13 000 Personen), bittet der polnische kommunistische Präsident

Bierut, sie wenigstens bis März 1947 in seinem Lande zu belassen. (Siehe *Teczka specjalna J. W. Stalina. Raporty NKWD z Polski 1944–1946*, Warszawa 1998, S. 494 und 547, sowie *NKWD i polskie podziemie. Z »teczek specjalnych« Józefa W. Stalina*, Kraków 1998, S. 268 und 272.) Eine entsprechende Bitte Ulbrichts wurde abgelehnt.

226 Władysław Gomułka, *Artykuły i przemówienia* (Artikel und Reden), Bd. 1, Warszawa 1962, S. 296.

227 Ich benutze der Einfachheit halber die heute im Deutschen gängige Abkürzung IM, obwohl sie erst mit der Richtlinie 1/1968 verbindlich wurde. Bei der Gründung des Ministeriums für Staatssicherheit wurde von »Agentur« gesprochen. Das ist NKWD-Nomenklatur. In Volkspolen wurde in der Anfangszeit zwischen »Agenten« (sie hatten operative Aufgaben zu erfüllen) und »Informatoren« bzw. »geheimen Informatoren« unterschieden. (Vgl. hierzu: *Dokumenty do dziejów PRL. Aparat bezpieczeństwa ...*, Teil II [1948–1949], hrsg. von A. Paczkowski, Warszawa 1996, S. 97 f. und *Inoffizielle Mitarbeiter des Ministeriums für Staatssicherheit. Richtlinien und Durchführungsbestimmungen*, hrsg. von Helmut Müller-Enbergs, a. a. O., S. 13 f.). In der Richtlinie 21 von 1952 wird noch der Begriff Informator neben geheimem Mitarbeiter gebraucht.

228 Siehe *Dokumenty do dziejów PRL. Aparat bezpieczeństwa ...*, a. a. O., Teil II, S. 58.

229 Vgl. ebd., S. 154–163.

230 Peter Erler, »Zur Sicherheitspolitik der KPD/SED in der SBZ«, in: *Horch und Guck. Historisch-literarische Zeitschrift des Bürgerkomitees »15. Januar«*, 1/1998, S. 34.

231 Zitiert nach Monika Tantzscher, »In der Ostzone wird ein neuer Apparat aufgebaut. Die Gründung des DDR-Staatssicherheitsdienstes«, in: *Deutschland-Archiv*, 1/1998, S. 50.

232 Vgl. ebd., S. 48.

233 Die Parteiführung hatte sich auf diesen Schritt natürlich

insgeheim vorbereitet. Vgl. hierzu den bereits zitierten Aufsatz von Peter Erler in *Horch und Guck*, 1/1998.
234 »Richtlinie Nr. 1/68«, In: *Reihe A: Dokumente. Die Inoffiziellen Mitarbeiter. Richtlinien, Befehle, Direktiven*, a. a. O., Bd. I, S. 151 und S. 161.
235 »Richtlinie Nr. 21«, in: *Reihe A: Dokumente. Die Inoffiziellen Mitarbeiter. Richtlinien, Befehle, Direktiven*, a. a. O., Bd. I, S. 24.
236 »Richtlinie 1/68«, in: Ebd., S. 166.
237 »Richtlinie 1/58«, in: Ebd., S. 102.
238 Sie müssen nicht immer der Wahrheit entsprechen: *In bestimmten Fällen können kompromittierende Umstände geschaffen oder vorgetäuscht werden*, heißt es in der Richtlinie von 1968 (Ebd., S. 236).
239 Am 6.6.1998 berichtete der Moskauer Historiker Vladimir Sacharov auf Einladung der Hanns-Seidel-Stiftung in Berlin, daß der in der SBZ wirkende sowjetische Geheimdienst beim Aufbau seines IM-Systems sowohl untere Funktionäre der Kommunisten wie auch Kleinkriminelle und ehemalige NSDAP-Aktivisten im Visier hatte. Etwa 3000 IM hätten sie angeworben.
240 1948 waren in Polen 65 % der »Agenten« und 33 % der »Informatoren« aufgrund von kompromittierenden Materialien geworben worden. Es war die Zeit, wo sich leicht Zusammenarbeit mit dem Okkupanten oder dem inneren Feind, d. h. den Vertretern der Vorkriegsordnung, nachweisen ließ. (Vgl., *Dokumenty do dziejów PRL. Aparat bezpieczeństwa...*, a. a. O., Teil II, S. 86.)
241 »Richtlinie 1/68«, in: *Reihe A: Dokumente. Die Inoffiziellen Mitarbeiter. Richtlinien, Befehle, Direktiven*, a. a. O., Bd. I, S. 170.
242 Das trifft natürlich nicht auf die IM im Ausland (insbesondere in der Bundesrepublik, aber auch die Auslandspolen, Auslandsungarn etc.) zu. Die Westdeutschen sollen sich vor allem aus ideellen Gründen zur Zusammenarbeit bereit er-

klärt haben (vgl. hierzu Hubertus Knabe, »Die Gnade der westdeutschen Geburt. Die Stasi-Vergangenheit in der Bundesrepublik muß aufgearbeitet werden«, in: *Frankfurter Allgemeine Zeitung*, 15. 12. 1998, S. 15).

243 »Richtlinie 1/68«, in: *Reihe A: Dokumente. Die Inoffiziellen Mitarbeiter. Richtlinien, Befehle, Direktiven*, a. a. O., Bd. I, S. 172.

244 Etwa 70 bis 80 Prozent aller Treffen zischen IM und MfS fanden in konspirativen Wohnungen statt, lesen wir bei Hansjörg Geiger, »Die inoffiziellen Mitarbeiter. Stand der gegenwärtigen Erkenntnisse«, in: *Analysen und Berichte. Aus der Veranstaltungsreihe des Bundesbeauftragten*, Nr. 3/1993, S. 62.

245 »Richtlinie 1/68«, in: *Reihe A: Dokumente. Die Inoffiziellen Mitarbeiter. Richtlinien, Befehle, Direktiven*, a. a. O., Bd. I, S. 174.

246 Ebd., S. 175.

247 Wolfgang Ullmann, »Der Ort der Staatssicherheit im System der SED-Diktatur«, in: *Stasi, KGB und die Literatur. Beiträge und Erfahrungen aus Russland und Deutschland*, Köln 1993, S. 15. Er hätte auch Diestel nennen müssen.

248 Siehe *Dokumenty do dziejów PRL. Aparat bezpieczeństwa...*, a. a. O., Teil II, S. 91.

249 Zitiert nach Hansjörg Geiger, »Die inoffiziellen Mitarbeiter. Stand der gegenwärtigen Erkenntnisse«, a. a. O., S. 47.

250 Ebd.

251 Im Juni 1948 führte der Sicherheitschef Radkiewicz auf einer Leitungssitzung aus, der IM müsse einem Milieu angehören, das verdächtig erscheint, oder anders gesagt, in solchen Milieus müssen geheime Informatoren geworben werden (vgl. *Dokumenty do dziejów PRL. Aparat bezpiezeństwa...*, Teil II, a. a. O., S. 91 f.).

252 Joachim Walther, *Sicherungsbereich Literatur. Schriftsteller und Staatssicherheit in der Deutschen Demokratischen Republik*, Berlin 1996, S. 668.

253 Den Fall hat Müller-Enbergs in dem schon angeführten, von ihm herausgegebenen Band *Inoffizielle Mitarbeiter des Ministeriums für Staatssicherheit. Richtlinien und Durchführungsbestimmungen*, a. a. O., auf S. 76 beschrieben. Ein »Inoffizieller Mitarbeiter für einen besonderen Einsatz (IME)« ist nach dem Wörterbuch der Stasi ein IM *in verantwortlichen Positionen in staatlichen und wirtschaftlichen Organen, Betrieben, Kombinaten und Einrichtungen sowie gesellschaftlichen Organisationen, die zur Herausarbeitung und Durchsetzung bedeutsamer Sicherheitserfordernisse, zum Erarbeiten operativ bedeutsamer Informationen über die Lage im Verantwortungsbereich sowie zur Legendierung operativer Kräfte, Mittel und Methoden des MfS wirksam werden*, in: *Das Wörterbuch der Staatssicherheit. Definitionen des MfS zur »politisch-operativen Arbeit«. Reihe A. Dokumente. Nr. 1/93*, hrsg. von dem Bundesbeauftragten für die Unterlagen des Staatssicherheitsdienstes der ehemaligen Deutschen Demokratischen Republik, S. 197 f.
254 Nach Andreas Schmidt, »Auskunftspersonen«, in: *Aktenkundig. Mit Beiträgen von Wolf Biermann, Jürgen Fuchs, Joachim Gauck, Lutz Rathenow, Vera Wollenberger u. a.*, hrsg. von Hans Joachim Schädlich, Berlin 1992, S. 176.
255 Siehe *Teczki czyli widma Bezpieki* (Akten oder die Gespenster der Sicherheit), hrsg. von Jacek Snopkiewicz, Warszawa 1992, S. 16.
256 *Dokumenty do dziejów PRL. Aparat bezpieczeństwa ...*, a. a. O., Teil I, S. 87.
257 Vgl. ebd., S. 108.
258 Vgl. ebd., Teil II, S. 83.
259 So formulierte es der polnische Sicherheitsdienstchef Radkiewicz in seinem Referat vor Mitarbeitern am 10. 6. 1948.
260 In: *Reihe A: Dokumente. Die Inoffiziellen Mitarbeiter. Richtlinien, Befehle, Direktiven*, a. a. O., Bd. I, S. 165.
261 Siehe *Inoffizielle Mitarbeiter des Ministeriums für Staatssi-*

cherheit. Richtlinien und Durchführungsbestimmungen, hrsg. von Helmut Müller-Enbergs, a. a. O., S. 13.

262 Nach Koenen, *Utopie der Säuberung*, a. a. O., S. 70. Ähnliche Angaben bei Manfred Hildermeier, *Die russische Revolution 1905–1921*, Frankfurt am Main 1989, S. 287 f., der auch auf die hohe Zahl der Opfer des roten Terrors verweist. Zu Lenins Bereitschaft, Willkürakte der Tscheka zu verteidigen, siehe Peter Scheibert, *Lenin an der Macht. Das russische Volk in der Revolution 1918–1922*, Weinheim 1984, S. 85–91.

263 Polen zählte 1946 etwa 23,6 Millionen Einwohner. 1950 waren es 25 Millionen.

264 Nach *Dokumenty do dziejów PRL. Aparat bezpieczeństwa ...*, a. a. O., Teil I, S. 16.

265 Die Zahlenangaben entnehme ich Henryk Dominiczak, *Organy Bezpiezeństwa PRL. 1944–1990*, a. a. O., S. 24 und S. 27.

266 Vgl. das Dokument vom 10. 6. 1948 in: *Dokumenty do dziejów PRL. Aparat bezpieczeństwa ...*, a. a. O., Teil II, S. 79 f.

267 Henryk Dominiczak, *Organy Bezpiezeństwa PRL. 1944–1990*, a. a. O., S. 45.

268 Siehe hierzu Wojciech Sawicki, »Was weiß man von den Geheimdiensten in der Volksrepublik Polen«, in: *Zeitschrift des Forschungsverbundes SED-Staat* 6/1996, S. 88.

269 Siehe hierzu Andrzej Grajewski, *Kompleks Judasza. Kościół zraniony. Chrześcijanie w Europie Środkowo-Wschodniej między oporem a kolaboracją* (Der Judaskomplex. Die verwundete Kirche. Die Christen in Ostmitteleuropa zwischen Widerstand und Kollaboration), Poznań 1999, S. 221.

270 *Inoffizielle Mitarbeiter des Ministeriums für Staatssicherheit. Richtlinien und Durchführungsbestimmungen*, hrsg. von Helmut Müller-Enbergs, a. a. O., S. 54.

271 Helmut Müller-Enbergs, *IM-Statistik 1985–1989*, in: *BF informiert* 3/1993, S. 17.

272 Vgl. Thomas Ammer, Hans-Joachim Memmler, *Staatssicherheit in Rostock. Zielgruppen. Methoden, Auflösung*, Köln 1991, S. 11.
273 Siehe Rainer Eckert, *Gleiche Brüder – gleiche Kappen? Gestapo, Sicherheitsdienst der SS und Staatssicherheitsdienst im Vergleich*, in: *Horch und Guck*, H. 9 (5/1993), S. 22, sowie ders., *»Flächendeckende Überwachung«. Gestapo und Stasi*, in *Spiegel-Spezial, 1/1993*, S. 166.
274 Vgl. Helmut Müller-Enbergs, *IM-Statistik 1985–1989*, in: *BF informiert 3/1993*, S. 12.
275 Helmut Müller-Enbergs, *IM-Statistik 1985–1989*, S. 26. Die IMK, d. h. diejenigen, die eine Wohnung für Treffs zur Verfügung stellten, sind mitgerechnet.
276 Laut *Spiegel* vom 6. 4. 1998 waren es in der vierzigjährigen DDR-Zeit etwa 600 000 Personen (S. 57). So auch Müller-Enbergs, *Inoffizielle Mitarbeiter des Ministeriums für Staatssicherheit. Richtlinien und Durchführungsbestimmungen*, a. a. O., S. 7.
277 Helmut Müller-Enbergs, *IM-Statistik 1985–1989*, a. a. O., S. 8.
278 In: Andreas W. Mytze (Hrsg.), *europäische ideen: StasiSachen 3*, 1993, H.81, S. 11 f. Nach dem Erscheinen der Dokumente in *Die Akte Kant. IM »Martin«, die Stasi und die Literatur in Ost und West* (Reinbek 1995) von Karl Corino war er der Lüge überführt.
279 Nach Helmut Müller-Enbergs stammten die in der ersten Hälfte des Jahres 1986 Neugeworbenen fast zu zwei Dritteln aus *der Volkswirtschaft, vor allem aus den Kombinaten und Industriebetrieben* (*IM-Statistik 1985–1989*, a. a. O., S. 14).
280 Nach Armin Huttenlocher, »Zurück oder vorwärts, du mußt dich entschließen...«, in: *Stasi auf dem Schulhof. Der Mißbrauch von Kindern und Jugendlichen durch das Ministerium für Staatssicherheit*, hrsg. von Klaus Behnke und Jürgen Wolf, Berlin 1998, S. 92.
281 Ebd., S. 101.

282 Das Dokument aus dem SED-Bestand im Bundesarchiv Berlin trägt die Aktensignatur: DY30 IV 2/9.06/264.
283 Die Bezeichnung »Führungsoffizier« hat sich erst heute durchgesetzt. In der Stasi-Sprache hieß es anfänglich »Sachbearbeiter«, »leitender Mitarbeiter«, später »operativer Mitarbeiter« und »IM-führender Mitarbeiter«. Letzterer Begriff wurde von Mielke Anfang der siebziger Jahre eingeführt (vgl. hierzu *Inoffizielle Mitarbeiter des Ministeriums für Staatssicherheit. Richtlinien und Durchführungsbestimmungen*, hrsg. von Helmut Müller-Enbergs, a. a. O., S. 17).
284 In: *Dokumenty do dziejów PRL. Aparat bezpieczeństwa w latach 1944–1956*, a. a. O., Teil II, S. 200 f.
285 Siehe »Richtlinie 1/68«, in: *Reihe A: Dokumente. Die Inoffiziellen Mitarbeiter. Richtlinien, Befehle, Direktiven*, a. a. O., Bd. I, S. 186.
286 Nach Matthias Braun, »Führungsoffiziere, Operative Vorgänge, Inoffizielle Mitarbeiter – der Einfluß des MfS auf die Literatur- und Kunstentwicklung in der DDR«, in: *Stasi, KGB und die Literatur. Beiträge und Erfahrungen aus Russland und Deutschland*, a. a. O., S. 64.
287 »Richtlinie 1/68«, in: *Reihe A: Dokumente. Die Inoffiziellen Mitarbeiter. Richtlinien, Befehle, Direktiven*, a. a. O., Bd. I, S. 173.
288 Ebd., S. 174.
289 Es handelt sich um den Text einer Ausarbeitung der SED-Kreisleitung des MfS aus dem Jahre 1984, zitiert nach *Inoffizielle Mitarbeiter des Ministeriums für Staatssicherheit. Richtlinien und Durchführungsbestimmungen*, hrsg. von Helmut Müller-Enbergs, a. a. O., S. 15.
290 Vgl. Helmut Müller-Enbergs, *IM-Statistik 1985–1989*, a. a. O., S. 27.
291 Wie Joachim Walther ermittelte, hatte Peter Gütling (Deckname »Peter«), der zur ersten Mitarbeitergeneration der »Linie Kultur/Schriftsteller« gehörte, *zu insgesamt 142 in-*

offiziellen Mitarbeitern Verbindung. Benno Paroch *pflegte zwischen 1954 und 1968 Kontakte zu insgesamt 57 IM* (Joachim Walther, *Sicherungsbereich Literatur...*, a. a. O., S. 261 und S. 839).
292 Henry Otto (geb. 1933) war bis zum Juli 1956 OibE (Offizier im besonderen Einsatz) bei *befreundeter Dienststelle*, d. h. dem sowjetischen Geheimdienst, gewesen. Am 3. 10. 1960 wurde er Referatsleiter der HA II/3/B (nach Karl Corino, *Die Akte Kant ...*, a. a. O., S. 110).
293 Joachim Walther, *Sicherungsbereich Literatur.*, a. a. O., S. 838.
294 Karl Corino, »Hermann Kant als Mitarbeiter der Stasi«, in: *europäische ideen 1/1993*, S. 5.
295 Siehe hierzu Karl Corino, *Die Akte Kant...*, a. a. O., S. 204 f.
296 Karl Corino, »Hermann Kant als Mitarbeiter der Stasi«, in: *europäische ideen 1/1993*, S. 9.
297 Karl Corino, *Die Akte Kant ...*, a. a. O., S. 357.
298 Joachim Walther hat in seinem Buch *Sicherungsbereich Literatur. Schriftsteller und Staatssicherheit in der Deutschen Demokratischen Republik* den hauptamtlichen Mitarbeitern auf der Linie Kultur/Schriftsteller ein ganzes Kapitel gewidmet.
299 Siehe Petra Bornhöft, »Ansonsten bin ich am Ende«. Stasi-Spitzel blicken zurück«, in: *Spiegel-Spezial, 1/1993*, S. 160–163.
300 Bericht von Irena Kukutz vor der Enquete-Kommission, veröffentlicht im Bd. VIII, S. 69–72 sowie Irena Kukutz/Katja Havemann, *Geschützte Quelle. Gespräche mit Monika H. alias Karin Lenz*, Berlin 1990, S. 43 und S. 61.
301 *Geschützte Quelle*, ebd., S. 179.
302 Annette Maennel, *Auf sie war Verlaß. Frauen und Stasi*, Berlin 1995, S. 49.
303 Akte: BStU 2A, AOP 13506/64, Bd. 1, S. 90.
304 Gabriele Altendorf, »Denunziation im Hochschulbereich der ehemaligen DDR«, in: *Denunziation. Historische, juri-*

stische und psychologische Aspekte, a. a. O., S. 193.
305 Zu der Problematik der Schulung nehmen mehrere Autoren in dem Band *Zersetzung der Seele. Psychologie und Psychiatrie im Dienste der Stasi*, hrsg. von Klaus Behnke und Jürgen Fuchs, Hamburg 1995, Stellung.
306 Schon in der Richtlinie 1/58 heißt es, für eine erfolgreich Zusammenarbeit sei *ein ständiges Studium der Psyche des inoffiziellen Mitarbeiters* erforderlich (in: *Reihe A: Dokumente. Die Inoffiziellen Mitarbeiter. Richtlinien, Befehle, Direktiven*, a. a. O., Bd. I, S. 114).
307 *Ein Führungsoffizier würde sich mit seinem IM niemals so oft gleich gegenüber der allseits bekannten Geheimdienst-Zentrale, immer im gleichen Café treffen und sich dort auffällig benehmen wie Feuerbach in »Ich«. Ein Führungsoffizier dürfte dem IM niemals die interne, streng geheime Terminologie verraten, die die IMs – wie alle anderen – erst nach der Wende erfahren konnten*, lesen wir in Jan Faktors Aufsatz »Hilbigs ›Ich‹. Das Rätsel des Buches blieb von der Kritik unberührt«, in: *Text + Kritik*, Heft 123, München 1994, S. 75.
308 Andrzej Grajewski, *Kompleks Judasza ...*, a. a. O., S. 212.
309 In: *Spiegel-Spezial. Stasi-Akte »Verräter«. Bürgerrechtler Templin: Dokumente einer Verfolgung*, 1/1993, S. 28.
310 *MachtSpiele. Literatur und Staatssicherheit im Fokus Prenzlauer Berg*, hrsg. von Peter Böthig und Klaus Michael, Leipzig 1993, S. 285. Vgl. hierzu auch Jürgen Fuchs, *Magdalena. MfS. Mefishblues. Stasi. Die Firma VEB Horch & Gauck – ein Roman*, Berlin 1998, S. 173–178.
311 Es handelt sich in dem Zitat konkret um Robert Havemann (*Europäische Ideen*, Sonderheft »Gregor Gysi und das MfS«, 1995, S. 2).
311a Barbara Stanislawczyk, Dariusz Wilczak, *Pajeczyna. Syndrom Bezpieki* (Spinnetz. Das Syndrom der Stasi), Warszawa 1999.
312 *Stasi intim. Gespräche mit ehemaligen MfS-Mitarbeitern*,

hrsg. von Ariane Riecker, Annett Schwarz, Dirk Schneider, Leipzig 1990, S. 142.
313 Ebd., S. 143.
314 Siehe Irena Kukutz/Katja Havemann, *Geschützte Quelle*, a. a. O., S. 37. Dort sagt sie wörtlich im nachhinein: *Ich habe mich [...] gewundert, daß die Stasi nicht schon viel früher auf mich gekommen ist. Weil ich doch wirklich eine absolut zuverlässige Genossin war. Ich habe mir gesagt, du bist doch eine ganz Tapfere. Du könntest auch so etwas machen wie Richard Sorge oder Soja Kosmodemjanskaja. Würdest doch auch die Klappe halten, dich in die feindlichen Reihen einschleichen und dann deinen Genossen sagen, was der böse Feind tut. Ja klar, Kinderglauben, heute!*
315 *Spiegel-Spezial*, 1/1993, S. 20.
316 Diesen Namen wählte sich die Lyrikerin Gabriele Eckart 1972 (nach Joachim Walther, *Sicherungsbereich Literatur...*, a. a. O., S. 707). War es ein Wunschname?
317 Was mag der Literaturwissenschafter Günter Hartung damit bekunden wollen? Seine Bewunderung für die proletarische Literatur? (Auflösung des Decknamens nach Joachim Walther, *Sicherungsbereich Literatur...*, a. a. O., S. 495).
318 So der Pfarrer Walter Schilling, in: *Enquete-Kommission*, a. a. O, Bd. VIII. S. 59.
319 Als eine Ausnahme kann Monika Haeger alias IM »Karin Lenz« gelten. Ihre jahrelangen Beziehungen zu den zu beobachtenden Personen waren so eng geworden, daß sie am Ende nicht mehr wußte, wen sie mehr mochte, ihren Führungsoffizier »Detlef« oder die Oppositionellen, unter denen sich Bärbel Bohley und Gerd Poppe befanden. Erst als sie sich am 29. Mai 1989 von ihrer IM-Tätigkeit verabschieden wollte, mußte sie erfahren, daß das Vertrauensverhältnis zum Führungsoffizier auf Sand gebaut war. Sie bekam die Drohung zu hören, sie sei tot und daß *man auch für den Totenschein sorgen würde* (Irena Kukutz/Katja Havemann, *Geschützte Quelle*, a. a. O., S. 11). Leider werden in

den Gesprächen mit ihr die historischen Ereignisse zu dieser Zeit zu sehr außer acht gelassen, obwohl ihre kritische Analyse der nach ihrer Meinung so wenig effektiven Stasi-Arbeit vom April 1989 dazu Anlaß hätte geben können (vgl. S. 18).

320 Müller-Enbergs weist darauf hin, daß nach dem 17. Juni 1953 das Bedürfnis wuchs, »*alle Stimmungen*« *in der Bevölkerung zu kennen, was eine drastische Ausweisung der inoffiziellen Arbeit durch den Einsatz von* »*Stimmungsinformatoren*« *zur Folge hatte.* (*Inoffizielle Mitarbeiter des Ministeriums für Staatssicherheit*, a. a. O., S. 64.) Im *Wörterbuch der Staatssicherheit* wird der Begriff »Stimmungsinformator« nicht angeführt.

321 *Teczki czyli widma Bezpieki* (Akten oder die Gespenster der Sicherheit), a. a. O., S. 166.

322 Vgl. hierzu die Materialien der Veranstaltung »Bearbeiten – Zersetzen – Liquidieren«, in: *Analysen und Berichte. Aus der Veranstaltungsreihe des Bundesbeauftragten*, Reihe B, Nr. 3/1993, S. 7–39.

323 Karl Corino, *Die Akte Kant. ...*, a. a. O., S. 82 f.

324 Ebd., S. 83.

325 Ebd., S. 84.

326 Ich übergehe hier seine Zeit an der ABF (Arbeiter-und-Bauern-Fakultät), als er das Abitur nachholte. Siehe dazu Corino, *Die Akte Kant. ...*, a. a. O., S. 16–18.

327 Ebd., S. 159. Dagegen war zu Beginn der siebziger Jahre die Absetzung des stellvertretenden ndl-Chefredakteurs Heinz Plavius geplant. Helmut Preißler, Lyriker und Nationalpreisträger, IM »Anton«, sollte zu *einem von der HA XX/7 genannten Zeitpunkt [...] bei einem Gespräch in der Kulturabteilung des ZK durchblicken lassen, daß es günstig wäre, den P. [d. h. Plavius] zu verändern* (zit. nach Joachim Walther, *Sicherungsbereich Literatur ...*, a. a. O., S. 578).

328 Karl Corino meint, die Verbindung mit Vera Oelschlegel und vielleicht auch seine Arbeit am *Impressum* könnten der

Grund gewesen sein (ebd., S. 270).

329 Nach der Selbstdefinition der Staatssicherheit ist der IMS ein *IM, der wesentliche Beiträge zur allseitigen Gewährung der inneren Sicherheit im Verantwortungsbereich leistet, im hohen Maße vorbeugend und schadensverhütend wirkt und mithilft, neue Sicherheitserfordernisse rechtzeitig zu erkennen sowie durchzusetzen. Seine Arbeit muß der umfassenden, sicheren Einschätzung und Beherrschung der politisch-operativen Lage im Verantwortungsbereich und der Weiterführung des Klärungsprozesses »Wer ist wer?« dienen* (nach *Reihe A: Dokumente. Das Wörterbuch der Staatssicherheit. Definitionen des MfS zur »politisch-operativen Arbeit«*, 1/93, S. 198 f.).

330 Karl Corino, *Die Akte Kant.*, a. a. O., S. 244.

331 Ebd., S. 246.

332 Ebd., S. 297.

333 Ebd., S. 342.

334 Ebd., S. 356.

335 So berichtet Rainer Schedlinski über Schwangerschaftsprobleme der Bettina Rathenow und darüber, daß Lutz Rathenow ohne seine Ehefrau zu einer Feier gekommen sei (siehe: *Aktenkundig*, a. a. O., S. 86).

336 Die Möglichkeit, seinen persönlichen Antipathien Ausdruck zu verleihen oder einem Bekannten zu schaden, hatte der Geworbene erst während seiner IM-Tätigkeit. Davon machte natürlich so mancher Gebrauch.

337 Annette Maennel, *Auf sie war Verlaß. Frauen und Stasi*, a. a. O., S. 45.

338 Ebd., S. 64.

339 Nach Joachim Walther, *Sicherungsbereich Literatur ...*, a. a. O., S. 344.

340 Siehe *Karta*, 25, Warschau 1998, S. 143 f.

341 Tomasz Łubieński äußert in seinem offenen Brief an Julij Slavinas die Ansicht, der *elitäre Charme der Verbundenheit mit dem KGB* beruhte u. a. *auf dem Privileg einer größeren*

Redefreiheit (in: *Karta*, H. 25, S. 139).

342 Zu den wenigen Nachforschungen dieser Art gehört der bereits zitierte Band *Auf sie war Verlaß. Frauen und Stasi* von Annette Maennel.

343 »Warum wird einer IM? Zur Motivation bei der inoffiziellen Zusammenarbeit mit dem Staatssicherheitsdienst«, in: *Zersetzung der Seele. Psychologie und Psychiatrie im Dienste der Stasi*, a. a. O., S. 125.

344 Henryk Dominiczak, *Organy Bezpieześtwa PRL. 1944–1990*, a. a. O., S. 46. Man könnte viele Angaben dieser Art hinzufügen, so zum Beispiel, daß am 1. 1. 1953 5,2 Millionen Personen in der Kartothek des Sicherheitsdienstes registriert waren, d. h. über ein Viertel der erwachsenen Polen. (Vgl. hierzu *Dokumenty do dziejów PRL. Aparat bezpieześtwa …*, a. a. O., Teil II, S. 11 f.)

345 Über die Vernichtungsaktionen der Unterlagen des volkspolnischen Sicherheitsdienstes nach 1989 berichtet u. a. Wojciech Sawicki, »Was weiß man von den Geheimdiensten in der Volksrepublik Polen«, a. a. O., S. 89.

346 W. Fricke, »Das Ministerium für Staatssicherheit als Herrschaftsinstrument der SED – Kontinuität und Wandel«, in: *Enquete-Kommission*, a. a. O., Bd. VIII, S. 16.

347 Zitiert von Bernhardt Marquardt, »Die Zusammenarbeit zwischen MfS und KGB«, in: *Enquete-Kommission.« Aufarbeitung von Geschichte und Folgen der SED-Diktatur in Deutschland*, a. a. O., Bd. VIII, S. 306.

348 Robert Darnton, »Ein Spion im literarischen Untergrund«, in: *Literaten im Untergrund. Lesen, Schreiben und Publizieren im vorrevolutionären Frankreich*, München 1985, 63.

349 Ebd., S. 64.

350 Thomas Kuhmlehn, »Es schickt sich nicht«, in: *Mail-Art Szene DDR. 1975–1990*, Berlin 1994, hrsg. von Friedrich Winnes und Lutz Wohlrab, S. 104.

351 *Inoffizielle Mitarbeiter des Ministeriums für Staatssicher-*

heit. Richtlinien und Durchführungsbestimmungen, hrsg. von Helmut Müller-Enbergs, a. a. O., S. 13.

352 Im Bezirk Magdeburg verfügte das MfS im Jahre 1989 über rund 100 Millionen Mark. Zwei Drittel davon wurden angeblich für Zahlungen an die Mitarbeiter verwendet, das andere Drittel für technische Ausrüstungen. Hinzu kamen 400 000 Valuta-Mark für operative Aufgaben. Um die Größenordnungen zu verdeutlichen, erinnere ich daran, daß die Stadt Magdeburg im Jahre 1989 einen Haushalt von 96 Millionen Mark hatte. (Harald Wernowski, Klaus Kramer, Jürgen Vogel, »Die Arbeitsweise der Staatssicherheit im Bezirk Magdeburg«, in: *Die Wirkung der Staatssicherheit in Gesellschaft,* hrsg. von der Friedrich-Ebert-Stiftung, Büro Sachsen-Anhalt 1992, S. 17.) Der Ministerrat soll *zuletzt jährlich Haushaltsmittel in Höhe von 3,6 Mrd. Mark* bereitgestellt haben, *das entsprach etwa 1,3 % des Staatshaushalts* (Klaus Schröter, *Der SED-Staat. Geschichte und Strukturen der DDR,* München 1998, S. 444).

353 Gustaw Herling-Grudziński, *Dziennik pisany nocą (1973–1979)* [Tagebuch, in der Nacht geschrieben (1973–1979)], Paris 1980, S. 74 (von mir ins Deutsche übertragen).

354 Wahrheitskommissionen, die von vielen westlichen Intellektuellen als die eleganteste Lösung – ein besserer Ausdruck fällt mir nicht ein – angesehen werden, können auf das Netz, in das eine so riesige Zahl Menschen einbezogen war, zwar verweisen, aber es wird ein pauschales Urteil bleiben.

355 Zit. nach *Wann bricht schon mal ein Staat zusammen. Die Debatte über die Stasi-Akten auf dem 39. Historikertag 1992,* hrsg. von Klaus-Dietmar Henke, München 1993, S. 185.

356 Vgl. u. a. Marian Walczak, *Ludzie nauki i nauczyciele polscy podczas II wojny swiatowej. Ksiega strat osobowych* (Polnische Wissenschaftler und Lehrer während des Zweiten

Weltkriegs. Verzeichnis der Personenverluste), Warszawa 1995, S. 62 f.
357 Die Deutschen hatten die lokale Selbstverwaltung im Wesen so belassen, wie sie in der Zwischenkriegszeit funktionierte.
358 So verhaftete der NKWD am 17. Juli 1944 den Führungsstab der AK von Wilna. Unter den Verhafteten befanden sich der Kommandant des Südostbezirks, Oberst Aleksander Krzyżanowski, und der Delegierte der Londoner Exilregierung, Stefan Federowicz. Vom 26.–27. Juli 1944 wurde Lemberg von den AK- und sowjetischen Truppen befreit, und noch am gleichen Tag wurden der Militärstab unter der Führung von Władysław Filipkowski sowie der Delegierte der Londoner Exilregierung, Adam Ostrowski, verhaftet.
359 Vgl. *Protokoły posiedzeń Biura Politycznego KC PZPR 1944–1945. Dokumenty do dziejów PRL* [Protokolle der Sitzungen des Politbüros des ZK der VPAP. Dokumente zur Geschichte der Volksrepublik Polen], H. 2, Warszawa 1992, S. 28.
360 Die hinterlistige Verhaftung der 16 Anführer des sogenannten Untergrunds, d. h. der eigentlichen Vertretung der polnischen Gesellschaft, erfolgte in der Nacht vom 27. zum 28. März 1945 auf polnischem Boden. Die Verhafteten wurden sofort in die Lubjanka transportiert. Der Moskauer Prozeß fand in der zweiten Junihälfte statt. Die sowjetischen Machthaber demonstrierten damit, daß sie nicht bereit waren, die in Polen vorgefundene politische Ordnung anzuerkennen. Gleichzeitig verhandelten sie mit einer Delegation aus Lublin (neben den Kommunisten gehörten ihr Stanisław Mikołajczyk, der Sozialist Zygmunt Żuławski und Władysław Kiernik von der Bauernpartei an) über die Zusammensetzung der neuen Regierung. Die Verhandlungen wurden am 28. 6. 1945 – nach der Urteilsverkündigung – beendet. In der neuen Regierung sollten die Kommunisten siebzehn, die Opposition vier Ministerposten (Landwirt-

schaft, Verwaltung, Volksbildung, Gesundheitswesen) erhalten.
361 Über die Rolle der Informanten bei der Bekämpfung der polnischen Heimatarmee (AK) im ehemaligen Ostpolen durch den NKWD siehe u. a. Andrzej Chmielacz, »Likwidacja podziemia polskiego ...«, a. a. O., S. 188–194.
362 Vgl. *Dokumenty do dziejów PRL. Aparat bezpieczeństwa*, Teil II, a. a. O., S. 86.
363 Auf der wissenschaftlichen Konferenz »Die Vergehen der Richter und Staatsanwälte als Element der kommunistischen Verbrechen in Polen in der Zeit von 1944 bis 1956«, die Ende Februar 1999 an der Warschauer Universität stattfand, verwiesen Marek Stojewski und Janusz Wróbel darauf, daß zumeist den politischen Gegnern vorgeworfen (zu Unrecht!) wurde, mit den Deutschen kollaboriert zu haben.
364 Hierüber berichtet Kazimierz Moczarski in dem auch auf Deutsch 1979 erschienenen und von Andrzej Szczypiorski eingeleiteten Buch *Gespräche mit dem Henker*. Moczarski war während der Okkupationszeit u. a. für die Verurteilung von polnischen Kollaboranten zuständig. Vgl. hierzu Kazimierz Moczarski, *Zapiski* (Aufzeichnungen), Warszawa 1990, S. 26 f.
365 *Dokumenty do dziejów PRL. Białostocczyzna 1944–1945 w dokumentach podziemia i oficjalnych władz* (Dokumente zur Geschichte Volkspolens. Das Gebiet von Białystok 1944–1945 in Dokumenten des Untergrunds und der offiziellen Machthaber), hrsg. von Jerzy Kułak, Warszawa 1998, S. 118 f.
366 Vgl. zum Beispiel ebd., S. 100, 116, 118, 131f, 137 f.
367 Siehe hierzu u. a. Kazimierz Krajewski, Tomasz Łabuszewski, *Białostocki Okręg AK-AKO. VII 1944 – VIII 1945*, Warszawa 1997, S. 316 f.
368 Ebd., S. 141–143. »Mit List« heißt wahrscheinlich »aus dem Hinterhalt«.
369 Diese wurden Anfang 1940 ins Leben gerufen und waren

gegen Verräter an der polnischen Sache im deutschen Okkupationsgebiet gerichtet. Die Spezialgerichte bestanden jeweils aus drei Personen, eine mußte juristisch ausgebildet sein. Militärspezialgerichte gibt es seit dem Herbst 1941. Etwa 25 % der von ihnen behandelten Fällen endete mit einem Todesurteil (vgl. hierzu u. a. Tadeusz Dubicki, Andrzej Sepkowski, »*Afera*« *Starykonia czyli historia agenta Gestapo* [Die Affäre Starokonia oder die Geschichte eines Gestapo-Agenten], Warszawa 1998, S. 55–60).

370 Siehe beispielsweise die AK-Befehle aus dem Jahr 1944, in: *NKWD o polskim podziemiu. 1944–1948. Konspiracja polska na Nowogródczyźnie i Grodzieńczyźnie* [NKWD über den polnischen Untergrund. 1944–1948], Warszawa 1997, S. 217 f., 226 f. und 236.

371 Vgl. hierzu den AK-Befehl vom 25. 2. 1945 für das Gebiet von Wołkowyski im heutigen Belorußland, in: *NKWD o polskim podziemiu. 1944–1948. Konspiracja polska na Nowogródczyźnie i Grodzieńczyźnie*, a. a. O., S. 288 f. Dort heißt es u. a., daß die Befehlshaber der militärischen Einheiten angesichts der Zunahme von Spitzeln im Dienste des Besatzers (gemeint ist der sowjetische) das Recht haben, diese zu liquidieren. Es bringe positive Resultate. Die Liquidierung müsse in absoluter Konspiration erfolgen.

372 Diesen Vergleich zieht Jerzy Kułak. *Erneut*, schreibt er, *wie in der Zeit der deutschen Okkupation, brannten polnische Dörfer, wurden am hellichten Tag Menschen ermordet, ihr Besitz geraubt, Tausende in Lager transportiert* (in: *Dokumenty do dziejów PRL. Białostocczyzna 1944–1945 w dokumentach podziemia i oficjalnych władz*, a. a. O., S. 19 – die Übersetzung stammt von mir – K. S.).

373 Fälle, wo jemand zwar eine solche Liste unterschrieb, aber Polen half oder an ihrem Widerstand teilnahm, fielen bis zum Dekret vom 28. Juni 1946 unter den Tisch. Dieses Dekret befreite solche Personen von weiterer Verfolgung. Sie erhielten jedoch ihren Besitz nicht zurück. Im November

1998 hat Polens Ombudsmann zum erstenmal den Fall eines Ehepaars eingeklagt, das die Volksliste zwar unterschrieben, aber für Polen und den polnischen Widerstand viel getan hatte, weswegen es am Ende von der Gestapo verhaftet wurde. Trotzdem bekam es sein Eigentum nicht wieder (nach *Rzeczpospolita* vom 13. 11. 1998).

374 Dziennik Ustaw R. P. Nr. 17, poz.96, 6. 5. 1945 (O wyłączeniu ze społeczeństwa polskiego wrogich elementów), S. 123.

375 Ebd., S. 124. Es handelt sich um den Artikel 13.

376 Ebd. – Im Juli 1950 wurden diese Sanktionen aufgehoben.

377 Nach Zdzisław A. Ziemba, *Prawo przeciwko społeczeństwu* [Recht wider die Gesellschaft], Warszawa 1997, S. 312. (Er stützt sich auf Roman Bombicki, *AK i WiN przed sądami specjalnymi* [AK und WiN vor den Sondergerichten], Poznań 1993, S. 129).

378 Ebd., S. 216.

379 Nach Henryk Dominiczak, *Organy Bezpiezeństwa PRL. 1944–1990*, a. a. O., S. 64.

380 Die rechtliche Grundlage hierzu bildete das Dekret über die außerordentliche Zulassung zum Richter-, Staatsanwalts- und Notarposten, das den Kandidaten von der Notwendigkeit eines Universitätsstudiums und juristischen Praktikums befreite.

381 Von den westlichen Alliierten waren die Wahlen deswegen nicht anerkannt worden.

382 »Ustawa z dnia 18 grundnia 1998 o Instytucie Pamięci Narodowej – Komisji Ścigania Zbrodni przeciwko Narodowi Polskiemu«, in: *Dziennik Ustaw Nr 155*, S. 5817.

383 Rainer Eckert schreibt in seinem Artikel *Gleiche Brüder – gleiche Kappen?*, daß *Gestapo und SD ureigene Hervorbringungen einer deutschen Diktatur* waren, *während das MfS in Abhängigkeit von der sowjetischen Geheimpolizei entstand, ständig deren praktische Erfahrungen übernahm, mit ihr zusammenarbeitete und von den Genossen des*

»Großen Bruders« instruiert und beraten wurde, in: *Horch und Guck*, H. 9 (5/1993), S. 17. »In Abhängigkeit von der sowjetischen Geheimpolizei« ist vielleicht noch zu schwach ausgedrückt, sie war deren Produkt, deren Kopie. Eckert vergleicht nicht die ureigene Hervorbringung einer deutschen Diktatur, die Gestapo, mit der ureigenen Hervorbringung einer russischen bzw. bolschewistischen Diktatur, dem KGB, sondern die Gestapo mit der Stasi. Das gereicht letzterer natürlich zum Vorteil. – Besonders vehement warnt Jürgen Habermas vor einem Vergleich zwischen *Nazi- und DDR-Regime*. Er tut dieses aber, um die Idee formulieren zu können, daß der Marxismus im Gegensatz zu den geistigen Grundlagen des Hitlerfaschismus ein *kritisches Potential* in sich berge (siehe seine »Bemerkungen zu einer verworrenen Diskussion« in der *Zeit* vom 3. 4. 1992). Es ist erstaunlich, wie losgelöst er die deutsche Geschichte von der osteuropäischen sieht. Ich bin seinerzeit in meinem Essay »Die Wiedervereinigung als europäische Herausforderung« im *Kursbuch 109* auf die Bemerkungen von Habermas eingegangen.

384 Günter Spendel hat bei seinem Vergleich der beiden deutschen Diktaturen für die Friedenszeit vor allem diesen Zeitraum kurz nach dem Krieg im Sinn. Er verweist u. a. auf das Fortbestehen von Konzentrationslagern in der Ostzone und die berüchtigten Waldheimer Scheinprozesse, bei denen mehr als 3400 Personen zu schwersten Strafen – darunter in 32 Fällen zum Tode – verurteilt wurden (siehe »DDR-Unrechtsurteile in der neueren BGH-Judikatur – eine Bilanz«, in: *Juristische Rundschau*, 5/1996, S. 178).

385 Am 8. 9. 1990 brachte der *Tagesspiegel* folgende Überschrift: *Das am besten organisierte Geheimdienstsystem der Welt. Diestel legt Bilanz zur Auflösung des Staatssicherheitsdienstes vor* – 500 000 Inoffizielle Mitarbeiter. Und Luc Rosenzweig, Deutschlandkorrespondent bei *Le Monde*, äußert in

seinem Buch *L'Empire des mouchards, les dossiers de la Stasi* (Paris 1992) gar die Ansicht: *Es ist kein Zufall, wenn Stasi und Denunziation einen solchen Erfolg im Land der Reformation gekannt haben. Man kann nicht verschweigen, daß die religiöse Komponente dieser Tradition der Denunziation in Deutschland fest verwurzelt ist, wo sie als Handlung eines Staatsbürgers betrachtet wird, wenn gemeint wird, sie diene dem gemeinschaftlichen Wohl und trage dazu bei, die Ordnung und den gesellschaftlichen Zusammenhang zu erhalten.* (S. 263, in der Übersetzung von Nicole Gabriel, die in ihrem Artikel »Die steinernen Münder und das Ohr des Tyrannen: Über Frauen und Denunziation«, erschienen in *Metis. Zeitschrift für Frauenforschung und feministische Praxis*, Rosenzweigs Generalisierung zu teilen scheint.)

386 Siehe hierzu Merle Fainsod, *Smolensk under Soviet rule*, Harvard Press 1958.

387 Die erste große Vernichtungsaktion fand nach dem »großen Terror« 1939 unter Berija statt, die nächste während des Krieges aus Angst vor den Deutschen, die dritte unter Chruschtschow, als alle IM- und OV-Akten aus dem Verkehr gezogen werden sollten. Die vierte erfolgte bereits nach 1989. Vgl. hierzu u. a. Arseni Roginski und Nikita Ochotin, Archivquellen zum Thema »KGB und Literatur«, in: *Stasi, KGB und die Literatur*, a. a. O., S. 134. Trotzdem tauchen immer wieder umfangreiche Aktenbestände auf.

388 »Sieben Thesen zum MfS«, in: *Analysen und Berichte. Aus der Veranstaltungsreihe des Bundesbeauftragten*, Reihe B, Nr. 3/1993, S. 7. Siehe auch das Kapitel »Die Rolle der sowjetischen Berater«, in: Karl Wilhelm Fricke, Roger Engelmann, »Konzentrierte Schläge« … a. a. O., S. 24–29.

389 Vgl. *Inoffizielle Mitarbeiter des Ministeriums für Staatssicherheit. Richtlinien und Durchführungsbestimmungen*, hrsg. von Helmut Müller-Enbergs, S. 63.

390 Hans Mommsen, »Die NSDAP als faschistische Partei«, in: *Festschrift Walter Euchner*, Berlin 1994, S. 259.

391 Matthias Weber, *Die schlesischen Polizei- und Landesordnungen der frühen Neuzeit*, Köln, Weimar, Wien 1996, S. 163.

392 Ebd., S. 164.

393 Thomas Paul Becker, *Konfessionalisierung in Kurköln. Untersuchungen zur Durchsetzung der katholischen Reform in den Dekanaten Ahrgau und Bonn anhand von Visitationsprotokollen 1583–1761*, Bonn 1989, S. 259.

394 Ich stütze mich hier auf die ausgezeichnete Arbeit von Jörg R. Bergmann, *Klatsch. Zur Sozialform der diskreten Indiskretion*, Berlin, New York 1987.

395 Ebd., S. 23.

396 Walter Benjamin, *Gesammelte Schriften*, Bd. IV,1, hrsg. von Tillman Rexroth, Frankfurt am Main 1980, S. 397.

397 Monika H. alias Lenz berichtet beispielsweise, wie ihr Führungsoffizier manchmal gesagt habe: [...] *halt, das muß ich mir aber aufschreiben, das könnte wichtig sein* (in: Irena Kukutz/Katja Havemann, *Geschützte Quelle. Gespräche mit Monika H. alias Karin Lenz*, a. a. O., S. 43).

398 Daher haben die Denunzianten bei den gegen sie gerichteten Prozessen immer wieder versucht, wenn sie nicht ableugneten oder sich unwissend stellten, sich auf geltende Gesetze zu berufen. Das Gericht verwies dann auf die Folgen der Einhaltung unmenschlicher Gesetze und Vorschriften.

399 Georg Simmel, *Soziologie. Untersuchungen über die Formen der Vergesellschaftung*, München und Leipzig ³1923, S. 265.

400 A. Shils, »Privacy and power«, in seiner Aufsatzsammlung: *Center and periphery. Essays in macrosociology*, Chicago 1975, S. 322. Wer dies nicht akzeptiert, seine Geheimnisse bei sich behält, dem wird die Nachbarschaft aufgekündigt (vgl. hierzu auch Leopold von Wiese [Hrsg.], *Das Dorf als soziales Gebilde*, München, Leipzig 1928, S. 29).

401 Ein grundlegendes Merkmal für »öffentlich« ist nach Hannah Arendt, *daß alles, was vor der Allgemeinheit erscheint, für jedermann sichtbar und hörbar ist* (Hannah Arendt, *Vita activa oder Vom tätigen Leben*, München 1983, S. 49).
402 Lenelis Kruse, *Privatheit als Problem und Gegenstand der Psychologie*, Bern, Stuttgart, Wien 1980, S. 45.
403 Ebd. S. 37 (mit weiterführenden Literaturangaben).
404 Zum Terminus Selbstenthüllung siehe ebd. S. 173 ff.
405 Georg Simmel, *Soziologie. Untersuchung über die Formen der Vergesellschaftung*, a. a. O., S. 275.
406 Alois Hahn, »Zur Soziologie der Beichte und anderer Formen institutionalisierter Bekenntnisse: Selbstthematisierung und Zivilisationsprozeß«, in: *Kölner Zeitschrift für Soziologie und Sozialpsychologie*, 34/1982, S. 408.
407 Klaus-Georg Riegel zieht in seinem Buch *Konfessionsrituale im Marxismus-Leninismus*, Wien 1985, den Vergleich zwischen christlicher Beichte und den kommunistischen Beichtritualen, wobei er unterstreicht, daß den Kommunisten die private confessio unbekannt war, ja sein mußte.
408 Plötzlich konnte »Grüß Gott« Ausdruck einer politischen Gesinnung sein.
409 Die Polizeiverordnung begann mit dem Satz: *Ab 15. 9. 41 ist es Juden, die das sechste Lebensjahr vollendet haben, verboten, sich in der Öffentlichkeit ohne einen Judenstern zu zeigen* (in: *Das Sonderrecht für die Juden im NS-Staat ...*, hrsg. von Joseph Walk, a. a. O., S. 347).
410 Siehe u. a. Ulrich Herbert, *Fremdarbeiter ...*, a. a. O., S. 76.
411 An anderer Stelle sagt Goethe dagegen, wenn *kein Fensterchen unsere Brust wider unsern Willen durchsichtig macht, so sind doch die Worte dem Menschen gegeben, daß er [...] sich offenbaren kann* (in: *Briefe* [Weimarer Ausgabe], Bd. 12, S. 322].
412 Michel Foucault, *Überwachen und Strafen. Die Geburt des Gefängnisses*, Frankfurt am Main ⁴1981, S. 241.
413 Vgl. das Kapitel »Von der Selbstdisziplin zur Fremddiszi-

plinierung oder: Versuch, Michel Foucault aus der mißlichen Lage des Kopfstandes zu befreien«, in: Hubert Treiber, Heinz Steinert, *Die Fabrikation des zuverlässigen Menschen. Über die »Wahlverwandtschaft« von Kloster- und Fabrikdisziplin*, München 1980.

414 Lutz Rathenow, »Teile zu keinem Bild oder Das Puzzle von der geheimen Macht«, in: *Aktenkundig*, a. a. O., S. 79.

415 In: Irena Kukutz/Katja Havemann, *Geschützte Quelle*, a. a. O., S. 151.

416 In den achtziger Jahren kam es in der alten Bundesrepublik zu den Protesten gegen die geplante Volkszählung, die zu dem bekannten Urteil des Bundesverfassungsgerichts führten, nach dem es dem Staat nicht gestattet ist, eine beliebige Menge von Daten über die in ihm lebenden Bürger zu sammeln und zu speichern. Vorbild für den Entscheid war das amerikanische »Freedom of Information Act«. Joachim Gauck betont immer wieder, daß es ohne diesen Entscheid nicht zum Stasi-Unterlagengesetz gekommen wäre.

417 Die Ergebnisse der Zählung sind am Ende nicht veröffentlicht worden. Wahrscheinlich glaubte das Kriegsministerium damit einer weiteren Diskussion aus dem Wege gehen zu können. Clemens Picht meint dagegen in seinem Aufsatz »Zwischen Vaterland und Volk. Das deutsche Judentum im Ersten Weltkrieg«, daß *die Nichtveröffentlichung der Ergebnisse die antisemitische Tendenz* des Zählungserlasses bestätige (in: *Der Erste Weltkrieg. Wirkung, Wahrnehmung, Analyse*, hrsg. von Wolfgang Milka, München, Zürich 1994, S. 747).

418 Die Aussiedlung von Polen, Ukrainern und Weißrussen aus den neuen Westgebieten hatte das Volkskommissariat der Sowjetunion am 5. 12. 1939 beschlossen. Am 25. 12. schickte der Volkskommissar für Belorußland an die NKWD-Chefs die Anordnung, es seien Volkszählungen unter einem *glaubwürdigen Vorwand* bis zum 7. 1. 1940 durchzuführen, was dann auch erfolgte. Die erste Mitteilung lag bereits am

26. 12. 1939 vor! Die Deportationen fanden im Februar, April und Juni 1940 sowie Ende Juni 1941 statt (vgl. hierzu Małgorzata Giżewska, »Deportacje obywateli polskich z ziem północno-wschodnich II Rzeczpospolitej w latach 1939–1941 [Deportationen polnischer Bürger aus den Nordost-Gebieten der Zweiten Republik], in: *Studia z dziejów okupacji sowieckiej (1939–1941)* [Studien zur sowjetischen Okkupation (1939–1941)], hrsg. von Tomasz Strzembosz, Warszawa 1997, S. 85–103).

419 Hierzu gibt es mittlerweile eine umfassende Literatur. An dieser Stelle sei nur auf *Soziale Sicherheit und soziale Disziplinierung. Beiträge zu einer historischen Theorie der Sozialpolitik*, hrsg. von Christoph Sachße und Florian Tennstedt, Frankfurt am Main 1986, verwiesen.

420 Siehe Karl S. Frank, »Anachoreten«, in: *Lexikon des Mittelalters*, München und Zürich 1980, Bd. 1, Sp. 566 f. Basilius ist dagegen der Meinung, der Mensch sei *kein wildes und einsames Wesen, sondern ein sanftes und geselliges*, womit der Einsiedler direkt oder indirekt zum Außenseiter gestempelt wird.

421 Christoph Sachße und Florian Tennstedt, *Geschichte der Armenfürsorge in Deutschland*, Stuttgart, Berlin, Köln, Mainz ²1989, Bd. 1 (*Vom Spätmittelalter bis zum 1. Weltkrieg*), S. 29.

422 Robert Jütte, *Obrigkeitsrechtliche Armenfürsorge in deutschen Reichsstädten der frühen Neuzeit: städtisches Armenwesen in Frankfurt am Main und Köln*, Köln, Wien 1984, S. 28.

423 *Soziale Sicherheit und soziale Disziplinierung*, a. a. O., S. 12 (Vorwort der Herausgeber).

424 Georg Simmel, *Soziologie. Untersuchung über die Formen der Vergesellschaftung*, a. a. O., S. 272.

425 Simmel nennt das Geheimnis ein *bewußt gewolltes Verbergen* (ebd., S. 262).

426 Ebd., S. 277.

427 Friedrich Nietzsche, *Werke. Kritische Gesamtausgabe*, hrsg. von Giorgio Colli und Mazzino Montinari, Bd. III,2, Berlin, New York 1973, S. 370. Das Zitat stammt aus der posthum erschienenen Schrift *Über Wahrheit und Lüge im außermoralischen Sinne* von 1873.
428 Friedrich Nietzsche, *Werke*, a. a. O., Bd. IV,2, S. 330 f.
429 Friedrich Nietzsche, *Werke*, a. a. O., Bd. V,2, S. 20.
430 Ebd., S. 18.
431 Vgl. hierzu Sigmund Freud, *Das Ich und das Es. Metapsychologische Schriften*, eingeleitet von Alex Holder, Frankfurt am Main 1992, S. 288.
432 Ebd., S. 289.
433 Vgl. Helga Schubert, *Judasfrauen*, Frankfurt am Main ²1995, S. 39.
434 Nach Jean-Noël Kapferer, *Gerüchte. Das älteste Massenmedium der Welt*, Berlin 197, S. 40.
435 Im Polnischen wie auch in anderen slawischen Sprachen sind Zischlaute ein wichtiges Element der Lautmalerei.
436 *Es gibt in der Geschichte kein ähnliches Beispiel für eine solche schriftliche Konsultation eines ganzen Volkes und für ein solches Denkmal der Nationalliteratur*, erklären François Furet und Denis Richet stolz in ihrem Buch *Die Französische Revolution*, München 1981, S. 84.
437 Ich meine die Sammlung von Beschwerden, Eingaben und Briefen an sowjetische Behörden und Parteiführer aus den dreißiger Jahren, die Sheila Fitzpatrick in ihrer Studie »Signal from Below: Soviet Letters of Denunciation of the 1930s« beschrieben und klassifiziert hat (in: *The Journal of Modern History*, Bd. 68, H. 4, 1996). Dieser Titel klingt zu pauschal und eindeutig. – Im Text selber stellt sie bei den Mitteilungen über den Mißbrauch der Machtbefugnisse (»*Abuse of Power*« Denunciation) fest, daß es hier schwerfalle, zwischen Denunziation und Beschwerde zu unterscheiden (S. 845). In Polen hat Józef Stępień hundert Briefe an die jeweiligen Parteiführer (Gomułka [1944–1948], Bie-

rut [1948–1956], Gomułka [1956–1970]) unter dem Titel *Listy do Pierwszych Sekretarzy* (Warschau 1994) herausgegeben und kommentiert.

438 Matthias Weber, »Dreidings-Ordnung«. Eine Rechtsquelle zum ländlichen Alltag in Schlesien um 1660, in: *Jahrbuch für deutsche und osteuropäische Volkskunde*, Marburg 1994, S. 79.

439 Vgl. hierzu u. a. Margareta Mommsen, *Hilf mir, mein Recht zu finden. Russische Bittschriften von Iwan dem Schrecklichen bis Gorbatschow*, Berlin, Frankfurt am Main 1987, S. 109–259, sowie Vladimir A. Kozlov, »Denuciation and Its Functions in Soviet Governance: A Study of Denunciations and Their Bureaucratic Handling from Soviet Police Archives, 1944–1953«, in: *The Journal of Modern History*, 68, S. 867–898. Kozlov spricht auch bei schriftlichen Beschwerden von Staatsangestellten im Behördenweg von Denunziationen, zum Teil handle es sich um »*disinterested Denunciations*«, denen er ein ganzes Kapitel widmet. Er versucht damit, der Tatsache gerecht zu werden, daß sich die realsozialistischen Staaten durch einen intensiven Schriftverkehr zwischen den einzelnen Behörden und den ihnen verbundenen Personen auszeichneten.

440 Bernd-Ulrich Hergemöller, »*Accusatio* und *denunciatio* im Rahmen der spätmittelalterlichen Homosexuellenverfolgung in Venedig und Florenz«, in: *Denunziation. Historische, juristische und psychologische Aspekte*, a. a. O., S. 68.

441 Joachim Eibach, *Der Staat vor Ort. Amtmänner und Bürger im 19. Jahrhundert am Beispiel Badens*, Frankfurt am Main/New York 1994, S. 100.

442 »Jede fünfte Ehe nur zum Schein. Bezahlte Heirat als ernstes Problem in Zürich«, *Neue Zürcher Zeitung*, 5. 10. 1998, S. 37.

443 Vgl. hierzu Lothat Kolmer, »Die *denuntiatio canonica* als Instrument im Kampf um den rechten Glauben«, in: *Denunziation. Historische, juristische und psychologische*

Aspekte, a. a. O, S. 26–47. Der Autor verfolgt die Ablösung der »denunciatio canonica«, einem klaren und durchsichtigen Verfahren durch ein Verfahren, das der Inquisition nahekommt. Der Richter hatte, wie Kolmer schreibt, eine *präjudicielle cognition* vorzunehmen, *ob eine genügend wohlbegründete diffamatio vorhanden war* (S. 38).

444 Über systematische Versuche, Herr der Gerüchte zu werden, sie auszutilgen, berichtet u. a. Hans Joachim Neubauer in dem Kapitel über »Gerüchtekliniken« seines Buchs *Fama. Eine Geschichte des Gerüchts*, Berlin 1998.

445 Vgl. hierzu Rainer Walz, »Dörfliche Hexenverdächtigung und Obrigkeit«, in: *Denunziation. Historische, juristische und psychologische Aspekte*, a. a. O., insbesondere S. 84 ff.

446 Dariusz Jarosz, Maria Pasztor, *W krzywym zwierciadle. Polityka władz komunistycznych w świetle plotek z lat 1949–1956* (Im Zerrspiegel. Die Politik der kommunistischen Machthaber im Lichte der Gerüchte zwischen 1949 und 1956), Warszawa 1995, S. 32.

447 Rolf Kettler hat sich in seiner Dissertation *Die Denunziation bei Steuerbehörden*, Krefeld 1969, mit diesen Problemen auseinandergesetzt. Den zweiten Teil seiner Arbeit widmet er den Möglichkeiten des Staatsbürgers, sich gegen ungerechtfertigte Anzeigen zur Wehr zu setzen.

448 Zitiert nach Kurt Oesterle, »Sokrates in München. Wie der Philosoph Hönigswald 1939 Deutschland verlassen mußte«, in: *Süddeutsche Zeitung*, 31. 3. 1999, S. 19.

449 *»Hoffnung kann enttäuscht werden«. Ernst Bloch in Leipzig*, dokumentiert und kommentiert von Volker Caysa, Petra Caysa, K. D. Eichler und Elke Uhl, Frankfurt/Main 1992, S. 87. (Wilhelm Wundt hatte Einfluß auf die großen Denker Europas ausgeübt, etwa auf Durkheim, der dessen Vorlesungen in Leipzig in der Mitte der 1880er Jahre gehört hatte).

450 Theodor Kipp, *Die Litisdenuntiation als Prozeßeinleitungsform im römischen Civilprozeß*, Leipzig 1887, S. 39.

451 Ebd., S. 47.
452 Friedrich von Spee, *Sämtliche Schriften*, Bd. 3, hrsg. von Theo G. M. Oorschot, Tübingen und Basel 1992, S. 393. In Grimms Wörterbuch heißt es unter »besagen« in der älteren Bedeutung: accusare, anschuldigen, anklagen. Als Beispiele werden angeführt: *welcher diebstahl besagt wird* und *einen getrewen freund habe, der ihn, wenn er hinderrück von seinen misgönnern fälschlich besagt und angegeben wird, verantwortet.* (Bd. 1, Leipzig 1854, Sp. 1540).
453 Friedrich von Spee, *Sämtliche Schriften*, Bd. 3, a. a. O., S. 163.
454 Alois Hahn hat darauf verwiesen, daß Spee die Existenz von Hexen keineswegs abstritt (siehe seinen Beitrag »Die Cautio Criminalis aus soziologischer Sicht« in: *Friedrich Spee zum 400. Geburtstag*, Paderborn 1995).
455 Johann Heinrich Zedler, *Großes vollständiges Universal-Lexikon*, Bd. 7, Halle, Leipzig 1734, Bd. 7, Sp. 593.
456 Ebd., Sp. 593.
457 Johann Anton Llorente, *Kritische Geschichte der spanischen Inquisition von ihrer Einführung durch Ferdinand V. bis zur Regierung Ferdinands VII.*, Gmünd 1821, S. 261 f.
458 Neubearbeitung von 1983.
459 Aus diesem Geist heraus ist ja das oben zitierte Buch von Llorente, *Kritische Geschichte der spanischen Inquisition ...*, verfaßt.
460 Joachim Eibach, *Der Staat vor Ort. Amtmänner und Bürger im 19. Jahrhundert am Beispiel Badens*, a. a. O., S. 120.
461 Ebd., S. 137.
462 Ralph Jessen, »Polizei und Gesellschaft. Zum Paradigmenwechsel in der Polizeigeschichtsforschung«, in: Gerhard Paul/Klaus-Michael Mallman (Hrsg.), *Die Gestapo. Mythos und Realität*, a. a. O., S. 38.
463 Siehe hierzu Colin Lucas, »Theory and Practice of Denunciation in the French Revolution«, in: *The Journal of Modern History*, Bd. 68, H. 4, 1996, S. 768–785.

464 Wenn der Finanzminister in Sachsen, wie Ulrich Kaufmann in der *Berliner Morgenpost* am 16. 4. 1998 unter dem Titel »Verpfeifen Sie Ihren Nachbarn« meldete, ein »Sondertelefon« einrichten läßt, wo jedermann Hinweise auf steuerliche Unregelmäßigkeiten geben kann, sind Denunziationen natürlich nicht auszuschließen. Nach der Meldung landet der Anrufer in einer »Organisationseinheit Ermittlung in Sonderfällen«. Wichtig wäre zu erfahren, wie mit Falschmeldungen umgegangen wird.

465 StGB, § 138.

466 Ernst Boesebeck, »Privatrechtliche Haftung des Denunzianten«, in: *Neue Juristische Wochenschrift*, 47/48, 1. Jg., H. 1, S. 14.

467 Zitiert nach der Übersetzung von Alf Lüdtke und Gerhard Fürmetz in ihrem Artikel »Denunziation und Denunzianten: Politische Teilnahme oder Selbstüberwachung?«, in: *Sowi (Sozialwissenschaftliche Informationen)*, 2/1998, S. 80. Im Original heißt es: [...] *denunciation may be defined as spontaneous communications from individual citizens to the state (or another authority such as the church) containing accusations of wrongdoing by other citizens or officials and implicitly or explicitly calling for punishment* (in: *The Journal of Modern History*, 68, 1996, S. 747).

468 In einer Anmerkung lesen wir: *In Russian, the words donos (denunciation) and donoschik (informer) are clearly pejorative, as in Denunziant (informer) in German. The German terms for denunciation, Anzeige and Denunziation, are more neutral* (ebd. S. 759). In Wirklichkeit entsprechen donos und donoschik (im Polnischen donos und donosiciel) den deutschen Worten Denunziation bzw. Denunziant, während es für die Anzeige, die man beispielsweise auf der Polizeistation erstattet, Entsprechungen gibt, die sich nicht mit einem Wort wiedergeben lassen.

469 So schreibt Matthias Weber über die größte Stadt Schlesiens: *Eine Addition der in den Polizeiordnungen der Stadt Breslau*

erwähnten Aufsichtspersonen ergibt für das 17. Jahrhundert über 70 Personen, die teils allgemeine Aufsichts- und Wachaufgaben wahrnahmen, deren Funktion teils aber auch mit der von modernen Polizisten zu vergleichen ist [...] Die Anfänge eines Polizeivollzugsdienstes lassen sich in Breslau und in anderen Städten Schlesiens bis in die Mitte des 16. Jahrhunderts zurückverfolgen. (Matthias Weber, »Ständische Disziplinierungsbestrebungen durch Polizeiordnungen und Mechanismen ihrer Durchsetzung – Regionalstudie Schlesien«, in: *Policey im Europa der frühen Neuzeit*, hrsg. von Michael Stolleis unter Mitarbeit von Karl Härter und Lothar Schilling, Frankfurt am Main 1996, S. 359 f.).

470 Nach Richard Schmidt, *Die Herkunft des Inquisitionsprocesses*, Freiburg 1902, S. 106, der sich auf Theodor Mommsen beruft. (*Römisches Strafrecht*, S. 350.)
471 Richard Schmidt, *Die Herkunft des Inquisitionsprocesses*, a. a. O., S. 104.
472 Martin Dinges, »Pest und Staat: Von der Institutionsgeschichte zur sozialen Konstruktion?«, in: *Neue Wege in der Seuchengeschichte*, hrsg. von Martin Dinges und Thomas Schlich, Stuttgart 1995, S. 71–104, besonders S. 79 f.
473 Theodor Mommsen, *Römisches Strafrecht*, Darmstadt 1955, S. 348.
474 Bernd-Ulrich Hergemöller, »*Accusatio* und *denunciatio* im Rahmen der spätmittelalterlichen Homosexuellenverfolgung in Venedig und Florenz«, in: *Denunziation. Historische, juristische und psychologische Aspekte*, a. a. O., S. 65.
475 Ebd., S. 70.
476 Ebd., S. 76.
477 Ebd., S. 72.
478 Ebd. (in der Übersetzung Hergemöllers).
479 Vgl. hierzu das Kapitel über das Ende der *Lettres*, in: Arlette Farge, Michel Foucault, *Familiäre Konflikte: Die »Lettres de cachet«. Aus den Archiven der Bastille im 18. Jahrhundert*, Frankfurt am Main 1989, S. 285 ff.

480 Über die Gegenwärtigkeit der Französischen Revolution in den Köpfen der Bolschewiki hat Françios Furet im dritten Kapitel seines Buches *Le passé d'une illusion. Essai sur l'idée communiste au XXe siècle*, Paris 1995, ausführlich geschrieben.

481 Ervin Sinko, *Roman eines Romans. Moskauer Tagebuch*, Köln 1962, S. 448 f.

482 Zit. Nach Gerd Koenen, *Utopie der Säuberung*, a. a. O., S. 65.

483 Bernward Dörner, »Gestapo und ›Heimtücke‹ ...«, in: *Die Gestapo. Mythos und Realität*, a. a. O., S. 333.

484 Nach dem stenographischen Bericht, Moskau-Leningrad 1926, S. 600 f. (ZKK ist die Abkürzung für Zentrale Kontrollkommission; ZK für Zentralkomitee.)

485 Zitiert nach David Pryce-Jones, »Paris unter der deutschen Besatzung«, in: *Kollaboration in Frankeich*, a. a. O., S. 39.

486 Jean Delumeau, *Angst im Abendland. Die Geschichte kollektiver Ängste im Europa des 14. bis 18. Jahrhunderts*, Reinbek bei Hamburg 1985, S. 271.

487 *Dokumenty do dziejów PRL. Aparat bezpieczeństwa w latach 1944–1956*, a. a. O., Teil II, S. 200.

488 Es ist natürlich auch vorstellbar, daß eine Gruppe von Menschen jemanden oder andere denunziert.

489 Im alten Griechenland und in Rom trugen Sklaven ein Stigma, d. h., ihnen wurde ein Mal eingebrannt.

490 Vgl. hierzu Martin Dinges, »Pest und Staat ...«, a. a. O., S. 86 f.

491 Bronisław Geremek, *Świat »opery żebraczej«* (Die Welt der »Betteloper«), Warszawa 1989, S. 39; der Autor beruft sich an dieser Stelle auf C. J. Ribton-Turner, *A history of vagrants and vagrancy and beggars an begging*, London 1887, S. 60.

492 Nach Geremek, ebd., S. 175.

493 Michel Foucault, *Wahnsinn und Gesellschaft. Eine Geschichte des Wahns im Zeitalter der Vernunft* (aus dem

Französischen von Ulrich Köppen), Frankfurt am Main 1973, S. 79.
494 So 1612 in Paris (vgl. hierzu Geremek, Świat »opery żebraczej«, a. a. O., S. 178). Noch 1768 finden Einwohner von Baden, daß Gott mit der Abschaffung der Bettelei, konkret der *Gassenbettelei*, nicht zufrieden sein kann, denn sonst hätte es nicht zu dem und dem Wetterschaden kommen können (den Fall beschreibt Dietlind Hüchtker in ihrem Artikel »Da hier zu vernehmen gekomen ...«. Gerüchte und Anzeigen am badischen Oberrhein im Ancien régime«, in: *Sowi (Sozialwissenschaftliche Informationen)*, 2/1998, S. 95 f.
495 Johann Gottfried Herder, *Werke in zehn Bänden*, Bd. 6 (*Ideen zur Philosophie der Geschichte der Menschheit*), hrsg. von Martin Bollacher, Frankfurt am Main 1989, S. 698.
496 Ebd., S. 703.
497 Den Fall gebe ich nach Katrin Dördelmann, *Die Macht der Worte. Denunziationen im nationalsozialistischen Köln*, a. a. O., S. 121–138, wieder.
498 Nach Joachim Eibach, *Der Staat vor Ort. Amtmänner und Bürger im 19. Jahrhundert am Beispiel Badens*, a. a. O., S. 120.
499 Ebd., S. 121.
500 Mt. 18,15–18.
501 Siehe hierzu Lothar Kolmer, »Die *denuntiatio canonica* als Instrument im Kampf um den rechten Glauben«, in: *Denunziation. Historische, juristische und psychologische Aspekte*, a. a. O., S. 26–47, sowie H. Schmitz, *Lexikon des Mittelalters* (Anzeige), Bd. 1, a. a. O., Sp. 740.
502 *Die großen Ordensregeln*, hrsg. von Hans Urs von Balthasar, Einsiedeln, 1994, S. 112.
503 Ebd., S. 165 f.
504 Nach Matthias Weber, *Die schlesischen Polizei- und Landesordnungen der frühen Neuzeit*, a. a. O., S. 182.

505 Ebd., S. 179.
506 Colin Lucas, »The Theory and Practice of Denuncation in the French Revolution«, a. a. O., S. 773.
507 Vgl. hierzu das Urteil des 7. Zivilsenats des Oberlandgerichts Dresden vom 20. 4. 1995 in *Neue Justiz* 1996, S. 372 f., wo es u. a. heißt: *Wegen Denunziation einer Vorbereitung zur Republikflucht macht sich schadenersatzpflichtig, wer nicht nur entsprechend seiner staatsbürgerlichen Pflicht aus StGB/DDR § 225 die beabsichtigte Republikflucht dem Ministerium für Staatssicherheit angezeigt hat, sondern auch nach Anzeigeerstattung aktiv mit dem MfS zusammengearbeitet hat, um den Fluchtwilligen in seinem Vorhaben zu bestärken und zu seiner Überführung beizutragen.* Siehe auch NJW, 4/1995, S. 256, wo das ähnlich lautende Urteil des BGH vom 11. 10. 1994 über Schadenersatzpflicht aufgrund der Anzeige geplanter »Republikflucht« aus der ehemaligen DDR auszugsweise wiedergegeben ist.
508 Vgl. dazu u. a. Klaus-Georg Riegel, »Inquisitionssystem von Glaubensgemeinschaften. Die Rolle von Schuldgeständnissen in der spanischen und stalinistischen Inquisitionspraxis«, in: *Zeitschrift für Soziologie*, 3, 1987.
509 *Denunziation trennt jene, die sich selbst in Spannung mit dem Staat befinden, und jene, die etwas von ihrer eigenen Identität im Staat sehen; sie deutet auf die Trennung zwischen dem »externen« Staat und dem »internalisierten« Staat der Bürger hin*, erklärte Colin Lucas Fitzpatrick und Gellately gegenüber (»Introduction to the Practices of Denunciation in Modern European History«, *The Journal of Modern History*, Bd. 68, H. 4, a. a. O., S. 763), obwohl es besser wäre, von Herrschaftssystem – mit dem wichtigen Sonderfall Staat – zu sprechen.
510 Joachim Eibach, *Der Staat vor Ort. Amtmänner und Bürger im 19. Jahrhundert am Beispiel Badens*, a. a. O., S. 87.
511 Ich gebrauche hier eine Formulierung aus Herman Roodenburgs Aufsatz »Reformierte Kirchenzucht und Ehrenhan-

del. Das Amsterdamer Nachbarschaftsleben im 17. Jahrhundert«, in: Heinz Schilling (Hrsg.), *Kirchenzucht und Sozialdisziplinierung im frühneuzeitlichen Europa*, Berlin 1994, S. 151.

512 In der Kommunalismusforschung scheint sich immer mehr die Ansicht durchzusetzen, daß die Gemeinde länger *ihren eigenen Herrschaftsbereich behauptet* hat, als bisher angenommen wurde. *Möglicherweise müsse man die These vom »Niedergang« der Gemeinde in der frühen Neuzeit revidieren*, wie es in *Theorien kommunaler Ordnung in Europa*, hrsg. von Peter Blickle, München 1996, S. 254, heißt.

513 Zit. nach Christiane Kohser-Spohn, »Überwacht ihn«: Politische Denunziationen in Straßburg in der Frühphase der Französischen Revolution«, in: *Sowi (Sozialwissenschaftliche Informationen)*, 2/1998, S. 88.

514 Walter Rummel, *Bauern, Herren und Hexen: Studien zur Sozialgeschichte sponheimischer und kurtrierischer Hexenprozesse 1574–1664*, Göttingen 1991, S. 31.

515 Michel Vovelle, *Die Französische Revolution. Soziale Bewegung und Umbruch der Mentalitäten*, Frankfurt am Main 1985, S. 90.

516 Gustav Landauer, *Briefe aus der Französischen Revolution*, Bd. 2, Berlin 1985, S. 330 f. Das Schreiben trägt das Datum vom 21. 1. 1794.

517 Ebd., S. 336.

518 Diesen Fall beschreibt Sheila Fitzpatrick in »Signal from Below« (*Journal of Modern History*, Bd. 68, H. 4, S. 842).

519 Daniil Granin, *Das Jahrhundert der Angst. Erinnerungen*, Berlin 1999, S. 63 f.

520 Margret Bovari, *Der Verrat im 20. Jahrhundert*, Bd. 4 (Verrat als Epedemie: Amerika. Fazit), Reinbek 1960.

521 Vgl. hierzu die eindrucksvolle Studie von Heinz Leymann, *Mobbing*, Reinbek 1993.

522 Nach neuesten Untersuchungen greift Mobbing um sich, wenn der Betrieb mangelhaft organisiert ist.

523 Matthias Weber, *Die schlesischen Polizei- und Landesordnungen der frühen Neuzeit*, a. a. O., S. 187.
524 Jean Delumeau, *Angst im Abendland. Die Geschichte kollektiver Ängste im Europa des 14. bis 18. Jahrhunderts*, a. a. O., S. 243.
525 Ebd.
526 Siehe *Deutsche Verwaltungsgeschichte*, hrsg. von Kurt G. A. Jeserich, Hans Pohl, Georg-Christoph von Unruh, Stuttgart 1983, Bd. 1, S. 168.
527 Ich paraphrasiere hier Wendungen von Foucault in *Überwachen und Strafen* ..., a. a. O., S. 243 f.
528 Georg Jellinek, *Gesetz und Verordnung. Staatsrechtliche Untersuchungen und rechtsgeschichtliche und rechtsvergleichende Grundlagen*, Freiburg 1887, S. 219.
529 Peter Nitschke, »Die Polizierung aller Lebensbereiche: Sozialdisziplinierung und ihre polizeilichen Implikationen in der Prämoderne«, in: *Die deutsche Polizei und ihre Geschichte. Beiträge zu einem distanzierten Verhältnis*, hrsg. von P. Nitschke, S. 44.
530 Albrecht Funk, *Polizei und Rechtsstaat. Die Entwicklung des staatlichen Gewaltmonopols in Preussen 1848–1918*, Frankfurt am Main, New York, 1986, S. 215.
531 Ebd., S. 212 und 216.
532 Aus dem Vorwort von von Christoph Sachße und Florian Tennstedt in: *Soziale Sicherheit und soziale Disziplinierung. Beiträge zu einer historischen Theorie der Sozialpolitik*, a. a. O., S. 27.
533 Michel Foucault, *Überwachen und Strafen* ..., a. a. O., S. 246.
534 Roger Engelmann, »Zum Quellenwert der Unterlagen des Ministeriums für Staatssicherheit«, in: *Aktenlage. Die Bedeutung der Unterlagen des Staatssicherheitsdienstes für die Zeitgeschichtsforschung*, hrsg. von Klaus-Dietmar Henke und Roger Engelmann, Berlin ²1995, S. 26.
535 Ebd., S. 24.

536 Friedrich Kluge, *Etymologisches Wörterbuch der deutschen Sprache*, Berlin, New York 1989, 513.
537 Lucian Hölscher, »Öffentlichkeit und Geheimnis«. *Eine begriffsgeschichtliche Untersuchung für Entstehung der Öffentlichkeit in der frühen Neuzeit*, Stuttgart 1979, S. 13 f.
538 Siehe zu dem ganzen Problemkomplex vor allem das Stichwort »Öffentlichkeit« von Lucian Hölscher in *Geschichtliche Grundbegriffe. Historisches Lexikon zur politisch-sozialen Sprache in Deutschland*, hrsg. von Otto Brunner, Werner Conze, Reinhart Koselleck, Bd. 4, Stuttgart 1993.
539 In Wirklichkeit gebrauchte Menzel *Argumente und Formulierungen, die längst bekannt und auch schon von den Zensurbehörden gebraucht worden waren*, so daß er *kaum ihr Denunziant gewesen sein* konnte (vgl. *Heinrich Heine. Historisch-kritische Gesamtausgabe der Werke*, hrsg. von Manfred Windfuhr, Bd. 11, bearbeitet von Helmut Koopmann, S. 826). Nach Briegleb habe Heine recht schnell *die volle Tragweite von Denunziation und Staatsmacht* erkannt, aber er wollte *der Verratstheorie folgen, wonach es einem einzelnen Denunzianten gelingen könne, eine staatliche Verbotskampagne »zu veranlassen«.* Das berechtigte ihn auch, Menzel zum Duell herauszufordern. (Heinrich Heine, *Sämtliche Schriften in zwölf Bänden*, hrsg. von Klaus Briegleb, München 1976, Bd. 10, S. 619.)
540 Heinrich Heine, *Sämtliche Schriften in zwölf Bänden*, a. a. O., Bd. 9, S. 32.
541 Ebd., S. 31.
542 Über das Für und Wider dieses Begriffs siehe das entsprechende Kapitel in: Rainer Wohlfeil, *Einführung in die Geschichte der deutschen Reformation*, München 1982.
543 Ricœur nennt beispielsweise alle drei in einem Atemzug, jeder sei ein *maître du soupçon* (Meister des Verdachts), womit er meint, sie würden den Sinn des Bewußtseins hinterfragen, es als falsches demaskieren. Daß es Marx zugleich um etwas anderes ging, übergeht er. (Siehe Paul Ricœur,

Die Interpretation. Ein Versuch über Freud, Frankfurt am Main 1974, S. 45–49.)

544 André Gide, *Retuschen zu meinem Russlandbuch*, Zürich 1937, S. 71 f.

545 Erschienen unter dem Titel »Notizen in Moskau«, in: *Die Sammlung*, 2. Jg., 2. H., Oktober 1934; wieder abgedruckt in: Klaus Mann, *Jugend und Radikalismus. Aufsätze*, München 1981. Die Kommunisten fanden diesen Bericht erwartungsgemäß zu wenig enthusiastisch.

546 Klaus Mann, *Jugend und Radikalismus*, a. a. O., S. 47.

547 Ebenda S. 46. Über Feuchtwangers *Moskau 1937* und die Debatte um dieses Buch vgl. u. a. meine Darstellung, die vom Deutschlandfunk am 2. 10. 1989 gesendet und als Manuskript auf Anforderung verbreitet wurde. Es liegt auch gedruckt vor: »Das Phänomen Stalin oder die Blindheit der Dichter«, in: *Acta Universitatis Nicolai Copernici, Filologia Germańska*, XXII, H. 312, 1996, S. 3–22.

548 Die Formulierung stammt aus Karl Vorländers *Philosophie des Mittelalters* (Reinbek 1964, S. 55). Vorländer ist sich wahrscheinlich nicht bewußt gewesen, wie er mit dem Verb löschen auf die Tatsache verwies, daß Roscelins Werke den Flammen übergeben werden mußten.

549 Margareta Mommsen, *Hilf mir, mein Recht zu finden …*, a. a. O., S. 49.

550 Nach Heinz Boberach (Hrsg.), *Meldungen aus dem Reich 1938–1945. Die geheimen Lageberichte des Sicherheitsdienstes der SS*, Herrsching 1984, Bd. 1, S. 22.

551 Nach Rainer Eckert wurde in der DDR der *Empfängerkreis der »MfS-Informationen« absichtlich sehr klein gehalten* (»Geheimdienstakten als historische Quelle. Ein Vergleich zwischen den Stimmungsberichten des Sicherheitsdienstes der SS und des Ministeriums für Staatssicherheit der DDR«, in: *Die Ohnmacht der Allmächtigen …*, a. a. O., S. 284).

552 Richard Lange, »Kontrollratsgesetz Nr. 10 und deutsches

Recht« in: *Deutsche Rechts-Zeitschrift*, Tübingen 1948, H. 6, S. 189.
553 Rückerl, *NS-Verbrechen vor Gericht. Versuch einer Vergangenheitsbewältigung*, Heidelberg 1982, S. 281.
554 Diese Reihe enthält alle zwischen 1945 und 1967 rechtskräftigen Urteile wegen Tötungsverbrechen im Dritten Reich, womit *Mord und Totschlag, ferner Körperverletzung, Freiheitsberaubung, Rechtsbeugung, Kriegsverbrechen und Verbrechen gegen die Menschlichkeit, jeweils »mit Todesfolge«* gemeint sind. Die Fälle, bei denen es sich um Täterinnen handelt, hat Rita Wolters in ihrem Buch *Verrat für die Volkswirtschaft. Denunziantinnen im Dritten Reich*, Pfaffenweiler 1996, beschrieben.
555 Reyscher, *Sammlung*, Bd. 8, 1834, S. 320 (1644).
556 Thomas Paul Becker nennt sie denn auch *die kirchliche Ordnungspolizei* (in: *Konfessionalisierung in Kurköln*, a. a. O., S. 258).
557 Ebd., S. 254.
558 Ebd., S. 257.
559 Friedrich Schulze, *Über Paris und die Pariser*, Berlin 1791, Bd. 1, S. 154.
560 Nach Gudrun Gersmann, »Schattenmänner. Schriftsteller im Dienst der Pariser Polizei des Ancien régime«, in: *Denunziation. Historische, juristische und psychologische Aspekte*, a. a. O., S. 103, die sich auf die Angabe von Alan William, *The Police of Paris 1718–1789*, London 1979, S. 111, stützt.
561 1974 publizierte Klaus Lüderssen einen Aufsatz zu dieser Problematik unter dem sehr sprechenden Titel »Verbrecherprophylaxis durch Verbrecherprovokation«, in: *Festschrift für Peters*.
562 Vgl. zu diesem ganzen Komplex Klaus Lüderssen (Hrsg.), *V-Leute. Die Falle im Rechtsstaat*, Frankfurt am Main 1985.
563 Eine Ausnahme sind Fälle, wo jemand IM war und zufällig von einer ihm nahestehenden Person erfuhr, daß sie ihre

Flucht aus der DDR vorbereitete. Wenn er dies der Staatssicherheit mitteilte, war er mittelbarer Täter. Er kann sich allerdings darauf berufen, daß es bei Republikflucht eine gesetzliche Anzeigepflicht gab, wenngleich diese dem Menschenrecht auf Bewegungsfreiheit widersprach. Berufungen dieser Art sind vom Bundesgerichtshof prinzipiell anerkannt worden. Der Umstand betreffe aber nur die Anzeige und nicht die weitere Tätigkeit als »Lockspitzel« (so nannte das OLG Dresden in einem Urteil vom 4. 20. 1995 den IM), d. h. die Ausforschung, wie und wann der Angezeigte die DDR verlassen will (siehe hierzu Rudolf Wassermann, »Die DDR-Denunzianten und der Bundesgerichtshof«, in *NJW*, 14/1995, S. 932).

564 Siehe hierzu u. a. Wladislaw Hedeler, »Ochrana-Agenten im Untergrund. Der revolutionäre Terror als Marionettenspiel der zaristischen Geheimpolizei?«, in: *Die Ohnmacht der Allmächtigen. Geheimdienste und politische Polizei in der modernen Gesellschaft*, a. a. O., S. 46–67.

565 Ein solcher Fall ist der von Teodor Zygmunt Müller, einem deutschen Polen oder einem Deutschen polnischer Staatsbürgerschaft, der im polnischen Widerstand gegen die deutsche Okkupation mitgewirkt hatte. Kurz vor dem Rückzug der Wehrmacht wurde er von der Gestapo verhaftet. Nach dem Krieg, 1949, fanden sich solche, die ihm vorwarfen, an der Erschießung von Polen mitgewirkt zu haben. Erst Ende 1956 wurde die Untersuchung gegen ihn eingestellt. Die Vorwürfe erwiesen sich als haltlos. Dagegen hatten mehrere Mitglieder der Heimatarmee, die ihn gut kannten, bestätigt, wie wichtig sein Wirken für den Widerstand gewesen war. Müller begab sich 1976 nach Bad Homburg zu seinem Bruder; seine Widersacher hatten trotz Mangels an Beweisen nicht aufgehört, ihm zuzusetzen. 1997 hat Jerzy Korczak Müllers Leben in dem in Warschau erschienenen Buch *Przypadki niemieckiego Polaka* (Schicksale eines deutschen Polen) beschrieben.

566 M. Forster, *Two Cheers for Demokracy*, New York 1951, S. 68 f.
567 Hans Magnus Enzensberger, *Politik und Verbrechen. Neun Beiträge*, Frankfurt am Main 1964, S. 364.
568 In Deutschland erschien das Buch 1997 in München unter dem Titel *Die Akte »Romeo«*.
569 *Das ist mehr als administrative Kollaboration*, konstatiert Robert Frank in seinem Beitrag »Deutsche Okkupation, Kollaboration und französische Gesellschaft 1940–1944«, in: *Europa unterm Hakenkreuz. Okkupation und Kollaboration (1938–1945). Beiträge zur Konzeption und Praxis der Kollaboration in der deutschen Okkupationspraxis*, Berlin, Heidelberg 1994, S. 89.
570 Gerhard Hirschfeld, Einführung in: *Kollaboration in Frankreich*, a. a. O., S. 19 f. und 20 f.
571 So versuchen Werner Rings, *Leben mit dem Feind. Anpassung und Widerstand in Hitlers Europa*, München 1979, und Werner Röhr in seiner Einleitung zu dem von ihm zusammengestellten Band *Europa unterm Hakenkreuz. Okkupation und Kollaboration (1938–1945)*, a. a. O., ein ganzes Begriffsfeld für die verschiedenen Arten der Kollaboration mit den Deutschen zu entwickeln.
572 Werner Röhr bringt z. B. dieses Problem überhaupt nicht zur Sprache.
573 Jacek Trznadel schreckt dagegen nicht davor zurück, jene polnischen Schriftsteller, die zwischen 1939 und 1941 in Lemberg mit den Sowjets zusammenarbeiteten, Kollaboranten zu nennen (siehe sein Buch: *Kolaboranci. Tadeusz Boy-Żeleński i grupa komunistycznych pisarzy we Lwowie 1939–1941*, Warszawa 1998).
574 Filipo Turati, »Faschismus, Sozialismus und Demokratie«, in: Ernst Nolte (Hrsg.), *Theorien über den Faschismus*, Köln/Berlin [6]1984, S. 150.
575 Mk 14,46.
576 Mk 14,20; Joh 13,26.

577 Helene Schwärzel wurde nach ihrer Verhaftung von der Presse als Judasfrau verschrieen. Sie habe nicht für 30 Silberlinge, sondern für eine Million Reichsmark Goerdeler verraten. Sie gehört auch zu einer der »Judasfrauen« in dem gleichnamigen, oben zitierten Buch von Helga Schubert.

578 Karl Kautsky, *Der Ursprung des Christentums. Eine historische Untersuchung*, Berlin ¹⁴1926, S. 388. Nach Kurt Lüthi war Kautsky der erste, der auf die Helotenbewegung verwiesen hat. Kautsky meint nämlich, daß Judas durch den »Verrat« Jesus zwingen wollte, endlich zum Aufstand gegen die Römer aufzurufen. (Siehe Kurt Lüthi, *Judas Iskarioth in der Geschichte der Auslegung von der Reformation bis zur Gegenwart*, Zürich 1955, S. 125 f.)

579 Nur Matthäus berichtet vom Selbstmord des Judas (Mt. 27,3–10); nach Apg. 1,15–26 wird ein Matthias als neuer Apostel nachgewählt.

580 Ich stütze mich im folgenden vor allem auf die Ausführungen von Hans-Josef Klauck, *Judas – Ein Jünger des Herrn*, Freiburg, Basel, Wien 1987, und Matthias Krieg, in: *Judas, ein literarisch-theologisches Lesebuch*, hrsg. von Matthias Krieg und Gabrielle Zangger-Derron, Zürich 1996, S. 16–24. Siehe aber auch u. a. Walter Bauer, *Griechisch-Deutsches Wörterbuch zu den Schriften des Neuen Testaments und der übrigen urchristlichen Literatur*, Gießen 1928, S. 980 ff.

581 Ein besonderes Problem ist auch, daß sich ein theologisches Paradox daraus ergibt, worauf Klauck verweist, *daß die gleiche Tätigkeit des Übergebens einmal von Gott, der seinen Sohn dahingibt, oder von Jesus, der sich selbst dahingibt, ausgesagt wird, zum anderen aber von Judas und, weniger ausgeprägt, von anderen Menschen (Hohepriester, Pilatus)*. [Klauck, a. a. O., S. 46.]

582 Lk. 22,6.

583 Nach Meinrad Limbeck war an diesem Punkt eine *negative Verzeichnung* des Judas wohl nicht beabsichtigt. Matthäus

habe damit nur *das Zitat aus dem Propheten Sacharja* vorbereiten wollen, *das bei dem Bericht vom Ende des Judas von zentraler Bedeutung sein wird (Mt. 27,9 f. = Sach 11,12).* *So wie dort der Prophet zu den »Schafhändlern« ging und zu ihnen sagte: »Wenn es euch recht scheint, so bringt meinen Lohn; wenn nicht, so laßt es!« (Sach 11,12). So geht hier Judas zu den Hohenpriestern, um sich seinen Lohn zu erfragen. Eine negative Verzeichnung des Judas war an diesem Punkt von Mattäus wohl nicht beabsichtigt.* (H. L. Goldschmidt, M. Limbeck, *Heilvoller Verrat? – Judas im Neuen Testamtent,* Stuttgart 1976, S. 61).

584 Matthias Krieg, Vorwort zu *Judas, ein literarisch-theologisches Lesebuch,* a. a. O.,S. 25.

585 Goethe, *Berliner Ausgabe,* Bd. 13, S. 684.

586 Zu Lukács' Hebbelkenntnis vgl. Karol Sauerland, »Hebbel als Schlüsselfigur für Irzykowski und Lukács zu Beginn des 20. Jahrhunderts«, *Hebbeljahrbuch* 1992, S. 105–115.

587 Jószef Lengyel, *Visegráder Straße,* Berlin und Budapest 1959, S. 246 (Hervorhebung von mir – K. S.). Lukács hat in jungen Jahren eine *Judasnovelle* verfaßt, die er aber vernichtet haben muß (siehe Georg Lukács, *Dostojewski. Notizen und Entwürfe,* hrsg. von J. C. Nyíry, Budapest 1985, S. 137).

588 Georg Lukács, *Werke,* Band 2, Neuwied/Berlin 1968, S. 52 f.

589 Als seine Truppe vor dem rumänischen Feind floh, ließ Lukács acht Männer zur Abschreckung hinrichten. Er berichtet hierüber in seinen Erinnerungen kurz vor seinem Tod. Das Erstaunliche ist, daß er sich nie gefragt zu haben scheint, ob die Strafaktion nicht die Falschen getroffen hatte. Vgl. hierzu meinen Beitrag »Von Dostojewski zu Lenin. Georg Lukács' und Ernst Blochs frühe Auseinandersetzungen mit dem revolutionären Rußland«, in: *Deutschland und die russische Revolution. 1917–1924,* München 1998, S. 481–502.

590 Nach Mt. 26,20–25 hat sich Judas aus Verzweiflung er-

hängt. In der Forschung scheint jedoch die Meinung vorzuherrschen, daß sich alle konkreten Spuren über sein weiteres Schicksal verwischen. Es ist sehr gut möglich, daß er sich einfach von den Jüngern abgewandt hatte.

591 Luk. 22,3.
592 Nach Krieg, *Judas, ein literarisch-theologisches Lesebuch*, a. a. O., S. 41.
593 So formuliert es beispielsweise Bernward Dörner unter Berufung auf Manfred Messerschmidts und Fritz Wüllners Arbeit *Die Wehrmachtsjustiz im Dienste des Nationalsozialismus. Zerstörung einer Legende* (Baden-Baden 1987) in seiner Studie »Der Krieg ist verloren!«. »Wehrkraftzersetzung« und Denunziation in der Truppe (in: *Die anderen Soldaten...*, a. a. O., S. 111).
594 Ich übergehe hier, daß sich Pilatus von einer aufgehetzten Menge förmlich erpressen läßt.
595 Joh. 19,10 u. 11.
596 Vgl. hierzu Everhardt Franßen, »Der Denunziant und sein Richter«, in: *Neue Justiz*, 4/1996, S. 169–174, der seinen Aufsatz mit den Worten beendet: [...] *doch wer Pilatus freispricht, darf Judas nicht verurteilen. Die himmlische Gerechtigkeit mag das anders sehen, aber sie ist vom Rechtsstaat auch nicht versprochen worden.*
597 *Justiz und NS-Verbrechen*, Bd. XII, a. a. O., S. 82 f.
598 Adam Michnik, Józef Tischner, Jacek Żakowski, *między Panem a Plebanem*, Kraków 1995, S. 596 und 597.
599 Ebd., S. 597.
600 Ebd., S. 596.
601 So sprach sich Richard Lange in einem fünfseitigen Gutachten vom 11. Dezember 1945 *dafür aus, Denunziation aus unpolitisch-egoistischen Motiven, die die »erdrückende Mehrzahl der Fälle« ausmachten, strenger zu bestrafen als Anzeigen aus politischer Überzeugung* (nach Martin Broszat, »Siegerjustiz oder strafrechtliche »Selbstreinigung«, a. a. O., S. 491).

602 Man denke an das weiter oben angeführte Beispiel, bei dem der Umstand, daß die Frau den von ihr denunzierten Mann *gar nicht näher kannte*, ihn *aus politischen Gründen angezeigt und damit verfolgt* hat, vom Gericht *zu ihren Gunsten* angerechnet wurde.

603 Walter Rummel, *Bauern, Herren und Hexen*, a. a. O., S. 252.

604 Die Zahl der *Sofortwerbungen* lag etwa bei zehn Prozent der zu Werbenden (nach Andreas Schmidt, »Auskunftspersonen«, in: *Aktenkundig*, a. a. O., S. 178).

605 Siehe hierzu auch meinen Artikel »Gerechtigkeit und Recht in den postkommunistischen Zeiten oder der neue Typ des Massenverwaltungsverbrechens«, in: *kommune* 1/1995, S. 6–10.

606 Er sagt zwar Rabbi, aber dies ist eine Anrede an Jesus, die zu dem Spiel »Ich komme nicht in böser Absicht« gehört.

607 Sagte doch Nietzsche: *Mein Bruder, wenn du eine Tugend hast, und es deine Tugend ist, so hast du sie mit Niemandem gemeinsam. / Freilich, du willst sie bei Namen nennen und liebkosen; du willst sie am Ohre zupfen und Kurzweil mit ihr treiben. / Und siehe! Nun hast du ihren Namen mit dem Volke gemeinsam und bist Volk und Heerde geworden mit deiner Tugend! / Besser thätest du, zu sagen: »unaussprechbar ist und namenlos, was meiner Seele Qual und Süsse macht und auch noch der Hunger meiner Eingeweide ist«. / Deine Tugend sei zu hoch für die Vertraulichkeit der Namen: und musst du von ihr reden, so schäme dich nicht, von ihr zu stammeln* (Friedrich Nietzsche, *Werke. Kritische Gesamtausgabe*, a. a. O., Bd. VI, 1, S. 38).